# HISTOIRE

DE LA RÉPUBLIQUE

# DE VENISE.

*Tome I.*

DE L'IMPRIMERIE DE FIRMIN DIDOT,
IMPRIMEUR DU ROI ET DE L'INSTITUT.

# HISTOIRE

DE LA RÉPUBLIQUE

# DE VENISE.

Par P. DARU,

DE L'ACADÉMIE FRANÇAISE.

SECONDE ÉDITION, REVUE ET CORRIGÉE.

TOME PREMIER.

A PARIS,

CHEZ FIRMIN DIDOT, PÈRE ET FILS,

LIBRAIRES, RUE JACOB, N° 24.

1821.

# HISTOIRE

DE

# LA RÉPUBLIQUE DE VENISE.

## LIVRE PREMIER.

Description géographique. — Origine des Vénitiens. — De l'état des Venètes sous les Romains. — Invasion des Goths, des Huns, des Hérules, des Ostrogoths, Fondation de Venise, 421. — Expulsion des Ostrogoths; établissement des Lombards en Italie, 553. — Création, abolition et rétablissement du dogat à Venise, 697 — 742. — Huit doges déposés. — Guerre de Pepin contre Venise, 743 — 809. Premiers doges de la famille Participatio. — Arrivée du corps de Saint-Marc à Venise, 810 — 829.

I.
Introduction.

UNE république fameuse, long-temps puissante, remarquable par la singularité de son origine, de son site et de ses institutions, a disparu de nos jours, sous nos yeux, en un moment. Contemporaine de la plus ancienne monarchie de l'Europe, isolée par système et par sa position, elle a péri dans cette grande révolution, qui a renversé tant d'autres états. Un caprice de la fortune a relevé les trônes abattus; Venise a disparu sans retour; son peuple est effacé de la liste des nations; et, lorsqu'après ces longues tempêtes, tant d'anciens possesseurs se sont ressaisis de leurs droits, il ne s'est point trouvé d'héritier pour un si riche héritage. Depuis sa catastrophe, livrée, rendue, reprise et asservie pour toujours, à peine a-t-elle entendu de faibles voix réclamer pour elle cette pitié, dernier droit du malheur.

Quelque préoccupés que fussent les spectateurs de cette grande infortune, honorée de si peu de regrets, ils ont demandé comment avait pu se dissoudre un gouvernement réputé jusqu'alors inébranlable; ils se sont informés des causes qui avaient dû préparer une si subite et si complète révolution.

L'histoire, qui doit son témoignage à ceux qui ne sont plus, consignera les souvenirs que nous a laissés ce peuple, que son ancienneté place à la tête des nations modernes, qui les précéda toutes dans les arts de la civilisation, et qui mérita leur envie par ses prospérités. Parmi les guerres, les conquêtes, les désastres, les conjurations, elle aura à tracer la marche de l'industrie humaine, à dévoiler les ressorts inconnus jusqu'à ces derniers temps d'un gouvernement mystérieux, tour-à-tour l'objet de l'admiration et de la satire ; mais à qui ses plus grands ennemis n'ont pu contester du moins sa stabilité.

Il doit y avoir quelque fruit à tirer de l'étude d'un système d'organisation sociale, qui n'avait pas eu de modèle ; et, après avoir remarqué cette constance dans les maximes et dans les efforts, qui éleva la république à un si haut degré de puissance et de splendeur, il ne sera pas moins instructif d'observer comment les vices intérieurs de cet état l'ont conduit à cette existence isolée, languissante et passive, qui explique l'indifférence avec laquelle ses contemporains ont vu sa catastrophe.

Il fallait que cette révolution arrivât, pour que ce gouvernement impénétrable n'eût plus de mystères. Il fallait qu'il ne pût plus être haï, craint ni flatté, pour qu'il fût possible d'écrire et de lire son histoire avec quelque confiance.

Il n'est pas rare de voir de grandes émigrations de peuples inonder un pays, en changer la face et ouvrir pour l'histoire une ère nouvelle ; mais qu'une poignée de fugitifs, jetée sur un banc de sable de quelques cents toises de largeur, y fonde un état sans territoire ; qu'une nombreuse population vienne couvrir cette plage mouvante, où il ne se trouve ni végétation, ni eau potable, ni matériaux, ni même de l'espace pour bâtir; que de l'industrie nécessaire pour subsister, et pour affermir le sol sous leurs pas, ils arrivent jusqu'à présenter aux nations modernes le premier exemple d'un gouvernement régulier, jusqu'à faire sortir d'un marais des flottes sans cesse renaissantes, pour aller renverser un grand empire, et recueillir les richesses de l'Orient; qu'on voie ces fugitifs tenir la balance politique de l'Italie, dominer sur les mers, réduire toutes les nations à la condition de tributaires, enfin rendre impuissants tous les efforts de l'Europe liguée contre eux : c'est là sans doute un développement de l'intelligence humaine qui mérite d'être observé; et si l'intérêt qu'il inspire fait desirer de connaître quelle fut la part de gloire, de liberté, de bonheur, dévolue à cette nation, on jettera peut-être les yeux sur le tableau de ses progrès et de ses disgraces.

II. Description des lagunes de l'Adriatique.

Les montagnes qui environnent l'Italie septentrionale forment une espèce d'amphithéâtre; toutes les eaux qui en descendent courent vers le même point. Le Lizonzo, le Tagliamento et la Livenza, qui sortent des Alpes Juliennes, la Piave, le Musone, la Brenta, l'Adige, que forment les neiges du Tyrol, enfin le Pô, grossi de toutes les eaux des Alpes et de l'Apennin, arrivent à l'angle occidental du golfe Adriatique, amenant avec eux les terres qu'ils ont entraînées sur une pente fort rapide, et qu'ils n'ont pas eu le temps de déposer dans un trajet assez court. C'est peut-être à ce concours de tant de rivières vers l'embouchure du Pô, qu'un poëte de l'antiquité a dû l'idée de peindre tous les fleuves rassemblés autour de l'Éridan.

En arrivant dans la mer, leur impulsion s'amortit, les sables dont ils sont chargés se précipitent, les eaux deviennent moins profondes, les courants moins rapides, et ces torrents grossis par la fonte des neiges, voulant se jeter tous à-la-fois dans le bassin qui doit les recevoir, sont forcés de se répandre dans la campagne, de se diviser en une multitude de bras, et de former des marais. En avançant dans la mer, ces eaux qui chassent devant elles une masse de sables, trouvent deux obstacles, les courants opposés et le vent du midi, qui, parcourant dans toute sa longueur le bassin de l'Adriatique, abrité de trois côtés par d'assez hautes montagnes, a dû retenir, amonceler au fond du golfe, les terres que tant de fleuves ne cessent d'y apporter. Elles s'arrêtent nécessairement au point où les courants des fleuves se rencontrent.

Le banc qu'elles forment, très-étroit, puisqu'il est entre deux courants, a cédé, dans quelques parties, à l'impétuosité des fleuves, ou aux vagues de la mer, et est devenu une chaîne d'îles séparées par de petits passages, dont le fond s'exhausse ou s'abaisse au gré du caprice des eaux. Telle est la théorie qui explique la configuration des côtes de l'Adriatique. On y remarque d'abord des marais dans les terres; puis, le long du rivage, des bas-fonds plus ou moins navigables; enfin la mer au-delà. La ville d'Adria, autrefois située sur cette mer, à qui elle a donné son nom, s'en trouve maintenant éloignée d'un quart de degré (1). Là où

---

(1) M. Forfait, dans un mémoire sur la marine de Venise, où je me suis permis de puiser quelques détails, et M. Cuvier, dans le discours préliminaire des ses Recherches sur les Fossiles, ont expliqué la formation des lagunes de l'Adriatique; voici quelques passages de l'ouvrage de ce dernier.

« Venise a peine à maintenir les lagunes qui la séparent du continent, et malgré tous ses efforts, elle sera inévitablement un jour liée à la terre-ferme. On sait, par le témoignage de Strabon, que, du temps d'Auguste, Ravenne était dans les lagunes, comme y est aujourd'hui Venise, et à-présent, Ravenne est à une lieue du rivage. Adria, qui avait donné son nom à la même mer, dont elle était il y a vingt et quelques siècles le port principal, en est maintenant à six lieues. Fortis a même rendu vraisemblable qu'à

l'impulsion des eaux ne se trouve point en opposition avec d'autres courants, on voit des îles disposées en demi-cercle vis-à-vis l'embouchure du fleuve, qui marquent le point où la résistance de la mer a obligé les terres de se précipiter; ainsi le Lizonzo, le Tagliamento, et tous les torrents intermédiaires qui descendent du Frioul, ont couvert la côte de cette province d'une vingtaine d'îles, dont Grado est la principale, et en arrière de ce groupe d'îles s'étendent les marais de Marano.

En suivant la plage vers l'occident, on trouve, aux bouches de la Livenza, les îles de Caorlo, d'Altino et quelques autres.

---

une époque plus ancienne les monts Euganéens pourraient avoir été des îles. M. de Prony a constaté que depuis l'époque où l'on a enfermé le Pô de digues, cette rivière a tellement élevé son fond, que la surface de ses eaux est maintenant plus haute que les toits des maisons de Ferrare. En même temps, ses atterrissements ont avancé dans la mer avec tant de rapidité, qu'en comparant d'anciennes cartes avec l'état actuel, on voit que le rivage a gagné plus de 6000 toises depuis 1604, ce qui fait 150 ou 180 pieds, et en quelques endroits 200 pieds par an. L'Adige et le Pô sont aujourd'hui plus élevés que tout le terrain qui leur est intermédiaire, et ce n'est qu'en leur ouvrant de nouveaux lits, dans les parties basses qu'ils ont déposées autrefois, que l'on pourra prévenir les désastres dont ils les menacent maintenant. »

Les torrents qu'on rencontre ensuite, courent vers la mer dans une direction presque perpendiculaire aux lignes que décrivent le Musone, le Bacchiglione, la Brenta et l'Adige : les courants se rencontrent à peu de distance de la côte ; les terres apportées par les fleuves qui viennent de l'occident, forcées de s'arrêter, ont formé un banc que les courants venant du nord travaillent sans cesse à aligner dans la direction du nord au sud. Ce banc, coupé en plusieurs endroits par les eaux, est devenu une chaîne de longues îles, qui touche presque au continent par ses deux extrémités, et qui ferme un bassin dont la plus grande largeur n'est aujourd'hui que de trois lieues (1).

C'est ce golfe que l'on désigne par le nom de lagune, et qui reçoit une multitude de rivières. Cette masse d'eau, ne trouvant, vers la mer, que d'étroites issues, a déposé dans cette en-

---

(1) La laguna nella quale è posta la cità di Venezia nel mezzo dell' aque salse, fondata e tutta cinta da un lito quasi perpetuo, il quale per spazio di trenta miglia dalla foce del Adice fin à quella della Piave stendendosi, rende del impeto del mare sicuro tutto quel seno che dentro si chiude, che nella sua maggiore larghezza non eccede ora cinque miglia, benche anticamente per spazio di più di trenta fino alle radici de' monti Euganei s'allargasse.
(Historia della guerra di Cipro, di P. Paruta, *lib.* 2.)

ceinte des sables qui en ont élevé le fond. C'est dans cette enceinte que la nature a formé un groupe de soixante et quelques îlots. Il y en avait un plus élevé, et apparemment plus ancien que les autres, qu'on appelait Rialte; c'était un point assez commode pour les pêcheurs: ils s'y trouvaient en sûreté dans le voisinage de la haute mer, et en même temps au centre du bassin, c'est-à-dire à portée de toutes les côtes.

Ce groupe d'îles est devenu la ville de Venise, qui a dominé l'Italie, conquis Constantinople, résisté à une ligue de tous les rois, fait longtemps le commerce du monde, et laissé aux nations le modèle du gouvernement le plus inébranlable que les hommes aient su organiser.

Les Romains donnaient le nom de Vénétie à une province septentrionale de l'Italie, située sur le bord de la mer Adriatique, entre les Alpes Juliennes et le Pô (1). Les habitants de ce territoire portaient le nom de Venètes. Ce nom rappelle une ville fort ancienne, qui existait sur la côte méridionale de l'Armorique; et, en effet,

III.
Opinions diverses sur l'origine des Vénitiens.

---

(1) Venetia est omnis ora circa sinum maris post Hystriam usque ad Padi ostia. (Caton., Origines.)

Sub Venetiæ nomine comprehenditur omnis regio ab Hystriâ secundum maritimam oram usque ad Ravennam. (Pline, liv. 3.)

on voit parmi plusieurs émigrations des peuples des Gaules, une expédition à laquelle les habitants de Vannes prirent part, qui se dirigea au-delà des Alpes et se répandit dans toute la partie supérieure de l'Italie. Justin en a fait mention, et on cite (1) plusieurs auteurs qui attestent cette tradition.

Sabellicus, l'un des plus anciens historiens de Venise, expose que (2), selon les uns, les anciens Vénitiens venaient d'un peuple des Gaules appelé Venètes; ils n'en avaient pas seulement conservé le nom, mais les habitudes, le goût de la mer et du commerce. Polybe remarque entre ces deux peuples diverses ressemblances dans les usages, et jusques dans la manière de se vêtir;

---

(1) Pasquier, Recherches sur la France, liv. I$^{er}$ chap. III. « A manière, dit-il, que les Vénétiens mesme prindrent leur « nom de ceste flotte, c'est-à-dire du peuple de Vannes, « de laquelle gloire, combien que quelques Italiens (comme « Marc-Antoine Sabellic) veulent frustrer nostre Gaule, « pour la rapporter à quelques Enetiens, peuples forgés à « crédit, et qu'ils veulent tirer du pays de Paphlagonie, si « est-ce que Polybe, autheur ancien, attestait par le con- « frontement et rapport des mœurs des Vénétiens d'Italie « avec les citoyens de Vannes, qu'ils avaient pris leur an- « cienne origine de nous, chose à laquelle condescend vo- « lontairement Strabon. »

(2) Histoire de Venise, décade 1, livre 1.

mais leur langue n'était pas la même (1). D'autres soutiennent que les Vénitiens vinrent de la Paphlagonie. Tite-Live confirme cette opinion; il dit qu'après la perte de Pylémènes, leur chef, qui mourut au siége de Troie, les débris de ce peuple vinrent s'établir en Italie, sous la conduite d'Anténor. Caton fait aussi descendre les Vénitiens des Troyens. Cornelius-Nepos trouve l'étymologie de leur nom dans celui des Henètes. L'existence d'un ancien bourg appelé Troye, au fond du golfe Adriatique, vient à l'appui de ces conjectures (2).

L'opinion qui fait venir les Venètes de la Paphlagonie, a trouvé de nombreux partisans. Ils racontent que cette province, située sur la côte septentrionale de l'Asie mineure, était habitée

---

(1) Voici les expressions de Polybe (liv. II, chap. III). « Auprès de la mer Adriatique étaient les Venètes, peuple « ancien, qui avait à-peu-près les mêmes coutumes et le même « habillement que les autres Gaulois, mais qui parlait une « autre langue. Ces Venètes sont célèbres chez les poëtes « tragiques qui en ont débité force prodiges. »

(2) L'origine des Venètes est discutée dans un Mémoire de Fréret, dont on trouve l'analyse dans le tome XVIII de l'Académie des Inscriptions, il se borne à dire que les Venètes étaient venus de l'Illyrie s'établir sur le bord de l'Adriatique, où ils fondèrent Padoue. Voyez aussi le chap. 5 du 1$^{er}$ livre de l'ouvrage de Merula sur l'origine des Gaulois cisalpins.

par un peuple appelé les Henètes, ce qui est incontestable, car Homère les comprend dans le dénombrement de l'armée troyenne, et Homère fait autorité (1). Tous les historiens parlent de la colonie d'Anténor (2). Les Henètes existaient dans la Paphlagonie, voilà ce dont on ne peut douter ; ils émigrèrent vers l'Italie, cela n'est pas moins constant : une autre autorité en fait foi. L'empereur Justinien dit, dans ses Constitutions, que les Paphlagoniens, nation ancienne et qui n'était pas sans gloire, avaient envoyé de nombreuses colonies en Italie, dans le pays connu sous le nom de Vénétie (3).

On oppose à ceux qui veulent que les Venètes soient venus de l'Armorique, une objection qui

---

(1) Pylémènes, au cœur intrépide, conduit les guerriers de Paphlagonie ; ils ont quitté la contrée des Henètes, fameuse par ses haras de mules, Citore, Sesame, et les belles cités qui s'élèvent sur les rives du Parthénius. *Iliade*, liv. II, v. 851.

(2) Strabon, livre XII, cite un passage d'une tragédie de Sophocle, qui n'est pas venue jusqu'à nous, et dans laquelle ce poëte fait émigrer Anténor d'abord dans la Paphlagonie, puis à la tête des Henètes dans la Thrace, et enfin en Italie sur les bords de l'Adriatique. *Hérodote*, livre V ; *Justin*, liv. XX, chap. 2 ; *Tite-Live*, 1re décade, livre 1er.

(3) Paphlagonum gens antiqua neque ignobilis olim extitit in tantum quidem ut et magnas colonias deduxerit et sedes in Venetiis Italorum fixerit. (*Novelle* 29.)

est de quelque poids. Les Venètes se montrèrent constamment les alliés de Rome, contre la colonie gauloise établie dans leur voisinage : or, dans la supposition qu'on veut faire adopter, cette inimitié n'aurait pas été naturelle ; si ces deux peuples eussent eu une origine commune, il est vraisemblable qu'ils se seraient aidés mutuellement à se maintenir dans leurs conquêtes.

Les traditions qui donnent aux Venètes une origine asiatique, ne sont pas nouvelles pour les amateurs de l'antiquité. Ils ont dans la mémoire ces beaux vers :

> Antenor potuit, mediis elapsus Achivis,
> Illyricos penetrare sinus, atque intima tutus
> Regna Liburnorum, et fontem superare Timavi,
> Unde per ora novem, vasto cum murmure montis,
> It mare proruptum, et pelago premit arva sonanti.
> Hîc tamen ille urbem Patavi sedesque locavit
> Teucrorum, et genti nomen dedit, armaque fixit
> Troïa. (1)

---

(1) Trompant le fer des Grecs, cherchant une patrie,
Anténor fuit aux mers qu'enferme l'Illyrie ;
Des bords liburniens, en naufrages fameux,
Sa nef sillonne en paix les canaux sinueux ;
Il franchit le Timave, et ces grottes profondes
D'où le fleuve en grondant va refouler les ondes,
Donne des noms chéris à des peuples nouveaux ;
Et, dans Padoue enfin, terme de ses travaux,
Ses compagnons lassés, désormais sans alarmes,
Ont retrouvé Pergame, et suspendu leurs armes.

*Tome I.*

On voit que les écrivains latins adoptent généralement l'opinion qui donne aux Venètes une origine troyenne. Le géographe Strabon (1) les fait venir de l'Armorique. Dion Chrysostome (2) veut que leur établissement en Italie soit antérieur même à la prise de Troie. Un savant moderne a entrepris de substituer un nouveau système à ces diverses traditions (3). L'abbé Denina a ouvert un vaste champ aux conjectures, lorsqu'il nous a appris que « les Anciens appelèrent tantôt Sarmates, tantôt Scythes, quelquefois Venètes; puis Slaves, Esclavons, tous les peuples qui ont habité les vastes régions qui s'étendent depuis le Tanaïs jusqu'à la Vistule, entre le Danube et la mer Baltique. Selon lui, on appelait en général Venètes les peuples qui en occupaient la partie occidentale, sur-tout la Prusse. Ensuite les mêmes Venètes et les Flamands furent appelés Slaves ou Esclavons; et

---

(1) C'est de ces peuples que sont sortis les Venètes du Golfe Adriatique qu'on n'a regardés comme originaires de Paphlagonie qu'à cause de la ressemblance du nom avec un des peuples de cette dernière contrée. Au reste, je n'avance pas cette opinion comme certaine. En pareille matière on se décide sur les probabilités. STRABON, liv. 4, chap. 3.

(2) Orat. 11 *de Ilio non capto.*

(3) *Memorie storiche de' Veneti primi e secondi* del conte Giacomo FILIASSI. Venetia 1791.

c'est plus particulièrement de ceux-ci que les Polonais, les Russes et une partie des Bohémiens seraient descendus. Mais tous ces peuples, Venètes, Slaves, Sarmates, étaient de race Scythe (1). La plupart des historiens Vénitiens ont adopté la tradition consacrée par Virgile, et tâché de lier l'histoire de leur patrie à celle de ces illustres vaincus, dont tous les peuples ont la vanité de vouloir descendre.

Toutes ces origines sont incertaines : on ne peut guères espérer de parvenir à la démonstration de faits qui remontent presque au-delà des temps historiques.

Quoi qu'il en soit, des étrangers chassèrent ou soumirent les Euganéens, qui habitaient entre la mer et les Alpes, et fondèrent Padoue. Avec le temps, ils agrandirent leur territoire. Caton, dans ses Origines, rapporte qu'ils s'emparèrent de trente-quatre villes ou bourgs, et d'une partie du pays où est aujourd'hui Brescia; de sorte que leurs possessions finirent par avoir pour limites l'Adda, le Pô, le lac de Garde, et la mer. Ces rivages étaient alors bien plus cou-

---

(1) *Mémoires sur les traces anciennes du caractère des nations modernes qui comprend les peuples descendants des Sarmates et des Scythes.* (Dans les Mémoires de l'Académie de Berlin. 1801.)

verts par les eaux, qu'ils ne le sont aujourd'hui. Le Pô, la Brenta, l'Adige, la Piave, dont l'homme n'avait pas encore entrepris de diriger le cours (1), inondaient de vastes prairies, qui se refusaient à la culture, et où les habitants élevaient une grande quantité de chevaux. De-là un nouveau trait de ressemblance qu'on a remarqué entre ces peuples et les Henètes de Paphlagonie, dont Homère vante les haras (2).

Les inconvénients attachés à la situation marécageuse de la Venétie, furent compensés par un grand avantage, ils la préservèrent long-temps, à ce qu'il paraît, des invasions des Gaulois. Mais si ce pays était sans culture, on est fondé à douter qu'il fût couvert d'une nombreuse population, comme quelques historiens ont voulu le faire croire.

IV.
De l'état des Venètes

Les Venètes, dont l'origine est si peu connue, sont restés ignorés pendant à-peu-près dix siè-

───────────

(1) Dal Chiesio alle lagune spessi sono i fiumi ed aque copiose e correnti, le quali ingombrano tutto quello spazio e vi produssero grandi alterazioni. Il grosso e rapido Adige, dodici secoli fà, correva per altro letto presso le mura di Este, ove si divideva in due rami. Uno di essi, internandosi nei colli Euganei, s'impaludava nella valle sulfurea chiamata Calaona; l'altro portava al mare. (SILVESTRI, *Paludi Atriane*.)

(2) STRABON, liv. 5, chap. 2.

cles. On ne trouve quelques traces de l'histoire des peuples qui ont existé dans ces âges reculés, qu'autant qu'ils se lient par leurs malheurs à l'histoire du peuple dominateur.

<small>sous les Romains, jusqu'à la translation de l'empire en orient.</small>

Les Romains ne passèrent le Pô que vers la fin du troisième siècle de leur ville. A mesure qu'ils s'avancèrent dans l'Italie supérieure, ils fondèrent des colonies à Bologne, à Parme, à Plaisance et à Crémone. Ces établissements étaient des postes avancés contre les Gaulois, qui occupaient déjà le pays appelé depuis la Lombardie. Il serait difficile de dire exactement quelles étaient, dans ce temps-là, les relations des Vénètes avec Rome; il fallait que ce fussent des relations de dépendance ou d'amitié; car ils marchèrent pour sa délivrance, lors de l'invasion des Gaulois (1), et ils renouvelèrent cette diversion toutes les fois que ces barbares attaquèrent les Romains (2).

Ce secours fut encore réclamé, lorsque Rome

---

(1) Polybe, liv. 2, chap. 4, attribue la retraite des Gaulois à cette diversion.

(2) Maffei, *Verona illustrata*. Sur toutes ces relations des Vénètes avec les Romains, on peut consulter le 8ᵉ livre *della Felicità di Padova*, dont l'auteur, Ange Portenari, entreprend de prouver que les Vénètes ne furent point sujets, mais amis de Rome.

fut menacée par les Boïens, les Insubres et les Gaulois transalpins. Le sénat envoya une ambassade aux Vénètes, pour obtenir qu'ils fissent une irruption sur les terres de l'ennemi; irruption qu'ils opérèrent avec une armée de vingt mille hommes (1).

Ce fait prouverait que ce peuple était alors non-seulement indépendant, mais assez puissant.

Cependant, soixante et quelques années après, on voit Rome défendre le territoire des Vénètes comme une de ses provinces, et la Vénétie fournir un contingent à l'armée que les Romains opposaient à Annibal (2).

Aucun monument ne rend témoignage de la conquête de ce pays; aucun historien, parmi ceux qui sont parvenus jusqu'à nous, ne fait

---

(1) POLYBE, liv. 2, chap. 5.
Au nord des Vénètes (dit Strabon, liv. 5) étaient les Carniens, les Cénomaniens, les Abduaces et les Insubres. Quelques-uns de ces peuples furent les ennemis des Romains : mais les Cénomaniens et les Vénètes unirent toujours leurs armes à celles de Rome, et cela dès avant l'expédition d'Annibal.

(2) SILIUS ITALICUS, liv. 8. Dénombrement de l'armée romaine, avant la bataille de Cannes.

Tum Trojana manus, tellure antiquitus orti
Euganea, profugique sacris Antenoris oris
Necnon cum Venetis Aquileia superfluit armis

mention de sa réunion à l'empire. Il paraît qu'elle eut lieu dans les dernières années qui précédèrent la seconde guerre Punique. Les Romains n'établirent des colonies au-delà de la Chiesa que cent trente ans après cette réunion; enfin ils n'envoyèrent des magistrats dans la Vénétie que temporairement, et lorsque des circonstances extraordinaires réclamaient leur présence. Par exemple, en 577 (de Rome), Padoue étant en proie à des factions, Æmilius Lepidus y fut envoyé momentanément, pour rétablir le bon ordre.

Cet état de choses paraît avoir duré jusque vers le milieu du vii<sup>e</sup> siècle de Rome. A cette époque, les Cimbres se présentèrent sur les frontières de l'Italie; battus d'abord par le consul Papirius Carbon, ils pénétrèrent ensuite jusque dans le pays de Vérone, où ils défirent Catulus. Marius accourut pour réparer ce désastre. Cicéron loue les habitants de Padoue pour avoir embrassé la cause du Sénat dans la guerre contre Marc-Antoine, et pour avoir fourni de l'argent, des armes et des soldats (1). Depuis, la Vénétie

---

(1) Patavini alios excluserunt, alios ejecerunt missos ab Antonio; pecuniâ, militibus, et, quod maximè decrat, armis, nostros duces adjuverunt. (*Philippique* 12<sup>e</sup>.)

fut décidément réduite en province et soumise au gouvernement d'un préteur.

Dans cette nouvelle condition, elle partagea la destinée de l'empire. Ses villes furent admises au rang des villes municipales, elles participèrent au privilége de voter dans les comices. Les superbes monuments qui en décorent quelques-unes, notamment Vérone, attestent encore la présence et la domination des Romains. Les colonies de soldats se multiplièrent dans le pays, et le sénat de Rome se remplissait de Venètes (1).

Une nouvelle irruption des barbares eut lieu de ce côté, sous le règne de Marc-Aurèle. Il livra bataille, près d'Aquilée, aux Cattes, aux Quades et aux Marcomans, qu'il obligea de se retirer.

Les barbares, revenus une autre fois, pénétrèrent jusqu'à Ravenne. L'empereur Claude-le-Gothique les défit entièrement dans la Vénétie, et les força de repasser les monts ; mais ces irruptions, si souvent renouvelées, décidèrent les empereurs à entretenir constamment des armées sur cette frontière de leurs états, plus exposée qu'une autre aux invasions.

Tels sont les principaux événements qui in-

---

(1) Tacite, *Annales*, liv. 11.

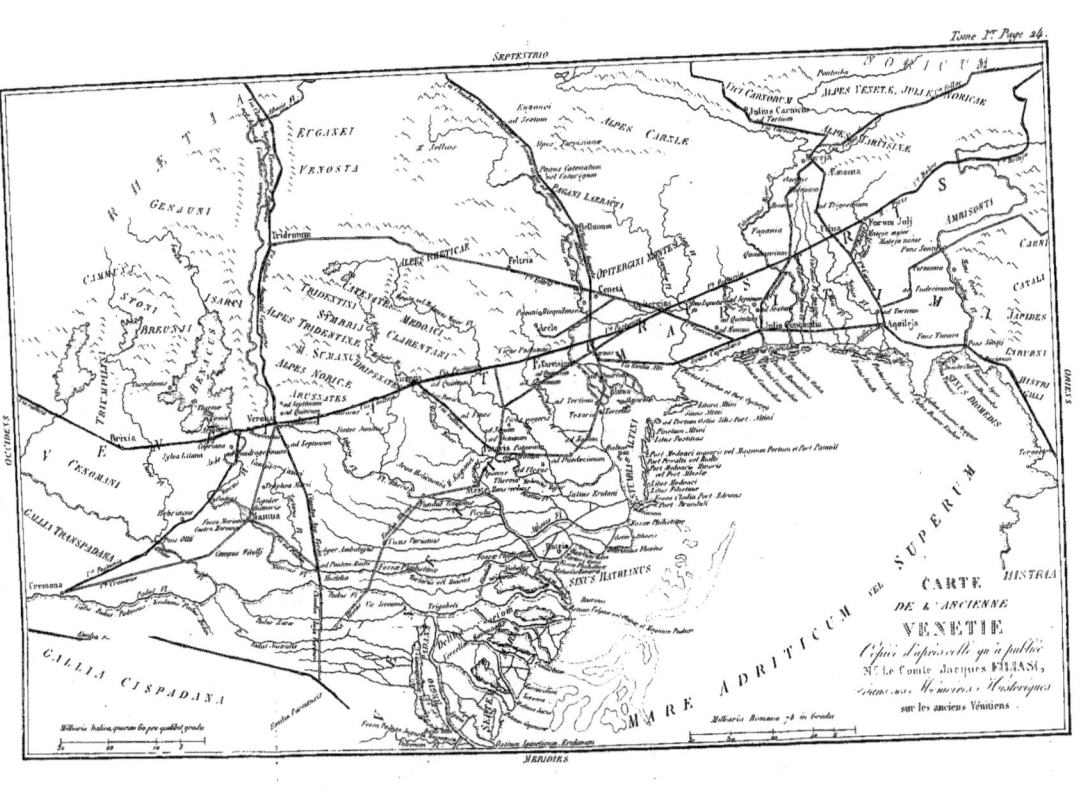

téressent le pays des Vénètes, jusqu'à la translation de l'empire romain en Orient. A cette époque, Constantin divisa l'empire en dix-sept provinces; la Vénétie en était une.

Les irruptions des barbares devaient devenir plus fréquentes et plus dangereuses, depuis que le siége de l'empire n'était plus en Italie. Les Goths, peuple septentrional, sortis, dit-on, de la Suède, et qui, après avoir occupé les plaines qui séparent la Vistule de l'Oder, s'étaient avancés jusques sur le Danube, firent une irruption en Italie, sous la conduite d'Alaric, leur roi, vers l'an 400 de l'ère chrétienne. Ils ravagèrent cette belle province, toujours exposée la première aux incursions de l'étranger.

V.
Invasion des Goths, sous la conduite d'Alaric. Ils prennent Rome. Les Vénètes cherchent un asyle dans les lagunes.
An 400.

Enhardis par l'impunité, ils revinrent quelques années après, et partagèrent leur armées en deux corps. L'un, que l'on disait fort de deux cent mille hommes, se porta sur la Ligurie, franchit les Apennins, et pénétra en Toscane; tandis qu'Alaric, avec le reste de ses troupes, se tenait à l'embouchure du Pô.

La cour d'Honorius était en alarmes. Stilicon, à la tête de l'armée impériale, surprit et détruisit entièrement celle qui était près de se rendre maîtresse de Florence. De là, il marcha contre Alaric, qui l'attendait près de Ravenne, et remporta sur ce prince une victoire long-temps disputée. Malgré ce double succès, Stilicon fut accusé de n'avoir pas mis, dans la poursuite des barbares, toute l'activité nécessaire pour en délivrer l'Italie. On attribua cette mollesse à des vues ambitieuses; des soldats qu'on lui envoyait pour renfort, eurent ordre de l'assassiner, et le lâche empereur se fit décerner le triomphe par un sénat aussi lâche que lui.

Alaric, délivré de cet habile adversaire, reprit tous ses avantages, poussa les vainqueurs jusqu'à Rome, et emporta d'assaut la capitale du monde, en 409. La mort le surprit au milieu de ses conquêtes. Ataulphe, son beau-frère, et son successeur, continua ses ravages dans l'Italie, pendant trois ans, et se décida enfin à repasser les monts.

Ces deux invasions si voisines l'une de l'autre, et la longue occupation de la Venétie pendant la dernière, laissaient prévoir une nouvelle irruption, et décidèrent quelques habitants de ce pays à chercher un asyle dans ce groupe d'îles que les fleuves avaient formées à quelque distance de la côte. Il y en avait une qui servait de port et d'entrepôt au commerce de Padoue, et qui par conséquent devait avoir déja quelques établissements maritimes, c'était Rialte. Les autres étaient désertes, incultes, et même peu susceptibles de culture. Ce fut là que les

Venètes effrayés vinrent transporter leurs richesses, ou sauver leurs familles et leurs vies, mais ces tristes plages ne pouvaient leur faire oublier le pays charmant qu'ils avaient abandonné aux barbares. Aussitôt que ceux-ci se retiraient, les exilés repassaient la mer, pour retrouver au moins ce que la rapacité des Goths leur avait laissé.

Cependant ces émigrations avaient procuré quelque population à Rialte. On commençait à y bâtir : un incendie qui dévora vingt-quatre maisons, fut l'occasion d'un vœu (1), et on y éleva, en 421, une église dédiée à saint Jacques. La ville de Padoue y envoya des magistrats annuels, avec le titre de consuls. On trouve, dans un vieux manuscrit (2), le plus ancien monu-

421.

---

(1) Sabellicus, décade 1, liv. 1$^{er}$.

(2) De la bibliothèque des camaldules du Couvent de Saint-Michel, près Venise, n°. 541, page 11. Ce manuscrit est intitulé *Varie notizie appartenenti alla origine di Venezia*. C'est un recueil qui avait été formé par un abbé des camaldules, appelé Fulgence Tomasellus. Le P. Mitarelli, qui a fait le catalogue de cette bibliothèque, transcrit cette pièce, ou du moins ce qu'on a pu en lire : « Anno a nativitate Christi ccccxxi in
« ultimo anno papæ Innocentii primi...... Aponencis, regno
« Pataviencium feliciter et copiose florenti, regentibus rem-
« publicam Galiano de Fontana, Simeone de Glausonibus,
« et Antonio Calvo, dominis consulibus, imperante Honorio

ment de l'histoire de Venise ; c'est un décret du sénat de Padoue, sous la date de 421, qui ordonne la construction d'une ville à Rialte, pour y rassembler, en une seule communauté, les habitants répandus sur les îles environnantes, afin qu'ils puissent y tenir une flotte armée, parcourir la mer avec plus de sûreté, et se défendre avec plus d'avantage dans leur asyle. Tels furent les commencement de la superbe Venise.

Un nouvel orage se formait ; on apprit qu'Attila, roi des Huns, sorti du fond de la Scythie, et dont le nom avait rempli de terreur la Mysie, la Macédoine, la Germanie et les Gaules, s'avançait vers les Alpes Juliennes, traînant à sa suite divers peuples barbares, et

---

« cum Theodosio filio Archadii, decretum est per consules
« et senatum Pataviencium ac delectos primores popularium
« ædificari urbem circa Rivoaltum, et gentes circumstantium
« insularum congregari ibidem, ad habitandam potius terram
« unam, quam plures portuales habere, classem paratam te-
« nere, exercere et maria perlustrare, et si casus bellorum
« accideret, ut hostium impotentia sociorum cogeret habere
« refugium...... Nam Gothorum multitudinem et instantiam
« verebantur et recordabantur quod anno Christi ccccxiii ipsi
« Gothi cum rege eorum Alarico venerant in Italiam, et ip-
« sam provinciam igne et ferro vastatam reliquerant et ad
« urbem processerunt, eam spoliantes..... »

Le bibliographe ajoute : « Reliquum legere non potui. »

menaçait de nouveau les belles contrées de la Venétie. Aquilée, Concordia, Padoue virent encore leurs citoyens fugitifs se jeter dans Rialte, ou sur les plages de Grado, de Caorlo, de Malamocco et de Palestrine. Les exilés d'Altino donnèrent à leur asyle le nom de Port de la Cité perdue (1).

L'ennemi parut devant Aquilée en 452. Cette place, qui était une colonie romaine, entreprit de se défendre (2); mais elle fut emportée et livrée au pillage et aux flammes. Concordia, Oderso, Altino, Padoue, voyant l'incendie de si près, se dépeuplèrent, et subirent le même sort qu'Aquilée. Le torrent des barbares se déborda dans l'Italie.

Attila était aux portes de Rome : il vit le pape saint Léon et le sénat, prosternés devant lui, implorer sa clémence ; et ce conquérant, satisfait d'en exiger un tribut, consentit à ne pas pousser plus avant, soit que le génie de Rome fût encore assez imposant pour remporter cette victoire, soit que l'ame d'Attila ne fût pas incapable de générosité, soit enfin que ce barbare n'eût pas même la curiosité de voir la capitale

---

(1) Sabellicus, décad. 1, liv. 1er.
(2) Le même auteur place le commencement de ce siége en 450, et prétend qu'il dura trois ans.

du monde. Il ramena bientôt après son armée dans la Pannonie. Ce départ parut si extraordinaire, qu'on eût recours pour l'expliquer à une vision miraculeuse, qu'il n'est pas de la gravité de l'histoire de rapporter.

<small>VII.
Première organisation de la nouvelle colonie.</small>

Les villes de la terre ferme avaient été dévastées; beaucoup de leurs citoyens, fatigués de ces fuites continuelles, n'ayant plus d'habitation sur le continent, se fixèrent dans les îles. Les autres sortirent des eaux pour aller voir s'il existait quelques débris de leurs anciennes demeures; mais il n'était pas naturel qu'également pauvres, ceux-ci cherchassent à dominer les insulaires, à qui peut-être bientôt ils allaient avoir à demander encore un asyle. Les anciennes villes ne réclamèrent aucune autorité sur la nouvelle colonie, et les réfugiés, réunis par le malheur, organisèrent leur société. Les diverses îles s'étant plus ou moins peuplées, il fut réglé que chacune élirait un magistrat, qui, sous le nom de tribun, serait chargé de l'administration et de la justice. Ces tribuns devaient être renouvelés tous les ans. Ils étaient comptables de leur gestion à l'assemblée générale de la colonie (1), qui avait seule le droit de prononcer sur les affaires de

---

(1) SABELLICUS, décad. 1, liv. 1$^{er}$.

la communauté. On voit que le gouvernement de Venise a commencé par une démocratie (1).

La pauvreté et le malheur ramènent à l'égalité. La nouvelle habitation de ce peuple transfuge ne lui offrait que du sel à recueillir. La pêche et le commerce étaient ses seules ressources. Ces professions conseillent l'économie et la simplicité des mœurs. Ces nouveaux concitoyens étaient de conditions fort différentes sans doute, mais tous n'avaient sauvé que des débris; aussi les anciens historiens font-ils un tableau touchant de cette société. Dans Venise naissante, disent-ils (2), les aliments étaient les mêmes pour tous, les habitations semblables.

Ces peuples avaient embrassé dès long-temps le christianisme : leurs calamités les y attachè-

---

(1) Le cavalier Soranzo, dans son *Traité du Gouvernement de Venise*, le dit formellement : « Prima se deve avvertire che la repubblica nacque nella popularità nella sua constitutione, e per molti centinaia d'anni si mantenne assolutamente vera democratia ; e ciò sin all' anno 1310. » « *Il Governo delle stato Veneto*. Manuscrit de la bibliothèque de Monsieur, n°. 54 ).

Cet auteur se trompe, en prolongeant la durée de la démocratie jusqu'à la révolution opérée au commencement du quatorzième siècle; car il y eut, dans l'intervalle, une suite de doges qui jouirent du pouvoir souverain.

(2) Sabellicus, décade 1, liv. 1er.

rent, et comme les Goths, premiers auteurs de leurs désastres, professaient l'hérésie d'Arius, les Venètes durent avoir horreur de ces nouvelles opinions.

VIII.
Invasion des Hérules sous Odoacre.
476.

Les pays que traverse le Danube semblaient être le dépôt des barbares qui devaient venir dévaster la Vénétie. Odoacre, roi des Hérules, envahit cette province en 476; battit l'armée que l'empereur Augustule avait envoyée contre lui, brûla Pavie, fit passer les légions au fil de l'épée, et tua de sa propre main leur général, qui était en même temps le père de l'empereur. Celui-ci courut de Ravenne à Rome, où il abdiqua sa dignité, et cette abdication mit fin à l'empire d'Occident.

On ne saurait dire avec précision quels avaient été jusques-là les rapports du nouvel état de Venise avec cet empire. Ce pays avait été province romaine, rien ne l'avait affranchi de cette dépendance; mais la translation du siège de l'empire à Constantinople, la faiblesse des empereurs qui occupèrent le trône d'Occident depuis Honorius jusqu'à Augustule, les invasions des barbares, le pillage des provinces, l'incendie des villes, la fuite de la population, relâchèrent nécessairement les liens qui attachaient les provinces au gouvernement d'une métropole qui ne les protégeait pas, et l'empire dissous, les Venètes réfugiés dans leurs îles, dûrent bientôt leur indépendance à leur pauvreté, à leur obscurité, et sur-tout au bras de mer qui les séparait du continent (1). Voyant dans les conquérants de l'Italie leurs ennemis les plus dangereux, ils devinrent les alliés naturels, ou, si l'on veut, les clients des empereurs d'Orient.

Dans leur isolement, ils étaient presque étrangers aux révolutions qui se passaient en Italie. Odoacre avait détrôné Augustule; il fut à son tour attaqué, battu, pris et assassiné par Théodoric, roi des Ostrogoths, après un règne de dix-sept ans.

IX.<br>Invasion<br>des<br>Ostrogoths<br>sous<br>Théodoric.<br>493.

Le passage de ces nouvelles troupes, les combats qu'elles se livraient, procuraient tous les jours de nouveaux citoyens à la république naissante. Elle n'avait pas encore un siècle d'existence, et déja son industrie, son commerce, sa modération, lui avaient acquis la considération de ses voisins.

Il nous reste un monument qui donne une idée assez exacte de l'état de Venise à cette épo-

X.<br>Lettre de<br>Cassiodore,

---

(1) His igitur omnibus manifestè apparet insulanos his primis temporibus sub nullius imperium ac dominationem subjectos, non plures quidem respublicas particulares, sed unius tantum habuisse reipublicæ formam. (*De formâ reip. Venetæ, liber Nicolai Crassi.*)

que. C'est une lettre que Cassiodore, ministre du roi Théodoric, eut occasion d'écrire aux magistrats de la nouvelle colonie, pour les inviter à faire effectuer le transport d'un approvisionnement d'huile et de vin, qu'il s'agissait de faire venir de l'Istrie à Ravenne. Cette lettre a été conservée (1); on ne peut mieux faire que de rapporter les expressions d'un contemporain :

<small>ministre de Théodoric, aux habitants des lagunes.</small>

« Cassiodore, sénateur et préfet du prétoire, « aux tribuns maritimes.

« La récolte des vins et des huiles ayant été « abondante en Istrie, des ordres viennent d'être « expédiés pour en faire arriver à Ravenne. Vous « avez un grand nombre de vaisseaux dans ces « parages. Mettez de l'empressement à faire ef-« fectuer ce transport. Ce trajet vous doit être « facile, par l'habitude que vous avez des voya-« ges de long cours. La mer est votre patrie; « vous êtes familiarisés avec ses dangers. Quand « les vents ne vous permettent pas de vous « éloigner, vos barques défient les tempêtes en « rasant la côte, ou en parcourant les embou-« chures des fleuves. Si le vent leur manque, « les matelots descendus à terre les tirent eux-« mêmes. On dirait, à les voir de loin, qu'elles « glissent sur les prairies. J'en ai été témoin, et

---

(1) CASSIODORI, *variar.* lib. 12, 24.

« je me plais à rappeler ici combien l'aspect de
« vos habitations m'a frappé. La louable Venise (1),
« pleine autrefois d'une illustre noblesse, a pour
« confins au midi le Pô et Ravenne : elle jouit
« de l'aspect de l'Adriatique vers l'orient. La
« mer, qui tantôt s'élève et tantôt se retire,
« couvre et découvre alternativement une partie
« de la plage, et montre tour-à-tour une terre
« contiguë et des îles coupées par des canaux.
« Comme des oiseaux aquatiques, vous avez
« dispersé vos habitations sur la surface de la
« mer. Vous avez uni les terres éparses, opposé
« des digues à la fureur des flots. La pêche suffit
« à la nourriture de tous vos habitants. Chez vous
« le pauvre est l'égal du riche : vos maisons sont
« uniformes; point de différence entre les con-
« ditions; point de jalousie parmi vos citoyens.
« Cette égalité les préserve du vice. Vos salines
« vous tiennent lieu de champs : elles sont la
« source de vos richesses, et assurent votre
« subsistance. On ne peut pas se passer de sel,
« on peut se passer d'or. Soyez diligents à tenir
« vos bâtiments prêts pour aller chercher les

---

(1) « Venetiæ prædicabiles, quondam plenæ nobilibus. »
L'auteur de la chronique attribuée à Sagornino, et publiée par
Zanetti, dit : « Æneti vero, licet apud latinos una littera ad-
« datur, græcè laudabiles dicuntur. »

« huiles et les vins en Istrie, aussitôt que Lau-
« rentius vous en aura donné avis. »

Cette lettre d'un ministre du roi des Ostrogoths aux magistrats d'une république de pêcheurs, est écrite en style de rhéteur, mais elle peint la simplicité, la sagesse, l'industrie et la prospérité de cet état naissant. On en a commenté les expressions avec beaucoup de soin, pour savoir ce qu'on devait en conclure pour la dépendance ou l'indépendance de Venise, relativement au maître de l'Italie (1).

Quoique pleine d'urbanité, elle contient évidemment un ordre. Les formules en sont impérieuses. Ce n'est pas ainsi que l'on demande un service à qui ne nous le doit pas. Il n'y est fait mention ni d'un paiement, ni d'un dédommagement quelconque. Dans un autre passage des lettres du même ministre, on voit le roi des Ostrogoths pourvoir aux besoins des insulaires dans un temps de disette (2).

Il serait difficile de croire que le conquérant, qui prétendait sûrement succéder à tous les droits d'Augustule, eût reconnu formellement l'indé-

---

(1) Voyez *De forma reipub. Venetæ, liber Nicolai Crassi*, et sur-tout le livre *De l'Examen de la Liberté de Venise*, chap. 2.

(2) Cassiodorus, *variarum* lib. 10, 26; lib. 12, 27.

pendance d'un état si nouveau, si faible et si voisin; et il est plus que probable que cet état, qui devait être alors plus jaloux de sa liberté réelle que de son indépendance politique, ne se refusait pas à payer quelques tributs au nouveau maître de l'empire d'Occident, ou à s'en acquitter par quelques services.

Les Vénitiens ont beaucoup écrit pour prouver l'indépendance absolue et immémoriale de leur patrie. Cette prétention a été vivement attaquée (1), probablement avec raison. Il n'est pas dans la nature des choses qu'une ville naissante, située si près d'un état puissant, ait été indépendante dans l'origine. Mais cela n'intéresse nullement la gloire de Venise. On sait bien qu'il n'y a d'indépendants que les forts. La gloire véritable est de l'être devenu.

Ce peuple eut bientôt après l'occasion de faire un acte de souveraineté. Il était obligé à la guerre. De nouveaux barbares, connus sous le nom d'Esclavons, le menacèrent sur son propre élément. Ils s'étaient répandus sur les côtes de l'Adriatique. Maîtres de l'Istrie, établis dans la vallée de Narenta, au fond du golfe de ce nom, ces brigands devinrent des pirates fort incommodes pour leurs paisibles voisins. Il fallut armer des vaisseaux

XI.
Première guerre des Vénitiens. Ils ont à se défendre contre les pirates de la côte opposée de l'Adriatique.

---

(1) Notamment dans le *Squittinio della libertà Veneta.*

pour les punir; et cette guerre, qui accoutuma la république à l'essai de ses forces, la mit en état de repousser par la suite des ennemis plus dangereux. Venise ne fut délivrée des Esclavons que long-temps après.

Protégée par des vaisseaux armés, jalouse de son commerce, elle fit un nouvel acte d'indépendance, en interdisant la navigation de ses lagunes aux peuples du continent voisin, et même à ceux de Padoue, son ancienne métropole.

XII. Modification dans le gouvernement de la colonie naissante et sa prospérité.

On conçoit facilement que, pour faire la guerre, pour donner de la vigueur au gouvernement, il fut nécessaire de resserrer les liens de l'administration, et de diminuer le nombre des chefs qui y prenaient part. Chacune des îles avait eu d'abord son magistrat, et ces magistrats, égaux entre eux, ne relevaient que du conseil général de la nation. Mais ces îles n'étaient pas toutes de la même importance. Il paraît qu'on accorda un pouvoir plus étendu, d'abord à un tribun, en 503, ensuite à dix en 574, puis à douze en 654, enfin à sept (1). Les magistrats des îles principales furent appelés tribuns majeurs; les autres, tribuns mineurs: ceux-ci relevaient des premiers.

---

(1) *De formâ reip. Venetæ*, Nic. Crassi lib. — *Chronica Veneta*, de François Sansovino.

On ne sait pas si l'assemblée générale se formait des uns et des autres, ou des tribuns majeurs seulement ; mais il est probable que ceux qui avaient déja exercé cette magistrature, et les citoyens les plus considérables avaient le droit d'y siéger.

On est réduit à des conjectures sur l'organisation politique de cet état naissant. Les notions sur ses moyens de prospérité ne sont guères plus positives.

Cette peuplade de fugitifs, qui s'était jetée précipitamment dans des îles désertes, ne pouvait y avoir apporté de grands moyens d'industrie ; mais elle sortait de villes naguère florissantes par le commerce.

Strabon vante les manufactures de Padoue, qui fournissaient à Rome une grande quantité de draps et d'autres étoffes. Aquilée faisait un commerce considérable avec la Pannonie, et l'on prétend que les marchandises qu'elle expédiait descendaient, par le Danube, jusque dans la mer Noire (1). Ces deux villes recevaient, par l'Adriatique, les productions de tout le littoral de la Méditerranée.

Il était naturel que les exilés portassent dans

---

(1) *Storia civile e politica del commercio de' Venitiani*, da Carlo Antonio MARIN. tom. I, lib. 1, cap. 5.

leur nouvel asyle quelques notions commerciales; mais leur industrie n'y trouvait qu'un petit nombre d'objets sur lesquels elle pût s'exercer. Les bancs de sable où ils venaient de s'établir étaient peu susceptibles de culture. Tout le sol qui n'était pas absolument ingrat fut sollicité par la main de l'homme, et fournit quelques plantes légumineuses, qui alimentèrent les marchés de la côte voisine. Les plages stériles étaient disposées pour recevoir les eaux de la mer, qui, en s'évaporant, y déposaient un sel recueilli sans travail, et par conséquent susceptible d'être donné au plus bas prix. Les barques des insulaires le transportaient le long des divers fleuves qui sillonnent le continent d'Italie.

La pêche fournissait une grande abondance de poisson : on ne dut pas tarder à s'apercevoir qu'il était possible d'en étendre le commerce dans les pays plus éloignés, en conservant ce poisson à l'aide du sel que la nature semblait offrir d'elle-même.

Tels furent les premiers objets que les habitants des lagunes eurent à fournir en échange de tout ce qui leur manquait. Tant que cette population fugitive ne fut qu'une colonie de Padoue, gouvernée par les magistrats de la métropole, elle ne dut trouver dans ce commerce que de faibles avantages : mais dès que les exilés furent devenus une nation, il y eut deux Venéties, la Venétie du continent et la Venétie maritime. Celle-ci, maîtresse de l'embouchure des fleuves, usa de son indépendance pour réclamer la navigation exclusive des lagunes, et dès-lors le commerce de Padoue et d'Aquilée dut déchoir au profit de la nouvelle colonie. Les ports de Grado, de Concordia, puis ceux d'Héraclée, de Caorlo, de Malamocco, enfin celui de Rialte, devinrent nécessairement les entrepôts de tout ce qui descendait des fleuves pour entrer dans l'Adriatique; et, d'un autre côté, les habitants de la Venétie maritime firent tout le bénéfice du transport sur les objets que la Venétie de terre-ferme tirait d'outre-mer. Le continent se voyait sans cesse exposé à de nouveaux ravages; les lagunes étaient l'asyle de la liberté; c'était encore une circonstance qui accroissait de jour en jour la prospérité des insulaires.

Ils eurent à craindre non-seulement pour leur commerce, mais pour leur indépendance, lorsque le roi des Ostrogoths, Théodoric, après avoir détrôné Odoacre, choisit pour sa résidence une ville de leur voisinage, en fixant le siége de son empire à Ravenne. Cette capitale devint tout-à-coup le principal marché de l'Italie. Heureusement pour les Vénitiens, elle n'avait pas une marine proportionnée à ce nouveau commerce, ils en devinrent les facteurs (1), et Théodoric les ménagea, parce que, plus d'une fois, il eut besoin d'avoir recours à eux pour l'approvisionnement de Ravenne. Mais cette ville se vit bientôt déchue du rang où la fortune sembloit l'appeler. La révolution qui expulsa les Ostrogoths de l'Italie, délivra la nouvelle république des inquiétudes que la puissance et la prospérité de Ravenne devaient lui donner. Attachée aux empereurs d'Orient par la crainte que lui inspiraient les conquérants de l'Italie, elle dut à cette liaison, conseillée par la politique, quelques occasions de fréquenter les ports du Levant, et son commerce y obtint des concessions qui devinrent la source de sa richesse.

XIII.
Expulsion des Ostrogoths par Bélisaire et par Narsès.
553.

C'est à l'époque où nous sommes arrivés qu'il faut rapporter la guerre par laquelle les Ostrogoths furent chassés de l'Italie. Cette guerre, qui dura près de trente ans, illustra les noms de Bélisaire et de Narsès; mais les campagnes de ces grands capitaines perdraient trop sous la plume d'un abréviateur. Cette révolution est du nombre de ces tableaux que l'historien ne doit présenter que dans les proportions convenables, pour en faire juger toute la grandeur. Cette guerre d'ail-

---

(1) *Ibid.* lib. 2, cap. 2.

leurs, qui décida du sort de l'Italie, n'intéressait pas immédiatement la république de Venise; ce nouvel état n'y prit aucune part. Seulement Narsès, arrivé devant Aquilée, jugea nécessaire de faire transporter son armée à Ravenne par mer, et demanda à cet effet des vaisseaux aux Vénitiens, qui les lui fournirent avec zèle; car ils étaient intéressés à voir l'Italie sous le gouvernement des empereurs d'Orient, plutôt que sous la domination des Ostrogoths.

Narsès passa par Rialte. Pendant son séjour, les habitants de Padoue lui envoyèrent une députation pour se plaindre des insulaires, qui leur avaient interdit la navigation des lagunes. Padoue demandait en même temps à être remise en possession de son ancien droit de souveraineté sur ces îles. Cette demande prouve que l'on ne mettait pas en doute la suprématie ou au moins la juridiction de l'empereur; mais le moment n'était pas favorable pour accueillir ces plaintes contre un état qui venait de rendre un grand service à l'empire. Narsès éluda la nécessité de prononcer et exhorta les deux parties à la paix ou à porter leurs différends à la cour de Constantinople. Bientôt les Padouans devaient aller demander un asyle à ceux qu'ils voulaient traiter en sujets.

Narsès, après des succès mémorables, éprouva

le sort réservé à tous ceux qui servent au loin une cour soupçonneuse. Il fut accusé, devint suspect, et se vit rappelé d'une manière outrageante; car on lui annonçait, dit-on, que pour ne pas le laisser sans occupation dans le palais, on lui donnerait le soin de distribuer le fil aux femmes. Indigné de ces mépris, il licencia la plus grande partie de ses troupes, ne remit à Longin, son successeur, qu'une armée peu considérable, et appela en Italie Alboin, roi des Lombards.

XIV.
Établissement des Lombards en Italie.
665.

Cette nouvelle irruption sépara pour toujours l'Italie de l'empire d'Orient. Les Lombards, qui venaient de la Pannonie comme tous les autres barbares, commencèrent leurs ravages par la Vénétie. Ce fut une nouvelle cause d'accroissement de population pour la république insulaire (1).

---

(1) Igitur Alboin Vicentiam Veronamque et reliquas Venetiæ civitates, exceptis Patavio et Montesilicis et Mantuâ, cepit. Venetia enim non solùm in paucis insulis, quas nunc Venetias dicimus, constat; sed ejus terminus a Pannoniæ finibus usque Adduam fluvium protelatur. Probatur hoc annalibus libris, in quibus Pergamum civitas legitur esse Venetiarum : nam et de lacu Benaco in historiis ita legimus, Benacus lacus Venetiarum, de quo Mintius fluvius egreditur; Æneti enim, licet apud latinos una littera addatur, græcè laudabiles dicuntur. Venetiæ etiam Histria connectitur et utræque pro unâ provinciâ habentur. Histria autem ab Histro

Les habitants d'Oderzo se réfugièrent à Jézulo, où ils fondèrent la ville d'Héraclée. Ceux d'Altino se jetèrent dans Torcello, ceux de Concordia à Caorlo, et Padoue qui, après être sortie de ses ruines, venait d'être détruite une seconde fois, vit ses citoyens contraints d'aller implorer un asyle à Rialte.

Il n'y eut plus d'espoir de retour. Les Lombards s'établirent dans le pays qu'ils venaient d'envahir. Les petites îles qui environnaient Rialte se peuplèrent. La religion catholique étant persécutée par les Lombards, qui étaient ariens, plusieurs évêques allèrent s'établir dans les îles.

Le patriarche d'Aquilée s'était réfugié à Grado : le roi des Lombards voulut qu'Aquilée eût un patriarche, ce qui produisit un schisme, et, vingt-cinq ans après, en 630, le patriarche de terre-ferme fit une descente à Grado, tua ce qui lui résista, pilla la cathédrale, et revint à Aquilée

XV.
Établissement à Grado du patriarche fugitif d'Aquilée. 605.

flumine cognominatur, quæ secundum romanam historiam, amplior quàm nunc est fuisse perhibetur. Hujus Venetiæ Aquileja civitas extitit caput, pro quâ nunc forum Julii ita dictum quòd Julius Cæsar negotiationis forum ibi statuerat, habetur.

Ce passage de l'Histoire des Lombards, par Paul Warnefride, plus connu sous le nom de Paul Diacre (*De gestis Longobardorum*, lib. 11, cap. 14), explique fort bien ce qu'on entendait par la Vénétie au milieu du viie siècle.

chargé de butin. C'était une guerre de pirate, et cette haine entre les deux archevêques devait durer plus de six cents ans.

Ces Lombards n'avaient aucune habitude du commerce ni de la navigation. L'industrie vénitienne tenait à quelques égards ces conquérants dans la dépendance de la république. La même différence se remarqua entre les Vénitiens et les Francs, qui renversèrent bientôt après le trône des rois lombards. Un historien, contemporain de Charlemagne (1), compare les vêtements grossiers de ce monarque et de ses courtisans avec la pourpre de Tyr, les étoffes de soie, les plumes que les marchands de Venise apportaient des ports de Syrie, de l'Archipel et de la mer Noire.

Les événements qui pouvaient intéresser particulièrement la nouvelle république, pendant les deux ou trois premiers siècles de son existence, n'ont pas été recueillis. Une ville naissante, pauvre, toujours dans les alarmes, ne devait pas attirer l'attention des historiens étrangers, et ne pouvait pas en trouver parmi ses habitants (2).

XVI. Changement dans

Cependant l'accroissement de la nation avait amené une diversité d'intérêts. Il avait augmenté

---

(1) Éginard.
(2) Ce sont à-peu-près les expressions de Bernard Justiniani. (*Hist. de Venise*, lib. 5.)

l'importance des magistrats; ceux-ci en abusèrent, le mécontentement éclata, les partis se formèrent, et ces divisions menaçaient d'entraîner la perte de la république. L'assemblée de la nation fut convoquée à Héraclée pour remédier à ce danger. On était généralement irrité contre les tribuns, qui administraient les affaires de l'état depuis près de trois siècles. Un pouvoir divisé entre tant de mains se trouva trop faible à une époque où la république s'était accrue, où sa prospérité lui avait fait des ennemis, et où l'approche du danger, l'inégalité des richesses. la rivalité des ambitions, faisaient fermenter tant de passions. On était bien décidé à changer cette forme de gouvernement. Elle maintenait la liberté, mais elle compromettait l'indépendance nationale. Christophe, patriarche de Grado, ouvrit l'avis de concentrer le pouvoir dans la main d'un chef unique, à qui on donnerait, non le titre de roi, mais celui de doge, c'est-à-dire duc. Cette proposition fut vivement accueillie, et on procéda sur-le-champ à l'élection de ce chef. On verra que le dogat sauva l'indépendance, et compromit la liberté. C'était une véritable révolution; mais nous ne savons point par quelles circonstances elle fut amenée. Plusieurs historiens disent que ce changement n'eut lieu qu'après que les Vénitiens en eurent obtenu

la forme du gouvernement; création d'un doge à vie.

697

la permission du pape et de l'empereur. Les suffrages se réunirent sur Paul-Luc Anafeste, d'Héraclée, l'an 697 de l'ère chrétienne (1). On dit

---

(1) Je trouve dans une notice que M. le conservateur de la bibliothèque Riccardi a eu la bonté de m'envoyer sur un manuscrit intitulé : *La Cronica della magnifica città di Venezia, et come fù edificata, ed in che tempo, e per chi*, in-f°, n° 1835, le passage suivant qui est le sommaire de l'un des chapitres de cette chronique, *dell' universal conseglio che fù fatto per voler far officiali, rectori, zudeci, et uno che sia capo de tutte le* XII *provincie, e meṣegli nome M. lo Dose, e fù questo del* 440.

Il résulterait de ce passage, 1° que l'état de Venise se composait à cette époque de douze provinces, c'est-à-dire de douze îles principales ; 2° que, dès l'an 440, on avait créé un magistrat suprême, un chef du gouvernement pour toutes les îles, avec le titre de *Messer le Doge*.

Je ne m'arrêterai pas à la division de ce petit état en douze provinces. Le nombre des îles était beaucoup plus considérable ; et nous avons vu que les chefs des principales formaient un conseil qui gouvernait la république. Leur nombre varia suivant le degré d'importance que les diverses îles acquirent.

Quant à la création du doge en 440, elle est plus difficile à admettre. D'abord nous voyons par un document cité ci-dessus, qu'en l'an 421 la république insulaire était encore sujette de Padoue. Il n'est guère vraisemblable qu'entre cette époque et celle de l'invasion d'Attila, qui eut lieu en 452, les habitants de la côte, réfugiés dans les îles, aient imaginé de se donner un gouvernement central ; aussi les historiens nous apprennent-ils que chacune avait son magistrat ou ses

que le choix fut fait par douze électeurs, dont il est juste de rapporter les noms, parce que plusieurs sont devenus illustres : Contarini, Morosi, Badoaro, Tièpolo, Michieli, Sanudo, Gradenigo, Memmo, Falieri, Dandolo, Polani et Barozzi. Ainsi Venise passa en un jour de l'état de république démocratique, à celui de monarchie élective. Le doge était à vie. Il avait des conseillers, mais il les nommait; il pourvoyait à toutes les charges, prenait la qualité de prince, et décidait seul de la paix et de la guerre. Les historiens vénitiens se sont fait un point d'honneur de prouver que, par ce changement, Venise

---

magistrats. Vinrent ensuite les Hérules en 476, et les Ostrogoths en 493. On dit qu'en 503 les Vénitiens imaginèrent de confier momentanément l'autorité principale à un de leurs tribuns ; mais ensuite on en appela dix, douze, sept, à en partager l'exercice.

Tous les historiens, excepté celui-ci, dont nous ne savons pas le nom, placent la création du dogat à la fin du VIIe siècle. Il est naturel de penser que les Vénitiens furent déterminés à resserrer le lien politique qui les unissait, par le danger que leur faisait courir l'établissement des Lombards en Italie, lequel date de 665. Enfin l'auteur de cette chronique se trompe évidemment lorsqu'il dit qu'on donna à ce premier magistrat le titre de *Messer le Doge*. Ce titre ne fut imaginé qu'à la fin du XIVe siècle, quand on voulut amoindrir le pouvoir et la considération du chef de la république.

n'avait perdu ni son titre de république, ni sa liberté. Ceci ne serait qu'une dispute de mots: qui gouverne seul est un monarque; la liberté n'est pas impossible dans la monarchie ni la tyrannie dans la république: Venise elle-même nous fournira l'un et l'autre exemple. Pour se faire une idée assez exacte de la puissance du doge au moment de cette création, il suffit de jeter les yeux sur ce passage d'André Dandolo, au sujet des prérogatives ducales (1) : « On décréta unanimement que le duc gouvernerait seul : qu'il aurait le pouvoir de convoquer l'assemblée générale dans les affaires importantes, de nommer les tribuns, de constituer des juges, pour prononcer dans les causes privées, tant entre les laïques qu'entre les clercs, excepté dans les affaires purement spirituelles. C'était devant le doge qu'on en appelait lorsqu'on se croyait lésé.

---

(1) Unanimiter decreverunt solum ducem præesse, qui æquo moderamine populum gubernaret et jus atque potestatem haberet in publicis causis generalem concionem advocandi, tribunos etiam et judices constituendi, qui in privatis causis, exceptis in his spiritualibus, tam clericis quam laïcis, æquabiliter jura tribuerent, ita tamen quod paratis quandocumque libeat ducis remedium implorare. Ejusque jussione clericorum concilia et electiones prælaturarum a clero et populo debeant inchoare, et electi ab eo investitionem accipere et ejus mandato inthronisari.

C'était par son ordre que les assemblées ecclésiastiques avaient lieu. L'élection des prélats se faisait par le concours du clergé et du peuple, mais ils recevaient l'investiture du duc et n'étaient intronisés que sur son ordre. »

Ce passage ne parle point du droit de faire la paix et la guerre; mais les exemples ne nous manqueront pas pour prouver que les doges en jouissaient, et nous en verrons plusieurs engager, sans son aveu, la république dans une guerre pour leurs intérêts de famille.

Sans doute il n'était pas naturel que des hommes sages, courageux, voulussent se donner un maître. Quand on a joui de l'indépendance, on n'en peut plus faire volontairement le sacrifice. Mais il y avait désordre dans l'état, haine contre les magistrats actuels, rivalités d'ambition, menaces de l'étranger, péril imminent; et les passions conseillent toujours des partis extrêmes.

On ne voit pas comment les lois étaient délibérées, comment les impôts devaient être établis. Ces théories n'avaient pas encore été analysées. Il est probable que le peuple concourait plus ou moins immédiatement à ces délibérations. Mais, quoiqu'il en soit, l'excès de la confiance accordée au dépositaire du pouvoir ne fut que trop prouvé, dans la suite, par les tentatives de beaucoup de doges pour rendre cette dignité héréditaire dans leur famille, par la mort violente de plusieurs, et par les changements que subit enfin la forme de l'autorité.

XVII. Règne de Paul-Luc Anafeste, premier doge. Traité avec les Lombards.

Il est ordinaire que ceux que la fortune appelle les premiers à gouverner un état soient de grands hommes. Le premier duc de Venise réussit à faire cesser les divisions qui déchiraient la république. Héraclée était alors le centre du gouvernement et la résidence du prince. Paul-Luc Anafeste fit construire des arsenaux, s'assura d'un nombre de vaisseaux suffisant pour écarter les pirates, et, dans la vue d'obtenir une entière sécurité du côté du continent, conclut avec le roi des Lombards un traité par lequel les Vénitiens conservèrent la possession de la côte qui s'étend entre la grande et la petite Piave (1).

---

(1) Muratori, dans la seconde de ses savantes dissertations (tom. I, pag. 56), parle de ce traité en cherchant à déterminer quelles étaient les limites du royaume de Lombardie. Voici ses expressions : « Avant Charlemagne, le royaume des Lombards touchait, par le duché du Frioul, aux limites de la Pannonie, et de l'autre côté à l'Istrie qui alors appartenait à l'empire grec. On parvint, après de longues guerres, à une démarcation de frontières entre les deux états, et, sous le règne de Luitprandt, Paul Luc, duc de Venise, et Marcel, maître de la milice, portèrent leurs limites jusqu'à la Ville-Neuve, où devait aboutir le royaume des Lombards, c'est-à-dire jusqu'à

On ajoute même que ce traité renfermait des clauses favorables au commerce des Vénitiens, et leur assurait déja des priviléges dans la Lom-

---

la Piave, que quelques-uns ont prise mal-à-propos pour l'Anassus. Cela se voit dans les traités qui furent faits en 983 entre l'empereur Othon II et le duc de Venise Tribuno. Othon s'exprime ainsi : « Nous avons établi la limite à la Ville-Neuve comme elle avait été marquée autrefois entre le roi Luitprandt, et le duc Paul Luc et le maître de la milice Marcel, c'est-à-dire de la grande Piave à la Piave sèche. »

« Les mêmes expressions se retrouvent dans d'autres diplômes signés par les rois d'Italie ou les empereurs, d'une part, et par les ducs de Venise d'autre part. André Dandolo nous l'avait appris dès long-temps dans sa chronique, où il dit : Le duc Paul Luc fit un traité d'amitié avec le roi Luitprandt, par lequel les Vénitiens obtinrent plusieurs immunités sous le maître de la milice Marcel. Leurs frontières furent marquées à Héraclée qui, ayant été ruinée, est devenue ensuite la Ville-Neuve, c'est-à-dire de la grande à la petite Piave. Cependant il se pourrait que cette démarcation des limites n'eût été établie que pour la partie de la terreferme aboutissant à la mer; car il serait facile de prouver par d'autres témoignages qu'Opitergium, aujourd'hui Oderzo, Cividad, et d'autres villes au-delà de la Piave, étaient soumises aux Lombards.

« A partir de l'Histrie, et en tirant vers le sud-ouest, tout le littoral de l'Adriatique jusqu'à Ravenne, y compris Commacchio, appartenait aux rois de Lombardie, sauf quelques ports et quelques lagunes; mais il est certain que la ville de Venise et les îles adjacentes ne faisaient point partie de ce royaume. »

bardie (1). Le doge fit bâtir des forts à l'embouchure de ces fleuves, et, après vingt ans d'un règne dont rien ne troubla la paix, il laissa Venise tranquille, florissante et respectable.

{Marcel Tegaliano, doge. 717.} Marcel Tegaliano d'Héraclée lui succéda, en 717, dans sa dignité et dans ses sages maximes. Aucun évènement mémorable n'illustra son administration (2). Il laissa le trône ducal en 726 à Urse.

{Urse, doge. 726.} Celui-ci était d'un caractère entreprenant, belliqueux. Il exerça la jeunesse vénitienne aux armes, et chercha l'occasion de lui faire faire l'essai de son courage. Cette occasion se présenta bientôt.

{XVIII. Entreprise des Vénitiens contre les Lombards, pour rétablir l'exarque de Ravenne.} Le roi des Lombards, Luitprandt, s'était emparé de Ravenne. Cette ville était gouvernée sous l'autorité de l'empereur d'Orient, par un ministre qui prenait le titre d'exarque. L'exarque se réfugia à Venise. Le duc l'y accueillit; et le pape, qui avait un grand intérêt à empêcher les progrès des Lombards, écrivit au prince pour réclamer ses secours en faveur de l'illustre exilé. Cette lettre était adressée au duc des Vénitiens :

---

(1) *Storia civile e politica del commercio de' Veneziani*, da Carlo Antonio MARIN, tom. I, lib. 3, cap. 5.

(2) SABELLICUS, *Hist. Venet.* décad. 1, liv. 1.

« Le Seigneur a permis, à cause de nos pé- *Lettre du pape à ce sujet.*
« chés, disait le pape, que l'infidèle nation des
« Lombards s'emparât de la cité de Ravenne, si
« éminente entre les églises. Nous avons appris
« que notre cher fils, le seigneur exarque, s'é-
« tait réfugié à Venise : nous exhortons votre
« noblesse à adhérer à sa demande (1), et à
« prendre les armes en notre considération ;
« afin de rendre à son ancien état la ville de
« Ravenne, si recommandable par son zèle pour
« notre sainte foi, et de la rétablir sous la puis-
« sance de nos chers fils et seigneurs (2), les
« grands empereurs Léon et Constantin. »

On voit que le pape ne suppose point que le concours des Vénitiens dans cette affaire fût un devoir envers l'empire, et qu'il s'adresse directement au duc, au duc seul, sans faire mention d'aucune autre autorité.

Urse ne demandait pas mieux que de se rendre à cette prière ; cependant la circonstance était délicate. D'un côté on était en paix avec les Lombards ; on avait traité récemment avec

---

(1) *Debeat nobilitas tua ei adhærere*. La Chronique attribuée à Sagornino, rapporte cette lettre; mais, dans cette Chronique, la lettre est adressée au patriarche de Grado, et non au doge. On peut fort bien supposer que le pape avait écrit à l'un et à l'autre.

(2) *Dominorum filiorumque nostrorum*.

eux ; on devait craindre de s'attirer, par une agression injuste, l'inimitié de voisins si puissants ; de l'autre, ces voisins étaient déjà des ennemis ; si on les laissait maîtres de Ravenne, ils n'en étaient que plus dangereux. On ne leur avait pas promis de voir leur usurpation sans en prendre de l'ombrage ; et il était utile, instant, de les obliger à se renfermer dans leurs limites. L'occasion était favorable, leur roi Luitprandt était occupé ailleurs ; Ravenne était mal gardée, sans défense du côté de la mer ; le pape et les empereurs sauraient gré aux Vénitiens de cette entreprise, dont le succès n'était pas douteux.

Ces raisons furent exposées dans une assemblée où on fit lecture de la lettre du pape, où l'exarque se présenta lui-même pour solliciter les secours ; et il fut résolu qu'on les lui accorderait. On arma diligemment une flotte, et pour donner le change, on répandit de faux bruits sur sa destination. L'exarque feignit d'être chassé par les insulaires. Il se retira vers Imola où il rassembla quelques troupes, comme pour attaquer cette dernière ville. Tout-à-coup il se présenta devant Ravenne, presque au même instant où les Vénitiens, sortis la veille de leur port, jetaient l'ancre à la vue de la place. Le débarquement s'opère. Les Lombards surpris ne savent de quel côté faire face. Tandis que l'exarque s'avance, les Vénitiens appliquent leurs échelles aux murailles, enfoncent une porte voisine de la mer; les troupes de l'exarque pénètrent aussi; des deux chefs lombards, l'un est tué, l'autre tombe vivant au pouvoir des assaillants; Ravenne est reconquise. Ce fut par ce coup de main que les Vénitiens firent le premier essai de leurs forces. Il est probable que ce fut à cette occasion, et en récompense de ce service, que leur doge reçut de l'empereur d'Orient le titre d'Hypate, titre qui répondait à celui de consul, mais qui ne désignait cependant qu'une charge du palais.

Urse conçut un tel orgueil de cette victoire, que les peuples furent bientôt révoltés de ses caprices et de sa hauteur. Les dignités nouvellement établies sont toujours un poste difficile et périlleux. Héraclée fut troublée pendant deux ans par les partisans et les ennemis du doge. Enfin le peuple assaillit son palais, et l'égorgea. Il avait régné onze ans.

XIX. Révolution dans l'état; le doge Urse est massacré; abolition du dogat; création d'un magistrat annuel sous le nom de maître de la milice. 737.

L'expérience que l'on venait de faire des inconvénients de la puissance ducale, inspira de nouvelles idées. On sentait bien la nécessité de mettre un magistrat à la tête des affaires de la république; on ne diminua point sa puissance, mais on en limita la durée, et on voulut que le chef de l'état fut renouvelé tous les ans. Les noms de tribun et de duc étant devenus également odieux, on choisit, pour désigner cette nouvelle dignité, le titre de *maître de la milice*.

On élut successivement à cette charge, Dominique Leo, Felix Cornicula et Theodat Urse, fils du dernier doge. Il fut rappelé de l'exil pour venir gouverner sa patrie. Ce choix prouve que cette famille avait encore un parti; et ce qui confirme cette opinion, c'est que l'exercice de Theodat fut prolongé d'un an. Julien Cepario le remplaça, et eut pour successeur Jean Fabriciatio.

XX.
Nouvelle révolution; rétablissement du dogat. Théodat Urse, doge. 742.

Ces magistratures temporaires nécessairement faibles, ces élections qui revenaient si souvent, n'étaient pas propres à calmer les factions qui divisaient la république. Le parti qui avait fait rappeler le fils du dernier doge, ne cessait de faire des efforts pour reconquérir l'autorité. Il paraît que ce parti conservait une grande influence dans Héraclée. On ne sait pas quelles étaient les raisons de mécontentement que l'on avait contre le maître de la milice Jean Fabriciatio, mais un jour le peuple, ou des factieux l'assaillirent avec fureur, lui crevèrent les yeux, et le déposèrent.

Héraclée étant en proie aux discordes, on convoqua l'assemblée de l'état à Malamocco, ce qui indique qu'on cherchait à diminuer l'influence du parti de Theodat. Cependant cette faction réussit à faire rétablir l'autorité ducale, et à en faire investir ce même Theodat Urse, fils du dernier duc, en 742. Il y a apparence qu'il était protégé par la cour de Constantinople, car il était revêtu du titre d'Hypate, comme son père.

Theodat Urse, soit qu'il jugeât le séjour d'Héraclée trop dangereux, soit qu'on lui eût imposé cette condition en le nommant, fixa sa résidence à Malamocco. Il renouvela les traités d'alliance avec les Lombards, qui n'avaient pas jugé à propos de témoigner leur ressentiment de l'entreprise de son père sur Ravenne. Ils s'en étaient vengés sur l'exarque, avaient repris cette place, et poussé leurs conquêtes en Italie. Le nouveau doge ne prit aucune part à cette guerre. Un règne de treize ans, assez tranquille, semblait devoir calmer les factions, lorsqu'une circonstance, qui n'avait rien en soi de remarquable, leur fournit une nouvelle occasion d'éclater.

Le dernier traité avec les Lombards avait procuré aux Vénitiens la possession de quelques côtes qui s'étendaient jusqu'à l'Adige. Theodat crut qu'il était nécessaire de faire fortifier un point à l'embouchure de ce fleuve, et il ordonna d'élever une forte tour dans l'île de Brondolo.

Ses ennemis feignirent d'en prendre de l'ombrage. Ils répandirent que cette fortification n'avait pas tant pour objet de repousser les étrangers, que d'opprimer le peuple. Un séditieux, nommé Galla, ameuta ceux chez qui ces imputations pouvaient trouver quelque créance; et un jour que Theodat revenait de visiter les travaux, il fondit sur lui avec une troupe de gens armés, et lui fit subir le sort de Fabriciatio, son prédécesseur. Cette cruauté devint un usage, et plusieurs doges furent, comme celui-ci, privés de la vue en même temps que de leur dignité.

*Galla, doge. 755.*

Par un autre acte de violence, Galla s'empara de la dignité ducale; mais, ne s'y croyant pas solidement affermi, il fit procéder à l'élection, et inspira assez de terreur pour se faire confirmer. Il usa de son pouvoir aussi indignement qu'il l'avait acquis. Son insolente tyrannie devint bientôt insupportable. Il n'y avait pas encore un an qu'il régnait : on se saisit de lui, et il éprouva à son tour la honte de la déposition, le malheur de la cécité et de l'exil.

*Création de deux tribuns.*

L'atrocité des remèdes faisait juger de l'énormité du mal. On sentit la nécessité d'apporter quelques tempéraments à une autorité jusquelà trop peu définie, et on adjoignit au doge deux tribuns, sans l'avis desquels il lui fut interdit de rien entreprendre. Malheureusement on fit en même temps un choix qui ne permettait pas d'espérer que ces deux conseillers pussent jouir d'aucune influence.

Dominique Monegario, qui venait d'être élu doge (en 756), était un homme féroce, persuadé qu'il est de l'essence d'un prince d'être absolu. Il semblait qu'on lui eût fait une injure en limitant l'autorité qu'on lui donnait. Il affecta le plus grand mépris pour les conseils. Pendant huit ans, il fatigua les Vénitiens de la tyrannie la plus capricieuse : enfin on s'en délivra, comme de ses prédécesseurs, et avec la même cruauté.

<small>Dominique Monegario, doge. 756.</small>

Le doge, qui lui succéda, avait la qualité la plus desirable dans ceux qui sont revêtus du pouvoir, la modération.

<small>Maurice Galbaio, doge. 764.</small>

Maurice Galbaio, citoyen d'Héraclée, fut de ces princes dont la mémoire ne s'est point conservée par des faits éclatants, mais par les bénédictions des peuples. La douceur de ses mœurs, et la sagesse de son administration, les lui méritèrent pendant vingt-trois ans. L'évènement le plus important de son règne, fut l'érection d'un siége épiscopal, qui fut placé dans la petite île d'Olivolo, l'une de celles qui entourent Rialte. Rien ne prouve mieux le mérite de ce doge, et la justice que lui rendaient les Vénitiens, que la faute politique que la confiance leur fit com-

<small>Il associe au dogat son fils Jean.</small>

mettre. Il y avait quatorze ans qu'il régnait : il avait un fils qu'il aimait tendrement, dont il cultivait les dispositions, et qui annonçait les qualités les plus heureuses. Il eut la faiblesse, bien excusable dans un père, et bien ordinaire dans le chef d'une illustre maison, de desirer que ce fils lui fût associé de son vivant. Les Vénitiens s'empressèrent de donner cette marque de leur reconnaissance à ce prince si vertueux. Il vit son fils Jean associé à sa dignité, et pendant neuf ans encore il partagea avec lui les soins du gouvernement.

XXI. Expulsion des Lombards par les armées de Charlemagne.
774.

Sous le règne du père, la colonie avait été tranquille et heureuse; elle avait même obtenu place dans un traité conclu entre Pepin et l'empereur d'Orient, où il avait été stipulé qu'elle serait indépendante de l'un et de l'autre empire (1). Ainsi la liberté de Venise s'affermissait, pendant que l'Italie et le monde changeaient de face, que les armées de Charlemagne passaient les Alpes, et que le trône des Lombards s'écroulait. Il y a même des historiens (2) qui préten-

_____

(1) MACHIAVEL, *Histoire de Florence*, liv. 1.

(2) Trovandosi in detto tempo Carlo rè di Francia all' assedio della città di Pavia, ed essendo stato all'assedio alcuni mesi, mandò a domandare ajuto al doge al suo consiglio. Dove che furono armate molte barche, le quali furono man-

dent que ce prince avait réclamé le secours des barques vénitiennes, pour accélérer la reddition de Pavie. La conduite du nouveau doge attira sur la république un terrible orage.

Jean était de ces caractères d'autant plus affermis dans le vice, qu'ils sont plus dissimulés. Il avait trompé son père et ses concitoyens : affranchi de cette retenue que la vertu de Maurice lui imposait (en 787), on ne trouva plus en lui qu'un prince avide, insolent, violent et livré aux plus infâmes débauches. Il fit pourtant confirmer par le nouveau conquérant de la Lombardie, le traité de limites conclu par ses prédécesseurs (1).

Après neuf ans de tyrannie, Jean trouva le

*Jean Galbaio*

---

date in Pò ed in Tesino. Col quale ajuto il detto rè Carlo ebbe Pavia e prese il rè Desiderio con tutta la Lombardia. Per la qual vittoria il detto rè Carlo concedette a' Veneziani molto degni privilegj e donò loro molte ville sul Padovano e Trevisano : le quali possessioni pagavano certo tributo al vescovo di Torcello, di Treviso, etc. *Hist. Veneziana* da Andrea NAVAGIERO.

(1) Il en est fait mention dans un diplôme de l'empereur Fréderic Ier, adressé à l'évêque de Torcello : *Quo statutus est terminus tempore Caroli inter Venetos et Longobardos unum caput exiens in fluvium Scile et alterum in fluvio Jario.* (*Codex Italiæ diplomaticus Johanis Christiani Lunig*, tom. 2, pars 2, sectio 6, VIII.)

*s'associe son fils Maurice.*

moyen de rendre son autorité encore plus insupportable, en demandant à la partager avec Maurice, son fils. Soit qu'on n'osât lui rien refuser, soit qu'on crût impossible de voir empirer le gouvernement, les Vénitiens y consentirent, et eurent à gémir, pendant une longue oppression, de la fatale condescendance qui tendait à rendre le dogat héréditaire dans cette famille. Comme son père, le jeune Maurice avait commencé par dissimuler ses vices. Assis tous les deux sur le trône, ils rivalisèrent d'infamie et de cruautés; les biens, les femmes et les filles des citoyens étaient fréquemment l'objet de leurs violences. Tout tremblait d'irriter des maîtres à qui le pouvoir paraissait assuré pour si long-temps.

*Attentat de Maurice contre le patriarche de Grado.*

Sur ces entrefaites l'évêché d'Olivolo, c'est-à-dire de Rialte, vint à vaquer. Jean fit choix d'un Grec pour remplir ce siège, ce qui devait scandaliser et blesser le clergé vénitien. Le patriarche de Grado refusa de sacrer le nouvel évêque qu'il regardait comme intrus. Le doge, courroucé de cette résistance, chargea son fils de la punir. Maurice se rendit à Grado, et fit précipiter le patriarche du haut d'une tour. Un pareil attentat, commis sur un personnage également vénérable par ses vertus et par le caractère dont il était revêtu, ne pouvait qu'exciter l'indignation du peuple. Telle était cependant la terreur que le doge avait su inspirer qu'on se borna à des murmures. Il donna le patriarchat à Fortunat, neveu du prélat assassiné, qui l'accepta sans renoncer à la vengeance.

Des calamités publiques vinrent se joindre à des malheurs privés déja si déplorables. Les eaux des fleuves s'élevèrent à une hauteur, qui menaça les îles des lagunes d'une entière submersion, et un vent du sud, qui refoula vers le fond du golfe les flots de l'Adriatique, couvrit toutes les terres à plusieurs pieds de hauteur. Deux villes, voisines l'une de l'autre, Héraclée et Equilo, eurent des différends dont on ignore le sujet; les deux partis en vinrent aux mains et la république vit dans son sein une guerre civile.

XXII. Conspiration du nouveau patriarche contre le doge.

Fortunat, le nouveau patriarche de Grado, crut que ce temps marqué par des désastres était favorable à l'exécution de ses projets contre les assassins de son oncle. De concert avec Obelerio, citoyen de Malamocco, tribun actuel, issu d'une famille tribunitienne, Demetrius Marmano et George Foscaro, il conspira contre le doge et son fils; mais la conspiration ayant été découverte, les conjurés se sauvèrent. Ils se partagèrent les rôles: Obelerio se tint à

Trévise, pour y être à portée de conserver des correspondances avec les mécontents : Fortunat alla à la cour de France avec le dessein d'inspirer à Charlemagne des soupçons ou de la jalousie contre le gouvernement de Venise (1).

Les conjurés attirent sur leur patrie les armes de Charlemagne et de Pépin, nouveau roi des Lombards.

Ces manœuvres furent secondées par tous les ennemis que la république pouvait avoir à la cour de Pépin, assis depuis peu sur le trône des rois lombards, et Venise se vit menacée par toutes les forces qui venaient de conquérir l'empire d'Occident. Charlemagne ordonna que tous les Vénitiens établis à Ravenne en fussent expulsés ; ils fréquentaient cette ville depuis deux cents ans ; ils y avaient des magasins, des comptoirs. Le pape Adrien I$^{er}$ seconda le ressentiment de l'empereur, en bannissant du territoire de l'église tous les sujets de la nouvelle république (2).

Selon quelques historiens, Charlemagne alla plus loin : il donna Venise au saint-siége. Si la pièce connue sous le nom de donation de Charlemagne à l'église était de quelque authenticité,

---

(1) *Storia civile e politica del commercio de' Veneziani di* Carlo Antonio MARIN, tom. II, lib. 1, cap. 2.

(2) L'abbé Tentori, dans son *Essai sur l'Histoire civile, politique et ecclésiastique de Venise*, rapporte la lettre du pape à Charlemagne, tom. II, dissert. 19.

nous aurions à examiner ici comment cet empereur avait pu comprendre dans ses libéralités envers le siége apostolique, la Corse, la Sardaigne, la Sicile, Venise, et plusieurs autres pays qui ne lui appartenaient pas; mais il est bien reconnu que toutes ces donations, dont on n'a jamais produit ni les originaux ni les copies, sont des pièces supposées. On n'a commencé à parler de celle de Charlemagne qu'un siècle après la mort du donateur; et l'histoire est sans doute dispensée d'expliquer un fait dont elle n'admet pas l'existence (1).

De sa retraite, Obelerio n'avait pas cessé d'entretenir des intelligences dans Venise, en même temps qu'il correspondait avec Fortunat. Une nouvelle conjuration se forma. Tout-à-coup les partisans d'Obelerio le proclamèrent doge; à ce signal le peuple se souleva; Jean et Maurice effrayés ne durent leur salut qu'à la fuite, et se refugièrent à Mantoue, en 804.

Du fond de son exil, Obelerio rentra dans sa patrie pour la gouverner. Il suivit le funeste exemple tracé par ses deux prédécesseurs. A peine parvenu à la dignité ducale, il se fit donner pour collègue son frère Béat, et même dans la suite

Obelerio, l'un des conjurés, doge. 804.

---

(1) Voyez l'*Essai sur la puissance temporelle des papes*, tom. I<sup>er</sup> de la 3<sup>e</sup> édition.

son second frère Valentin (1); tant on était impatient d'assurer le pouvoir dans sa famille. Parvenu au trône, il s'aperçut qu'en invoquant les secours de l'étranger il s'était privé de l'espoir de régner tranquille, et crut assurer son repos en soumettant sa patrie à payer un tribut au roi d'Italie (2). Mais ses intrigues et celles de Fortunat, dont l'objet était de tirer vengeance du crime de Jean et de Maurice, avaient appelé les armes de Pépin contre la république.

Jean et Maurice étaient déposés, exilés; ils ne se trouvaient plus dans les îles vénitiennes. Comme ce n'était pas pour les punir que Pépin avait armé, il ne renonça point à ses projets. Ainsi sont toujours trompés dans leur espoir ceux qui appellent l'étranger pour venger leur injure personnelle. On raconte fort diversement les circonstances qui amenèrent cette guerre. Les uns disent que Obelerio, chassé du trône par son frère Béat, se refugia à la cour de Charlemagne, dont il épousa la fille et dont il attira la colère sur sa

---

(1) Sabellicus, décade 1, livre 2.

(2) Fù forza di riconoscer detto rè e di darle per obbedienza lire 10 all' anno a lui e sui successori de censo e tributo perpetuo.—(*Sommario de diverse cose notabili concernenti la repubblica.*—Manuscrit de la Bibliothèque du Roi, n° 10124.

patrie. D'autres, et ceci est plus vraisemblable, racontent que Pépin, après s'être rendu maître de l'Istrie et du Frioul, voulut pousser ses conquêtes vers la Dalmatie (1). La coopération des Vénitiens lui eût été d'un grand secours. Il la réclama : Obelerio fit tout ce qu'il put pour les y déterminer; mais une saine politique ne leur conseillait pas de faciliter, sur la rive orientale du golfe, les progrès d'un conquérant qui en occupait déja la rive occidentale. Ils s'excusèrent de leur mieux; Pépin, irrité de ce refus, les traita en ennemis.

Son armée attaqua vivement Héraclée et Équilo, les emporta d'assaut, les livra aux flammes. Les Vénitiens épouvantés se tournèrent vers le doge, lui demandant quel usage il comptait faire du cré-

---

(1) 806. Statim post natalem Domini, venerunt Willeric et Beatus duces Venetiæ, nec non et Paulus dux Jaderæ, atque Donatus ejusdem civitatis episcopus, legati Dalmatorum, ad præsentiam domini imperatoris, cum magnis donis, et facta est ordinatio ab imperatore de ducibus et populis tam Venetiæ quam Dalmatiæ.

Annales regum francorum a tempore quo, Carolo Martello defuncto, Carlomanus et Pippinus fratres regnum adepti sunt, usque ad annum Christi 872.

Man. de l'abbaye de Saint-Bertin, inséré par Muratori dans ses *Rerum Italicarum scriptores*, tom. II, 1<sup>re</sup> partie. p. 506.

dit qu'il se vantait d'avoir auprès de Pépin. N'étaient-ils pas assez châtiés de n'avoir pas concouru, comme Obelerio le voulait, à livrer à ce conquérant toutes les côtes de l'Adriatique? Le doge sollicita le roi des Lombards de retirer ses troupes et l'obtint; mais Héraclée et Équilo étaient détruites, et leurs habitants furent obligés de se disperser sur les autres îles.

Cependant le dernier doge, quand il s'était vu menacé d'une attaque de la part du fils de Charlemagne, avait demandé des secours à l'empereur d'Orient (1). Nicéphore, qui occupait alors le trône de Constantinople, avait senti combien il lui importait de s'opposer aux progrès des nouveaux maîtres de l'Italie. Une flotte, sous les ordres de Nicétas, était partie dans ce dessein. Elle arriva dans le golfe. Obelerio ne put empêcher que les Vénitiens n'y joignissent leurs vaisseaux. La flotte combinée se montra sur divers points de la côte, pour disperser, en les attirant, les forces de l'ennemi; et tout-à-coup

---

(1) C'est probablement à cette circonstance que le président Hénault fait allusion dans son *Abrégé chronologique*, lorsqu'il dit (an 803): « L'état de Venise avait alors deux ducs, qui tous deux relevaient des deux empires; » la république ne pouvait pas avoir deux princes à-la-fois, et relever de deux empires différents.

vint jeter l'ancre devant Comacchio, que Nicétas ne croyait pas en bon état de défense. Les troupes attaquèrent la ville, et la trouvèrent pourvue d'une forte garnison. Cette garnison fit une sortie et tua beaucoup de monde à Nicétas, qui se vit obligé de se rembarquer précipitamment. La flotte, après avoir manqué son expédition, se retira à Malamocco.

On ne pouvait pas douter que Pépin ne cherchât à tirer vengeance de cette attaque. Venise fut dans la plus grande agitation, quand on apprit que le roi des Lombards assemblait à Ravenne des troupes et des vaisseaux. On venait d'éprouver combien les armes de Pépin étaient redoutables. Quelle honte pour le doge d'être réduit à proposer à ses concitoyens des soumissions, afin de conjurer l'orage que lui-même avait attiré sur eux! C'est une grande faute dans un chef de ne pas présumer assez du courage de son peuple. Cette circonspection l'expose à encourir le mépris. Les Vénitiens ne virent plus dans Obelerio qu'un prince qui trahissait la patrie. Ils le chassèrent, et, de peur qu'il n'allât encore les desservir auprès de Pépin, on le conduisit à Constantinople, et on relégua ses frères à Zara.

La république se trouvait sans chef. Le péril était imminent; les soldats de Pépin avançaient, ils avaient emporté la tour de Brondolo, les îles de Chiozza, de Palestrine; ils entrèrent dans Albiola; et Malamocco, la capitale des Vénitiens, le siège de leur gouvernement, ne voyait plus entre elle et l'ennemi qu'un étroit canal qui ne pouvait les arrêter (1).

C'est dans ces moments extrêmes qu'il appartient aux hommes d'un grand caractère de s'emparer d'une noble influence. Ange Participatio ouvrit l'avis de jeter toute la population de Malamocco dans Rialte, qui, séparée de l'ennemi par un bras de mer plus considérable, offrait plus de sûreté, et de se déterminer dans cette dernière retraite à une courageuse défense. C'était la neuvième ou dixième fois (2) que cette population fugitive abandonnait son asyle, se refugiant d'une île sur une autre, tantôt dans Aquilée, tantôt dans Rialte, dans Concordia, deux fois à Grado, puis à Albiola, et successivement à Torcello, Héraclée et Malamocco.

On se précipita dans des barques; et, lorsque Pépin, après avoir jeté un pont sur Malamocco, entra dans cette ville, il la trouva déserte. Le passage jusqu'à Rialte était plus difficile. Il y

---

(1) Sabellicus, décad. 1, lib. 2.
(2) *Epitome de l'origine et succession de la duché de Ferrare.* — *L'origine et les faits de Venise*, par Gabriel Syméon.

avait peu d'espoir d'affamer dans cette position un peuple qui avait tant de vaisseaux. Le roi fit sommer les Vénitiens de se rendre. Soit pour gagner du temps, soit pour éviter une action trop hasardeuse, ils lui envoyèrent des députés chargés de traiter à des conditions raisonnables. Pépin les reçut avec hauteur et exigea que Rialte se rendît à discrétion.

On dit qu'il essaya de jeter un pont de bateaux que les vaisseaux des Vénitiens détruisirent. Ils avaient pour commander leur flotte un homme d'une grande expérience, Victor, citoyen d'Héraclée. Le roi des Lombards se décida à forcer le passage avec ses vaisseaux. Ces bâtiments, rassemblés de divers ports de la côte, étaient beaucoup plus grands que ceux des Vénitiens, construits pour naviguer dans les bas-fonds des lagunes.

Lorsque Victor vit la flotte de Pépin s'avancer, au lieu d'aller à sa rencontre, il se rapprocha de la terre pour l'y attirer. Les vaisseaux des Lombards le poursuivirent vivement; mais la marée qui baissait les laissa bientôt dans l'impossibilité de manœuvrer. Alors les navires vénitiens, voltigeant autour de ces bâtiments immobiles, les attaquèrent avec avantage; tout ce qui se présentait sur le pont était accablé d'un déluge de traits. Des matières enflammées atteignirent plusieurs vaisseaux et les embrasèrent. Un vent qui s'éleva vint favoriser l'incendie et augmenter le désordre. Pendant tout le temps que les eaux restèrent basses, la flotte de Pépin demeura exposée à des attaques qu'elle ne pouvait repousser, et lorsque le flux vint relever les bâtiments que le feu n'avait pu atteindre, ces débris se refugièrent précipitamment dans le port de Malamocco.

Telle fut l'issue de cette entreprise du roi des Lombards. Il se vengea de ce mauvais succès sur les îles vénitiennes qu'il occupait; et, après les avoir inutilement saccagées, il se retira avec son armée sur le continent.

L'année suivante, en 810, un traité de paix fut conclu entre Charlemagne et l'empire d'Orient, et il y fut stipulé que Venise continuerait de faire partie de celui-ci. On voit que ce traité est contradictoire avec celui que j'ai cité plus haut, et que la république ne jouissait pas encore d'une indépendance politique absolue. Les deux grands empires semblaient ne pouvoir souffrir dans leur voisinage aucun état indépendant. Mais Venise devait préférer de relever de l'empereur de Constantinople, qui était moins à portée de l'opprimer et qui pouvait lui accorder tant de faveurs pour le commerce qu'elle faisait déja dans tout le Levant.

Les historiens français ont passé sous silence ou travesti cette expédition de Pépin. Ils disent qu'il châtia les Vénitiens, qu'il s'empara de leur capitale. Cela est vrai, puisqu'il pénétra jusqu'à Malamocco; mais il fallait ajouter que les Vénitiens battirent sa flotte et l'obligèrent à repasser la mer (1).

---

(1) L'auteur incertain du *Squitinio della libertà Veneta*, s'attache à prouver que cette victoire sur Pépin n'a jamais eu lieu; mais d'abord son impartialité est plus que suspecte, puisque cet ouvrage n'est qu'un pamphlet, fort spirituel à la vérité, contre la république de Venise; en second lieu, ses raisons paraissent tirées de fort loin, et peu solides. L'auteur des *Révolutions d'Italie*, Denina, se borne à dire au sujet de ce fait : *Tratto famoso e non ben sicuro della storia Veneta*.

Muratori, (2ᵉ dissertation, p. 61) a discuté ce fait avec sa sagacité et son érudition ordinaires. Il reconnaît que, dans les premières années du ixᵉ siècle, les Français, déja établis en Lombardie, portèrent leurs armes dans l'Istrie, dans la Dalmatie, et s'emparèrent de quelques îles voisines de Venise. Il indique les auteurs français qui ont raconté la conquête de Venise par Pépin, et notamment les annales de St.-Bertin, rapportées par Duchesne, dont voici le passage : « Eodem anno classis a Niciphoro imperatore, cui Niceta patricius præerat, ad recuperandam Dalmatiam mittitur. Anno proximè sequenti, 807, Nicetas, qui, cum classe Constantinopolitanâ, sedebat in Venetiâ, pace factâ cum Pippino rege, et induciis usque ad mensem augustum constitutis, Constantinopolim regressus est. Tùm anno 809, classis de

XXIV.
Règne du doge Ange Participatio.
809.

Ange Participatio, que d'autres appellent Particiatio, avait sauvé sa patrie par sa fermeté et son activité. De tels services lui donnaient à la dignité ducale des droits que tous ses concitoyens reconnurent. Un décret solennel prononça pour toujours l'exclusion d'Obelerio.

---

Constantinopoli missa primò Dalmatiam deinde Venetiam appulit. Itaque anno sequenti, 810, Pippinus rex perfidiâ ducum veneticorum incitatus, Venetiam bello terràque marique jussit appetere; subjectâque Venitiâ, ac ducibus ejus in deditionem acceptis, eamdem classem ad Dalmatiæ litora vastanda misit. »

Que résulte-t-il de ce passage ? que le duc était allé à la cour de Charlemagne, et y avait fait des soumissions à cet empereur. En effet nous savons qu'Obelerio s'était rendu à la cour de ce prince; mais pour implorer sa protection contre les Vénitiens qui l'avaient chassé. D'où il suit que les soumissions qu'il peut avoir faites, ne doivent pas être regardées comme des soumissions du peuple vénitien. Les Français avaient envahi l'Istrie et la Dalmatie. La flotte grecque vint pour leur disputer cette conquête. Cette flotte fut accueillie dans les ports des Vénitiens; de-là, le ressentiment de Pépin contre ce peuple; il saccagea leurs îles.

L'historien français ajoute, qu'il soumit Venise, et reçut la soumission des ducs: *Subjectâ Venetiâ ac ducibus ejus in deditionem acceptis*; mais à cette époque, il n'y avait pas encore d'île, de ville, que l'on appelât Venise. Ce nom était alors générique, et désignait tout le territoire de ce nouvel état. Il n'y avait pas plusieurs ducs, ou, pour mieux dire, il n'y en avait plus; car Obelerio et ses frères avaient été

Le nouveau doge était de la maison de Badovaro, que nous prononçons Badouer, originaire d'Héraclée. Il prenait les rênes du gouvernement au sortir d'une guerre terrible; une multitude de familles restaient sans fortune et sans asyle, plusieurs îles étaient désertes, beaucoup de villes étaient détruites. Nous verrons pour-

---

chassés une seconde fois. Les expressions de l'annaliste sont donc inexactes.

Voici maintenant la conclusion de Muratori, qui paraît fort judicieuse : « Il se peut que les armes victorieuses de Pépin l'aient rendu maître de quelques-unes des îles qui constituaient la province maritime appelée Vénétie; mais non de la ville qui, depuis, a été nommé Venise, et qui, dès ce temps-là, ne consistait peut-être que dans l'île de Rialte. Peu importe que les Français aient pénétré dans les autres îles : il est certain que la ville de Venise n'appartînt jamais au royaume de Lombardie. »

Les traditions de la poésie ne sont point à dédaigner pour l'histoire; voici un passage de l'Arioste où l'enchanteur Merlin retrace les guerres des Français en Italie, (Chant 33) :

Lor mostra appresso un giovane Pipino,
Che con sua gente, par che tutto copra
Dalle fornaci al lito Palestino,
E faccia con gran spese, e con lung' opra
Il ponte a Malamocco ; et che viccino
Giunga a Rialto, e vi combatta sopra,
Poi fuggir sembra e che suoi la sei sotto,
L'aque che'l ponte, il vento, e'l mar li an rotto.

tant ce prince, pendant une administration de dix-huit ans, ajouter à la splendeur de sa patrie, comme s'il eût reçu la couronne dans un temps de prospérité.

En lui confiant le gouvernement, on lui donna pour conseil deux tribuns qui se renouvelaient par élection d'année en année.

*Le siége du gouvernement est fixé à Rialte.*

Les évènements venaient de prouver que le siége du gouvernement était mal placé à Héraclée, qui avait été détruite plusieurs fois, et à Malamocco, qui venait d'être prise par les Lombards. Il semblait que les habitants des lagunes attendissent cette expérience pour s'occuper de l'embellissement de leur capitale. Rialte offrait plus de sûreté; elle avait été l'asyle de la liberté vénitienne; le gouvernement s'y trouvait transporté; les fugitifs y affluaient, et beaucoup projetaient de s'y fixer, pour être à l'abri de nouveaux dangers.

Il y avait autour de Rialte une soixantaine de petites îles que le doge fit joindre l'une à l'autre par des ponts. Elles se couvrirent bientôt de maisons. On les environna d'une enceinte, et ce fut alors que les descendants de cette peuplade de fugitifs donnèrent à cette ville naissante, qu'ils venaient de fonder au milieu d'un marais, le nom de *Venetia*, en mémoire des belles contrées d'où leur pères avaient été forcés de s'expatrier. La province a perdu son nom et est devenue sujette de la nouvelle Venise. Participatio fit bâtir une église cathédrale à Olivolo et un palais ducal sur le même emplacement qu'occupe celui d'aujourd'hui.

Ses soins pour la capitale ne l'empêchèrent pas de veiller aux intérêts des villes que la guerre avait détruites. Malamocco, Palestrine, Chiozza, sortirent de leurs ruines, et Héraclée, la patrie du doge régnant, entièrement rebâtie, prit le nom de *Città-Nuova* (1).

La paix de ce règne ne fut troublée que deux fois. Le patriarche d'Aquilée, secondé par les nobles de Frioul, fit une descente à Grado, et vint attaquer le patriarche de cette île. L'armée vénitienne accourut au secours de celui-ci, battit les ennemis, et mit les côtes du Frioul à feu et à sang.

Le second évènement dont nous avons à parler fut une conspiration tramée contre le doge, par Jean Jarrolico, Bon Bragadino, et Moneterio. Le doge, après l'avoir découverte par sa vigilance, la punit avec une juste sévérité. De ces trois

---

(1) C'est ainsi que s'expriment la plupart des historiens; cependant on voit que la ville neuve existait antérieurement; puisqu'il en est fait mention dans un traité que j'ai cité ci-dessus, et qui est du commencement du VIIIe siècle.

chefs de conjurés, le dernier échappa par la fuite, les deux autres furent mis à mort.

<small>Participatio associe au dogat son fils Jean et ensuite son fils Justinien.</small>

Jean Participatio, dont la conduite fut d'ailleurs si louable, ne résista pas plus que ses prédécesseurs à l'ambition de perpétuer sa dignité dans sa famille.

Il avait deux fils, Justinien et Jean. L'aîné avait été envoyé par son père auprès de l'empereur de Constantinople. Pendant son absence, le père s'adjoignit le cadet; et, ce qu'il y a de plus remarquable, c'est qu'il se l'adjoignit, à ce qu'il paraît, de sa propre autorité. Justinien, à son retour, témoigna un vif ressentiment de cette exclusion injurieuse pour lui. Le doge, pour prévenir la discorde de sa famille, et peut-être les désordres de l'état, se détermina à reconnaître ce que son fils aîné appelait déja ses droits.

Jean consentit à renoncer à l'association au dogat; Justinien prit sa place, et il y a même des auteurs qui ajoutent que cette faveur s'étendit jusques sur un petit-fils, Ange, fils de Justinien (1). De sorte que ce petit-fils se trouva

---

(1) *Angelus Participatius Justinianum filium et Angelum ex eodem nepotem collegas sibi adscivit.* Series ducum Venetorum ex Justiniano et aliis collecta.

SABELLICUS, *Hist. Venet.*, decad. 1, lib. 2.

à-la-fois le collègue de son père et de son grandpère, et que la dignité ducale semblait assurée dans cette famille pendant trois générations. Mais il paraît que ce petit-fils mourut le premier.

Justinien succéda à son père en 827. Ce prince était faible par caractère et d'une santé débile. Il rappela son frère Jean au partage de l'autorité. L'histoire n'a conservé aucun des évènements de son règne, qui dura à-peu-près deux ans, si ce n'est l'envoi qu'il fit d'une flotte, sur la demande de l'empereur Michel, dans les eaux de la Sicile, pour y combatre les Sarrasins, qui commençaient à infester les côtes de la Méditerranée; mais cette flotte rentra dans les lagunes sans avoir combattu.

*Justinien Participatio, doge. 827.*

Un évènement d'un autre genre se passa pendant la vie de ce doge obscur, ce fut la translation du corps de l'évangéliste saint Marc à Venise. Comme ce fait sert à faire connaître les mœurs du temps, je ne puis que traduire ici le récit naïf d'un ancien historien (1).

*XXV. Translation du corps de l'évangéliste saint Marc, d'Alexandrie à Venise.*

« Le roi d'Alexandrie, faisant bâtir un magnifique palais, avait ordonné qu'on cherchât par-

---

(1) SABELLICUS, *Hist. Venet.*, décad. 1, liv. 2. — Les historiens ecclésiastiques d'Egypte, parlent de cette translation. On peut en voir la citation dans Renaudot, *Hist. patriarch. Alexand.*, pap. 577.

*Tome I.*     6

tout, pour cette construction, les marbres les plus précieux, et qu'on en dépouillât même les églises. Celle de Saint-Marc, l'une des plus belles, n'en était pas exceptée : deux saints prêtres grecs préposés à la garde de cette église, Stauratius et Théodore, gémissaient de cette profanation. Il y avait alors dans le port d'Alexandrie dix vaisseaux vénitiens. Bon de Malamocco et Rustic de Torcello, étant venus dans cette église pour y faire leurs dévotions, furent frappés de la tristesse des desservants et leur en demandèrent la cause : l'ayant apprise, ils les pressèrent avec de grandes promesses de leur livrer le corps de saint Marc, les assurant que les Vénitiens en conserveraient une grande reconnaissance. Les deux prêtres s'y refusèrent d'abord, craignant de commettre un sacrilége, en déplaçant les restes du saint patron. Mais, ainsi le voulut la divine providence, pendant cet entretien, ceux que le roi avait chargés de la recherche des marbres précieux se présentèrent dans l'église, et, sans respect du lieu, se mirent en devoir d'emporter ce qu'ils jugeaient propre à la construction du palais du roi. L'église, entièrement bâtie de marbres rares, allait être démolie ; les desservants effrayés se rendirent aux instances des deux Vénitiens. Cependant il fallait éviter qu'on ne s'aperçût de l'enlèvement des restes du saint évangéliste, pour lesquels le peuple avait une grande vénération, à cause des miracles qu'ils opéraient tous les jours. Ils coupèrent avec soin, et dans l'endroit le moins apparent, l'enveloppe qui enfermait ces vénérables restes, et substituèrent à leur place le corps de saint Claudien. Un tel parfum se répandit à l'instant dans l'église, et même dans les lieux voisins, que la foule accourut auprès des saintes reliques. Les cachets du linge qui enveloppait le corps étaient intacts : on ne s'aperçut point du pieux larcin. Il fallut encore tromper le peuple et les infidèles, pour pouvoir emporter, sans péril, ces précieux restes jusqu'au vaisseau. »

« On n'en croirait pas les historiens si on ne voyait encore, dans notre église de Saint-Marc, une image merveilleuse qui atteste le fait. Pour mettre ceux qui devaient porter le corps à l'abri des recherches et des mauvais traitements trop ordinaires chez cette nation barbare, on plaça le corps dans un grand panier environné de beaucoup d'herbes et couvert de chair de porc, dont on sait que les Musulmans ont horreur. On fit donc venir ceux qui devaient porter le panier, et on leur recommanda de crier *Khanzir* à tous ceux qui se présenteraient pour faire des recherches. *Khanzir*, dans la langue de ces barbares, signifie porc. De cette manière ils arrivèrent jusqu'au vaisseau. Le corps fut enveloppé dans des voiles, attaché à une antenne et suspendu au grand mât jusqu'au moment du départ; car il fallait encore dérober la connaissance de ce précieux larcin à ceux qui viendraient visiter le navire en rade. »

« Enfin les Vénitiens quittèrent le rivage pleins de joie. A peine étaient-ils en pleine mer qu'il s'éleva une grande tempête. On assure que saint Marc apparut alors à Bon de Malamocco, et l'avertit de faire baisser à l'instant les voiles, pour éviter que le navire, chassé par la force du vent, n'allât se briser contre les écueils cachés sous les eaux ; ils durent leur salut à ce miracle. »

« Lorsqu'ils prirent terre à Venise, toute la ville fut dans l'allégresse : on se disait de toutes parts que la présence du saint assurait la perpétuelle splendeur de la république, ce qui confirmait bien l'ancienne tradition connue de tout le monde, que saint Marc, durant sa vie, ayant navigué sur la mer d'Aquilée, et ayant touché ces îles, avait eu une vision céleste, qui lui avait prédit que ses os reposeraient un jour sur cette terre alors inhabitée. »

« Ce ne furent que fêtes, chants, musique et prières dans toute la cité; on invoquait le saint, pour qu'il prît sous sa protection la ville, qui désormais devait être éternelle. Quand le corps vénérable fut débarqué, tout le peuple alla au-devant de lui jusqu'au fort, avec le clergé qui chantait des hymnes et qui faisait fumer l'encens. On reçut ce noble présent avec toute la dévotion possible; il fut déposé dans la chapelle ducale, et le doge, qui mourut peu de temps après, laissa, par son testament, une somme pour bâtir une église à saint Marc. » (1)

Cet évènement est plus considérable qu'il ne le paraît au premier aspect. Il n'est pas seulement un trait du caractère national, il se lie aux institutions fondamentales de ce nouvel état. Le peuple, dans sa confiance, dans son enthousiasme pour le patron de la république, s'accoutuma à confondre l'idée du protecteur avec la patrie elle-même, et le cri de Vive saint Marc, devint le cri de guerre, l'expression d'un sentiment civique, qui fut le signal de ralliement dans les dangers, et qui, aux jours de deuil, fit couler des larmes des yeux des patriotes.

On voit par ce récit qu'à cette époque il y avait, à-la-fois, dix vaisseaux vénitiens dans le port d'Alexandrie. Cette circonstance peut donner quelque idée de l'importance du commerce

XXVI.
Relations commerciales à cette époque.

---

(1) Bernard Justiniani a composé un petit ouvrage sur la vie de saint Marc, la translation de son corps, d'Alexandrie à Venise, et l'authenticité de ses reliques.

que ce peuple faisait dans le Levant. On a vu qu'il en rapportait des objets de luxe inconnus alors aux cours des princes les plus puissants de l'Europe. Mais les avantages qu'il en retirait ne se bornaient pas aux bénéfices du trafic. En parcourant les côtes occupées par les Sarrasins, en fréquentant la capitale de l'empire d'Orient, les voyageurs vénitiens prenaient une idée des arts de ces peuples; ils voyaient des édifices somptueux; ils avaient occasion de pénétrer dans les ateliers, où se fabriquaient les tissus que l'Occident enviait sans savoir les imiter; ils perfectionnaient leur architecture navale, à l'école des Grecs, qui étaient alors les maîtres dans cet art. Bientôt les bâtiments vénitiens eurent, dans la mer Adriatique, la même réputation de supériorité que les vaisseaux liburniens y avaient eue autrefois.

L'émulation sollicitait l'industrie; les idées et les spéculations s'étendaient; le courage devenait plus entreprenant, à mesure qu'il trouvait plus d'occasions de s'exercer; la cupidité savait se créer des moyens de bénéfice; par exemple, on voyait ces insulaires sans territoire, acheter des troupeaux dans le continent voisin, et les élever dans des pâturages dont ils obtenaient la cession sur les montagnes du Frioul et de l'Istrie, pour les vendre ensuite avec avantage dans les marchés des villes populeuses (1).

Les rivalités commerciales ne furent pas étrangères aux discordes civiles dont j'ai eu à faire le tableau. Grado, Malamocco, Rialte, Torcello, ne voyaient pas sans envie les prospérités d'Héraclée, enrichie des trésors sauvés d'Aquilée et des dépouilles de Ravenne. Quand cette malheureuse ville d'Héraclée se vit noyée dans le sang de ses citoyens, les cités rivales conçurent l'espérance d'hériter de son commerce (2). Grado devint à son tour l'objet de leur jalousie, lorsque Charlemagne accorda l'exemption de toutes sortes de péages à quatre vaisseaux du patriarche de cette ville dans tous les ports de son empire.

Ces discordes, qui durèrent quatre-vingts ans, firent sentir les avantages de l'unité et de la stabilité du gouvernement. La guerre de Pépin força les Vénitiens à oublier momentanément leurs jalousies pour repousser l'ennemi commun et leur fit former de nouveaux liens avec l'empire d'Orient, dont le commerce leur était d'autant plus profitable qu'à cette époque, ils

---

(1) *Storia civile e politica del commercio de' Veneziani*, di Carlo-Antonio Marin, tom. I, lib. 4, cap. 3.

(1) *Ibid.* cap. 4.

n'avaient point de rivaux. Sienne, Pise, Florence, étaient encore dans l'obscurité; Amalfi, peuplée de fugitifs comme Venise, commençait à peine à étendre sa navigation vers les mers de la Grèce. Gênes présentait déjà l'aspect d'une cité industrieuse et puissante, mais elle avait à combattre les Sarrasins, qui étaient à ses portes. Ceux-ci, quoique policés, n'étaient point navigateurs. Les peuples septentrionaux plongés dans la barbarie ne connaissaient encore que les armes.

# LIVRE II.

---

Divisions intestines. — Entreprise de Jean Participatio sur le comté de Comacchio. La flotte vénitienne battue par les Sarrasins à Crotone, et par les Narentins à Micolo. Invasion des Hungres : ils attaquent Venise. Leur défaite (830-900). — Doges de la maison Candiano. Pierre Candiano IV, massacré. Abdication de quatre doges (901—991). Règne de Pierre Urseolo II. Réunion de la Dalmatie à l'état de Venise (991 — 1006). Sédition. Usurpation du dogat par Dominique Urseolo. Expulsion de cette famille. Révolte de Zara. Guerre contre les Normands (1006—1096). — Première croisade. Expédition en Calabre. Guerre contre les Padouans. Incendie de Venise. Guerre contre les Hongrois (1096 — 1117). — Règne de Dominique Michieli. Nouvelle expédition en Syrie, ou deuxième croisade. Prise de Tyr (1117 — 1130). — Prise de Corfou. Expédition de Sicile. Dogat de Vital Michieli II. Singulier tribut imposé au patriarche d'Aquilée. Guerre contre l'empereur d'Orient. Défaite de l'armée. Peste à Venise. Le doge assassiné (1130 — 1173). — Changement dans la constitution de l'état. Election de Sébastien Ziani (1173).

Jean Participatio se trouvait seul en possession du trône ducal, par la mort de son frère. Il eut d'abord à réprimer quelques entreprises des pirates narentins. A peine cette affaire était-elle

1. Jean Participatio défait Obelerio.

son compé-
titeur,
et brûle
la ville de
Malamocco.
830.

terminée qu'un bruit se répandit que l'ancien doge Obelerio avait rompu son ban et était descendu dans l'île de Veglia. Jean accourut pour arrêter les progrès de ce compétiteur; mais, au moment où il allait combattre, le doge se vit abandonné par une partie de ses troupes levées à Malamocco, pays d'Obelerio. Il revient sur ses pas, entre dans Malamocco; et, pour punir cette ville de l'infidélité des soldats qu'elle lui avait fournis, la réduit en cendres. Aussitôt après, il marche de nouveau contre son compétiteur, l'attaque, le défait, s'empare de sa personne, et le livre à la main du bourreau. Ce ne fut point assez pour satisfaire le ressentiment populaire que l'ancien doge s'était attiré. Son corps fut l'objet de mille insultes, on alla jusqu'à lui déchirer les entrailles avec les dents (1).

II.
Conjuration contre le doge. Il est obligé de fuir. Carossio s'empare du pouvoir. Le doge est rappelé et déposé.

De la fureur contre le vaincu on passa en un instant à la haine contre celui par qui Venise en avait été vengée. Jean Participatio, surpris dans son palais par des conjurés, eut à peine le temps d'échapper pour se réfugier en France. Cette conjuration avait pour chef un certain Carossio, fils de Bonico (2), que cette violence plaça à la tête

---

(1) SABELLICUS, *Hist. venet.* déc. 1, lib. 2.
(2) Les historiens ne le désignent pas autrement.

du gouvernement. La révolution fut si subite qu'elle ne trouva aucune résistance; il fallut concerter secrètement des mesures contre l'usurpateur. Les principaux de la république étaient les plus intéressés à le renverser. Trente conjurés, à la tête desquels étaient Basile Trasimondo, Jean Marturio, et Dominique Ortianico, fondirent à l'improviste sur Carossio et l'exilèrent après lui avoir fait crever les yeux.

Le doge, rappelé pour reprendre l'exercice de sa dignité, en usa de manière à faire beaucoup de mécontents; les factions divisèrent la ville; mais celle de Jean Participatio n'était pas la plus forte. Un jour, dans la cathédrale même, pendant l'office divin, ses ennemis l'assaillirent, le déposèrent, lui coupèrent la barbe et les cheveux, et le reléguèrent à Grado, dans un monastère. On procéda sur-le-champ à l'élection d'un nouveau doge; les suffrages se réunirent sur Pierre Tradenigo, originaire de Pola (836).

L'un des premiers actes de ce nouveau doge fut de s'adjoindre son fils Jean, qui ne lui survécut pas.

Il envoya ce fils contre les pirates narentins, avec lesquels la république était dans un état de guerre habituel, mais cette expédition n'eut point de résultat.

La guerre avait lieu entre les habitants des

III.
Pierre Tradenigo, doge.
836

bords du lac de Garde et ceux de Vérone. Les Véronais demandèrent du secours aux Vénitiens. Il paraît que ceux-ci leur en fournirent, et leur facilitèrent des succès contre leurs ennemis, car Vérone envoya de magnifiques présents à Venise.

L'historien du commerce de Venise (1) attribue cette guerre à quelques contrariétés que les Véronais et les Vénitiens éprouvaient pour le transport de leurs marchandises dans la vallée supérieure de l'Adige : on ajoute que tous les prisonniers faits dans cette expédition furent compris dans le partage des Vénitiens, et destinés à peupler l'île de Poveglia, alors déserte (2); ce qui autoriserait à penser que la république, après quatre cents ans d'existence, n'avait pas encore une population suffisante pour couvrir son petit territoire.

IV.
Guerre contre les Sarrasins établis en Sicile. La flotte vénitienne battue à Crotone.

837.

Les peuples des côtes de l'Italie, toujours insultés par les pirates de la Méditerranée, n'ont jamais su les punir, ni même les repousser. A cette époque c'étaient les Sarrasins qui désolaient la Pouille, la Calabre, et les environs de

---

(1) *Storia civile e politica del commercio de' Veneziani*, di Carlo-Antonio MARIN, tom. II, liv. I, cap. 6

(2) Note marginale de la chronique de Dandolo. — Manuscrit de la bibliothèque Ambrosienne.

Rome (1); Ils s'étaient même établis dans la Sicile. Les Italiens implorèrent le secours de l'empereur grec Michel, qui à cet effet arma une flotte. Mais cette flotte n'était pas suffisante pour attaquer les Sarrasins; Théodose, qui la commandait, vint solliciter les Vénitiens de se joindre à lui. Le doge céda à cette demande et mit en mer soixante bâtiments, qu'il voulut commander en personne.

Michel récompensa le dévouement de Tradenigo en lui donnant le titre de protospataire, c'est-à-dire de grand-écuyer de l'empire. Ceci constate encore la suprématie que conservaient les empereurs d'Orient. Les doges s'honoraient d'être revêtus d'une des grandes dignités de la cour et souvent les sollicitaient. Nous en avons vu plusieurs décorés du titre d'hipate, c'est-à-dire de consul.

La flotte combinée rencontra l'ennemi devant Crotone, dans le golfe de Tarente. Le commandant de l'armée des Sarrasins se nommait Sabba. S'il faut en croire les historiens de Venise, la flotte grecque plia dès le commencement de l'action et prit la fuite, de sorte que tout l'effort de l'ennemi tomba sur les Vénitiens. Presque tous leurs

---

(1) On dit qu'ils pénétrèrent jusqu'au Vatican, et le pillèrent.

vaisseaux furent pris ou submergés; ce fut un désastre général. Les débris de cette armée furent poursuivis par les vainqueurs jusqu'à l'entrée du port. Une flotte marchande, qui revenait de Syrie, tomba entre leurs mains, et tous ceux qui la montaient furent impitoyablement massacrés. Les infidèles, maîtres de l'Adriatique, en ravagèrent tous les rivages. Venise était en alarmes.

Dès que les Sarrasins eurent quitté cette mer, les Narentins, enhardis par la défaite des Vénitiens, recommencèrent leurs excursions, et vinrent piller la ville de Caorlo. Le reste de la marine vénitienne fut envoyé contre eux et réussit à les contraindre de rentrer dans leur port.

<small>V. Discordes civiles. Le doge massacré.</small>

Ces malheurs publics avaient amené des divisions intestines. Six familles considérables étaient à la tête de plusieurs factions. D'un côté on voyait les Justiniani, les Polani, les Basi; de l'autre, les Barbolani, les Selii et les Sevoli. Venise eut le déplorable spectacle de rixes continuelles et toujours sanglantes; le doge, qui n'eut pas la force de les réprimer, finit par en être victime. Un jour qu'il se rendait à l'église, accompagné de tout son cortége, il fut assailli par des furieux, qui appartenaient, dit-on, à la faction Barbolani, et massacré. Les gardes du doge firent d'inutiles efforts pour le défendre. Pressés par les conjurés, ils se réfugièrent dans le palais ducal, où ils soutinrent un siége de trente jours. Ils se rendirent enfin sous la condition qu'ils auraient la vie sauve. Le peuple, revenu de son effroi, sentit toute l'énormité de l'attentat commis contre le chef de la république ; on en poursuivit les auteurs : les uns s'exilèrent, d'autres furent mis à mort, et la famille des Barbolani fut chassée de Venise ; mais, dans la suite, elle obtint son retour, par la protection de l'empereur d'Occident.

Le trône ducal fut rempli en 864 par Urse Participatio, qui se montra le digne successeur du premier doge de son nom. Il se ligua avec l'empereur Charles-le-Chauve, pour repousser les Sarrasins, dont les armes faisaient de rapides progrès sur le continent. Mais il n'eut qu'une occasion d'essayer les siennes contre eux. Ils vinrent avec une flotte mettre le siége devant Grado. Le doge fit partir aussitôt la flotte vénitienne sous le commandement de son fils Jean. Les Sarrasins n'acceptèrent point le combat, se retirèrent, Grado fut délivré ; et Jean, de retour à Venise, fut associé au dogat, en récompense de cette expédition. Le doge exécuta lui-même une entreprise heureuse contre les corsaires de la Dalmatie ; mais ce qui lui fit encore plus d'honneur ce fut d'avoir éteint les

VI.
Urse
Participatio
doge.
864.

VII.
Jean
Participatio
doge.
881.

factions qui désolaient Venise, et d'avoir procuré à sa patrie dix-sept ans de prospérité.

Son fils Jean, qui lui était adjoint depuis long-temps, lui succéda en 881. Il donna une marque d'ambition que Venise n'avait pas encore eue à reprocher à ses princes. Le comté de Comacchio, fief relevant du saint-siége, était une espèce de principauté, qui lui parut un établissement convenable pour sa famille. N'osant en demander au pape l'investiture pour lui-même, il la fit solliciter par son frère Badouer; mais le comte Marin, alors en possession de Comacchio, averti de ce projet, enleva le compétiteur, qui venait le supplanter, et le blessa mortellement. Il fallut que l'armée de Venise servît à venger cette injure personnelle, et le pays de Comacchio fut ravagé, parce que celui qui avait voulu l'usurper n'avait pu y réussir. Comme presque tous ses prédécesseurs, Jean voulut associer un de ses parents à sa dignité, mais son frère Pierre qu'il y appelait mourut avant d'en être revêtu. Le doge, accablé d'infirmités, désespéré de n'avoir réussi dans aucune de ses entreprises, déclara son intention d'abdiquer le pouvoir; il l'avait exercé pendant six ans. Pierre Candiano, élu pour lui succéder, vint au palais recevoir en cérémonie, des mains mêmes de son prédécesseur, les mar-

VIII.
Pierre
Candiano,
doge.
887.

ques de sa dignité. Mais la fortune trompa toutes les espérances qu'on avait fondées sur le choix d'un homme dans la force de l'âge et déja illustre par d'éminentes qualités. Cinq mois s'étaient à peine écoulés qu'il entreprit de détruire les pirates de Narenta, arma contre eux douze galères, dont il prit lui-même le commandement, atteignit l'ennemi et l'attaqua avec une impétuosité qui annonçait l'intention de le détruire. Déja il avait pris ou brûlé une partie de la flotte des Narentins lorsqu'il reçut un coup mortel. Ce malheur mit le désordre et le découragement dans la flotte vénitienne; elle céda à son tour; les pirates la poursuivirent, en détruisirent une partie et le reste se réfugia à Grado, où l'on rendit les honneurs de la sépulture au premier doge que la république eût vu mourir en combattant pour elle. *Guerre contre les pirates de Narenta. La flotte vénitienne est battue.*

Dans la confusion qui fut la suite de ce désastre, on ne put s'accorder pour faire l'élection du successeur de Candiano. Jean Participatio, vivement sollicité de reprendre les rênes du gouvernement, prouva combien son abdication avait été sincère. Après avoir resisté long-temps aux vœux de ses concitoyens, il n'y céda qu'avec répugnance, revint habiter le palais ducal pendant six mois, et, à l'expiration de ce terme, *Jean Participatio exerce momentanément le dogat.*

*Tome I.*

renouvela ses instances pour obtenir qu'on procédât à l'élection d'un nouveau doge.

Venise, dans l'intervalle de soixante ans, avait eu trois doges massacrés (1), et un déposé (2), deux guerres civiles (3), deux flottes détruites. Pour que tant de plaies pussent se fermer, elle soupirait après quelques années d'un règne doux et tranquille, et cependant elle avait besoin aussi d'une guerre qui rétablît l'honneur de ses armes. Ce double succès était réservé au nouveau doge, Pierre Tribuno.

IX.
Pierre Tribuno, doge.
888.

Son règne fut de plus de vingt ans. Les douze ou quinze premières années en furent paisibles. Il dirigea vers les soins de l'administration intérieure un génie qui n'était pas moins propre à briller dans les grands dangers. Venise réparait ses pertes et sa marine par le commerce. Elle s'entourait de quelques fortifications; le port était fermé par de fortes chaînes; le quartier d'Olivolo, devenu une espèce de citadelle, prenait le nom de Castello. Mais de nouvelles guerres s'étaient allumées en Italie. Béranger, duc de Frioul, et Guy, duc de Spolette, se disputaient les débris du royaume que les faibles

---

(1) Obelerio, Carossio, et Pierre Tradenigo.
(2) Jean Participatio.
(3) Celle d'Obelerio, et celle des Barbolani.

descendants de Charlemagne n'avaient pas su conserver, lorsque tout-à-coup un nouvel essaim de barbares vint fondre sur ces belles contrées.

Ceux-ci se nommaient les Hungres. Ils sortaient encore de la Pannonie, inépuisable source de torrents dévastateurs. Ce fut vers l'an 900 qu'ils forcèrent le passage des Alpes et parvinrent aux bords de l'Adriatique. La réputation de Venise et l'espoir d'un riche butin ne pouvaient manquer de les attirer. Ils se jetèrent dans des barques. Citta-Nuova, Equilo, Capo-d'Argere, Chiozza, furent le théâtre de leurs rapines et de leurs fureurs. Cette chaîne d'îles, qui forment une espèce de jetée dont les deux extrémités touchent presque au continent, était envahie. Il ne restait plus à traverser que le bras de mer qui sépare Venise de Malamocco. Le désordre et la terreur étaient dans la capitale. Le doge arma la flotte avec activité, rappela aux Vénitiens leur victoire sur Pépin, dans les mêmes lieux, dans une extrémité semblable, et les conduisit à l'ennemi.

X. Invasion des Hungres. 900. Victoire navale des Vénitiens.

Il est difficile de penser que les barbares, étrangers à l'art de la navigation, arrivés depuis peu sur ces côtes, embarqués à la hâte sur tous les bâtiments qu'ils avaient trouvés dans les ports, eussent une flotte bien organisée ;

mais enfin c'étaient des furieux qui touchaient à leur proie. Ils coururent au-devant de la flotte vénitienne. Celle-ci profita de tous les avantages que lui donnaient la connaissance parfaite des lieux et un long exercice de l'art; elle les mit en désordre et les défit complètement. Ils quittèrent cette mer couverte de leurs débris, et allèrent se venger sur l'Italie, tandis que le doge, ramenant sa flotte victorieuse dans Venise qu'il avait sauvée, venait jouir, pendant les dernières années de son règne, de la reconnaissance de ses concitoyens. L'empereur d'Orient, en le félicitant de ses succès, lui envoya le diplôme de protospataire de l'empire.

XI.
Urse Participatio, doge.
912.

Urse Participatio, qui succéda à Pierre Tribuno, était le septième doge de son nom, mais il est plus souvent désigné sous celui de Badouer. C'était un prince sage, plein de douceur et de piété, qui gouverna la république pendant vingt ans avec prudence et modération. Son règne ne fut point marqué par des évènements mémorables; mais il est juste de lui tenir compte de l'exemple qu'il donna, en ne faisant point, de son vivant, investir son fils de la dignité ducale. Presque tous ses prédécesseurs, depuis Maurice Galbaio, avaient eu cette faiblesse, et même les derniers s'étaient arrogé le droit de se donner un adjoint sans consulter le peuple, disposant ainsi arbitrairement d'une dignité élective.

Urse Participatio n'attendit point que la mort vînt le surprendre sur le trône. Il abdiqua vers l'an 932 pour embrasser la vie monastique.

Pierre Candiano II, son successeur, était le fils de celui qui avait perdu la vie en combattant les Narentins. Ces pirates étaient les ennemis les plus constants de la république; ce doge eut plusieurs fois à les combattre et le fit toujours avec succès. Il imposa un tribut de cent cruches de vin à Capo-d'Istria (1), alla reprendre dans le port de Comachio des barques vénitiennes dont ceux de cette ville s'étaient emparés, et eut bientôt une nouvelle occasion de montrer toute sa présence d'esprit et tout son courage.

XII.
Pierre Candiano II, doge.
932.

Il était d'usage dans ce temps-là que les mariages des citoyens considérables se célébrassent tous à-la-fois, à la même messe, dans l'église cathédrale, la veille de la fête de la Purification. On portait à la suite des mariées des cassettes contenant la dot et les présents qui leur étaient donnés. Des corsaires entreprirent de s'emparer d'un si riche butin. Ils arrivent la nuit près du

Entreprise des pirates.

---

(1) Voyez sur ce traité l'*Histoire du commerce de Venise*, par Marin, tom. II, liv. 2, ch. 6.

rivage sans être apperçus, et le lendemain pendant la cérémonie ils se précipitent dans l'église le sabre à la main, n'y trouvent aucune résistance, s'emparent des époux et de leurs richesses, et se jettent dans leurs barques avec leurs captifs.

La consternation était générale dans Venise. Aussitôt que le doge fut informé de cet attentat, il rassembla quelques bâtiments, courut après les pirates, les atteignit dans les lagunes de Caorlo, sur la côte de Frioul, en fit un carnage presque général et rentra dans le port ramenant les jeunes époux qu'il avait sauvés. Cet évènement fut l'origine d'une fête que les Vénitiens célèbrent annuellement (1).

XIII.
Pierre Badouer, doge.
939.

Pierre Candiano étant mort après sept ans d'exercice, les Vénitiens firent choix, pour lui succéder, de Pierre Badouer, fils d'Urse Partici-

---

(1) La *Chronique vénitienne*, de François Sansovino, rapporte cet évènement au règne de Pierre Candiano III, et à l'an 944. Paul Morosini, dans son *Histoire de Venise*, liv. 1, ch. 7, le place à l'année 668, et dit que les corsaires étaient des Triestains. Presque tous les historiens l'attribuent au même peuple; mais il est démontré qu'on ne peut le placer qu'au x$^e$ siècle. L'auteur de l'*Histoire de Trieste*, le père Irénée della Croce, a consacré le ch. 4 de son 8$^e$ liv. à la discussion de ce fait et de sa date, qu'il place en 930.

patio. On ne cite rien de remarquable sous son administration, qui dura deux ou trois ans. Quelques écrivains rapportent à cette époque un traité fait avec le roi d'Italie, Rodolphe, ou Béranger II, par lequel le roi accordait aux Vénitiens la libre entrée dans les rivières de ses états moyennant un droit, et s'engageait à ne permettre sur ses terres le passage à aucune troupe pour agir hostilement contre la république.

*Traité avec le roi d'Italie.*

Il est question aussi dans ce traité du droit de battre monnaie, qui est reconnu par le roi d'Italie (1). Mais il est incontestable que Venise n'était, à l'égard de ce prince, dans aucun rapport de dépendance. Comment aurait-elle eu besoin d'une concession de sa part pour battre monnaie ? Comment un état, qui armait des flottes, qui faisait des traités avec les empereurs et avec les

---

(1) André Dandolo dit formellement : « Rodulfus regni sui anno quarto immunitates Venetorum in regno italico ab antiquis imperatoribus et regibus concessas per privilegium renovavit et in eodem declaravit ducem Venetiarum potestatem habere fabricandi monetam, quià ei constitit antiquos duces hoc continuatis temporibus perfecisse.

Muratori rapporte deux vers qu'on avait écrits sous le portrait du doge Pierre Candiano III :

Multa Berengarius mihi privilegia fecit :
Is quoque monetam cudere posse dedit.

rois, aurait-il attendu si tard pour avoir une monnaie? On a conjecturé que le sens de cet article pouvait être que le roi d'Italie permettait la circulation de la monnaie de Venise dans ses états. Cette explication paraît assez naturelle. Quoi qu'il en soit, il existe encore des monnaies vénitiennes de ce temps-là, et il est remarquable qu'elles ne portent ni l'effigie ni le nom des doges régnants (1).

XIV.
Pierre Candiano III, doge.
942.

Un troisième Pierre Candiano fut élevé au dogat à la place de Pierre Badouer en 942. Il était le troisième fils de Pierre Candiano II. Quoique

---

(1) Un manuscrit anonyme des vies des doges, conservé dans la bibliot. de la maison d'Este, contient un passage rapporté par Muratori : (Antiquitates italicæ medii ævi. Dissertation 27$^e$, p. 646), qui confirme cette conjecture : « Berengarius rex Venetorum antiqua jura confirmavit et cudendi monetam auri et argenti, ut sub imperio Græcorum habuerant, potestatem dedit. »

Muratori ajoute que l'on croit même que les Vénitiens avaient frappé des monnaies grossières dès le temps que les Goths occupaient l'Italie. Ce savant rapporte la description et l'empreinte de plusieurs monnaies vénitiennes.

Charles Marin, dans son *Histoire du commerce de Venise*, prouve, tom. II, liv. 2, chap. 4, que les monnaies vénitiennes étaient plus anciennes que ce traité. Dans le chapitre suivant, il donne des renseignements sur leur poids, et sur le rapport de la valeur de l'or et de l'argent avec les denrées.

sa jeunesse eût été fort orageuse, sa conduite, comme prince, fut fort respectable. Son premier soin fut d'armer contre les Narentins, qui désolaient le commerce de Venise et infestaient la mer, où la république avait remporté de si brillantes victoires. Effrayés d'un appareil menaçant, les pirates en vinrent à des soumissions, restituèrent le butin qu'ils avaient pris, et s'engagèrent à payer un tribut.

Le nouveau doge avait trois fils; l'aîné était engagé dans les ordres sacrés. Il appela le second, nommé Pierre, au partage de son autorité; mais ce jeune homme, peu touché des exemples et des conseils de son père, se conduisait moins en prince qu'en brigand, dont les fureurs devaient alarmer tous les citoyens. On ne put se résoudre à tolérer ses excès. Le père se mit en devoir de les réprimer : le fils entreprit de résister à l'autorité paternelle et à la puissance publique, à l'aide d'une troupe d'hommes corrompus comme lui; et on aurait vu peut-être le palais ensanglanté, si l'indignation générale ne se fût soulevée pour punir la témérité de ce séditieux. Il fut saisi, garrotté, jugé, condamné à perdre la tête. Les larmes de son père lui sauvèrent la vie; on commua sa peine en un bannissement perpétuel, et tous les citoyens s'engagèrent par

*Pierre, son fils, qu'il associe au dogat, est banni pour ses excès.*

serment à ne jamais souffrir sa présence sur le territoire de la république.

La cour des voisins jaloux est toujours un asyle ouvert aux mécontents. Celui-ci se retira à Ravenne, où il arma quelques vaisseaux avec lesquels il se mit à faire la course contre les bâtiments de sa nation. Son respectable père, au désespoir de voir cet indigne fils finir par le métier de pirate, le plus odieux de tous aux yeux des Vénitiens, en mourut de chagrin dans la onzième année de son règne.

XV.<br>Pierre Candiano IV, doge.<br>952.

Étrange mobilité des passions humaines! Ce pirate, ce furieux, cet exilé, dont on avait juré de ne jamais souffrir le retour, fut celui que, dans la nouvelle élection, les suffrages appelèrent au trône. Trois cents barques allèrent le chercher à Ravenne et son entrée dans Venise fut un triomphe et un scandale.

Le royaume d'Italie venait de changer de maître. Othon en avait chassé Béranger. Il importait à la république que cet empereur voulût bien s'en tenir avec elle aux termes des anciens traités qu'elle avait faits successivement avec les divers possesseurs de l'Italie supérieure. Le nouveau doge lui envoya une ambassade à Rome et les traités furent renouvelés.

Pendant que Venise consolidait ses relations de bon voisinage avec l'empereur d'Occident, elle n'oubliait pas que c'était dans l'Orient qu'étaient ses relations de commerce et son allié naturel. Ses vaisseaux fréquentaient les ports du Levant et fournissaient les Musulmans nouvellement établis sur ces côtes de tout ce que l'Europe offrait à leurs commodités ou à leurs besoins. L'esprit de trafic s'étendait sur tout, même sur le commerce des armes et des esclaves (1). Mais l'empereur grec, qui méditait des projets contre ses nouveaux voisins, exigea que le doge défendît aux Vénitiens, sous les peines les plus sévères, de fournir aucun secours aux infidèles.

Tels sont les actes extérieurs du gouvernement de Pierre Candiano IV. A l'intérieur, son administration fut tyrannique. Il donna un exemple jusque alors inoui. Il répudia sa femme, dont il avait un fils, relégua la mère dans un couvent, força le fils à entrer dans les ordres sacrés, se remaria avec une petite-fille de Hugues, roi des Lombards, et comme elle avait quelques droits sur certaines villes d'Italie, il fit la guerre pour les soutenir.

---

(1) Parmi les présents que Luitprandt, ambassadeur de Béranger, offrit à l'empereur de Constantinople, en 948, il y avait des esclaves, dont quatre étaient entièrement mutilés, sorte d'eunuques de très-grand prix. La ville de Verdun était alors en possession de cette branche de commerce.

Les Vénitiens ne pouvaient voir qu'à regret le sang de leurs concitoyens répandu pour les intérêts privés de leur doge. Celui-ci, qui craignait les suites d'un mécontentement qu'il avait fait naître, s'avisa de prendre des précautions contre le peuple et d'introduire une garde dans son palais, ce qui était sans exemple. Cet acte de prudence ne fut jugé que comme un trait d'orgueil. La hauteur indispose peut-être encore plus que la tyrannie.

*Il est massacré.* Une foule immense se porte vers le palais. La garde repousse les assaillants. Désespérant de le forcer, on met le feu à tous les bâtiments qui l'environnent ; l'église de Saint-Marc, plusieurs autres édifices, trois cents maisons, sont en flammes. L'incendie gagne le palais, toutes les issues sont assiégées par une populace furieuse. Le doge, poursuivi par les flammes, veut s'échapper ; il tient dans ses bras un jeune fils qu'il avait eu de sa seconde femme. Par-tout il trouve les passages fermés. Il implore la pitié de ses ennemis, rappelle les services de son père, présente son fils, réclame l'humanité en faveur de cet innocent, demande à être jugé, se soumet à tout. Il n'était plus temps, le peuple furieux se précipite sur lui, le massacre impitoyablement ainsi que l'enfant, et jette leurs corps à la voirie.

Les excès qu'on avait eus à reprocher à ce doge déterminèrent tous les suffrages en faveur d'un homme d'un caractère tout opposé. Pierre Urseolo, qui fut élu, n'accepta cette dignité qu'avec la plus sincère répugnance. Sa piété était éminente, sa libéralité digne de sa fortune. Il fit rebâtir à ses frais le palais et l'église Saint-Marc, détruits dans la dernière sédition. Ces soins pieux ne l'empêchèrent pas de marcher en personne au secours des habitants de la Pouille, attaqués par les Sarrasins, et il remporta une victoire éclatante sur ces infidèles. De retour à Venise, il continua de gouverner avec beaucoup de sagesse ; mais les entretiens d'un moine français, que la dévotion avait conduit à Venise, lui firent croire qu'il était un spectacle plus agréable à Dieu que celui d'un prince qui travaille au bonheur de ses sujets par son administration et par ses exemples ; il finit par se déterminer à abandonner sa femme, son fils et le soin de l'état pour embrasser la vie contemplative.

XVI.
Pierre Urseolo I, doge.
676.

Victoire sur les Sarrasins.

La nuit du 1er septembre 978, il s'évada furtivement de son palais, où il devait craindre en effet d'être retenu par l'amour de son peuple, et se sauva dans une abbaye voisine de Perpignan, pour y finir ses jours sous l'habit monastique. Venise, après l'avoir chéri comme

Le doge s'évade pour embrasser la vie monastique

prince, l'invoqua dans la suite parmi les bienheureux (1).

C'est à ce règne qu'on rapporte le plus ancien document qui constate l'existence d'un impôt sur les fortunes. Mais on ne peut pas douter que cette contribution n'eût été levée dans des temps antérieurs. Il paraît qu'elle était fixée au dixième du revenu déclaré par le contribuable sous la foi du serment, et que cette taxe, au lieu d'être annuelle, ne se levait que dans les cas de nécessité. Ce décime, les produits de quelques cens, les douanes et droits de port, les droits sur le sel et les amendes judiciaires, composaient dans ce temps-là tout le revenu de la république (2).

XVII. Vital Candiano, doge. 978.

Vital Candiano, frère du doge massacré, fut élevé à la suprême magistrature. Ce retour fré-

---

(1) S'il faut en croire la vie des saints de l'ordre de Saint-Benoît, sect. 5, p. 885, Urseolo se repentit de son abdication, ou au moins de sa fuite; car un jour il vint s'accuser à son supérieur de ne pas savoir résister assez fortement aux tentations de l'esprit malin qui l'excitait à retourner dans sa patrie, et le prier de châtier sa faiblesse. Il mourut en 997, précisément l'année où son fils, dont il avait prédit la gloire, fit la conquête de la Dalmatie.

(2) *Storia civile e politica del commercio de' Veneziani* di Carlo-Antonio MARIN, tom. II, liv. 3, cap. 4.

quent des mêmes noms, malgré ce que plusieurs princes avaient pu faire pour les rendre odieux, prouve l'existence continue de diverses factions qui survivaient aux doges et s'attachaient à leurs familles. Le règne de Vital n'offrit rien de digne de mémoire. Il n'y avait guère qu'un an qu'il était sur le trône lorsqu'une maladie vint mettre ses jours en péril. Il fit vœu de se consacrer à Dieu s'il en réchappait, et en effet après sa guérison, il se retira dans un monastère.

L'aveugle populace, dit un historien (1), proclama Tribun Memmo, pour succéder à Vital Candiano. C'était un homme d'un caractère nul, d'une incapacité absolue; mais recommandé par une immense fortune, et dévoué à une faction qui avait pour chefs ceux de la famille Caloprini. C'était une raison pour que son règne fût orageux; malheureusement il fut long. Venise se vit pendant quatorze ans troublée par des haines domestiques et par la crainte des auxiliaires que les factions rivales appelaient du dehors (2).

Une maison, dès-lors puissante, celle des Morosini, étant protégée par l'empereur de Constantinople, il fallait s'attendre que l'empe-

XVIII.
Tribun Memmo, doge.
979.

Factions dans Venise.

―――――

(1) *Ibid.* tom. II, lib. 3, cap. 5.
(2) Voyez l'*Histoire des révolutions d'Italie*, par DENINA, liv. 9, ch. 8.

reur d'Occident verrait la république de mauvais œil, tant que cette faction ne serait pas abattue; mais la faveur que le prince accordait à l'un des deux partis, jetait beaucoup de citoyens dans le parti contraire.

La vie du doge fut menacée, un Morosini fut assassiné dans une église. On apprit que l'empereur Othon II arrivait en Italie avec une armée. La république se hâta de lui envoyer une ambassade pour le solliciter de confirmer les traités déja existants entre Venise et l'empire. Othon reçut les envoyés avec hauteur, fit délibérer son conseil sur leur supplique, et leur accorda la paix, pour l'amour de Dieu, était-il dit dans le diplôme, et pour mériter le paradis (1).

Le doge crut obtenir les bonnes graces d'Othon, en prêtant les mains à la faction qui voulait exterminer les Morosini. Bientôt il changea de parti, ou par une suite de la faiblesse de son caractère, ou pour ne pas encourir l'animadversion publique excitée par le meurtre dont la faction Caloprini s'était souillée.

Les chefs de la faction

Forts de la faveur populaire, les Morosini recouvrèrent la supériorité; on leur fit concession

---

(1) Questa carta è, per dir il vero, insolente per un popolo riconosciuto sovrano. *Histoire des révolutions d'Italie*, par DENINA, liv. 9, cap. 6.

de toute l'île Saint-Georges, qui est un des quartiers de Venise; les Caloprini furent persécutés à leur tour; les principaux de cette faction se refugièrent sur le continent, et allèrent se jeter aux pieds de l'empereur.

Caloprini se refugient auprès de l'empereur d'Occident.

« Seigneur, s'écria Étienne Caloprini, leur
« chef (1), c'est aux pieds d'un prince, l'amour
« de ses sujets et l'admiration du monde, que
« des infortunés, des opprimés, viennent implo-
« rer un asyle contre un gouvernement inique
« et une minorité factieuse. Exilés d'une patrie
« à laquelle nous avons tant prouvé notre amour,
« d'une patrie qui gémit sous le pouvoir anar-
« chique d'un petit nombre d'hommes pervers
« et altérés de notre sang, nous n'avons plus
« d'asyle que dans votre protection ; nous ne nous
« releverons point, seigneur, que vous n'ayez ac-
« cueilli notre misère.

« Nous n'avons eu aucune part ni au meurtre
« du digne doge Candiano, ni à la violation des
« traités qui liaient notre république envers votre
« empire; nous n'avons point recherché la fa-
« veur des Grecs, vos implacables ennemis. Nous
« nous sommes toujours montrés zélés pour la

---

(1) *Histoire des Révolutions d'Italie*, par DENINA, liv. 9, cap. 7.

« plus juste des causes. Nous avions des droits
« à la reconnaissance de nos concitoyens, et
« nous sommes persécutés. Puisse notre patrie
« durer éternellement, mais sous les sages lois
« d'un prince, qui peut seul la sauver de ses
« discordes intestines, et de ses ennemis ex-
« térieurs!

« Je parle non-seulement au nom de ceux que
« vous voyez ici prosternés devant vous, et qui
« sont des personnages considérables, mais en-
« core au nom de tout ce qu'il y a de grand, de
« tous les citoyens, de tout ce qui déteste le
« despotisme d'une faction, et un doge qui la
« favorise; tous, tous ne desirent que de se voir
« vos sujets, et aux conditions qu'il vous plaira
« de dicter. Si un prince auguste ne me juge pas
« indigne de gouverner en son nom sa nouvelle
« province, je saurai justifier son choix, et je
« signalerai mon zèle pour son service. Je serai,
« seigneur, votre vassal fidèle; vous serez le
« maître de l'Adriatique, vous disposerez de mes
« flottes, de 200 marcs d'or; et, par ce moyen,
« vous pourrez porter vos forces en Dalmatie et
« dans les possessions de l'empire d'Orient, chas-
« ser de l'Italie les Grecs et les Sarrasins, et ven-
« ger les droits de votre couronne. »

*L'empereur Othon fait la guerre*

Tel est le langage de tous les transfuges. Othon, qui écoutait ceux-ci avec complaisance, les accueillit, et, d'après leurs conseils, défendit à tous ses sujets de commercer avec Venise, de recevoir aucun Vénitien dans ses états (1). Tous les passages furent gardés, toutes les communications furent interrompues, les subsistances que Venise tirait journellement du continent furent interceptées : les émigrés vénitiens se chargèrent eux-mêmes du soin de ruiner, d'affamer leur patrie, tandis que, dans Venise, le peuple en fureur saccageait leurs maisons, confisquait leurs biens, et poursuivait leurs femmes et leurs enfants.

On n'avait point d'armes à opposer à ce genre de guerre qu'Othon venait de déclarer à la république. Dans l'impossibilité d'attaquer l'empereur sur le continent, il ne restait d'autre ressource que de le fléchir, mais on le tenta vainement. La capitale, voyant ses vaisseaux repoussés de tous les ports qui fournissaient à sa consommation, ses magasins fermés, ses ouvriers sans travail, et ses marchés sans approvisionnements, fut presque réduite aux dernières extrémités.

Les Caloprini eurent la coupable joie de forcer quelques villes de leur république à ouvrir leurs

à la république.
982.

---

(1) Ut nulli in aliquâ sui imperii parte venetico pervento parcere auderent.

portes à l'empereur; il y en eut qui se rendirent pour ne pas périr de famine.

983.

Mais une fièvre qui surprit Othon vengea la république, et fit avorter les desseins parricides de ces transfuges, qui, ne pouvant même obtenir un asyle dans l'empire, furent réduits à faire solliciter leur grace par la veuve de l'empereur. Le blocus de Venise fut levé, les Caloprini y rentrèrent en suppliants. Bientôt après, trois d'entre eux furent assassinés aux portes du palais par la faction des Morosini. Pendant qu'on rapportait leurs corps sanglants à leur mère, le peuple, ému de ce spectacle, murmura contre le doge, qu'il accusait de n'être point étranger à ce meurtre, et, indigné de sa faiblesse, qui éternisait des inimitiés si fatales à la république, il demanda à grands cris l'abdication de Memmo, qui passa du palais ducal dans un couvent.

Nous avons vu quatre doges de suite exilés avec les yeux crevés ; nous venons d'en voir quatre qui abdiquent pour embrasser la vie religieuse : c'est l'esprit d'imitation qui presque toujours décide des actions des hommes.

XIX.
Coup-d'œil sur l'histoire de Venise jusqu'à cette époque.

Il y avait à-peu-près cinq cents ans que les fugitifs de Padoue et d'Aquilée avaient cherché un asyle dans les lagunes. Contents d'y trouver leur sûreté, d'agrandir leur ville et d'étendre leur commerce, ils n'avaient fait jusques-là que des guerres justes, ils n'avaient pris les armes que pour repousser les pirates, pour secourir un voisin opprimé, ou pour défendre leur liberté contre Pépin et les Hungres. Quoique plusieurs victoires leur eussent donné un juste sentiment de leurs forces, ils n'avaient à se reprocher aucune aggression, si ce n'est peut-être contre les Sarrasins; mais ils avaient entrepris cette guerre à la sollicitation des peuples de l'Italie et sur la requisition de l'empereur d'Orient, dont la république relevait à quelques égards. D'ailleurs, dans les idées généralement reçues à cette époque, les Sarrasins, en leur qualité d'infidèles, étaient hors du droit commun.

Jamais la république n'avait fait d'entreprise sur le continent, car il ne serait pas juste de lui imputer les expéditions momentanées de deux doges qui n'avaient pour objet que leur intérêt personnel.

Cette réunion d'exilés et de pêcheurs était devenue une nation riche, puissante, belliqueuse à-la-fois et pacifique. Le fruit de cette modération avait été, sinon une existence exempte de troubles, du moins la création d'un état indépendant, qui s'affranchissait peu-à-peu de l'influence des deux empires, entre lesquels il se trouvait placé, qui traitait avec ses voisins, qui comptait beaucoup de familles illustres, et dont les princes s'alliaient aux filles des rois; mais enfin l'état tout entier ne s'étendait pas au-delà des lagunes et de quelques points de la côte voisine. Une scène nouvelle va s'ouvrir.

Le commerce, cette profession où l'on tente continuellement la fortune, n'est pas une école de modération. Les succès inspirent l'avidité et la jalousie, et celles-ci l'esprit de domination. Le commerce maritime veut des ports où ses vaisseaux soient accueillis, de l'autorité là où il achète, des privilèges là où il vend, de la sûreté pour la navigation, et sur-tout point de rivaux.

Cet esprit d'ambition est au fond le même que celui des conquêtes. Venise va nous en fournir un exemple.

XX. Pierre Urseolo II, doge. 991.

Aucun choix des Vénitiens ne fut justifié par des succès plus grands et plus utiles que celui du doge Pierre Urseolo II, en 991. Il était fils de celui qui avait abdiqué le dogat quinze ans auparavant. Comme il faut que dans la vie de tous les grands hommes il y ait quelque chose de merveilleux, on répandait que son père avait annoncé que ce fils serait la gloire de sa patrie, et la sainteté d'Urséolo I$^{er}$ donnait à ses espérances paternelles toute l'autorité d'une prophétie.

Son administration.

A peine le nouveau doge fut-il sur le trône,

que les factions qui avaient déchiré Venise pendant le règne de son faible prédécesseur se calmèrent, ou au moins se turent. Les délibérations étaient fréquemment troublées; le palais avait été ensanglanté plus d'une fois : Urseolo fit rendre une loi par laquelle tout acte de violence dans les assemblées publiques serait puni d'une amende de 20 livres d'or, ou de la mort, pour ceux qui n'auraient pas de quoi payer l'amende (1). Homme d'état autant qu'habile guerrier, il s'occupa de la prospérité du commerce. Il traita avec tous les états de l'Italie pour assurer des avantages aux vaisseaux et aux marchandises des Vénitiens. Il acheta, par quelques redevances de petits ports sur la Livenza, la Piave et le Sile ; il prit à ferme les douanes de quelques princes (2); il obtint de l'empereur d'Orient que les sujets de la république seraient exempts de tous droits dans l'étendue de l'empire, tant dans les ports que dans l'intérieur des terres (3); ou du moins

---

(1) Cette loi est rapportée dans l'*Histoire du commerce de Venise*, par Marin, tome II, liv. 3, chap. 3.

(2) Ibid., ch. 9.

(3) Il serait difficile de spécifier en quoi consistait cette exemption de droits. Sabellicus, décad. 1, liv. 4, dit qu'on obtint en faveur des Vénitiens l'exemption des droits de gabelle et de port dans tout l'empire. Voyez au surplus sur

que les droits seraient réduits dans la proportion de trente sols d'or à deux ; enfin, il s'assura, par une ambassade et par des présents, la bienveillance des Soudans d'Égypte et de Syrie.

Commerce des Vénitiens dans l'Adriatique. Le commerce intérieur de l'Adriatique était lui-même une source abondante de richesses pour les Vénitiens. A la faveur des concessions du patriarche d'Aquilée et des rois d'Italie, leurs barques remontaient tous les fleuves de la Lombardie et du Frioul, pour y vendre toutes sortes de marchandises étrangères. Ils étaient accueillis dans les ports de la Pouille et de la Calabre : sur la côte orientale du golfe, ils jouissaient de quelques privilèges, achetés, il est vrai, par un tribut, mais qui n'en étaient pas moins profitables. Ils tiraient de la Dalmatie du bois à brûler, des vins, de l'huile, du chanvre, du lin, des grains de toute espèce, et des bestiaux : la côte septentrionale leur offrait du plomb, du mercure, des métaux de toute espèce, des bois de construction, des laines, des draps, des toiles, des cordages, des pelleteries, des fruits secs, et même des esclaves et des eunuques (1). Par-

---

cette bulle d'or des empereurs Basile et Constantin, l'*Histoire du commerce de Venise*, par MARIN, tom. II, liv. 2, chap., et liv. 3, chap. 8.

(1) *Storia civile e politica del commercio de' Veneziani*, di Carlo-Antonio MARIN, tom. II, lib. 2, cap. 3.

tout ils s'emparaient du commerce exclusif du sel et du poisson salé, et ils répandaient dans toutes ces contrées les marchandises de l'Orient (1).

───────────

(1) Il commercio parea generalmente essersi ristretto trà poche terre vicine d'una stessa provincia, concorrenti le une al mercato dell' altre, come fù semprè necessario costume di tutte le nazioni anche più rozze e più incolte. Pochi erano quelli, per quel che ne parli la storia italiana, che facessero allora professione d'un trafico alquanto più grande e più esteso: i Giudei che, dispersi per il mondo, ed esclusi da ogni uffizio civile e ordinariamente anche dall' agricoltura, per non aver beni stabili proprj, alienissimi per altro canto, dal mestier delle armi, furono costretti a impiegar tutta l' industria, o nell' esercizio della scienza fisica o nella mercatura: però furono in tutti i paesi del mondo riguardati come i più intraprendenti e i più avveduti mercatanti, e tali erano essi in Italia, anchè sotto il regno de' Francesi. Ma frà le nazioni naturali d'Italia i Veneziani furono, non pure i principali, ma quasi i soli che esercitassero fin dal nono secolo un vasto commercio. Venezia era l'emporio non meno d'Italia, che della Grecia, e de' paesi confinanti con l'Adriatico. Lo scrittor tedesco autore degli annali chiamati Fuldesi ne lasciò, quasi per incidenza, un bel testimonio; e più si parla nelle altre memorie di quei tempi, di mercatanti veneziani, che d'Italiani generalmente. Gli Amalfitani, posti negli ultimi confini d'Italia, e soggetti, benchè con poca dependenza, all' imperio greco, esercitarono anch' essi sotto i rè francesi la mercatura, ma il commercio loro fiorì specialmente nel seguente secolo decimo, e i Pisani e i Geno-

C'était à la faveur d'un commerce si étendu, que Venise, jusque-là sans territoire, armait des flottes, et que, placée entre deux empires, elle avait su résister à l'un, et se faire rechercher de l'autre.

Ces avantages étaient considérables ; mais, pour en jouir paisiblement, il fallait être délivré de ces pirates de Narenta, qui, depuis cent cinquante ans, fatiguaient le commerce de Venise de leurs entreprises continuelles. Ils ne lui fournissaient pas dans le moment un prétexte pour les attaquer ; seulement ils réclamaient le tribut annuel que la république leur avait promis, à quoi le doge répondit qu'il irait bientôt le leur porter lui-même (1). Leurs courses étaient dirigées alors contre les peuples établis le long de l'Adriatique : les Istriens, les Liburniens, et les

---

vesi, che poi tanto grido ebbero per tutti i porti del Mediterraneo e gareggiarono di credito, di potenza, con gli stessi Veneziani, non prima del secolo undecimo comminciarono ad acquistar nome. (DENINA, *Rivoluzioni d'Italia*, tom. II, lib. 8, cap. 12.)

(1) Cæperuntque iterum censum importunè ducis exigere, quibus dux pro illorum ignominiâ demandans non perquemlibet nunciorum hunc mittere curo, sed vitâ comitè ad hanc persolvendam dationem venire ipse non denegabo. ( *Chronique attribuée à Sagornino*, publiée par Zanetti.)

Dalmates. Il y avait des brigands à réprimer, des faibles à secourir; ce fut une occasion pour les assujettir tous à-la-fois.

Diverses nations s'étaient établies successivement sur ces côtes ; elles avaient dépendu d'abord de leurs chefs, ensuite des empereurs d'Orient pour la Dalmatie et des empereurs d'Occident pour ce qui était au nord : ces deux empires s'étaient affaiblis ; diverses villes de commerce s'étaient élevées sur ce littoral ; elles se regardaient à-peu-près comme indépendantes, et elles auraient trouvé dans la navigation une source assurée de prospérité, sans l'incommodité qui résultait pour elles du voisinage des Narentins.

Il n'y a point d'invraisemblance à conjecturer que Venise ne voyait pas sans quelque inquiétude, ou sans jalousie, des peuples libres, industrieux, bons marins, établis sur toute la côte orientale de l'Adriatique.

XXI. Les peuples de la Dalmatie implorent le secours de la république contre les pirates.

Les historiens vénitiens racontent que tous ces peuples, comme d'un concert unanime, envoyèrent des députés à Venise, pour implorer des secours contre les pirates, offrant de se donner à la république, si elle les en délivrait (1). Il n'y a guères de peuples qui veuillent

---

(1) L'auteur de l'*Histoire de Trieste*, le P. Irénée della

se donner; on ne connaît point de magistrats qui aient le droit de donner les peuples : cette députation, s'il est vrai qu'elle ait eu lieu, ferait plus d'honneur à la politique de ceux qui la reçurent, qu'à la sagesse de ceux qui l'envoyèrent.

<small>Armement pour cette expédition.

997.</small>

Quoi qu'il en soit, les Vénitiens s'empressèrent de faire un armement considérable, pour aller secourir ou assujettir leurs voisins, et le doge, après avoir reçu des mains de l'évêque l'étendard de la république, se mit en mer au printemps de l'an 997.

<small>Soumission de Parenzo.</small>

Il se dirigea d'abord vers Parenzo sur la côte d'Istrie. Dès que la flotte vénitienne fut à la vue du port, l'évêque et les principaux magistrats vinrent à bord du vaisseau que montait le doge, protester de leur dévouement et de leur fidélité. Urseolo mit quelques troupes à terre, fit son entrée dans la ville, en prit possession, alla faire ses dévotions sur le tombeau de saint Maure,

<small>Pola.</small>

leva l'ancre le lendemain et vogua vers Pola, où il fut reçu de la même manière. Il s'y arrêta quel-

---

Croce, liv. 8, chap. 7, raconte cet évènement de la même manière : « Offerendo a piedi del doge, con la propria soggetione, anco el vassalagio. » Il ajoute qu'on ne sait pas si les Vénitiens possédaient déjà Trieste, ou pour quelles raisons ils négligèrent cette occasion de la soumettre.

ques jours, parce que les peuples des environs venaient solliciter la faveur d'être adoptés par la république et amenaient au doge des soldats qu'il distribua sur ses vaisseaux. Entre les villes dont il reçut le serment on cite Capo-d'Istria, Pirano, Isola, Emone, Rovigno et Humago. Les historiens ne sont pas d'accord sur Trieste. Il y en a qui la comprennent parmi les villes qui se soumirent ; d'autres n'en font point mention.  Trieste, Capo-d'Istria, etc.

Le même accueil attendait le doge à Zara, ville qui avait dès long-temps des relations de commerce et d'amitié avec Venise. Tout le peuple vint à sa rencontre en le saluant des noms de libérateur et de seigneur (1). Là il reçut les évêques et les députations de Corytte et d'Arbo qui vinrent, suivant les expressions d'un auteur vénitien (2), lui demander la paix ; en ajoutant qu'après les prières qu'on faisait pour l'empereur, en célébrant le service divin, on en ferait pour le doge.  Zara, Corytte, Arbo.

Mulcimir, roi de Croatie, inquiet de l'approche de l'armée d'Urseolo, lui envoya demander son amitié, en lui offrant des secours et cette négociation se termina même par le mariage de la fille du doge avec Etienne fils de Mulcimir.  Négociation avec le roi de Croatie.

---

(1) Sabellicus, *Hist. Venet.*, décad. 1, lib. 4
(2) *Ibid.*, voyez aussi la chronique attribuée à Sagornino.

Pendant ce temps dix galères de la flotte vénitienne furent envoyées pour occuper l'île de Chama et ravager le pays des Narentins. D'autres allèrent à la rencontre d'une flotte marchande qu'attendaient les pirates et l'enlevèrent.

<small>Soumission de Trau, Spalato, Sebenigo, etc.</small>

Arrivé à Chama, le doge reçut l'hommage des villes de Belgrado et de Trau (1); Spalato, Salone, Sebenigo, None, Coronata, Pago, Ossero, Lissa, imitèrent cet exemple. Deux îles seulement Corcyre la noire, aujourd'hui Curzola, et Lesina, refusèrent de se soumettre. Le doge n'hésita pas

<small>Conquête de Curzola et de Lesina.</small>

à les assiéger. Corcyre était sans défense, et fut emportée sans difficulté; mais Lesina passait pour une place inexpugnable, c'était le repaire des Narentins; la ville était dans une situation fort escarpée, fortifiée par l'art et défendue par une nombreuse garnison. C'était cette même place dont mille ans auparavant Vatinius écrivait à Cicéron (2) : « J'ai forcé quatre enceintes, escaladé quatre tours, emporté une citadelle, et je me suis vu contraint d'abandonner ma conquête. » La flotte vénitienne bloqua le port, et l'armée investit la ville; des sommations, des

---

(1) L'auteur des *Memorie istoriche di Trau*, Jean Lencio, raconte que les Vénitiens y furent reçus comme des libérateurs; mais il écrit d'après la chronique de Dandolo.

(2) *Epistolæ ad familiares*, lib. 5, ep. 10.

propositions furent adressées inutilement aux assiégés, ils étaient résolus à tenter le sort des armes.

L'attaque fut ordonnée. On commença par lancer une grêle de traits sur les remparts, les assiégés, quoiqu'ils y répondissent avec courage, furent obligés de s'écarter pour se mettre à l'abri ; aussitôt les Vénitiens gravissent sur le rocher, les échelles sont appliquées aux murailles ; les assiégés accourent pour repousser l'assaut ; mais on monte de tous côtés, le nombre des assaillants augmente à chaque instant, la garnison plie et les Vénitiens se précipitent avec elle dans la ville. Il se fit un horrible carnage ; le doge arriva pour le faire cesser, accorda la vie aux vaincus, leur ordonna d'évacuer la place, et les fit transporter à Saint-Massimo.

Ce fut sur le lieu même de sa victoire qu'Urseolo reçut les députés de Raguse qui vinrent prêter pour leur ville le serment de fidélité à la république.

La Dalmatie était soumise ou conquise ; il restait à châtier les Narentins. Il fallait que ce peuple eût obtenu précédemment contre les Vénitiens un succès bien important, car la république leur payait un tribut annuel. Le golfe de Narenta se trouvait sans défense par la prise des îles de Curzola et de Lesina. Le doge fit dé-

XXII. Guerre contre les Narentins; ils sont vaincus.

barquer ses troupes, et livra le pays à la fureur du soldat. Tout fut mis à feu et à sang, tout fut détruit, les habitants étaient égorgés sans distinction; ce qui put échapper vint se mettre à la discrétion du vainqueur. Les conditions qu'il leur dicta furent telles qu'on pouvait les attendre, après une guerre de cent soixante ans, qui se terminait par une horrible catastrophe : plus de tribut, défense d'armer en course, ordre de respecter le pavillon vénitien et indemnité de toutes les pertes occasionnées aux sujets de la république. Ainsi se termina cette longue lutte entre Venise et les pirates, qui devint pour la république l'occasion de la plus belle conquête; et qui la mettait en état de tirer désormais de son propre territoire tous les objets de première nécessité qu'elle n'avait pas, les grains, le vin, l'huile, les bestiaux, le chanvre et le bois. Mais ce n'était pas tout de trouver dans ces nouvelles possessions des ports, des marchandises, des matelots; il y avait une population de consommateurs à rendre tributaire du commerce de Venise.

Il nous reste à voir comment les Vénitiens en usèrent envers les peuples qui s'étaient donnés à eux.

XXIII. *Le gouvernement*  Urseolo ramenant à Venise son armée victorieuse y fut reçu avec des transports de joie.

On décida que désormais le doge dans ses actes ajouterait au titre de duc de Venise celui de duc de Dalmatie. Quant à la forme du gouvernement de ces provinces, on ne distingua point celles dont la soumission avait été spontanée de celles qu'il avait fallu conquérir. On envoya dans chacune un magistrat, qui, sous le titre de Podestat, les gouvernait au nom de la république. Ces magistrats étaient à la nomination du doge, qui les choisit parmi les familles vénitiennes les plus considérables (1) et cet usage, constamment observé depuis, ne laissa pas à ces nouveaux sujets la moindre part, je ne dis pas aux affaires générales de la république, je ne dis pas aux diverses élections, mais même dans l'administration intérieure de leur pays. Cette condition était telle qu'il est difficile de croire que ces peuples s'y soient soumis volontairement, uniquement pour se délivrer du voisinage de quelques pirates. Comment se persuader qu'ils se soient remis à la discrétion de ceux qu'ils invoquaient comme des libérateurs? et, en supposant cette insouciance, ou cette légèreté, dans la classe ignorante et pauvre, qui ne pouvait prendre aucune part

*de la république établi dans la Dalmatie.*

―――――

(1) Othon Urse à Raguse, son fils à Spalato, Dominique Polani à Trau, Jean Cornaro à Sebenico, Vital Michel à Belgrado. (SABELLICUS, decad. 1, lib. 4.)

aux affaires, on ne peut pas douter qu'il n'y eût parmi ce peuple des riches, des magistrats, des hommes puissants; or l'intérêt de ceux-ci les avertissait, bien certainement, qu'il leur importait de stipuler des conditions qui leur conservassent au moins une existence équivalente à celle dont ils jouissaient déja.

Je n'ai point de titres à opposer aux historiens vénitiens, mais il me semble qu'ici le raisonnement peut suppléer à la critique. Leur récit me paraît invraisemblable, et je crains bien, pour l'honneur de l'humanité, que, pour expliquer la réunion de l'Istrie et de la Dalmatie à la république, il ne faille recourir à la force des armes ou à la corruption. Cette conquête était tellement utile aux Vénitiens qu'il est impossible de ne pas croire qu'elle eût été préméditée. L'Istrie est un pays pierreux, la Dalmatie une langue de terre resserrée entre des montagnes et la mer; mais la côte d'Italie qui longe l'Adriatique est malsaine, plate et par conséquent sans abri. Les navigateurs sont obligés de raser la côte opposée, où les canaux, qui séparent une multitude d'îles, offrent des ports excellents; et toutes ces îles, tout le littoral, abondent en matériaux pour les constructions navales, en denrées; enfin la population de ces contrées est non-seulement belliqueuse, mais accoutumée à la mer.

LIVRE II. 131

Ces avantages font sentir l'importance de cette acquisition, sur-tout pour une puissance située au fond du golfe et qui aspirait à devenir puissance maritime.

Je me hâte de terminer l'histoire du règne d'Urseolo. La considération qu'il s'était si justement acquise lui fournit les moyens de rendre de nouveaux services à sa patrie. L'empereur Othon III voulut être le parrain de son fils ; cet empereur, ayant eu envie de voir Venise, y vint passer trois jours. Le doge profita de cette occasion pour obtenir de nouvelles franchises en faveur du commerce, et une démarcation plus favorable des limites de la république.

Il existait encore un usage, qui était sans doute un reste de l'ancienne dépendance de Venise à l'égard des empereurs d'Occident. Tous les ans la république leur envoyait un manteau de drap d'or. Othon, devenu l'hôte des Vénitiens à leur insu, voulut bien abolir cette redevance à la prière du doge (1).

XXIV. Abolition d'un tribut que la république devait à l'empereur d'Occident.

***

(1) *Pallium quidem quod pro pacti fœdere à Veneticis suprà quinquaginta libras persolvebatur, eidem suo compatri duci perpetuâ scribtione donabat.* Chronique attribuée à Sagornino ; à quoi l'éditeur Zanetti ajoute : *Scilicet pro rebus, privilegiis et immunitatibus quibus Venetici in Italico regno gaudebant.* Il cherche, comme on voit, à faire

Voici quelles furent les principales concessions obtenues par Urseolo en faveur du commerce : Basile et Constantin confirmèrent par une bulle d'or tous les priviléges des Vénitiens dans l'Orient. L'empereur d'Occident, Othon III, leur accorda non-seulement l'exemption de tous droits dans l'étendue de son empire, mais leur permit la jouissance de trois ports dans le voisinage des lagunes. On croit (1) que ces trois ports étaient Trévise, Campalto, et Saint-Michel-del-Quarto, voisin des ruines d'Altino et traversé par l'ancienne voie romaine *Claudia-Augusta*, qui établissait la communication entre l'Italie et la Germanie.

L'évêque de Cénéda accorda aux Vénitiens le port de Settimo sur la Livenza, et celui de Villono sur le Lamène.

L'évêque de Bellune avait montré d'abord des dispositions moins favorables ; il avait même saisi les biens que les anciens habitants d'Héraclée possédaient dans son diocèse. Le doge fit cesser toute communication avec le Bel-

---

passer cette redevance pour le prix des concessions faites au commerce vénitien, et non pour une marque de vassalité.

(1) *Memorie storico-civili sopra le successive forme del governo de' Veneziani*, da Sebastiano Crotta.

lunois : ce territoire se trouva tout-à-coup privé de sel et de tout ce que lui fournissaient les lagunes. L'évêque fut réduit à demander grace, et à restituer les biens qu'il avait séquestrés.

Dans les loisirs de la paix Urseolo employa noblement sa fortune à relever des monuments publics. Son père avait fondé un hôpital et fait rebâtir, à ses frais, le palais et l'église de Saint-Marc : le fils fit reconstruire la métropole de Grado, d'autres disent même la ville (1) et plusieurs édifices dans Héraclée. Cette magnificence peut faire juger à quel degré de splendeur étaient parvenues les grandes familles; celle-ci n'était élevée à la dignité ducale que depuis une génération.

<small>Magnificence d'Urseolo.</small>

Urseolo était sans contredit le doge à qui ses services et sa gloire avaient donné le plus d'autorité. Il aurait pu, comme plusieurs autres, assurer sa dignité à son fils en se l'associant; mais il s'abstint de cet acte peu populaire, et les Vénitiens surent lui en tenir compte, en prononçant solennellement cette adjonction. Ce fils qu'on lui donnait pour collègue venait d'épouser une nièce de Basile et de Constantin, empereurs d'Orient.

<small>Ses alliances.</small>

---

(1) Sabellicus, décade 1, lib. 4.

Ainsi la famille du doge de Venise s'alliait de deux côtés aux familles couronnées; mais tant de félicités touchaient à leur terme. Ce fils qui devait lui succéder, cette belle-fille d'un sang royal, il allait les voir périr dans ses bras et de la maladie la plus affreuse. La peste et la famine vinrent dévaster Venise. Le courage du doge eut encore cette déplorable occasion de s'illustrer; sa générosité, ses soins affectueux, l'activité de son administration, lui acquirent de nouveaux droits à une éternelle reconnaissance. Enfin Venise le perdit; et comme s'il eût pu se croire encore redevable envers sa patrie, il affecta les deux tiers de son bien aux besoins de l'état, n'en laissant que le tiers à trois fils qui lui restaient et dont l'aîné lui succéda en l'an 1006.

XXV. Othon Urseolo, doge. 1006.

Othon Urseolo était encore fort jeune, mais son nom lui concilia tous les suffrages. Il prenait les rênes d'un état dont son père avait étendu les limites. Cet accroissement de puissance donnait à la république de nouveaux rapports : elle allait se trouver en contact avec des voisins, qui jusque alors lui avaient été à-peu-près inconnus. La Hongrie, cette contrée d'où tant de barbares étaient sortis autrefois pour effrayer Venise, était alors gouvernée par un roi qui rechercha l'amitié du doge. Le mariage d'Othon avec la fille de ce roi cimenta cette alliance et fournit une nouvelle preuve de la considération attachée à la dignité de doge et au nom d'Urseolo.

On se rappelle que l'empereur d'Occident Othon II, irrité contre Venise par la faction des Caloprini, avait défendu aux villes d'Italie toute communication avec la république. Capo-d'Argéré ou Cavarzéré, réduite à l'extrémité par le défaut de subsistances, s'était rendue à l'empereur, qui, pour encourager les défections, avait récompensé la soumission de cette ville, en lui donnant le territoire de Loredo. On s'était raccommodé avec l'empereur. Cavarzéré était rentrée sous l'autorité de la république, avec son nouveau territoire, de manière que ce différend avait fini par une espèce de conquête.

<small>Guerre contre la ville d'Adria, qui est ruinée.</small>

Il y avait à-peu-près trente ans que Venise en jouissait, lorsque la ville d'Adria essaya de faire valoir quelques prétentions qu'elle croyait avoir sur le Lorédan. Les habitants d'Adria commencèrent par une invasion. Le doge marcha contre eux, les défit entièrement, assiégea leur ville, la prit, et la ruina pour jamais. L'évêque et les principaux citoyens furent contraints d'aller à Venise signer une renonciation formelle à toutes prétentions sur le territoire en litige (4).

XXVI. Guerre contre le roi de Croatie.

Les nouveaux domaines de la république ne pouvaient manquer d'appeler l'attention du doge. Mulcimir, roi des Croates, quoique son beau-frère, profita du moment où les Vénitiens étaient occupés dans le Lorédan, pour mettre le siége devant Zara. Othon parut presque aussitôt à l'entrée du port, débarqua ses troupes, livra bataille aux Croates, remporta une victoire décisive, et força son beau-frère à lui demander la paix.

Une protection si efficace, accordée si vite et de si loin, devait lui attacher les peuples de la Dalmatie. Il montra sa flotte dans leurs diverses îles, visita leurs villes principales, gagnant partout les cœurs par son affabilité, et rentra dans Venise où le malheur l'attendait.

XXVII. Conspiration contre le doge. 1026.

Il régnait déja depuis vingt ans (2), il avait fait admirer son activité et son courage, on ne pouvait que bénir sa modération; cependant

---

(1) Cet acte est rapporté dans MURATORI : « *Antiquitatis italicæ medii ævi.* » Dissert. 5, p. 241. Il est sous la date de 1017.

(2) SABELLICUS, décad. 1, liv. 4, ne le fait régner que cinq ans; la chronique de François Sansovino, quinze ans, de 1009 à 1026, et la chronique intitulée, *Series ducum venetorum*, jusqu'en 1028.

des factieux entreprirent de le chasser du trône et y réussirent. Un homme d'une famille considérable, Dominique Flabenigo, se mit à leur tête, pour accuser de tyrannie celui qui avait exercé d'une manière si digne d'éloges un pouvoir dont l'origine était si légitime; ils le surprirent dans son palais, lui rasèrent la barbe, et l'envoyèrent en exil.  *Il est déposé et exilé.*

Venise dut être indignée de cet attentat, qui la privait de l'un des meilleurs princes qui l'eussent gouvernée; cependant, grace aux nombreux exemples qu'on en avait vus, tel était l'effet d'une déposition, même illégale, que l'on s'assembla pour procéder à une nouvelle élection. Le chef des factieux ne profita point cette fois de son crime. Les suffrages publics déférèrent la couronne ducale à Pierre Centranigo, qui était (1) de la famille des Barbolani.

Déja les Barbolani s'étaient montrés dans les factions; le massacre d'un doge, de Pierre Tradenigo, les avait signalés cent ans auparavant. Cette famille avait été exilée de la république. On rapprocha toutes ces circonstances et on en conclut, justement ou non, que le nouveau doge n'avait pas été étranger à la révolution  *XXVIII. Pierre Centranigo, doge. 1026.*

---

(1) Sabellicus, Hist. Venet., decad. 1, lib. 4.

qui l'appelait au trône. Il n'en fallut pas davantage pour indisposer les esprits contre lui. Son mérite et sa modération ne purent jamais les lui concilier. Il eut beau gouverner avec prudence; il eut beau réprimer deux fois avec fermeté les entreprises toujours renaissantes du patriarche d'Aquilée sur Grado : on conspira contre lui. A la tête de cette nouvelle conjuration était le patriarche de Grado, l'un des frères du doge déposé. Il s'était enfui à la nouvelle de la dernière révolution; Centranigo l'avait rappelé, lui avait fait reprendre possession de son siége, lui avait donné toutes les sûretés possibles, sans que ces procédés pussent éteindre les desirs de vengeance dans le cœur du patriarche. Il entretint les rumeurs populaires, fomenta le mécontentement et parvint à exciter une nouvelle sédition, dans laquelle le doge, après quatre ans de règne, fut déposé, revêtu d'un froc et jeté dans un monastère.

*Autre conspiration contre Centranigo. Il est déposé. 1029.*

Tous les vœux rappelaient Othon, tous les cœurs étaient pour cette famille. Othon n'avait point dégénéré de son illustre père. On envoyait des ambassadeurs pour le ramener de Constantinople, où il s'était retiré. Le patriarche, venait d'être chargé de l'exercice provisoire de l'autorité jusqu'à l'arrivée du doge; il faisait déclarer traître à la patrie le chef des

*Rappel d'Othon Urseolo. Il meurt.*

factieux qui avaient détrôné son frère; Dominique Flabenigo était en fuite. Qui l'eût dit que ce factieux, ce traître, allait être investi légalement du pouvoir; que cette illustre famille touchait au moment de se déshonorer et d'être proscrite pour jamais? L'histoire est faite pour donner de graves leçons à la prudence humaine.

Les ambassadeurs qui allaient chercher Othon le trouvèrent mort. Le patriarche au désespoir abandonna le gouvernement. On allait s'occuper d'une nouvelle nomination, lorsque leur troisième frère, Dominique Urseolo, entreprit de s'emparer du dogat comme d'un patrimoine.

Sans consulter, sans daigner solliciter ou gagner les suffrages, alléguant seulement sa qualité de fils et de frère des deux derniers doges légitimes, il s'empara du palais et du gouvernement. Cette témérité excita une indignation générale. Ce qui choque le plus dans les usurpations, ce n'est pas la passion de dominer, qui est commune aux prétendants légitimes comme aux usurpateurs, c'est le mépris dont les nations ont à se plaindre. Sur le trône, le mépris qu'on affecte est encore plus dangereux que celui qu'on inspire.

Tout le peuple se souleva. Assailli dans ce palais bâti par son aïeul, où son père et son

XXIX.
Dominique Urseolo veut s'emparer du trône.
1030.

On se révolte contre lui. Il est chassé. Sa famille est proscrite pour jamais.

frère avaient régné, où la veille il s'était établi lui-même de sa propre autorité; Dominique Urseolo voulut d'abord se défendre, comme s'il eût eu affaire à des rebelles; mais sur le point de payer de son sang son usurpation, il parvint à s'évader et alla mourir à Ravenne.

XXX.
Dominique Flabenigo, doge.
1030.

Dans les crises politiques, les passions les plus dangereuses offrent quelquefois une ressource. La haine de Flabenigo pour les Urseolo devint un mérite. Il fut rappelé, élu, installé sur le trône ducal. Tout ce qu'on lui demandait c'était d'y porter cette haine. Il assembla le peuple, peignit avec toute la véhémence de la passion l'attentat d'Urseolo, le péril de la république, et finit par proposer la proscription éternelle du nom le plus illustre jusque alors dans les fastes vénitiens. On ne se rappela ni la Dalmatie conquise, ni les Narentins détruits, ni quarante ans d'une sage administration, ni les sentiments qu'on éprouvait quelques jours auparavant; un crime irrémissible avait tout fait oublier. L'arrêt fut porté, la proscription fut générale, on punit la tyrannie en l'imitant. La famille entière fut chassée, et ses nobles descendants, toujours traités en ennemis publics, pour la faute d'un seul, n'ont jamais pu trouver un asyle ni sur ces rivages que leurs ancêtres avaient soumis, ni dans ces villes qu'ils avaient rebâties, ni dans cette capitale ingrate qu'ils avaient ornée de glorieux monuments.

Admirons ici le cours toujours imprévu des choses humaines : un factieux occupe légitimement le trône, et c'est lui qui va opposer une digue insurmontable à l'ambition. La passion va conseiller la résolution la plus sage, la plus salutaire.

Flabenigo représenta que, depuis trois cents ans, la plupart des doges avaient tenté de perpétuer cette dignité dans leur famille. Il y avait eu douze héritiers de l'autorité désignés avant la mort de leur père ou de leur frère, cinq dans une seule maison; plusieurs, ce qui était plus monstreux encore, y avaient été associés par un abus de cette autorité même, sans consulter le peuple; pas un n'avait justifié les espérances qu'on en avait conçues; on s'était vu obligé d'en punir quatre de l'exil ou de la mort (1).

*Abolition de toute association au dogat.*

---

(1) Voici la liste des doges associés au pouvoir du vivant de leur père ou de leur frère :

Jean Galbaio, associé à son père Maurice.
Maurice Galbaio, associé à son père Jean.
Béat, Valentin, } associés à Obelerio, leur frère.
Jean Participatio, Justinien Participatio, } associés à Ange, leur père.

Il fallait abolir cette odieuse coutume, qui, sous prétexte de prévenir les troubles de l'élection, devait finir par la supprimer. Cette proposition fut accueillie d'une voix unanime, et une loi fondamentale fut rendue, qui interdisait toute désignation d'un successeur avant la mort du doge régnant. Sans cette loi, qui a été constamment observée depuis, la république devenait une principauté héréditaire.

Cet acte est le seul monument qui nous reste du règne de Flabenigo. Ce règne fut tranquille et dura à-peu-près dix ans.

XXXI.
Dominique Contarini, doge.
1041.

Après la mort du doge, on élut Dominique Contarini. Il était d'une famille illustre, d'un caractère plein de sagesse. Il gouverna Venise

---

Ange Participatio, associé à Justinien, son père.
Jean Participatio, associé à Justinien, son frère.
Jean Tradenigo, associé à Pierre, son père.
Jean Participatio, associé à Urse, son père.
Pierre Candiano IV, associé à Pierre Candiano III, son père.
Jean Urseolo, associé à Pierre Urseolo II, son père.
Béat, Valentin, Ange Participatio, le fils de Justinien, Jean Tradenigo, et Jean Urseolo, moururent avant de régner seuls.
Jean Galbaio, Maurice Galbaio, Jean Participatio Ier, furent déposés; Pierre Candiano IV fut massacré.

pendant vingt-six ans. Il eut à réclamer l'intervention du pape contre les prétentions du patriarche d'Aquilée, qui entreprenait à chaque occasion la conquête de l'église de Grado. Cette fois il s'y était pris à main armée; mais la mort de ce turbulent patriarche vint mettre fin au différend.

Une affaire plus sérieuse, ce fut la révolte de la ville Zara. Les troubles qui avaient agité la république avaient fait négliger les colonies, et devaient leur inspirer la tentation de secouer le joug. La ville de Zara, que le roi des Croates remuait par ses intrigues, se donna à ce prince, lui envoya prêter serment par des députés, et chassa le podestat vénitien. Contarini partit sur-le-champ à la tête d'une flotte formidable. La ville se détermina à soutenir un siége. Le doge le poussa vivement, réduisit Zara à la dernière extrémité, et, lorsque les habitants se furent rendus à discrétion, il usa de la victoire avec modération. Au lieu d'exercer tous les droits de la force, au lieu de traiter les vaincus en rebelles, il les rétablit simplement dans la position d'où ils avaient voulu sortir; en se contentant de les menacer de la vengeance de la république, s'ils ne restaient sujets soumis. Cette clémence n'empêcha pas les Dalmates de provoquer bien souvent encore le courroux de leurs souverains.

<small>Révolte de Zara, qui se donne au roi de Croatie.</small>

<small>Siége et Soumission de Zara. 1065.</small>

XXXII.
Dominique
Silvio,
doge.
1069.

Dominique Silvio succéda à Contarini. Pendant son règne, les princes normands, qui s'étaient emparés de l'Italie méridionale, faisaient la guerre à l'empire d'Orient. Ils assiégaient Durazzo.

Guerre
contre les
Normands,
qui sont
battus.
1083.

Les Vénitiens ne pouvaient voir sans inquiétude ce peuple belliqueux établi dans la Sicile, dans la Pouille, dans la Calabre, et surtout ils ne devaient pas souffrir que, par la conquête de Durazzo, ils devinssent les voisins des Dalmates, dont les dispositions à la révolte venaient de se manifester. L'empereur grec ayant sollicité le secours de la république, le doge se mit lui-même à la tête de la flotte destinée à débloquer Durazzo, attaqua l'armée navale des Normands, la battit complètement, l'obligea de rentrer dans ses ports, et pour cette fois sauva la place (1). Mais Robert Guiscard, roi des Nor-

---

(1) Voici des vers d'un poëte du temps qui font allusion à cette expédition, et qui attestent la puissance maritime des Vénitiens à cette époque :

« Non ignara quidem belli navalis, et audax
Gens erat hæc: illam populosa Venetia misit,
Imperii prece, dives opum, divesque virorum,
Qua sinus Adriacis interlitus ultimus undis,
Subjacet arcturo. Sunt hujus mœnia gentis
Circumsepta mari; nec ab ædibus alter ad ædes

mands, reparut devant Durazzo avec une nouvelle flotte. Le doge accourut, pour le combattre encore, avec plus de confiance qu'auparavant. Cette confiance fut trompée. Les Normands se défendirent avec une telle vigueur que presque toute la flotte vénitienne fut prise ou coulée à fond. Accoutumés depuis long-temps à voir rentrer leurs armées victorieuses, les Vénitiens, lorsqu'ils virent arriver les débris de celle-ci, s'en prirent au doge de leur malheur et le déposèrent (1). C'est sous ce prince, dit-on (2), que l'église de Saint-Marc fut achevée ou rebâtie.

*La flotte vénitienne détruite l'année suivante. 1084.*

La guerre contre les Normands continua sous Vital Fallier, successeur de Silvio. Les armes de la république n'y furent pas plus heureuses. Cependant, comme cette guerre avait été entreprise à la sollicitation d'Alexis Comnène empereur d'Orient, le doge mit un prix à ces sa-

*XXXIII. Vital Fallier, doge. 1084.*

---

Alterius transire potest nisi lintre vehatur.
Semper aquis habitant; gens nulla valentior istâ
Æquoreis bellis, ratiumque per æquora ductu. »

( Guilielmus Apulus, *Poëme des Normands*, liv. 4. )

Muratori l'a inséré dans sa collection *Rerum italicarum*, tom. V.

(1) Sabellicus, décade 1, liv. 5.
(2) Tiraboschi.

crifices : il demanda que l'empereur renonçât, en faveur de la république, aux droits de souveraineté, déja presque oubliés, mais qu'il prétendait encore sur la Dalmatie. Alexis ne pouvait guère s'y refuser ; l'empire était sur son déclin ; ce n'était pas le moment de faire valoir de vaines prétentions.

Ce secours que le doge Vital Fallier fournit à l'empire d'Orient, fut reçu avec une telle reconnaissance, que l'empereur accorda aux Vénitiens la libre entrée de tous ses ports, déclara qu'ils seraient considérés à Constantinople, non comme étrangers, mais comme nationaux, et soumit tous les négocians d'Amalfi, qui aborderaient sur les côtes de l'empire, à payer une redevance annuelle de trois *perperi* à l'église de Saint-Marc (1). C'était rendre la république d'Amalfi tributaire de celle de Venise.

*Établissement des foires.*

Ce fut à-peu-près vers ce temps-là que les Vénitiens établirent des foires pour la facilité des échanges commerciaux. Il y en avait déja à Rome et à Pavie. Les réunions auxquelles les pratiques de dévotion donnaient lieu en avaient fait naître l'idée. La pompe des cérémonies, la fréquence des miracles, les graces accordées par

---

(1) *Memorie storico-civili sopra le successive forme del governo de' Veneziani*, da Sebastiano Crotta.

le souverain pontife, attiraient, à certains jours, un concours nombreux de nationaux et d'étrangers. Les spéculateurs aperçurent bientôt le parti qu'il y avait à tirer de cette affluence : les marchands vinrent augmenter le nombre des pélerins, et ajouter un nouvel intérêt à celui du pélerinage. Les prêtres ne dédaignèrent point ces auxiliaires : l'église et le gouvernement s'accordèrent à les favoriser. Des immunités, des franchises, des indulgences, des spectacles, invitèrent les peuples à venir grossir ce concours, et on ne négligea rien pour accroître la célébrité du patron qui l'attirait, ou pour se procurer de nouvelles reliques fameuses par des miracles.

Les Vénitiens ne se contentèrent pas d'instituer une foire en l'honneur de saint Marc, leur protecteur, et de plusieurs autres saints; ils achetèrent par-tout des reliques, et on assure même que, n'ayant pu acquérir le corps de saint Taraise, ancien patriarche de Constantinople, parce que les moines grecs qui le possédaient s'étaient absolument refusés à le leur vendre, ils prirent le parti de le dérober (1).

---

(1) Di queste fortune, le quali accrescevano la riputazione della nuova Venezia in tutto 'l mondo Cristiano, come trà l'altro, fù quella del corpo di S. Tarasio rubato a un convento di monaci renittenti a venderlo o a donarlo.—(*Storia*

XXXIV.
Vital Michieli, doge.
1094.

Nous venons de voir la république faire ses premières tentatives de conquêtes : sa principale ambition devait être de dominer sur l'Adriatique ; elle a cherché d'abord à s'en assurer les rivages, mais elle n'a point porté ses armes au-delà. Maintenant de nouveaux intérêts l'appellent en Orient.

Croisades.

Un nouveau peuple venait d'envahir ces contrées ; l'empire fondé par Constantin allait être démembré ; si les Vénitiens voulaient être les intermédiaires du commerce de l'Europe et de l'Asie, il fallait qu'ils fissent respecter leur pavillon sur toutes les côtes du fond de la Méditerranée, qu'ils sussent y former des établissements, et profiter de la chûte de l'empire, pour acquérir quelques positions fortifiées, d'où ils fussent à portée de protéger leur commerce et de menacer leurs ennemis. Pendant ce temps l'Europe entière, entraînée par d'autres passions, courait aux armes. Pour les hommes d'état, il s'agissait de repousser des peuples, sectateurs d'une religion nouvelle, qui menaçaient d'envahir toute la chrétienté : pour tout le reste, il s'agissait d'acquérir le ciel, en délivrant le tombeau du Sauveur, profané par les infidèles. Les Vénitiens avaient deux intérêts opposés ; d'une part ils devaient

*civile e politica del commercio de' Veneziani* di Carlo-Antonio MARIN, tom. II, lib. 4, cap. 4.)

desirer l'expulsion des Sarrasins, et se tenir en mesure d'être admis au partage des conquêtes; de l'autre, si tant de nations européennes formaient des établissements dans le Levant, les avantages dont les Vénitiens y avaient joui jusque alors cessaient d'être des priviléges.

L'empereur grec, qui ne voyait pas ces armements sans alarmes, avait invité la république à n'y prendre aucune part. Quoique cet empire fût dans un état de décadence, il méritait des ménagements, sur-tout tant qu'il se montrait disposé à favoriser exclusivement les Vénitiens. Ces considérations suspendirent leur résolution; ils furent les derniers à partager l'enthousiasme qui entraînait tant de peuples à la croisade; au reste, grace à leur manière de fournir leur contingent à la ligue européenne, cette guerre n'avait pas pour eux les mêmes inconvénients que pour les autres nations. L'armée vénitienne n'avait pas des marches immenses à faire, des pays inconnus à traverser, des privations à supporter; elle n'allait pas s'enfoncer, sans moyens de retraite, au milieu d'une population belliqueuse; elle devait être transportée sur sa flotte, ne jamais perdre de vue ses vaisseaux, et se borner à ravager les côtes ou à bloquer les ports de l'ennemi.

Ce fut sous le doge Vital Michieli que la ré-

XXXV.
Premier

publique fit son premier armement, en l'an 1098 : il consistait en deux cents bâtiments de guerre ou de transport, dont la moitié avait été fournie par les villes de la Dalmatie (1). L'évêque de Castello, Henri Contarini, voulut prendre part à cette expédition. La flotte, commandée par le fils du doge, mit à la voile et se dirigea d'abord vers Rhodes. A la hauteur de cette île, elle rencontra la flotte des Pisans, qui se rendait aussi à la Terre-Sainte. Les deux républiques étaient en paix, la destination des deux flottes était la même; quelques Vénitiens descendirent dans la petite île de Saint-Nicolas, pour y prendre les reliques du patron. Les caloiers qui les gardaient ne voulant pas absolument les livrer, les pélerins s'en emparèrent de force; mais les Pisans, témoins de cet enlèvement, voulurent avoir leur part de la dépouille (2). La dispute

---

(1) E subito furono fatti armare 207 navilj, che furono 80 galere, 55 tarette, e 72 navilj; de' quali 100 ne furono armati in Dalmatia e 'l resto a Venezia.

(*Hist. Veneziana* di Andrea NAVAGIERO.)

(2) E i capitani de' Veneziani andaron all' isola di S. Nicolò, per volere il corpo di detto santo : ma negandolo alcuni calogieri che l'aveano in custodia, e non volendolo dare, i detti capitani per forza l'ebbero, e lo portarono in galera. E avendo inteso questo i Pisani, dimandarono a' Veneziani la metà di detto corpo, dicendo che per essere stati

s'échauffa, un combat s'engagea, les Vénitiens étaient incomparablement les plus forts, ils prirent une vingtaine de vaisseaux aux Pisans, et firent, dit-on, cinq mille prisonniers. Singulier commencement d'une expédition qui avait pour but la destruction des infidèles !

Après cette bataille, au lieu de se porter sur les côtes de Syrie, où les croisés étaient établis déjà depuis assez long-temps, l'armée se dirigea vers l'Archipel, se présenta devant Smyrne, qui n'était point défendue, et le premier exploit des croisés vénitiens fut le pillage de cette ville. Enfin la flotte vint bloquer le port de Jaffa, pendant que les troupes de Godefroy de Bouillon l'assiégeaient par terre; d'autres soutiennent qu'elle n'eut aucune part à cette conquête; quoi qu'il en soit, la place emportée, la flotte ne voulut pas attendre l'hiver dans ces parages, et retourna à Venise, où le corps de saint Nicolas fut déposé dans une chapelle de l'île du Lido, à l'entrée du port.

*Pillage de Smyrne.*

*La flotte vient bloquer Jaffa. 1099.*

La campagne suivante, elle vint coopérer aux siéges d'Ascalon et de Caïpha. La première de

*Siége d'Ascalon et de Caïpha. 1100.*

---

ancora eglino li coll' armada lo voleano; ma i Veneziani risposero non volere dar loro cosa alcuna. Dove che da una parte e dall' altra furono usate molte disoneste parole, e i Pisani rimasero con grandissimo odio, di modo che, etc.

( *Hist. Veneziana* di Andrea NAVAGIERO. )

ces places résista, la seconde se rendit; mais déja l'imprévoyance et l'indiscipline avaient ruiné les affaires des croisés: la plupart s'étaient retirés après la victoire d'Ascalon. Le nouveau roi de Jérusalem, loin de pouvoir méditer des conquêtes, avait beaucoup de peine à se maintenir dans une situation très-périlleuse.

<small>Ravage des côtes de la Calabre.</small>

L'occupation de Durazzo par les Normands, qui avait eu lieu après la défaite de l'armée vénitienne sous le commandement du doge Silvio, donnait à la république des inquiétudes pour ses possessions en Dalmatie: on se décida à faire une expédition contre les Normands; mais, au lieu de les combattre, on se contenta d'aller ravager une de leurs provinces; la Calabre fut mise à feu et à sang.

<small>XXXVI. Ordelafe Fallier, doge. 1102. Prise de Ptolémaïs. 1104. Établissement des Vénitiens en Syrie.</small>

Le doge Vital Michieli étant mort sur ces entrefaites, fut remplacé par Ordelafe Fallier. Celui-ci arma pour la Terre-Sainte une flotte de cent voiles, qui concourut aux siéges de Ptolémaïs, ou Saint-Jean-d'Acre, de Sidon, et de Béryihe. Beaudoin, successeur de Godefroy, sur le trône de Jérusalem, récompensa les services des Vénitiens, en leur abandonnant la propriété d'un quartier de la ville de Ptolémaïs: ils eurent la permission de commercer dans tout le royaume de Jérusalem avec toutes sortes de franchises, et le privilége de ne reconnaître de juridiction que celle de leurs propres magistrats (1). Ces avantages furent balancés par ceux que les Pisans obtinrent bientôt après de l'empereur d'Orient; et, quoique ce prince n'eût cédé qu'à la force, ces concessions n'en furent pas moins aux yeux des Vénitiens un grief contre lui et un sujet de jalousie contre la république de Pise (2).

Les Pisans entrèrent aussi dans le partage des établissements formés par les chrétiens sur les côtes de la Syrie; ils eurent tout un quartier dans Antioche, et le patriarchat de Jérusalem fut conféré à un de leurs compatriotes.

Les Génois, non moins vigilants pour leurs intérêts, réclamèrent des comptoirs et des priviléges à Jérusalem, à Joppé, à Césarée, à Ptolémaïs; de-là résultèrent des rivalités, et bientôt des inimitiés entre les trois républiques (3).

Les habitants de Padoue ne voyaient pas sans une secrète jalousie les succès de Venise. Ses lagunes leur avaient appartenu pendant qu'elles étaient désertes; maintenant un état florissant s'était formé autour de Rialte, qui avait été autrefois leur port, et cet état possédait les em-

XXXVII.
Guerre contre Padoue.
1110.

---

(1) Sabellicus, *Hist. ven.*, decad. 1, lib. 6.
(2) *Storia civile e politica del commercio de' Veneziani*, di Carlo-Antonio Marin, tom. III, lib. 1, cap. 4.
(3) *Ibid.* cap. 6.

bouchures de leurs fleuves : ils profitèrent d'un moment qu'ils crurent favorable, et, pendant que la flotte était en Syrie, ils entrèrent sur le littoral qui appartenait aux Vénitiens, en les accusant d'en avoir porté trop loin les limites. Les troupes vénitiennes furent envoyées sur-le-champ à la défense de ce territoire ; elles battirent complètement les Padouans, et emmenèrent six cents prisonniers.

*Médiation de l'empereur. 1111.* Les vaincus implorèrent le secours de l'empereur Henri V, qui se trouvait dans ce moment à Vérone, ou au moins sa recommandation. Les Vénitiens auraient bien voulu éviter l'intervention d'un si puissant médiateur, mais il n'y avait pas moyen de s'y soustraire. L'empereur représenta aux deux peuples leur origine commune, les exhorta à vivre en bonne intelligence, fit rétablir les limites comme elles étaient avant l'agression des Padouans, fit rendre les prisonniers, et profita de cette occasion pour demander à Venise le tribut du manteau de drap d'or, malgré l'abolition accordée par l'un de ses prédécesseurs (1).

---

(1) On peut voir dans le *Codex Italiæ diplomaticus*, de Lunig, l'acte de 1111, par lequel l'empereur Henri V confirma les priviléges accordés par ses prédécesseurs aux Vénitiens. Ce diplôme indique avec assez de précision les pos-

LIVRE II.

Venise éprouva, peu de temps après, de grandes calamités : un incendie, qui commença dans la maison d'un particulier, fit les plus rapides progrès dans une ville bâtie presque entièrement en bois. Six rues, plusieurs églises, divers quartiers furent consumés ; la largeur du grand canal n'empêcha point l'incendie de s'étendre, et l'abondance de l'eau ne put le ralentir ; il fallut attendre que le feu eût dévoré ce qu'il avait atteint. Les cendres de cet incendie fumaient encore lorsqu'il s'en déclara un second plus terrible. Il dévasta seize îles, c'est-à-dire le tiers de Venise, et gagna le palais ducal : les flammes semblaient s'élever du sein des eaux ; c'était un

*Incendie de Venise.*

---

sessions de la république à cette époque. Il paraît, d'après plusieurs passages de l'histoire attribuée à André Navagier, que les empereurs d'Occident s'étaient réservé le droit de confirmer tous les cinq ans les priviléges accordés aux Vénitiens. Voici ce qu'on y lit au sujet de ce tribut : « E pe' nostri ambasciadori fù dimandato gli un privilegio di confermazione degli altri. Il quale imperadore rispose non volerlo fare per niente, se prima i Veneziani non gli davano quello ch' erano obligati, ch' era un pallio d'oro e cinquanta lire di pepe. I quali ambasciadori mostrarono che in tempo di messer Piero Orsuolo, doge di Venezia, l'imperadore Ottone III liberò i Veneziani da tutti i tributi ; e l'imperadore rispose, che Ottone imperadore poteva far per lui e non pe' suoi successori : di modo che i detti ambasciadori s'obligarono in luogo della signoria di Venezia di fargli il detto censo. »

volcan au milieu de la mer. Le commerce fit des pertes immenses ; les citoyens se trouvaient sans habitations. Presque au même instant, le même fléau ravagea la ville de Malamocco ; la mer, qui s'éleva à une prodigieuse hauteur, rompit ses digues, et submergea entièrement cette île dévastée par les flammes.

<small>Incendie et submersion de Malamocco</small>

Il n'y avait pas moyen de relever Malamocco de ses ruines ; on en transporta les habitants à Chiozza, avec le siége épicopal : pour Venise, on se hâta de construire de nouveaux édifices ; l'ordonnance en fut plus régulière ; on alla chercher sur le continent des matériaux moins combustibles ; des palais de marbre s'élevèrent sur les débris des maisons de bois, et annoncèrent que Venise allait devenir une des plus belles capitales de l'univers.

<small>Translation des habitants de Malamocco à Chiozza.</small>

<small>XXXVIII. Guerre contre le roi de Hongrie. Il prend Zara. 1115.</small>

Le roi de Hongrie entreprit d'expulser les Vénitiens de son voisinage. Il se présenta avec une armée devant Zara, dont les habitants lui ouvrirent les portes, et chassèrent le magistrat vénitien. Le doge traversa la mer, se présenta devant la ville rebelle que les Hongrois défendaient, et en commença l'investissement. Le siége, quoique poussé avec vigueur, pouvait être long, lorsque le roi accourut à la tête de son armée pour le faire lever.

Fallier marcha à lui, et remporta une victoire

signalée, qui décida de la reddition de la place. Il punit les rebelles, poursuivit les Hongrois au-delà des montagnes, rançonna le pays, et reparut dans Venise précédé de ses prisonniers et des drapeaux, trophée de sa victoire. Pour en perpétuer le souvenir, il fut décidé que le doge ajouterait à ses titres celui de duc de Croatie. Il avait déja reçu, comme quelques-uns de ses prédécesseurs, celui de protospataire de l'empire. *Le roi est battu. Zara forcé de se rendre.*

Deux ans s'étaient à peine écoulés que les Hongrois revinrent à la charge; le doge partit une seconde fois pour aller les combattre. Il leur livra bataille près de Zara; l'action fut très-vive, on combattit corps à corps, et Fallier, donnant l'exemple aux siens, se précipitait à leur tête dans la mêlée. La résistance des ennemis exigeait de sa part les derniers efforts, mais son courage fut précisément ce qui occasionna la perte de la bataille et de son armée. Atteint de plusieurs coups mortels, il tomba. L'armée demeurée sans chef ne combattit plus qu'en désordre; tout fut pris ou massacré, et ce ne fut qu'avec peine que quelques-uns regagnèrent leurs vaisseaux. *Nouvelle bataille où le doge est tué. 1117.*

Ce revers abattit le courage des Vénitiens. Ils firent demander la paix au roi de Hongrie, qui reçut avec beaucoup de hauteur les ambassadeurs de la république, et ne voulut accorder qu'une trêve de cinq ans. *Trêve.*

**XXXIX.**
Dominique
Michieli,
doge.
1117.

Dominique Michieli venait d'être élevé au dogat, lorsqu'il reçut de Baudoin II, roi de Jérusalem, une ambassade, qui le sollicitait d'envoyer des secours aux chrétiens de l'Orient, pressés de toutes parts par les infidèles. Les ambassadeurs, en excitant le zèle pieux des Vénitiens, ne négligeaient pas de leur promettre de nouveaux avantages pour leur commerce. Pendant qu'on négociait, le péril augmenta; Baudoin fut fait prisonnier. Alors le pape Calixte II s'adressa à tous les princes chrétiens, pour les presser de délivrer le reste de leurs frères qui combattaient encore dans la Syrie; le doge, plein d'une ardeur martiale, assembla ses concitoyens, leur lut la lettre du saint-père et leur tint ce discours, que les historiens ont conservé (1).

Discours du
doge pour
proposer
une
nouvelle
croisade.

« Vénitiens, après les combats, qui, depuis
« vingt-six ans, ont été rendus pour délivrer la
« Judée; après les exploits, qui, sur terre et sur
« mer, ont illustré vos armes et celles des autres
« nations; vous avez vu les barbares, ennemis
« du nom chrétien, expulsés par ces glorieux
« efforts du vaste territoire qui s'étend entre la
« Bithynie et la Syrie. Des villes fameuses, Smyrne,
« Ptolémaïs, Ascalon, Caïpha, Tibériade, se sont

---

(1) Je le traduis de Pierre Justiniani (*Rerum venetarum ab urbe condita ad annum* 1575 *Historia*, lib. 2).

« rendues aux alliés, et vous avez été appelés au
« partage des conquêtes comme de la gloire.

« Mais la vicissitude éternelle des choses hu-
« maines a bientôt amené des jours de deuil,
« après tant de prospérités; le vaillant Gode-
« froy, le premier des Baudoin, Boëmond, Tan-
« crède, et tant d'autres héros, ont succombé;
« leur mort a laissé la Syrie sans défense, et les
« chrétiens environnés de dangers tous les jours
« plus imminents. Dernièrement, le roi Baudoin
« a été fait prisonnier par les Sarrasins, et amené
« chargé de fers à Carrha. Le royaume de Jéru-
« salem est en deuil; notre saint pontife vous
« presse, vous conjure, par ses lettres et par ses
« envoyés, de ne pas laisser périr la foi dans
« cette extrémité; vous devez employer pour elle
« cette puissance navale que Dieu vous a accor-
« dée; nous vous en supplions; nous vous
« exhortons avec instance à ne pas abandonner,
« dans un si grand péril, la cause de notre sainte
« religion.

« Vénitiens, il est glorieux pour vous d'être
« appelés à protéger par vos armes, à venger
« d'un ennemi qui la profane, cette terre où notre
« Sauveur, notre roi, prit naissance, qu'il éclaira
« par sa doctrine, qu'il illustra par ses miracles.
« Ce fut ce noble dessein qui précipita vers l'A-
« sie tant de héros français et tant de princes de

« l'Europe, avec de puissantes armées. Ils ont eu
« le bonheur d'arracher la Judée tout entière
« aux enfants de Mahomet. Aujourd'hui les bar-
« bares, ayant réparé leurs pertes, dévastent cette
« contrée et veulent l'opprimer encore; ils veu-
« lent en bannir les chrétiens, pour souiller cette
« terre de crimes et de sacriléges. C'est à vous
« de prévenir cette désolation par la sagesse et
« la fermeté de vos mesures. C'est à vous, peuple
« chrétien, peuple religieux, et qui en faites
« gloire, de vous élancer les premiers contre une
« race impie, de l'attaquer avec vos flottes, et de
« secourir, autant qu'il est en vous, un prince
« ami et malheureux. Voyez quelle gloire immor-
« telle, quelle splendeur en doit rejaillir sur votre
« nom; vous serez l'admiration de l'Europe et
« de l'Afrique.

« Eh! qui pourrait d'ailleurs aimer assez peu
« la patrie pour ne pas desirer de voir son em-
« pire s'étendre au-delà des mers? Et comment
« l'espérer cet empire? Serait-ce en restant dans
« le repos, en nous bornant à parcourir nos la-
« gunes? Regardez ces Romains dont vous vous
« vantez d'être issus; ce ne fut pas dans la mol-
« lesse et les plaisirs qu'ils acquirent l'empire de
« l'univers; ce fut par la guerre, par des fatigues,
« par de durs travaux, qu'ils accrurent leurs
« forces et devinrent les maîtres du monde; c'est

« en détruisant les infidèles que nous pouvons
« nous promettre d'étendre dans l'Orient la gloire
« et la puissance du nom vénitien.

« Embrasés du saint zèle de la religion, touchés
« de voir le royaume de Jérusalem en péril, cou-
« rez aux armes, contemplez les honneurs et le
« prix qui vous attendent, et que vos flottes,
« destinées à accroître votre puissance, triom-
« phent de nos ennemis, et sauvent la république
« chrétienne. »

Ce discours excita les plus vifs transports. On y répondit par des acclamations; tout le monde demanda à partir, et le doge se mit à la tête de l'armée. Une flotte, que quelques historiens portent jusqu'à deux cents vaisseaux (1), fut prête en peu de temps, et fit voile pour Jaffa. Ceci se passait en 1122; la flotte des Sarrasins croisait devant le port; les Vénitiens poussèrent des cris de joie en l'apercevant, les infidèles les reçurent avec courage. Le combat fut long et terrible; on en vint à l'abordage sur toute la ligne, la victoire la plus décisive fut le prix de l'habileté; l'armée des Sarrasins fut entièrement

*Armement pour la Syrie.* 1123.

*Bataille navale devant Jaffa. Les Sarrasins sont défaits.* 1123.

---

(1) Cioè 40 galee, e 20 assili, sopra de' quali furono messi molti cavalli, e 4 navi grosse, con munizioni, e insegne da combattere, con 136 navili di viveri e altre cose necessarie : (*Storia veneziana di* Andrea NAVAGIERO.)

Tome I. 11

XL.
Siége de Tyr par les croisés.
1124.

détruite (1). Fiers de ce succès, heureux prélude de la campagne, et qui avait eu pour témoins tant de braves chevaliers accourus sur le rivage, les Vénitiens entrèrent dans le port de Jaffa, et le doge se rendit à Jérusalem.

Les chefs, qui dirigeaient les affaires, depuis la captivité du roi, lui firent l'accueil que l'on doit à un allié triomphant. Il convenait de profiter de l'enthousiasme que ce premier succès avait inspiré pour tenter quelque entreprise considérable; mais les avis sur ce qu'il y avait à faire se trouvaient fort partagés. On n'avait point de plan de campagne arrêté. Par une suite de l'esprit religieux dont tous ces pieux croisés étaient animés, on décida de s'en remettre à la Providence, ne doutant pas qu'elle ne daignât tracer elle-même à ses guerriers la route qu'ils devaient tenir. Les noms de plusieurs villes furent écrits sur des billets, qui furent jetés dans une urne, cette urne placée sur l'autel; on célébra les saints mystères, et ensuite un enfant tira le billet qui devait désigner la place que l'armée irait assiéger.

Cette place fut la ville de Tyr; il n'en était pas de plus importante, ni de plus difficile à prendre.

---

(1) Il doge fece tagliare la testa all' ammiraglio de' Mori e a' padroni delle sue galere, perchè erano Paesani. (*Ibid.*)

Elle appartenait en commun aux soudans d'Égypte et de Damas; elle avait dix-neuf milles de circuit, et une forte citadelle. Environnée de la mer presque entièrement, elle ne tenait à la terre que par cette digue fameuse, ouvrage d'Alexandre-le-Grand. Elle avait arrêté ce conquérant pendant sept mois, et rendu inutiles tous les efforts de Beaudoin I$^{er}$.

Avant de partir pour le siége, on signa un traité (1) par lequel il fut stipulé qu'outre le quartier de Ptolémaïs, que les Vénitiens possédaient déja, on leur céderait en toute propriété, dans toutes les villes du royaume, une rue entière, avec un bain, un four, un marché et une église; que les marchandises qu'ils transporteraient en Asie seraient exemptes de tous droits; que les sujets de la république ne paieraient aucun impôt; qu'ils ne reconnaîtraient, dans leurs domaines, d'autre juridiction que celle de leurs magistrats, même quand ils auraient à plaider comme défendeurs contre la demande d'un sujet du roi; que seulement, quand un Vénitien actionnerait un sujet du roi, il serait obligé d'aller devant le juge royal; que, si l'on prenait les

*Traité entre les Vénitiens et leurs alliés.*

---

(1) Il est dans Guillaume de Tyr et dans Muratori. (*Antiquitates italicæ medii ævi*, dissertation 30$^e$, p. 919.)

villes de Tyr et d'Ascalon, le tiers de ces villes et de leur territoire deviendrait la propriété de la république; qu'enfin elle fournirait pour la garde de la place de Tyr le tiers de la garnison qui serait jugée nécessaire, et que le roi lui paierait à cet effet un subside de trois cents besans d'or.

Ce traité conclu, on se mit en marche. Les Vénitiens s'embarquèrent pour aller bloquer le port et battre la place du côté de la mer, tandis que leurs alliés l'investiraient du côté de la terre.

On ne pouvait y arriver que par la digue dont j'ai parlé. Cette digue était coupée par de forts retranchements; l'entrée du port était défendue par des tours, la garnison était nombreuse, déterminée, et il était indubitable que le soudan de Damas allait venir à son secours.

*Murmures contre les Vénitiens. Résolution du doge.*

Cette dernière considération fit mettre beaucoup de vivacité dans les attaques. On livra plusieurs assauts, qui furent vaillamment repoussés; on redoubla d'efforts, sans faire des progrès. Il y avait trois mois que l'armée se consumait, et elle ne voyait point augmenter l'espérance du succès dont on s'était flatté. Les troupes qui assiégeaient la ville par terre, comparant leur position à celle des Vénitiens, commencèrent à murmurer. Les Vénitiens étaient tranquilles sur leurs vaisseaux, à l'abri des dangers et même des fatigues; ils attendaient que la place se rendît, sans y contribuer par leurs efforts; en cas de désastre ils avaient leur retraite assurée.

Le doge, informé de ces discours, prit pour les faire cesser un moyen digne des mœurs du temps : il ordonne d'ôter à tous les bâtiments leurs rames, leurs voiles, leur gouvernail, fait débarquer tous ces agrès sur la plage; des matelots les chargent sur leurs épaules, et à leur tête, il se rend au camp des alliés : « Il faut que « les périls soient communs, leur dit-il, voici « qui vous répond de notre fidélité; nous n'a- « vons plus les moyens de nous éloigner de la « place et le moindre vent nous fera courir des « dangers plus grands que ceux que vous affron- « tez en combattant. »

Cette imprudence chevaleresque et cent mille ducats donnés aux alliés, pour payer leurs troupes (1), les frappèrent d'admiration. Ils témoignèrent aux Vénitiens une entière confiance et ne voulurent pas souffrir que tant de braves gens restassent exposés inutilement à de si grands périls. Il ne fallait pas d'ailleurs que la flotte se mît hors d'état de combattre si cela était nécessaire. On continua le siége avec la

---

(1) *Storia Veneziana di* Andrea Navagiero.

même constance et le même courage pendant deux autres mois.

Prise de Tyr. On sait que les Orientaux sont dans l'usage d'élever des pigeons pour porter des messages au loin ou dans des endroits inaccessibles; les assiégeants avaient remarqué plusieurs de ces oiseaux qui entraient ou sortaient de la place. Un jour on parvint à en attirer un et à le saisir. Il venait de Damas; il portait un billet sous son aile; le soudan, en exhortant les assiégés à continuer leur vigoureuse défense, leur annonçait un très-prochain secours. Ce billet fut retenu, on y en substitua un autre par lequel on faisait dire au soudan qu'attaqué d'un autre côté il se voyait obligé d'y porter ses forces et d'abandonner la place à elle-même; le pigeon fut relâché et vola vers la ville.

Ce stratagême réussit; la garnison, découragée par ce faux avis, parla de se rendre et capitula.

La ville d'Ascalon fut assiégée immédiatement après, et ne fit qu'une assez faible résistance. Il y a des historiens qui disent qu'après cette conquête, on offrit au doge de Venise le trône de Jérusalem, qu'il ne voulut pas accepter. Ce fait est peu vraisemblable; le roi était captif, mais le trône n'était pas vacant; plusieurs seigneurs devaient y avoir des prétentions, et le patriarche de la ville sainte avait déja disputé l'autorité suprême à Godefroy de Bouillon; il n'était pas naturel que toutes ces ambitions rivales se tussent pour offrir la couronne à un étranger, chef électif d'une république.

Jusqu'à la fin du XI<sup>e</sup> siècle les Vénitiens avaient été dans la plus parfaite intelligence avec les empereurs de Constantinople, et avaient trouvé la récompense de leur fidélité dans les précieux avantages du commerce de l'Archipel et de la mer Noire; mais dès que ces avantages cessèrent d'être exclusifs, lorsque des nations européennes voulurent devenir conquérantes sur les côtes de la Palestine, les Vénitiens partagèrent l'ambition d'y former des établissements, et les croisades les brouillèrent avec l'empire d'Orient.

XLI. Brouillerie avec l'empereur de Constantinople. Les îles de l'Archipel ravagées.

Ces succès des croisés, qui auraient dû être agréables à l'empereur de Constantinople, plus menacé que tout autre prince par les infidèles, lui inspirèrent au contraire une inquiète jalousie, sentiment naturel aux princes qui ne savent pas se défendre eux-mêmes. Irrité, effrayé de l'établissement des Européens dans la Palestine, il avait d'ailleurs à se plaindre des croisés. Il ordonna à ses vaisseaux d'attaquer tous les bâtiments de commerce vénitiens qu'ils rencontreraient en mer. Cette trahison indigna le doge. Il conduisit d'abord sa flotte devant l'île de Rhodes qu'il fit ravager, parcourut l'Archipel, mit à feu et à sang Scio, Samos, Mitylène, Paros, Andro, Lesbos et toutes les Cyclades, enleva les enfants des deux sexes, pour les vendre comme esclaves (1) ou pour rançonner les parents, entra dans la Morée, s'empara de Modone, où il laissa quelques troupes, et, satisfait de cette vengeance, mais non encore fatigué de tant de ravages, il punit de la même manière, en remontant l'Adriatique, quelques villes de la Dalmatie dont la fidélité avait chancelé. Sebenigo, Trau, Spalato, furent livrées au pillage ; l'ancienne Zara, c'est-à-dire Belgrado, fut détruite de fond en comble et cessa d'être habitée. Enfin Michieli rentra dans Venise où il mourut en 1130; des historiens ont dit qu'il abdiqua le gouvernement après son retour. Jamais homme ne mérita mieux son épitaphe, *Terror Græcorum jacet hic.* Deux ans après, l'île de Curzola imita la révolte de la Dalmatie. Un

---

(1) Andò a dare il sacco alle coste della Morea, facendo schiavi i fanciulli e le fanciulle per ricavarne buon riscato. — (*Ricerche storico-critiche sull' opportunità della laguna veneta pel commercio, sulle arti e sulla marina di questo stato*, dal conte FILIASI.)

armateur, Marsile Zorzi, se chargea de la soumettre et elle lui fut abandonnée en fief. Une escadre de la république fut envoyée pour s'emparer de Céphalonie, qui appartenait encore à l'empereur d'Orient.

Pierre Polani, gendre de Dominique Michieli, lui succéda ; mais il n'illustra pas son dogat par des actions éclatantes.

XLII.
Pierre Polani, doge.
1130.

Le combat qui avait eu lieu entre la flotte vénitienne et celle de Pise, avait rendu les deux peuples ennemis. Déja ils étaient jaloux l'un de l'autre, et comme cette jalousie n'avait pour cause que la rivalité du commerce, la guerre qu'ils se firent n'eut pour objet que de se prendre et de se détruire réciproquement quelques vaisseaux. Mais bientôt lassés de ces dommages réciproques, ils cédèrent assez facilement aux exhortations du pape, qui s'entremit pour être le médiateur de leurs différends, et cessèrent enfin d'inutiles hostilités.

La république, maîtresse des côtes de la Dalmatie et de plusieurs établissements déja considérables dans les pays lointains, ne pouvait manquer de tourner ses vues ambitieuses sur le continent voisin et de se mêler dans toutes les querelles des peuples de l'Italie. Nous la verrons assujettir presque toujours, sous prétexte de les protéger, un grand nombre de villes, et finir par se former des provinces dans le beau pays d'où ses fondateurs étaient sortis.

Elle fournit des secours à la ville de Fano, qui était en guerre avec celle de Ravenne et de Pezzaro, mais sans négliger de mettre un prix à ce service. La haine des habitants de Fano contre leurs ennemis était telle que, pour se mettre en état de les combattre, ils se soumirent à devenir tributaires des Vénitiens. Ils s'engagèrent à payer tous les ans une somme d'argent et à fournir mille livres d'huile pour le luminaire de l'église de Saint-Marc.

<small>Brouilleries avec Padoue. 1143.</small> Padoue encore plus ennemie de Venise, parce que c'était une haine de parents, imagina de rendre la Brenta inaccessible aux vaisseaux vénitiens, et pour cet effet elle entreprit d'ouvrir un canal pour en détourner les eaux. Quelques troupes que le doge envoya sur le champ firent repentir les Padouans de cette nouvelle tentative, et les choses furent rétablies dans leur premier état. Cette guerre, peu considérable en elle-même, donne lieu à une remarque que je trouve dans un historien vénitien (1). Ce fut à cette époque, dit-il, que la république employa pour la première fois des troupes étrangères,

---

(1) Marin, tom. III, lib. 1, cap. 7.

ce qui prouve que déja ses entreprises excédaient ses forces naturelles.

Pendant ce temps-là Roger, roi de Sicile, faisaient la guerre à l'empereur grec, qui était alors Manuel Comnène. Roger s'était emparé de Corfou; sa flotte avait ravagé la Grèce, passé les Dardanelles et menaçait d'incendier la ville de Constantin. L'empereur ne voyait de recours que dans les Vénitiens; mais comment espérer qu'ils voulussent embrasser sa défense après l'agression dont ils avaient eu à se plaindre de la part de son prédécesseur? Cependant, par de nouvelles concessions favorables à leur commerce, il parvint à les déterminer à entrer dans son alliance. Les anciens traités ne leur permettaient pas d'aborder dans les îles de Chypre et de Candie, ni de fréquenter le port de Mégalopolis; ces exceptions furent abolies, et les Vénitiens purent ajouter les vins de Chypre et de Crète aux autres articles qui composaient la cargaison de leurs vaisseaux en revenant des mers du Levant (1). La république était encore moins ennemie d'un prince faible, régnant au fond de la Méditerranée sur un empire près de sa décadence, que jalouse d'un

XLIII.
Guerre des Grecs et des Vénitiens contre Roger, roi de Sicile.
1148.

(1) Marin, tom. III, lib. 1, cap. 8.

voisin actif, entreprenant, qui possédait de vastes côtes à l'extrémité de l'Adriatique, et qui venait de s'emparer de Corfou. La guerre contre Roger fut résolue, mais cette guerre ne fut qu'une expédition dévastatrice.

*Ils prennent Corfou. Discorde entre les alliés.*

La flotte de la république se dirigea d'abord sur Corfou d'où elle chassa les troupes siciliennes. L'historien Nicetas raconte (1) les discordes qui éclatèrent pendant le siège entre les deux nations alliées. Il dit que les Grecs et les Vénitiens se chargèrent mutuellement dans le camp, que ceux-ci ayant regagné leurs vaisseaux attaquèrent la flotte impériale dont ils brûlèrent la plus grande partie, et que cette soldatesque, ajoutant l'insulte à ces violences, para de meubles et de tapis précieux la chambre du vaisseau de l'empereur et y couronna en cérémonie un Éthiopien, pour se moquer de Manuel, qui était fort noir.

*La Sicile ravagée.*

Après la conquête de Corfou, dont on prit possession au nom de l'empereur grec, les restes de cette armée allèrent ravager la Sicile, qu'on trouva sans défense.

Les récoltes et les maisons incendiées, les plantations détruites, les habitants égorgés, fu-

---

(1) *Histoire de Manuel Comnène*, liv. II. chap. 5.

rent tout le fruit de cette expédition. Le roi de Sicile se délivra de ces redoutables ennemis, en offrant aux Vénitiens de grands avantages pour leur commerce dans un royaume qu'ils venaient de saccager. Ce traité fut l'ouvrage de Dominique Morosini, qui avait succédé dans le dogat à Polani en 1148.

Ce nouveau doge n'eut à réprimer que quelques pirates d'Ancône dont il fit pendre le chef, et la révolte de quelques villes de l'Istrie auxquelles il imposa de nouveaux tributs.

XLIV.
Dominique Morosini, doge.
1148.

Sous son règne, l'évêché de Zara fut érigé en archevêché, et le patriarche de Grado étendit sa juridiction sur tout le territoire de cette nouvelle métropole. Telle était déja l'importance des établissements vénitiens dans le Levant, que le patriarche fut autorisé à ordonner les évêques pour toutes les colonies de la république où il y aurait plus d'une église.

Morosini mourut après un règne de huit ans. Son successeur fut Vital Michieli II. L'administration de celui-ci fut marquée par de terribles revers.

XLV.
Vital Michieli II, doge.
1156.

Il y avait alors deux papes. L'empereur d'Occident, Frédéric Barberousse, protégeait Victor IV, et les Vénitiens, qui n'avaient garde de favoriser la domination de l'empereur en Italie, tenaient pour Alexandre III, dont l'élection paraissait d'ailleurs plus régulière. Les Milanais tâchaient de secouer le joug de l'empereur; Venise leur envoya des secours. Les milices de Padoue, de Vicence, de Ferrare et de Vérone, se jettent par l'ordre de l'empereur sur le territoire de Capo-d'Argéré et de Lorédo, et mettent ces deux villes en cendres. Les troupes vénitiennes accourent pour punir cette agression. Pendant ce temps-là Ulric, patriarche d'Aquilée, héritier de la haine de tous ses prédécesseurs contre l'église de Grado, haine qui durait déja depuis six ou sept cents ans, fit avec tous ses chanoines une nouvelle expédition sur cette île, pilla jusqu'à la métropole, et se préparait à se rembarquer avec son butin, lorsqu'il se vit environné par des vaisseaux vénitiens, et se trouva leur prisonnier. Pour racheter sa liberté, il fut obligé de se soumettre à un tribut qui devint un objet éternel de dérision, et qui servit à entretenir dans le peuple la haine et le mépris pour le patriarche d'Aquilée. Tous les ans, le jeudi gras, il devait envoyer à Venise un taureau et douze porcs, représentant le patriarche et ses douze chanoines: on les promenait en pompe dans la ville, on leur coupait la tête en présence du doge, et on en distribuait les quartiers. Cette fête populaire a subsisté jusqu'à ces

*Marginalia:* Troubles en Italie. Défaite du patriarche d'Aquilée. Singulier tribut qui lui est imposé. 1163.

derniers temps (1). Des affaires plus sérieuses allaient mettre à l'épreuve la prudence du doge.

XLVI. La république se brouille avec l'empereur d'Orient.

Manuel Comnène cherchait à détruire ou à affaiblir, l'un par l'autre, le roi de Sicile et la république; il s'adressa d'abord à Guillaume, roi de Sicile, pour l'exciter à armer contre les Vénitiens, et lui offrit sa propre fille pour prix de cette agression. Cette négociation n'ayant eu aucun succès, il envoya des ambassadeurs à la république, pour lui exposer toutes les raisons qui pouvaient la déterminer à s'unir avec lui contre le roi; mais les Vénitiens venaient de s'assurer, par un traité, le commerce de la Sicile, et n'étaient nullement disposés à en compromettre les avantages.

Elle rappelle tous ses citoyens qui étaient dans le Levant.

Le refus ne pouvait que blesser l'empereur. Le doge, qui en craignit les conséquences, envoya des ordres à tous les vaisseaux qui étaient dans les ports de la Grèce et à tous les sujets de la république établis sur le territoire de l'empire, d'en partir sur-le-champ. Ces établis-

---

(1) Sunt qui hæc ad Angeli Participatii referunt principatum, nos hoc tempore facta credimus, *rerum venetarum Hist. P. Justiniani*, lib. II. Sabellicus rapporte cette anecdote, d'abord sous le règne d'Ange Participatio, et puis sous celui de Vital Michieli II.

sements s'étaient répandus sur tous les points, il y en avait jusqu'au fond de la mer Noire.

*L'empereur s'empare de quatre places en Dalmatie.* Le départ de tous les négocians et de tous les navires vénitiens servit de prétexte à Manuel pour envoyer en Dalmatie une flotte, qui s'empara de Spalato, de Trau, de Raguse, et de Corcyre ; cependant il fit dire par ses ambassadeurs que cette mesure ne devait point être considérée comme une déclaration de guerre. Il n'avait pu être insensible à l'intention manifestée de rompre tout commerce avec lui, mais si les Vénitiens voulaient rétablir les choses sur le pied où elles étaient auparavant, il était prêt à leur rendre son amitié ; il ne leur demandait que de revenir occuper dans ses états des établissemens qui leur avaient été jusques alors si avantageux ; les villes de la Dalmatie que ses troupes avaient occupées seraient immédiatement rendues et toutes les pertes réparées.

*Réconciliation apparente.* Ces explications ne justifiaient pas assurément l'usurpation à main armée de quatre places. Il était de la dignité de la république d'exiger avant tout cette restitution et une réparation éclatante, mais l'interdiction des mers de la Grèce à tous les vaisseaux vénitiens, l'abandon des comptoirs, l'interruption totale du commerce avec l'empire, avaient tari la source des bénéfices auxquels les négocians étaient accoutumés : l'esprit de trafic n'est pas toujours d'accord avec les véritables intérêts et la dignité de l'état ; le commerce murmurait contre les mesures rigoureuses qui l'avaient paralysé.

Ces criailleries déterminèrent une résolution qui lui devint bien funeste à lui-même, et plus encore à la république.

Les ordres dont on se plaignait furent révoqués, les négociants, et des vaisseaux richement chargés, partirent pour tous les points de l'empire grec. Manuel attendait sa proie ; il ordonna par-tout de les saisir, et tous les Vénitiens furent jetés dans les fers. Tous les Vénitiens qui étaient dans l'empire grec sont arrêtés.

L'impartialité de l'histoire veut qu'on ajoute que les Grecs ont présenté cet évènement sous d'autres couleurs. « Les Vénitiens, dit l'un d'eux (1), ces peuples fins et subtils, qui courent sans cesse toutes les mers, s'étaient tellement multipliés et enrichis à Constantinople, qu'ils s'y montrèrent insolents jusqu'à affecter du mépris pour l'empire. Manuel, irrité de leurs entreprises, et qui était loin d'oublier l'outrage qu'ils lui avaient fait autrefois à Corfou, envoya dans toutes ses provinces l'ordre de les arrêter tous en un même jour et de confisquer leurs biens. »

---

(1) Nicetas, *Histoire de Manuel Comnène*, liv. 5, chap. 9.

Il faut convenir que ce récit, quoique tracé par une main partiale, ne fait honneur ni à la bonne foi, ni au courage, ni même à la politique de l'empereur grec.

Indignation des Vénitiens. On peut juger quelle fut l'indignation des Vénitiens à la nouvelle de la saisie de leurs vaisseaux, et de l'arrestation de leurs compatriotes. Ce sont toujours les imprudents qui sont les plus furieux de se voir trompés. Ce ne fut qu'un cri de vengeance contre Manuel : les Vénitiens se firent raser la barbe pour n'avoir rien de commun avec les Grecs, tout le monde voulut partir, tout le monde mit la main à l'œuvre pour armer la flotte; elle fut prête au bout de cent jours, cent-vingt vaisseaux se mirent en mer sous la conduite du doge, pour aller tirer vengeance de Manuel, et en l'absence de Vital Michieli l'autorité ducale fut exercée par son fils Léonard.

Dévouement patriotique de la famille Justiniani. La famille des Justiniani, l'une des plus anciennes de Venise, voulut marcher tout entière dans cette expédition; elle fournit cent combattants, c'était renouveler l'exemple d'une illustre famille de Rome; le même malheur les attendait.

La flotte vénitienne entre dans l'Archipel. 1171. L'armée se porta d'abord en Dalmatie pour reprendre les places dont l'empereur s'était emparé. Il fallut en faire le siége; Trau que Comnène avait fait occuper, et Raguse, qui avait arboré les enseignes impériales, furent presque entièrement détruites (1). De cette côte l'armée fit voile vers l'Archipel. Négrepont, qu'elle menaça d'abord, ne fit aucune résistance. Le gouverneur de cette place alla au-devant du doge avant que ce prince n'eût mis pied à terre, lui

---

(1) Dux autem reliquâ stoli parte intra procedens Ragusinos pollicitæ fidelitatis immemores sibi rebelles fore invenit, erexerant similiter imperialia vexilla in turribus et muris suis, contemnentes non solùm ducem, quem sibi ab antiquis temporibus in dominum elegerant honorare, sed ut sibi æmulo armatâ manu resistere præsumserunt. Dux hoc indignè ferens bellicis instrumentis urbem impugnari jussit. Veneti autem quod jussum fuerat audacter exequentes continuis insultibus eâdem die quasdam turres ascenderunt, et depositis imperialibus insignibus beati Marci evangelistæ effigiem desuper posuerunt.

Cumque alterâ die ad reiterandos insultus Veneti pararentur, communicato consilio egrediens tribunus Michaël, archiepiscopus Ragusis, clerus et populus universus, præmissis crucibus de commissis veniam postularunt, quâ obtentâ dux cum hymnis et laudibus civitatem intravit, et consuetæ fidelitatis sacramenta renovavit, quamdamque turrim quæ imperatori servabatur cum maritimis muris dirui fecit, et archiepiscopus, consentientibus clero et populo, contentus fuit suam ecclesiam subjicere gradensi patriarchæ, si hoc à papâ poterit obtineri, quibus dux Raynierum Zane dedit in comitem.

(Andreæ Dauduli *Chronicon*, cap. 15, pars 24.)

exprima tout le regret qu'on avait de ce qui s'était passé ; l'assurant que l'intention de sa cour n'avait jamais été que les choses allassent si loin ; les dispositions de l'empereur étaient certainement pacifiques, il ne pouvait pas en avoir d'autres, il se prêterait à tous les moyens de conciliation. S'il avait fait arrêter les vaisseaux vénitiens, ce ne pouvait être que d'après quelques faux avis qui lui seraient parvenus des dispositions hostiles de la république : rien de moins invraisemblable qu'un malentendu à une si grande distance ; mais enfin, si tout pouvait se réparer, ne valait-il pas mieux s'expliquer à l'amiable que d'allumer une guerre, qui pouvait avoir des suites si désastreuses pour les deux états ? Le perfide Grec développa toutes ces raisons avec tant de candeur et les accompagna de tant de soumissions que le doge se laissa persuader d'envoyer des ambassadeurs à Constantinople. Cette mission fut confiée à l'évêque d'Equilo et à Manassès Badouer, tous deux hommes habiles et fort savants dans la langue grecque. Michieli conduisit la flotte à Scio, dont il se rendit maître, et se disposa à l'y faire hiverner.

*On négocie. Elle s'arrête à Scio.*

L'ambassade fût reçue avec beaucoup d'égards. L'empereur témoigna le plus grand empressement de tout concilier. Il parut d'abord disposé à accorder tout ce qu'on avait à lui demander,

*L'empereur trompe les négociateurs.*

mais, à chaque proposition qu'on lui faisait, les explications à obtenir, les avis à prendre, occasionnaient d'interminables délais; ensuite c'étaient des difficultés à applanir, et quand on croyait les avoir épuisées, il survenait un incident qui déplaçait la question et obligeait de reprendre la négociation sur nouveaux frais.

Les envoyés vénitiens, convaincus que Manuel ne cherchait qu'à les abuser et désespérant de l'amener à un arrangement, se déterminèrent à retourner vers le doge. Mais quel triste spectacle les attendait à Scio ! la peste s'était manifestée dans l'armée; elle y avait fait les plus terribles ravages. On n'avait plus à opposer à l'ennemi qu'un petit nombre de soldats déja mourants : il fallait se résoudre à brûler une partie des vaisseaux, faute de matelots pour les conduire : la maladie faisait tous les jours des progrès de plus en plus effrayants. On accusait l'empereur d'avoir fait empoisonner les eaux douces : cela n'était peut-être pas possible, mais on ne l'en croyait pas incapable. Il n'y avait plus moyen de penser à tenter une entreprise quelconque, encore moins de se présenter devant Constantinople. Tout ce qu'on pouvait espérer c'était de regagner Venise avec les débris de cette belle armée. On se mit en mer; la mortalité diminuant sans cesse les équipages, on

*Les équipages gagnent la peste.*

*Désastre de la flotte.*

se vit réduit à couler à fond plusieurs vaisseaux; d'autres échouèrent, parce qu'il ne restait pas assez de bras pour les gouverner. Enfin de cette flotte de plus de cent voiles à peine dix-sept vinrent montrer à Venise les tristes restes d'une armée qui avait fait trembler l'empire d'Orient. Déplorable résultat de l'oubli de cette maxime, que, dans la guerre offensive, l'assaillant qui a de l'avantage ne doit jamais accorder du temps à l'ennemi !

En gémissant sur cette calamité publique, chacun avait à pleurer ses pertes particulières. Point de famille qui ne fût en deuil : les guerriers les plus chers à la patrie avaient été moissonnés : la famille des Justiniani en avait fourni cent, il n'en restait pas un seul. Cette maison, dont le nom figurait dans les vieux fastes de la république, allait être éteinte, si on n'eût tiré du fond d'un cloître le seul rejeton qui eût survécu à tous les siens, et qui devint la tige de tous ceux qui ont ajouté depuis à l'illustration de ce nom.

Retour à Venise.
1172.

Venise, plongée dans la désolation, n'était pas encore au terme de ses malheurs. L'armée portait avec elle cette affreuse maladie qui l'avait moissonnée; le désastre de la flotte devait s'étendre sur la capitale. La peste fit d'affreux ravages dans cette immense population. Plusieurs milliers de citoyens périrent en quelques jours (1).

Ce fut alors qu'un cri général s'éleva contre le doge. On n'avait à accuser que son irrésolution, sa crédulité, son imprudence ; on inculpa sa fidélité. Triste condition des hommes qui sont chargés de la destinée de tous! on exagère leurs fautes, on ne leur pardonne pas le malheur. Les murmures contre Michieli devinrent des imprécations. Une multitude furieuse s'amassa devant le palais. Le doge parut et se présenta avec beaucoup de fermeté; il essaya de parler, il ne put se faire entendre. Désespérant de calmer ces furieux, il tenta de leur échapper; mais un coup de poignard l'atteignit, et il expira.

*Le doge est massacré.*
*1172.*

Venise voyait son armée détruite, son ennemi triomphant de la désolation de tant de familles. Elle était en proie à la peste et à la sédition ; la majesté publique était outragée, le sang du prince venait d'être répandu ; c'est du sein de cette confusion que va sortir un ordre de choses plus stable et plus régulier qu'auparavant.

---

(1) Sabellicus, decad. 1, lib. 7. Justiniani dit seulement: « Contagiosa lues totam urbem invadens lethali clade eam « miserabilem in modum deformavit, lib. 2. »

**XLVII.**
Changement dans la constitution de l'état.
1172.

Nous venons de parcourir l'histoire de cinquante doges (1). Nous en avons vu cinq qui abdiquent, neuf exilés ou déposés, cinq ban-

---

(1) Paul-Luc Anafeste, premier doge.
Marcel Tegaliano.
Urse. — Massacré.
Dominique Léo, maître de la milice.
Félix Cornicula,     id.
Théodat Urse,     id.
Julien Cepario,     id.
Jean Fabriciatio. — Déposé, les yeux crevés.

} Ce sont les cinq maîtres de la milice ou tribuns militaires, qui remplacèrent les doges pendant cinq ans.

Théodat Urse, doge. — C'est le même que le tribun militaire déposé, les yeux crevés.
Galla. — *Idem.*
Dominique Monegario. — *Idem.*
Maurice Galbaio.
Jean Galbaio. — Exilé.
Maurice Galbaio II. — Exilé, associé à son père, n'a point régné seul.
Obelerio. — Mis à mort.
Valentin. — Exilé. } Associés à leur frère Obelerio,
Béat. — Exilé.     } n'ont point régné seuls.
Ange Participatio.
Justinien Participatio.
Ange Participatio II, associé à son père Justinien, n'a point régné seul.
Jean Participatio. — Déposé deux fois.
Carossio. — Exilé, les yeux crevés pour avoir usurpé le dogat.

nis avec les yeux crevés, et cinq massacrés. Ainsi dix-neuf de ces princes avaient été chassés du trône par la violence. Le retour si fréquent

---

Pierre Tradenigo. — Massacré.

Jean Tradenigo, associé à son père Pierre, n'a point régné seul.

Urse participatio.

Jean Participatio. — Abdique.

Pierre Candiano I. — Tué en combattant.

Pierre Tribuno.

Urse Participatio. — Abdique.

Pierre Candiano II.

Pierre Badouer.

Pierre Candiano III.

Pierre Candiano IV. — Massacré.

Pierre Urseolo I. — Abdique.

Vital Candiano. — Abdique.

Tribun Memmo. — Abdique.

Pierre Urseolo II.

Jean Urseolo, associé à son père Pierre, n'a point régné seul.

Othon Urseolo. — Exilé.

Pierre Centranigo. — Déposé et relégué dans un couvent.

Dominique Urseolo. — Chassé après avoir usurpé le dogat.

Dominique Flabenigo.

Dominique Contarini.

Dominique Silvio. — Déposé selon quelques historiens.

Vital Falier.

des révolutions ne pouvait que fomenter les haines, encourager les factions, et entretenir le peuple dans la funeste habitude de punir les malheurs comme des crimes. On avait eu plus d'une fois à se plaindre de l'excès du pouvoir : on avait eu à rougir de la manière dont il avait été renversé.

Tout le monde desirait sans doute que l'exercice de l'autorité fût soumis à des règles. Ceux à qui leurs richesses faisaient apprécier la tranquillité publique, demandaient sur-tout qu'on se préservât des orages populaires. Les hommes d'état portaient peut-être leurs vues plus haut, sentant que le gouvernement de la république n'était pas la même chose que l'administration de la ville, que les intérêts lointains ne pouvaient pas être appréciés par la multitude, et que plus l'administration était compliquée, moins l'autorité devait l'être.

Il est plus que probable qu'on ne fût conduit à ces idées que par le sentiment du besoin ou de

---

Vital Michieli.
Ordelafe Falier. — Mort en combattant.
Dominique Michieli.
Pierre Polani.
Dominique Morosini.
Vital Michieli II. — Massacré.

l'intérêt. Au douzième siècle on ne s'occupait guère de la théorie des gouvernements; celui de Venise en était une preuve. Le prince était électif; mais, une fois élu, rien ne limitait son pouvoir. Il nommait aux emplois, il assemblait le peuple quand il voulait; il percevait des impôts pour son propre compte (1); il faisait la guerre pour ses intérêts personnels. On en avait même vu plusieurs désigner leur successeur. Le peuple se croyait libre, parce qu'il s'était donné un maître. Il conservait seulement l'influence qui lui appartient dans les gouvernements où l'état tout entier est dans une seule ville, et où une sédition peut faire raison des abus du pouvoir. Les citoyens riches, éclairés, puissants, ne devaient pas voir sans regret un ordre de choses qui les assujettissait à-la-fois au prince et à la multitude.

Nous n'avons que des notions fort imparfaites

---

(1) Quod exploratum habeo Venetorum ducibus olim quoque fuit fisci jus; immo, quod in laudem præstantissimæ reipublicæ vergit, fuit antiquis etiam sæculis fiscus ducalis et regalis Venetiis. Adservatur manu exaratum in bibliothecâ Estensi chronicon venetum Marini Sanuti ex quo hausi chartam hujus rei testem. (MURATORI. Dissertat. 17ᵉ *Des Droits du fisc des rois, des évêques, des ducs et des marquis du royaume d'Italie.*) (*Antiquitates italicæ medii ævi p.* 972.)

sur la manière dont on faisait alors les élections, mais il est certain que la population entière y prenait part; c'était une imitation des comices de Rome. On s'assemblait dans une église, et souvent les suffrages étaient donnés par acclamation. L'histoire atteste que plusieurs doges avaient été élus ainsi.

On raconte qu'à la mort de Dominique Contarini, en 1069, tout le peuple se rendit en gondole et avec des armes à la passe du Lido, et là sans mettre pied à terre, se mit à crier, Nous voulons Silvio; ce qui suffit pour que Dominique Silvio fût porté au trône (1). Cette forme d'élection pouvait être une imitation des Lombards, qui s'assemblaient en armes pour nommer leur roi.

Lors même que l'élection n'était pas un acte immédiat du peuple, elle était censée faite en son nom, puisqu'on la lui soumettait. Le doge élu était conduit dans l'église de Saint-Marc; là,

---

(1) E ben vero doppo molti anni che all'elezione a doge di Domenico Silvo, che si fece dal popolo sopra il littorale di San Nicolò del Lido, una gran parte di esso vivenne armata nelle sue barche, dalle quali accostandosi al predetto littorale cominciò, senza sbarcarsi, con tumulto a vociferare: *Vogliamo il Silvo e lo approviamo*. (*Memorie storico-civili sopra le successive forme del governo de' Veneziani* da Sebastiano CROTTA.)

LIVRE II. 189

après la messe, on le présentait à l'assemblée, on promettait qu'il gouvernerait sagement et dans l'intérêt de la communauté, on exhortait le peuple à l'agréer, et pour que tout le monde pût le voir on lui faisait faire le tour de la place. Ce n'était qu'au retour de cette cérémonie, lorsqu'il était censé avoir été accueilli par des acclamations et avoir réuni tous les suffrages, qu'il rentrait dans le palais où le plus jeune des conseillers lui posait la couronne ducale sur la tête au haut de l'escalier des géants.

Quant à l'éligibilité (1) il n'existe aucune trace

---

(1) Solevasi nella creazione del doge, in quei primi tempi, fatto che non era il Squitinio dagli ottimati, condurre la persona eletta nella chiesa di San Marco, e dal più vecchio degli elettori veniva presentato al popolo, ed espresso insieme che sarebbe sogetto di buona mente, et che sempre avrebbe procurato il bene della communanza ; esortando perciò a riconoscerlo per loro principe. Per essere più facilmente veduto da tutti, era costume portarlo a torno la piazza di San Marco, sopra una machina di legno sedente : fornito questo giro, era ricondotto in palazzo e all' hora li era posto in cappo preziosissimo corno ducale, che carico di gemme si conserva nel tesoro; e questo era il punto e il termine della sua incoronazione : doppo daquella era gridato nella sala del pubblico.

( *Governo dello stato veneto dal cav.* SORANZO; manusc. de la bibliothèque de Monsieur, n° 54.)

de priviléges appartenant aux familles puissantes. On voit bien, par le retour fréquent des mêmes noms dans les élections, que ces familles y avaient une grande influence; mais rien n'atteste un droit, un privilége. On désignait les anciennes maisons par les charges qu'elles avaient long-temps exercées, et comme le gouvernement de la république avait commencé par des tribuns, on appelait familles tribunitiennes celles qui avaient été revêtues autrefois de cette fonction; de sorte que, s'il y avait alors une noblesse reconnue, elle tirait son origine des fonctions publiques, et elle ne pouvait conserver que le caractère d'une magistrature. On conçoit que toutes les idées de la féodalité devaient être inconnues dans une ville sans territoire, où il n'y avait jamais eu de conquérant, jamais de protecteur, jamais de protégés.

Le seul corps qui existait alors dans la république était un tribunal, dont l'origine se perd dans la nuit des temps, composé de quarante membres, et qu'on appelait par cette raison la quarantie. On ne dit pas que ce tribunal, le seul corps délibérant dont l'existence fût permanente, eût d'autres fonctions que celle de rendre la justice; mais il prit momentanément une influence politique de la plus grande importance. Devenu l'autorité principale, après l'assassinat du doge, et avant que le peuple se fût assemblé, il crut devoir faire des réglements qu'on jugea assez salutaires pour ne les trouver susceptibles d'aucune contradiction.

Il s'agissait d'interdire à la multitude toute la part qu'elle avait prise jusque-là dans les affaires publiques, et de composer le corps qui devait remplacer les comices, de manière que ses délibérations ne fussent pas tumultueuses. Il fallait prévenir les désordres qui ne pouvaient manquer d'éclater pour le choix du nouveau doge, si on ne changeait la forme de l'élection : enfin il n'importait pas moins de modérer l'autorité du prince, et d'en régler l'exercice.

Il fut décrété que, tous les ans, chacun des six quartiers de la ville (1) nommerait deux électeurs, et que ces douze électeurs réunis choisiraient indistinctement, sur toute la masse des citoyens, quatre cent soixante-dix personnes, qui formeraient un grand conseil, destiné à remplacer les assemblées générales, et à prononcer sur les principales affaires de l'état. *Établissement d'un conseil choisi par douze électeurs.*

Cependant la création de ce conseil ne fit pas

---

(1) Ces six quartiers se distinguaient par les noms de San-Marco, Castello, Canal reggio, Santa-Croce, San-Paolo, et Dorso duro.

cesser tout-à-fait les assemblées populaires. On n'osait pas encore se dispenser de consulter le peuple, lorsqu'il s'agissait ou d'approuver l'élection du doge, ou de décider une guerre (1).

Tout le monde pouvait être admis à ce conseil ; l'espérance d'y entrer devait se renouveler tous les ans ; le grand nombre de ses membres offrait assez de chances aux ambitions. Il paraît que, dès ce temps-là, les habitants des autres villes des lagunes avaient été presque entièrement dépouillés du droit de siéger dans l'assemblée générale de l'état. L'historien Victor Sandi rapporte une ancienne charte conservée à Burano, où on lit que, dans le cas où on ne trouverait pas dans la capitale un nombre suffisant de citoyens aptes à composer le grand conseil, on y suppléera en appelant des citoyens des villes voisines, et l'on conçoit que ce cas dut se présenter bien rarement.

---

(1) Sarà evidente che non solo di sovente si riuniva ancora la concione, della quale ne vedremo l'esistenza in assai posteriori tempi in appresso, ma che non avéva delegate al consiglio delli 480 tutte le importanti sue facoltà, o che almeno implicitamente se le aveva riservate nelle cose della maggiore importanza. (*Memorie storico-civili sopra le successive forme del governo de' Veneziani*, da Sebastiano Crotta.)

A Venise, au contraire, la classe des citoyens distingués par leur origine, leur crédit, leur capacité, leur fortune, trouvait un avantage réel dans ces nouvelles institutions.

Il n'y avait que le peuple proprement dit qui pût se plaindre de l'abolition de ces assemblées, où il dominait par le nombre, et trop souvent par la force : cependant, soit que la multitude fût confuse de ses propres excès, soit légèreté, soit défaut de prévoyance, elle ne mit aucune opposition à l'adoption de ce réglement.

Pour limiter l'autorité du doge, il fut établi que tous les ans le grand conseil nommerait six conseillers (un pour chaque quartier), lesquels formeraient le conseil intime et nécessaire du prince, qui ne pourrait rien faire sans leur avis, et dont les ordres n'auraient force d'exécution qu'autant qu'ils seraient appuyés d'une délibération de ces six magistrats. *Limitation de l'autorité du doge. On lui donne six conseillers.*

Mais un conseil de six membres, qui pouvait être suffisant dans les affaires journalières de l'administration, n'avait pas assez d'autorité, de consistance, pour prononcer sur les grands intérêts de l'état; et cependant il pouvait être dangereux d'appeler toujours à la discussion de ces grands intérêts une assemblée de quatre cent soixante-dix personnes. La force des choses avait fait sentir la nécessité d'un conseil inter- *Création d'un sénat.*

médiaire, et l'usage s'était introduit que, dans les occasions où le doge jugeait nécessaire de consulter les citoyens, sans convoquer cependant l'assemblée générale des comices, il faisait prier les principaux de la ville, qu'il désignait lui-même, de venir donner leur avis sur les affaires mises en délibération. Ces conseillers désignés par le doge, convoqués spécialement pour chaque circonstance, s'appelaient *les Pregadi* (1), les priés.

C'était un privilége considérable dont le doge était en possession que celui de choisir ainsi ses conseillers : on l'en priva. Il fut réglé que les quatre cent soixante-dix citoyens, représentant la nation, nommeraient, dans leur sein, soixante membres, pour former ce conseil, auquel on donna le nom de sénat, et que ses membres seraient renouvelés tous les ans (2)

---

(1) Il y a des écrivains qui ont cherché à donner une autre origine à cette dénomination. Ils prétendent que lorsqu'on institua le sénat, tous ceux qu'on désignait pour le composer s'en excusèrent par modestie, et qu'il fallut les prier d'accepter ces éminentes fonctions ; mais Soranzo ajoute : Je m'imagine que cela arriva dans le temps où les ecclésiastiques se coupaient le nez et les oreilles pour éviter d'être nommés aux évêchés. (*Il governo dello stato Veneto*, man. de la bibliot. de Monsieur, n° 54.)

(2) Je ne saurais expliquer sur quel fondement l'historien

Quant aux attributions de ce conseil, il est probable qu'on ne les considéra d'abord que comme une délégation de l'assemblée générale, et que toute l'autorité du sénat s'établit par prescription (1).

Enfin l'élection du doge qui devait remplacer Vital Michieli, au lieu d'être laissée comme précédemment à l'assemblée générale du peuple, fut confiée pour cette fois à onze citoyens. C'est en cela que le peuple perdit le plus grand, le plus essentiel de ses droits; mais cette innovation n'était pas donnée pour une règle établie. En effet on n'était pas fixé sur le mode d'élection à adopter; seulement on avait résolu de changer la forme actuelle.

*Nomination de onze électeurs pour élire le doge.*

On procéda sur-le-champ à l'exécution de toutes ces dispositions. On nomma les quatre cent soixante-dix membres du grand conseil, qui choisirent ceux qui devaient composer le

---

Verdizotti (*de' fatti Veneti*, lib. 10) place l'institution du sénat élu par le grand conseil, cent ans plus tard, c'est-à-dire en 1282. J'ai suivi en ceci l'opinion la plus généralement adoptée.

(1) Sarei per credere che le delegazioni del gran consiglio al senato divenissero permanenti più per prescrizione che per una determinata volontà. (*Memorie storico-civili delle successive forme del governo de' Veneziani*, da Sebastiano Crotta.)

sénat, ensuite les six conseillers du doge, et enfin on désigna les onze électeurs qui devaient le nommer.

L'histoire nous a conservé les noms des citoyens qui reçurent cette grande marque de confiance. Presque tous ces noms sont encore illustres; c'étaient (1) Léon Michieli, Vital Dandolo, Henri Navigaiosso, Renier Zeno, Philippe Greco, Dominique Morosini, Manassès Badouer, Henri Polani, Candian Zanutti, Vital Falier et Orio Malipier, dont le nom, qui s'est dénaturé depuis, était alors mastro Piero, maître Pierre.

XLVIII.
Orio Malipier refuse le dogat. Sébastien Ziani, doge.
1173.

Il fallait la pluralité de neuf voix sur les onze pour consommer l'élection. Le choix se fixa d'abord sur Orio Malipier, l'un des électeurs, personnage vénérable; mais il ne se crut pas digne d'une charge si importante dans des circonstances si difficiles. Il représenta que la république, après tant de désastres, avait besoin d'un chef qui joignît une grande fortune à une grande capacité, et il désigna lui-même Sébastien Ziani, qui fut agréé par les autres électeurs, proclamé doge, et présenté au peuple, auquel il fit jeter de l'argent, comme pour le dédommager de la perte du plus beau de ses

---

(1) *Histoire de Justiniani*, liv. 2.

priviléges, ou plutôt pour éviter les témoignages de son mécontentement (1).

Une circonstance, qui peut servir à donner une idée des principes qu'on avait alors sur le droit public, c'est la précaution que l'on prit de faire confirmer par le nouveau doge les innovations qui venaient de restreindre son autorité. Il semble qu'il est de l'essence d'une dignité élective de pouvoir être modifiée à chaque élection. Cependant, pour donner une forme plus légale à la suppression de ces priviléges, on jugea nécessaire d'en faire stipuler l'abandon par celui qui venait d'être revêtu de la dignité à laquelle ils étaient précédemment attachés. Ziani ratifia

---

(1) Quando anticamente cadeva l'elezione in persona poco gradita, il popolo era solito di strepitare e tal' hora, ma già grand' anni, precedeva ardimento di levarselo dagli occhi. Un doge molto antico fù quello che, dubitando questo brutto scherso, introdusse, nel mentre ch'era portato a torno la piazza, di gettar molto danaro, acciò in quel punto che il popolo attendesse a raccogliere le monete, e gli complisse il giro, risallisse il palazzo, e ricevesse il corno, al che dato che fosse fine non si poteva più rivocare in dubbio la sua elezzione. Questo costume antichissimo viene osservato tutto oggi; non perche venghi confessato che il popolo abbia azione alcuna in questa incoronazione, mà per mostrare studio dell' antichità.

( *Governo dello stato Veneto del cav.* SORANZO. Manuscrit de la bibliothèque de Monsieur, n° 54 ).

les trois réglements faits par la quarantie, qui en effet, n'ayant pas le pouvoir constitutionnel, n'avait pu donner à ces actes toute la force d'une loi fondamentale.

En cela je suis l'opinion la plus généralement établie. Il faut cependant convenir qu'André Dandolo (1) dit précisément le contraire : selon cet auteur, « Tout le peuple assemblé dans « l'église de St.-Marc délibéra de confier l'élection « du doge à onze citoyens, chargés de désigner « le plus digne, et arrêta que celui qu'ils auraient « proclamé serait reconnu en cette qualité sans « autre information. »

Sans citer ici les auteurs qui racontent la chose différemment, il faut remarquer, 1° que Dandolo peut sans injustice être soupçonné d'avoir voulu établir l'opinion que ce changement dans la constitution avait été l'ouvrage du peuple; 2° que, dans son récit, il réduit ce changement à la forme de l'élection du doge, et qu'il supprime plusieurs circonstances importantes, notamment la formation du grand conseil et celle du sénat; 3° que ces objets n'étaient guère de nature à être traités dans une assemblée générale du peuple; 4° enfin que si ces changements avaient été

---

(1) *Chronique*, liv. 10, ch. 1.

décrétés dans une assemblée générale du peuple, ils n'auraient pas eu besoin de sanction. Or les historiens rapportent qu'aussitôt après son élection le nouveau doge Ziani ratifia les trois réglements.

# LIVRE III.

Règne de Sébastien Ziani. — Outrages que l'empereur grec fait aux Vénitiens. — Démêlés entre le pape Alexandre III et l'empereur Frédéric Barberousse. — Ligue lombarde. — Alexandre III à Venise (1173 — 1178). — Règne d'Orio Malipier. — Troisième croisade des Vénitiens (1179 — 1191.)

I.
L'empereur d'Orient fait crever les yeux à l'ambassadeur de Venise.

Les commencements du règne de Sébastien Ziani ne furent pas glorieux. L'empereur d'Orient, Manuel Comnène, enhardi par le désastre de la flotte vénitienne, se porta contre la république aux derniers outrages. Dans les caractères fourbes, l'audace va jusqu'aux atrocités, lorsqu'ils croient pouvoir les commettre impunément. Manuel fit crever les yeux à l'ambassadeur de Venise, et selon quelques historiens, les creva lui-même avec un fer chaud. Ce crime inutile, sans motif, sans objet, ne fut suivi ni d'une vengeance de la part de la république, ni d'une guerre de la part de l'empereur. Les Vénitiens eurent même la honte de faire pour la paix des

avances qui ne furent point accueillies. Leurs
intérêts commerciaux dans le Levant prévalaient
dans leur opinion sur l'intérêt de la gloire nationale. Mais on ne retira aucun fruit de cet igno-
minieux sacrifice, et la république ne fut redevable de son repos qu'à l'alliance du roi de Sicile, qui inspira de l'inquiétude à l'empereur.
Toutes les réparations qu'on obtint de celui-ci,
se réduisirent à la restitution des biens confisqués, qu'on évalua à une somme sur laquelle
les historiens varient beaucoup (1).

Cet ambassadeur, que la perfidie de Manuel
venait de priver presque totalement de la vue,
se nommait Henri Dandolo : nous verrons bientôt à quelles brillantes destinées la fortune le

---

(1) Nicetas, *Histoire de Manuel Comnène*, liv. 5, ch. 9,
raconte que la flotte vénitienne était venue dans l'Archipel,
sans ajouter qu'elle avait été arrêtée par les négociations,
et ensuite ravagée par la peste. L'empereur, dit-il, avait
envoyé contre eux cent cinquante vaisseaux, qui furent obligés de rentrer sans avoir rien fait. Inquiet de l'alliance des
Vénitiens avec le roi de Sicile, et déterminé par l'incertitude
des chances de la guerre, il leur offrit, pour arrêter celle-ci
dans sa naissance, la restitution de leurs biens ; mais, en
marchands avisés, ils préférèrent une somme de quatre cents
livres d'or. Marin, *Histoire du commerce de Venise*, tom. IV,
liv. 1, chap. 1, dit quinze cent mille bisans.

réservait après ce malheur (1), et quelle gloire l'attendait aux mêmes lieux où il avait reçu un tel outrage.

II.<br>Emprunt forcé. L'insensibilité de la république ne prouvait que trop sa faiblesse. On obligea tous les citoyens à déposer dans le trésor de Saint-Marc une somme égale au centième de leur fortune mobilière ou immobilière, dont ils étaient tenus de faire la déclaration. On ne trouve point dans les anciens écrivains quelles furent les précautions que l'on prit pour s'assurer de l'exactitude des déclarations que les redevables avaient à faire. Il est probable que, chez un peuple épris des richesses, l'avarice devait se trouver en opposition avec le patriotisme et la bonne foi. Machiavel (2) cite avec admiration

---

(1) Remarquons avec quelle simplicité un de ses descendants, le doge André Dandolo, raconte ce fait:

« Emannuel itaque erga Venetos furore accensus, se eos
« ad nihilum redacturum adjurans, in legatos, dum ea quæ
« pacis erant requirerent, injuriosè prorupit. Cui Henricus
« Dandolo pro salute patriæ constanter resistens, visu ali-
« qualiter obtenebratus est. Qui illatam injuriam sub dissi-
« mulatione secretam tenens, unà cum socio Venetias re-
« deunt.

« Ceterum Venetis de consequendâ pace datâ spe dux
« legatos imperatori mittit, etc. *Chronique*, liv. 10, chap. 1, part. 4 et 5. )

(2) *Discours sur Tite-Live*, liv. 1, chap 55.

de petites républiques d'Allemagne, où, quand une loi avait imposé les citoyens à deux, trois, quatre pour cent de leur fortune, chacun venait verser sa contribution dans la caisse publique, sans déclarer ce qu'il devait, sans dire ce qu'il payait, et sans avoir d'autre témoin de sa probité que sa conscience. On n'était pas en droit d'attendre la même vertu des citoyens de Venise. Nous verrons bientôt qu'on ne s'en rapporta pas long-temps aux déclarations, et qu'on nomma des magistrats pour taxer chaque redevable ; ainsi on substitua l'arbitraire à l'infidélité. Quelle que fût au reste la forme de cet emprunt, c'était un emprunt forcé : la république payait un intérêt aux propriétaires des fonds ; mais le remboursement du capital était renvoyé à l'époque où la situation des affaires le permettrait (1). Telle fut l'origine de la caisse aux dépôts ou aux emprunts, qui s'est perpétuée jusqu'à ces derniers temps. On avait déja eu occasion de faire un emprunt d'un millier de marcs d'argent, pour lequel on avait engagé le marché de Rialte. Je trouve, sous la date de 1187 (2), un autre

---

(1) Donec respublica in melius profecta creditoribus satisfacere poterit. (André Dandolo, *Chron.* liv. 10, ch. 1.)

(2) Marin Sanuto, *vite de' duchi Mastro Piero.*

acte portant concession du revenu des sels, et du produit de l'atelier monétaire pour douze ans, en paiement d'un prêt fait à la république par des citoyens, à la tête desquels le fils du doge Seb. Ziani est inscrit pour mille livres; la somme totale ne monte pas à quinze mille livres vénitiennes : c'était un prêt volontaire.

Les emprunts forcés devinrent habituels, et furent exigés ordinairement dans la proportion du centième de la fortune présumée de chaque habitant. L'intérêt dans le principe était fixé à cinq pour cent, d'autres disent à quatre. Un second dépôt fut ordonné environ deux siècles après (en 1382); un troisième en 1433, et plusieurs autres l'ont été successivement ; mais l'intérêt de l'emprunt primitif fut réduit à deux pour cent, en 1520, et enfin une partie des remboursements eut lieu, non sur le pied du capital originairement versé, mais au prix de l'achat fait par les possesseurs actuels de ces créances (1).

Ne pouvant rétablir son commerce dans l'Orient, Venise venait de renouveler son alliance avec le roi de Sicile : elle était tombée

---

(1) *Mémoires historiques et politiques sur la république de Venise*, par Léopold Curti, 1re partie, chap. 10.

dans un tel état de faiblesse, que les pirates d'Ancône insultaient ses vaisseaux dans l'Adriatique, et qu'on eut bien de la peine à les repousser (1).

Le doge voulut mériter la bienveillance de sa nation au moins par des actes de munificence. Il fit de grandes libéralités à Saint-Marc. L'église du patron de la république s'embellissait et s'enrichissait tous les jours : le soin de diriger les travaux qu'on y faisait sans cesse et de veiller sur son trésor devint une charge importante. On donna le nom de procurateurs de Saint-Marc aux marguilliers de la chapelle ducale. Leurs attributions s'étendirent ; cette fonction devint une dignité, la seconde de la république ; le nombre des marguilliers ou procurateurs, fut porté de trois à neuf, et ensuite jusqu'à quarante ou cinquante, lorsque cette dignité fut devenue vénale.

III. Établissement des procurateurs de St.-Marc.

Les citoyens de Venise n'étaient pas encore distingués en nobles et en plébéiens, mais on comptait déjà des familles anciennes tombées dans la pauvreté. Ziani fonda de ses deniers un monastère destiné aux demoiselles appartenant à ces familles. Cette maison connue sous le nom

---

(1) *Chronique* d'André Dandolo, lib. 10, pars 15, cap. 1.

de *Monistero delle vergini*, devint l'asyle des filles d'un sang patricien, nées sans fortune. Le doge en conserva le gouvernement spirituel et temporel; c'était lui qui en nommait l'abbesse, et il l'épousait en grande cérémonie le jour qu'elle prenait possession.

IV.
Embellissements de Venise. Élévation de deux colonnes sur la place St.-Marc.

Il y avait plus de cinquante ans que deux colonnes de granit, trouvées dans une île de l'Archipel, avaient été débarquées sur le rivage de Venise, sans qu'on eût entrepris de les élever; l'art de la mécanique n'était pas puissant à cette époque. Ce fut un architecte lombard, nommé Barratier, qui réussit à ériger ces deux énormes masses sur la petite place Saint-Marc. Le moyen qu'il employa consistait à les exhausser peu-à-peu en mouillant les câbles qui les tenaient suspendues, et qu'il raccourcissait après avoir étayé le fardeau (1). On l'avait, dit-on, laissé le maître de fixer le prix de ce service; sa demande fut bizarre; il exigea que les jeux de hasard, sévèrement défendus alors dans Venise, fussent permis dans l'intervalle qui séparait les deux colonnes. Le doge consentit à l'introduction d'un abus plutôt que de rétracter sa pro-

---

(1) *Traité de mécanique*, de M$^r$ J. A. Borgnis, p. 75. Il dit que ces colonnes pèsent chacune plus de quarante-cinq milliers métriques.

messe, et les jeux défendus eurent un asyle au milieu de la place publique, en face du palais du gouvernement.

Ce scandale a duré près de quatre cents ans, jusqu'à ce qu'on ait imaginé d'attacher quelque honte à la fréquentation de ce lieu, en l'affectant à l'exécution des criminels.

Une autre anecdote relative aux embellissements de Venise peut servir à faire connaître les mœurs de ce peuple. L'agrandissement de la place Saint-Marc exigeait la démolition d'une vieille église; mais le gouvernement n'osait pas l'ordonner sans la permission du pape. L'ambassadeur à Rome fut chargé de la solliciter, et la chambre apostolique répondit par cette décision : « La(1) sainte église ne permet jamais « de faire le mal, mais quand il est fait elle le « pardonne. »

En conséquence de cette décision, on démolit l'église de Saint-Geminien, et le pape imposa aux Vénitiens une pénitence, qui était tous les ans l'occasion d'une cérémonie publique. Le doge, accompagné de son conseil et des ambassadeurs étrangers, venait sur la place Saint-Marc. Le

---

(1) La chiesa ne questa santa sede può concedere che si faccia alcun male : ma poi fatto lo perdona. — Marin Sanuto *vite de' duchi S. Ziani.*

curé de la paroisse, à la tête de son clergé, s'avançait de son côté jusque sur le terrain que l'ancienne église occupait autrefois. Là il adressait ces paroles au doge : « Je demande à votre sérénité quand il lui plaira de faire bâtir mon église sur son premier emplacement »; le doge répondait : « L'année prochaine. » Cette promesse a été renouvelée pendant six cents ans (1).

<small>v.
Démêlés des papes avec les empereurs d'Occident.</small>

Venise, dans son état de faiblesse, ne paraissait pas destinée à prendre une grande influence dans les différends des principales cours de l'Europe. Cependant elle allait devenir l'asyle et la protectrice d'un illustre fugitif. L'intelligence de cette partie de son histoire exige que nous remontions jusqu'à l'origine de la guerre qui désolait alors l'Italie.

Les empereurs d'Occident se prétendaient souverains de la ville de Rome, et cependant

---

(1) *De l'état présent de la république de Venise*, etc., par H. D. V. chevalier de St. Michel. — Manuscrit de la Bibliothèque-du-Roi, n° 10465.

4.

Amelot de la Houssaye, dans son *Histoire du gouvernement de Venise*, rapporte le même fait, et ajoute que le pape avait jeté un interdit sur la république à cette occasion ; mais il y a apparence qu'il se trompe ; les autres auteurs ne parlent pas de l'interdit.

ils venaient à Rome recevoir du pape la couronne impériale; ils la recevaient à genoux; ils se soumettaient à tenir l'étrier du pape, à marcher à pied devant lui, et à conduire sa haquenée par la bride.

La puissance temporelle étant réunie à la puissance spirituelle dans celui qui était l'objet de tous ces respects, il était naturel que le prince se prévalût des hommages rendus au pontife; aussi, tandis que les empereurs voulaient considérer tous ces actes comme des cérémonies de religion, le pape s'obstinait-il à y voir un témoignage de sa suprématie temporelle. Grégoire VII, dont les prédécesseurs n'avaient été élus qu'avec la permission des empereurs (1), qui lui-même avait demandé à Henri IV la confirmation de son élection, Grégoire VII, dis-je, avait excommunié, déposé cet empereur, délié ses sujets du serment de fidélité, l'avait obligé

---

(1) Il pontefice Adriano primo, in un concilio di 153 vescovi, diede l'autorità di eligere il papa a Carlo primo, rè di Francia, che fù poi detto Carlomagno e ciò dal 773; dono che non seppe conservare Ludovico, suo figliuolo, che fece permuta di questa autorità regale col titolo imaginario di pio al quale si può aggiungere quello di simplice.

(Paul SARPI, *Opinione in qual modo debba governarsi la republica di Venezia.*)

à venir lui-même à Rome demander l'absolution, à se présenter sans suite, pieds nuds, couvert d'un cilice, et à attendre trois jours dans la neige la permission de lui baiser les pieds (1).

Adrien IV avait fait représenter l'empereur Lothaire II à genoux devant Alexandre II, et tenant les mains jointes entre celles du pape. Ce tableau était placé dans une salle où se donnaient les audiences publiques, et, pour qu'on ne se méprît pas sur l'intention, on y avait ajouté cette inscription :

*Rex venit ante fores, jurans priùs urbis honores*
*Post homo fit papæ, sumit quo dante coronam.*

« Le roi se présente à la porte, jure d'abord
« de maintenir les privilèges de Rome, se fait
« l'homme ( le vassal ) du pape, et reçoit de lui
« la couronne. »

VI.
Frédéric Barberousse, empereur. 1155.

Frédéric Barberousse, élevé à l'empire par les seigneurs de l'Allemagne et de la Lombardie (2), ne crut pas pouvoir se dispenser d'une cérémonie qui semblait mettre le sceau à son

---

(1) Voyez les maximes de ce pape dans les *Annales* de BARONIUS, année 1076, § 24.

(2) On n'est pas d'accord que les seigneurs italiens aient concouru à cette élection. Voyez l'*Histoire des républiques italiennes du moyen âge*, par M. Simonde SISMONDI, chap. 8.

autorité. Il alla recevoir à Rome la couronne impériale des mains du pape Adrien. L'entrevue des deux augustes personnages fut précédée d'un serment, par lequel ils se promirent de ne pas attenter à la vie l'un de l'autre, ce qui justifie cette réflexion d'un illustre historien (1) : « Telle était alors la confuse anarchie de l'Occident chrétien, que, des deux premiers personnages de cette partie du monde, l'un se vantant d'être le successeur des Césars, l'autre le successeur de Jésus-Christ, et l'un devant donner l'onction sacrée à l'autre, tous deux étaient obligés de jurer qu'ils ne seraient point assassins, pour le temps de la cérémonie. »

L'empereur se soumit à tout le cérémonial qu'exigea l'église romaine. Le premier objet qui frappa ses yeux, en entrant dans le palais pontifical, fut le tableau qui représentait un de ses prédécesseurs dans l'attitude d'un vassal rendant hommage. Il en témoigna du mécontentement, on lui promit de faire disparaître le tableau ; mais on n'eut garde de tenir cette promesse (2).

---

(1) VOLTAIRE, *Essai sur les mœurs*, chap. 48.

(2) Il semblerait, d'après le récit de Voltaire, que ce tableau n'eût été exposé qu'après le couronnement de Frédéric Barberousse ; mais l'abbé Fleury, (liv. 70e), raconte le fait comme il est rapporté ici.

Au contraire un bref lui fut adressé pour lui rappeler qu'il tenait la couronne impériale des mains du pape.

VII.
Il se brouille avec le pape.
1157.

Ces hauteurs de la cour de Rome ne pouvaient qu'irriter un prince fier et heureux jusque-là. Il renvoya les légats du pape, fit publier qu'il tenait sa couronne de Dieu et des électeurs, que c'était un mensonge de dire qu'elle lui avait été confiée comme un bénéfice, que l'église voulait détruire l'empire, qu'on avait commencé par une peinture insultante, qu'on en venait à des écrits, mais qu'il ne souffrirait point un pareil attentat à son autorité.

Après cette déclaration, il s'avança vers l'Italie avec une armée. Le pape lui envoya des ambassadeurs, pour expliquer d'une manière satisfaisante le sens des expressions qui l'avaient choqué, protestant que, par ces mots, *Beneficium imperii romani contulimus*, il n'avait nullement voulu donner à penser que l'empereur fût son vassal. Malgré ces explications, Frédéric continua sa marche jusqu'à Plaisance, et convoqua à Roncaille une assemblée d'évêques, de seigneurs et de magistrats, pour déterminer avec précision quels étaient les droits régaliens attachés à sa couronne d'Italie. Des docteurs de l'université de Bologne rédigèrent ce travail. Le savoir des jurisconsultes, la politique des seigneurs, et la conscience des évêques, ne manquèrent pas d'étendre, au lieu de les limiter, ces prérogatives de l'autorité royale; il en résulta que plusieurs droits, dont l'église avait joui jusque alors, furent retenus par l'empereur; ce qui occasionna de nouvelles plaintes de la part du pape, et une correspondance pleine d'aigreur, où celui-ci menaçait Frédéric de la perte de sa couronne. L'empereur lui répondit : Tout ce que vous avez, vous le tenez de la libéralité de mes prédécesseurs : lisez l'histoire, vous y verrez si les vôtres possédaient quelque chose.

On négociait avec peu d'apparence d'accommodement (1), lorsque Adrien IV mourut, en 1159. Cette mort, qui délivrait l'empereur d'un pontife ambitieux, lui fournit une occasion fa-

VIII.
Mort du pape; double élection. Alexandre III et Victor IV. 1159.

───────────────

(1) Voici ce que Frédéric répondit aux légats du pape.

« Je ne demande point l'hommage aux évêques, s'ils ne veulent rien posséder de nos régales ; mais s'ils écoutent volontiers le pape, lorsqu'il leur dit, Qu'avez-vous affaire du roi ? je leur dirai aussi, Qu'avez-vous affaire de terres ? Il dit que nos nonces ne doivent pas être reçus dans les palais des évêques : j'en conviens, pourvu que ces palais soient bâtis sur le fonds des évêques, et non sur le nôtre ; car la superficie cède au fonds. Il dit que la magistrature et les régales de Rome appartiennent à S. Pierre ; puisque je suis empereur romain par l'ordre de Dieu, je ne porte qu'un vain titre, si Rome n'est pas en ma puissance. »

(*Histoire ecclésiastique* de l'abbé Fleury, liv. 70.)

vorable en apparence, pour avoir raison des prétentions de l'église romaine.

De vingt-cinq cardinaux assemblés pour donner un successeur à Adrien, vingt-trois réunirent leurs suffrages sur le cardinal Roland Bandinelli de Sienne; il n'y en eut que trois qui lui refusèrent leurs voix, et deux de ces dissidents, soutenus d'une faction populaire (1), nommèrent pape le troisième; qui s'appelait Octavien, de la maison de Frescati.

Cette double élection était déjà un scandale. Elle en occasionna un bien plus grand, lorsqu'il fallut revêtir le nouveau pape de la chape d'écarlate, signe de sa dignité. On allait la placer sur les épaules de Roland, Octavien l'arracha des mains de ceux qui la tenaient, et s'en revêtit avec tant de précipitation, qu'il la mit à

---

(1) Le pape Victor l'avoue lui-même dans la lettre par laquelle il annonçait son élection à l'empereur et à toute la chrétienté : « Post vero longam collationem et diutinam deliberationem, diviná tandem inspirante clementiâ, electione venerabilium fratrum nostrorum episcoporum, presbyterum S. R. E. cardinalium, cleri quoque romani petitione, ejusdem populi assensu, etiam senatoriæ dignitatis honoratorum, insuper capitaneorum, ad summum pontificatum, annuente Deo, canonicè sumus electi. »

( RADEVIC. *De rebus gestis Friderici primi. Rerum italicarum scriptores*, tom. VI, p. 824.)

l'envers (1). Un pareil acte de violence pouvait en faire craindre d'autres. Roland et ses adhérents se réfugièrent dans le fort Saint-Ange.

---

(1) Et dum Rolandus decentissimè et religiosissimè se excusaret, Octavianus iste accepit pallium, et sibi ipsi imposuit, versatum tamen ità, ut pars illa, quæ debebat esse circà humeros, esset juxtà pedes.

(*De rebus gestis Friderici primi in Italiá commentarius* a sive Raul sive Radulpho, auctore synchrono, dans la collection de Muratori.)

Les chanoines de St.-Pierre racontent le même fait dans leur lettre à l'empereur ; mais d'une manière favorable à Victor, dont ils étaient partisans :

« Surrexit tandem velut iratus Otto, diaconus S. Georgii, et Adebaldus Crassus, cardinalis SS. Apostolorum, et Joannes Neapolitanus, et, accepto manto, voluerunt immantare dominum Rolandum cancellarium ; sed saniore et meliori parte cardinales ex parte Dei omnipotentis et beatorum principum apostolorum Petri et Pauli, atque totius ecclesiæ autoritate prohibente, non potuerunt et cancellarium cum manto nullo modo tetigerunt : per eos tamen non stetit quin immantaretur. Cœterum clerus romanus, qui in ecclesiâ beati Pauli pro electione summi pontificis convenerant, audito clamore, cucurrerunt, circumdantes dominum Ottonem, qui erat cum cardinalibus juxtà altare beati Petri, et clamaverunt omnes dicentes, Dominum Octavianum eligite, per quem solum ecclesia pacem potest habere. Tunc petitione populi romani et erectione totius cleri, consentiente et desiderante universo capitulo basilicæ beati Petri, dominus Octavianus cardinalis a saniore parte cardinalium elec-

Sur-le-champ ils y furent investis et gardés par les partisans d'Octavien, tandis que celui-ci était intronisé dans la chaire de Saint - Pierre, et

---

tus est et manto indutus, et in sede beati Petri positus, absque omni contradictione, cantantibus omnibus, Te Deum laudamus in Jubilo. »

(*Radevici frisigensis canonici appendix ad Ottonem, de rebus gestis Friderici primi*, lib. 2, cap. 46, dans la collection de Muratori, tom. VI.)

L'autre pape, Alexandre III, se plaint de cette violence, dans la lettre par laquelle il annonce sa nomination (Même collection, tom. VI, p. 825 et 826).

« Tribus diebus de electione tractantes laudem in personam nostram, insufficientem huic oneri, et tantæ dignitatis fastigio minimè congruentem, omnes quotquot fuerunt, tribus tantùm exceptis, Octaviano scilicet, Joanne de S. Martino, et Guidone Cremente, ( Deo teste, quia mendacium non fingimus sed meram sicut est loquimur veritatem), concorditer atque unanimiter convenerunt, et nos assentiente clero ac populo in romanum pontificem elegerunt. Duo verò Joannes et Guido, quos prænotavimus, tertium Octavianum nominantes, ad ejus electionem pertinaciter intendebant. Unde et ipse Octavianus in tantam audaciam, insaniamque prorupit, quòd mantum, quo nos reluctantes et renitentes, quia nostram insufficientiam videbamus, juxta morem ecclesiæ, Odo prior diaconorum induerat, tanquam arreptitius a collo nostro propriis manibus violenter excussit, et secum inter tumultuosos fremitus asportavit. Cœterùm cùm quidam de senatoribus tantum facinus inspexissent, unus ex eis, spiritu divino succensus, mantum ipsum de manu eripuit

installé dans le palais pontifical. Après avoir passé neuf jours dans le château, Roland en fut tiré, mais pour être jeté dans une prison, où il resta trois jours. Enfin une partie du peuple lui rendit la liberté, et il alla se faire sacrer à quelques lieues de Rome, sous le nom d'Alexandre III. Son compétiteur, qui avait pris le nom de Victor IV (1), ne put réunir que quinze jours après le nombre de prélats nécessaires pour la même cérémonie.

---

sævientis. Ipse verò ad quemdam capellanum suum, qui ad hoc instructus venerat, et paratus, illicò flammeos oculos fremebundus inflexit, clamans et innuens, ut mantum, quem fraudulenter secum portaverat, festinanter afferret. Quo utique sinè morâ delato, idem Octavianus, abstracto pileo, et capite inclinato, cunctis fratribus, aut loco inde aut voluntate remotis, mantum per manus ejusdem capellani, et cujusdam clerici sui ambitiosus assumpsit, et ipse idem, quia non erat alius, in hoc opere capellano et clerico extitit coadjutor. Verùm ex divino credimus judicio contigisse, quòd ea pars manti, quæ tegere anteriora debuerat, multis videntibus et ridentibus, posteriora tegebat. Et cùm ipse idem hoc emendare studiosiùs voluisset, quia capitium manti extrà se raptus non poterat invenire, collo fimbrias circumduxit, ut saltem mantus ipse appensus ei quodammodo videretur. Sicque factum est, ut sicut tortæ mentis erat, et intentionis obliquæ, ita ex transverso et obliquo mantum fuerit in testimonium suæ damnationis inductus.

(1) D'autres auteurs, qui adoptent une manière différente de compter, le nomment Victor III.

Les deux compétiteurs commencèrent par s'excommunier réciproquement, mais ces armes spirituelles, quand ils les employaient l'un contre l'autre, cessaient d'être enchantées ; aussi les deux papes eurent-ils recours à des armes plus réelles ; tous deux écrivirent à l'empereur pour réclamer sa protection.

IX.
Concile de Pavie pour prononcer entre les deux compétiteurs. Frédéric se déclare pour Victor IV.
1160.

Frédéric, devenu l'arbitre d'une puissance qui avait voulu empiéter sur la sienne, convoqua un concile à Pavie, pour prononcer entre les deux concurrents. Il y appela non-seulement les évêques de ses états, mais ceux de France, d'Angleterre, de Danemark et de Hongrie, et envoya des députés aux deux concurrents, pour les citer et leur ordonner de comparaître.

Ces députés se rendirent d'abord auprès de Roland, que l'empereur dans sa lettre n'appelait point Alexandre, et qu'il ne qualifiait que de cardinal. Au lieu de lui rendre les respects dus à son nouveau titre, ils s'assirent en sa présence, pour exposer l'objet de leur mission. Alexandre refusa noblement de reconnaître l'autorité d'un concile convoqué par un autre que par lui-même, et de soumettre l'église au jugement de l'empereur.

Ce refus fit pencher la balance en faveur de Victor. Les députés, en se présentant devant lui, lui baisèrent les pieds. Il se rendit à Pavie, et le concile, qui se trouvait composé d'environ cinquante évêques et d'un grand nombre d'abbés, et qui délibérait en présence des envoyés des rois de France et d'Angleterre, prononça en sa faveur, à la suite d'une information qui dura sept jours.

L'empereur, après avoir approuvé cette décision, voulut montrer qu'il regardait comme un vain cérémonial tous les respects que les papes avaient exigés jusque-là si impérieusement. Il baisa les pieds de Victor, qui n'était que sa créature, et Victor, assis sur un trône, au milieu du concile, prononça l'anathème contre Roland et ses adhérents.

X. Alexandre III excommunie Frédéric.

Alexandre, de son côté, excommunia Frédéric et l'antipape, et délia tous les sujets de l'empereur de leur serment de fidélité. Il n'y eut dans toute l'Allemagne que deux prélats qui se déclarèrent pour Alexandre (1); aussi dans la suite leur constance fut-elle récompensée par la canonisation. Mais les évêques de France ne s'étaient point rendus au concile; plusieurs reconnurent les droits du pape Roland : il était naturel que

---

(1) Eberhard, archevêque de Salzbourg, et Hartmann, évêque de Brixen.

la France protégeât celui contre lequel l'empereur s'était déclaré. L'église d'Angleterre hésita plus long-temps, mais finit par suivre cet exemple. Les rois de Hongrie, de Danemark et de Norvège se réunirent au parti de Victor ; de sorte que l'Europe se trouva partagée entre les deux compétiteurs qui se disputaient le trône pontifical.

Alexandre III, dans la longue durée de ce schisme, montra une grande fermeté. L'opposition de l'empereur et de presque tous les évêques de l'empire, n'ébranla point son courage. Il semblait avoir sans cesse devant les yeux ces peintures du palais de Latran, où les schismatiques téméraires servent de marchepied aux papes (1). Il prodiguait les excommunications, les anathèmes, et n'épargnait pas à ses partisans les récompenses spirituelles. Il y en eut qui portèrent l'enthousiasme jusqu'au fanatisme, et on leur attribua le don des miracles. L'un des plus zélés, Pierre, archevêque de Tarentaise, osa, en présence de l'empereur et de l'archevêque de Besançon, qui tenait pour l'antipape, ordonner au peuple de cette ville de prier pour

---

(1) C'était ce que lui écrivait Arnoul, évêque de Lisieux. Voyez l'*Histoire ecclésiastique* de FLEURY, liv. 70.

que Dieu convertît l'archevêque, ou qu'il en délivrât l'église. Le peuple se mit en prières, et le prélat schismatique mourut quatre jours après. On conçoit ce que de tels exemples devaient avoir d'influence au XIIe siècle.

De son côté, le pape Victor dominait en Italie, tenait un concile, et excommuniait l'archevêque et la ville de Milan, que l'empereur assiégeait alors, parce que, ainsi que plusieurs autres villes d'Italie, elle voulait secouer le joug de la domination impériale. Cette ville malheureuse fut obligée de se rendre; Frédéric la fit raser, et fit passer la charrue sur les remparts.

Le succès des armes de l'empereur rendait la position d'Alexandre, en Italie, trop périlleuse pour qu'il pût y rester. Il s'embarqua sur des galères du roi de Sicile, et vint aborder en France près de Montpellier, où il fut reçu avec de grands honneurs.

C'était un hôte incommode : le roi Louis-le-Jeune ne tarda pas à s'en apercevoir, et à se repentir de l'appui qu'il lui avait donné. On négocia long-temps avec l'empereur une reconciliation, qui devenait tous les jours plus difficile. Frédéric, partant du principe que Rome faisait partie de ses états, ne voulait point que le roi de France intervînt dans un différend pour le premier siége de la chrétienté. Cependant l'évêque de Lisieux prédisait en chaire que l'empereur se convertirait, confesserait la suprématie de l'église, et se reconnaîtrait redevable envers elle de la couronne impériale.

XI.
Mort de Victor IV. Election de Paschal III.
1164.

Rien n'annonçait assurément de pareilles dispositions; car, l'antipape étant mort sur ces entrefaites, les deux seuls cardinaux restés fidèles à son parti résolurent de lui donner un successeur, et en même-temps un nouveau compétiteur à Alexandre. Mais il était difficile que seuls ils fissent une élection qui devait tomber sur l'un des deux. Ils appelèrent à leur secours les schismatiques d'Allemagne et d'Italie, et le cardinal Gui de Crème, nommé pape, prit le nom de Paschal III. L'empereur, qui fut prié de confirmer cette élection, n'avait garde de s'y refuser. Il jura sur l'évangile qu'il reconnaîtrait toujours pour papes légitimes, non-seulement Paschal, mais encore ses successeurs, à l'exclusion d'Alexandre, et de ceux qui pourraient être nommés après lui.

Cependant le clergé de la ville de Lucques, où Victor IV était mort, refusa de l'enterrer, ce qui n'empêcha point qu'il ne se fît des miracles sur le tombeau qui lui fut accordé dans un monastère de campagne. Pour que rien ne manquât de ce qui pouvait caractériser la cour romaine, le pape Alexandre pleura beaucoup la mort de son rival, dont la damnation était indubitable, puisqu'il était mort dans le schisme et l'excommunication.

Cette mort et une ligue qui se forma entre toutes les villes de la Lombardie, pour s'affranchir du joug de l'empereur, ramenèrent beaucoup d'Italiens dans le parti d'Alexandre. Le peuple de Rome, qui ne l'avait pas encore formellement reconnu, y fut déterminé par des largesses, et le pape, voyant ses affaires s'améliorer en Italie, quitta la France, où il avait séjourné près de quatre ans, et arriva à Rome au mois de novembre 1165.

Le nouvel antipape fit à cette époque un acte qui paraissait devoir être réservé à l'autorité du pape légitime ; il canonisa Charlemagne, canonisation dont l'église romaine n'a jamais contesté la validité.

L'empereur marcha vers l'Italie, dès qu'il sut qu'Alexandre III y était de retour. Son armée se présenta aux portes de Rome, après avoir battu celle du pape, attaqua le château Saint-Ange, mit le feu à l'église Saint-Pierre, et obligea Alexandre à se sauver vers Bénévent sous un déguisement de pélerin. L'antipape vint prendre possession de la chaire apostolique, et l'empereur jugea à-propos de se faire couronner encore une fois. Mais cette armée d'Allemands, campée dans

XII. Fuite du pape Alexandre III. L'empereur vient se faire couronner une seconde fois par l'antipape. 1167.

les environs de Rome au commencement du mois d'août, éprouva la funeste influence d'un climat très-malsain dans cette saison. Les ravages de la maladie, furent si rapides que Frédéric se vit obligé de faire partir ses troupes peu de jours après, et de les ramener dans l'Italie septentrionale.

Les excommunications du pape l'y poursuivirent (1), et les villes d'Italie liguées se disposaient à attaquer cette armée déja vaincue par la maladie. On relevait les murs de Milan, on bâtissait

---

(1) Voici dans quels termes un des plus fougueux prélats de la chrétienté, l'évêque de Salisbury, parlait de cette excommunication; « Le pape ayant attendu long-temps en patience le tyran teutonique pour l'exciter à pénitence, et ce schismatique continuant d'ajouter péchés sur péchés, le vicaire de S. Pierre, établi de Dieu sur les nations et les royaumes, a absous les Italiens et tous les autres du serment de fidélité par lequel ils lui étaient engagés, à cause de l'empire ou du royaume, et lui a ainsi enlevé presque toute l'Italie. Il lui a aussi ôté la dignité royale, l'a frappé d'anathème, et a défendu par l'autorité de Dieu qu'il ait à l'avenir aucune force dans les combats; qu'il remporte la victoire sur aucun chrétien, ou qu'il ait nulle part ni paix ni repos, jusqu'à ce qu'il fasse de dignes fruits de pénitence; en quoi le pape a suivi l'exemple de Grégoire VII, son prédécesseur, qui, de notre temps, a déposé de même l'empereur Henri. »

(*Histoire ecclésiastique* de l'abbé Fleury, liv. 71e.)

sur la Bormida une ville nouvelle à laquelle on donnait le nom du pape Alexandre (1). Frédéric se trouvait tellement affaibli qu'il feignit de n'être pas éloigné de reconnaître ce pontife. Pendant qu'on négociait cette reconciliation, il traita avec le comte de Maurienne pour obtenir de ce prince le passage sur ses états. Ce même empereur, qui venait de forcer le pape à fuir de Rome sous un habit de pélerin, se vit réduit, sept mois après, à prendre un déguisement pour passer les Alpes.

L'antipape était resté à Rome, malgré la retraite de Frédéric, ce qui prouverait qu'il avait de nombreux partisans dans cette capitale. Ils furent encore assez puissants pour lui donner un successeur; car Paschal étant venu à mourir, les schismatiques ne se découragèrent pas, et élurent à sa place Jean, abbé de Strum, qui prit le nom de Calixte III.

Le pape Alexandre opposait à leur opiniâtreté un de ces caractères fermes, dont le temps ni les revers ne peuvent affaiblir les résolutions. Plusieurs fois des accommodements avaient été négociés entre l'empereur et lui; jamais on n'avait pu le déterminer à la moindre concession.

XIII. Caractère d'Alexandre III

---

(1) Alexandrie, que les impériaux appelèrent par dérision, *Alexandrie de la paille*.

Il apprit que Thomas, archevêque de Cantorbéry, avait été assassiné. Du fond de sa retraite de Bénévent, il obligea le roi d'Angleterre à faire pénitence publique, à recevoir l'absolution d'un meurtre, auquel ce monarque protestait n'avoir pris aucune part; et, pour enfoncer plus avant le trait de la vengeance, il mit au nombre des saints ce prélat hautain, qui avait porté le trouble dans l'église d'Angleterre, et excommunié deux fois son prince. Ce ne fut pas tout, la guerre civile éclata; le roi eut beau écrire au pape : « Je « me jette à vos pieds, je reconnais votre juri- « diction; mon royaume relève de vous, daignez « le protéger et le défendre. » il fallut se soumettre à de nouvelles expiations; il fallut que le roi d'Angleterre, vêtu de haillons, marchant pieds nus dans la boue, allât au tombeau du nouveau martyr, y demeurât prosterné pendant un jour et une nuit entière, observant un jeûne rigoureux, et reçût des coups de verges de la main de tous les prêtres triomphants de cette humiliation (1).

On ne devait pas s'attendre à voir plier un pape qui faisait subir de pareilles pénitences à des rois.

---

(1) Tous ces détails sont rapportés par l'abbé Fleury lui-même, liv. 72ᵉ. L'origine de toutes ces querelles avait été la punition d'un prêtre accusé de meurtre.

Frédéric, voulant essayer encore de le réduire par les armes, revint pour la cinquième fois en Italie. Il eut une action fort vive avec les Milanais et leurs alliés (1). Ses troupes y furent complètement battues, lui-même, ayant eu son cheval tué sous lui, faillit à perdre la vie ou la liberté, et, sa disparition momentanée augmentant le désordre de son armée, la défaite devint un désastre. Il semblait que la fortune se plût à vérifier toutes les prédictions menaçantes, hasardées par les prêtres acharnés contre lui.

Il y avait dix-huit ans que le pape Alexandre errait d'états en états, faiblement soutenu par les princes, demandant un asyle à l'un, tandis qu'il en excommuniait un autre, chassé plusieurs fois de son église, voyant sans cesse renaître ses compétiteurs, et opposant avec une constance inébranlable toutes les prétentions de la tiare à toutes les forces de l'empire. Ce pape, dit Machiavel (2), qui exerçait au loin une si grande autorité, ne pouvait ni se faire obéir dans Rome, ni même obtenir la permission d'y demeurer, en promettant de ne se mêler que du gouvernement ecclésiastique ; tant il est vrai,

---

(1) Le 4 juin 1176.
(2) *Histoire de Florence*, liv. 1er.

ajoute cet historien, que les fantômes sont plus imposants de loin que de près.

XIV. Les villes de la Lombardie liguées pour secouer le joug de l'empereur. 1166.

Il fallait bien que le concours de quelques circonstances expliquât la longue durée d'une lutte si inégale. Le pape n'avait pas même pour lui le sénat et la noblesse de Rome. Le roi d'Angleterre le craignait, et par conséquent ne le servait pas. Le roi de France fut sur le point de reconnaître l'antipape, et ne donna son suffrage à Alexandre que pour contrarier l'empereur. Aucun de ces rois ne lui fournit un secours de troupes; mais la domination des Allemands était odieuse à l'Italie; la punition de Milan avait appris ce qu'on devait attendre de pareils maîtres. Milan, qui, depuis la destruction de ses murs, s'était entourée d'un large fossé (1), Brescia, Mantoue, Bologne, Vicence, Padoue, Trévise, Vérone, et plusieurs autres villes s'étaient confédérées: « une grande infortune avait fait ou-« blier les anciennes rivalités (2). » Il paraît que la

---

(1) Les Allemands ayant abattu les murailles de Milan, et ayant obligé les habitants par serment à ne les point relever, ceux-ci usèrent d'abord de cette adresse de faire un fossé, en quoi ils ne contrevenaient point à leur serment. (NICETAS, *Histoire de Manuel Comnène*, liv. 7, chap. 1.)

(2) *Histoire des républiques italiennes du moyen âge*, par M. Simonde SISMONDI, liv. 10.

politique des Vénitiens hésita quelque temps entre Frédéric et Alexandre; car, en 1172, ils fournirent à l'empereur une flotte pour l'aider à soumettre Ancône, dont son armée entreprit le siége sans succès; mais bientôt après, Venise, revenant à une des maximes de son invariable politique, qui était d'empêcher, autant que cela pouvait dépendre d'elle, l'établissement de la puissance des empereurs dans son voisinage, accéda à la ligue des villes lombardes. Cette alliance d'une nation indépendante avec des peuples qui voulaient le devenir, n'ajoutait pas seulement à leurs forces; elle était déja une reconnaissance de leurs droits. Cette ligue des villes lombardes fut le premier élan des peuples du moyen âge vers la liberté, et est un des évènements les plus importants de l'histoire moderne (1).

La cause du pape se liait naturellement à celle des ennemis de l'empereur. Soit qu'il voulût être plus à portée d'exciter la ligue à de nouveaux efforts, soit qu'il ne se crût pas en

XV.
Nouvelle fuite d'Alexandre III.
Il se réfugie à Venise.
1177.

(1) L'acte de confédération contre Frédéric, se trouve dans les dissertations de Muratori sur les antiquités du moyen âge, dissertation 48ᵉ, p. 277. On y remarque, parmi les signataires de cette confédération, outre les villes que je nommerai ci-après, le marquis Obizzo de Malaspina, le comte de Bertenore, et Ruffin de Trino.

sûreté (1) sur le continent de l'Italie, où en effet un édit de Frédéric lui avait interdit le feu et l'eau, défendant, sous peine de la vie, de lui accorder

---

(1) Anno ducis quinto Alexander papa furorem imperatoris abhorrens, cum galeis Guillelmi regis Siciliæ die XXIII mensis martii Venetorum portus applicuit. (Andreæ DANDULI *chronicon*, lib. 10, cap. 1, pars 18.)

Sive impium Fœderici edictum qui Alexandro omni Italiâ interdixisse dicitur, ut capitale esset si quis eum cibo, potuve aut hospitio juvisset, civitatibus quæ illum excepissent excidium interminatus, regulis et aliis illustribus viris ultricia arma; quum nihil ille sibi tutum reliquâ Italiâ cerneret, cœpissetque et Guillelmi quoque fides suspecta esse, per Appuliam et Garganum montem transiit; mox inde, ut Obbo Ravenas ait, liburnico navigio Jaderam delatus, ex Dalmatiâ ignoto habitu Venetias tanquam ad unicum libertatis domicilium divertit. (M. A. SABELLICI, *Rerum venetarum*, lib. 7.)

Il papa spaventato, servitosi di due galee del rè di Sicilia, andò prima a Gaeta e poi a Benevento, ne si tenendo sicuro in luogo alcuno nel resto d'Italia e già cominciando ancora aver sospetta la fede di Guillelmo, rè di Sicilia, passò per Puglia e andò al monte S. Angelo; e di a sopra un brigantino si condusse a Zara, e quindi travestito si fuggì a Vinegia. (*Vite de' principi di Vinegia*, di Pietro MARCELLO, *trad. da Iod. Domenichi.*)

Non sapendo più come provedervi, dopo alcuni discorsi, si deliberò finalmente per lo meglio di ridursi a Venetia. (*Historia venetiana* da Gio. Nic. DOGLIONI, lib. 11.)

Alessandro senz' armi spaventato sene fuggì primiera-

un asyle ; il s'embarqua sur l'Adriatique, toucha d'abord à Zara, et arriva ensuite à Venise. Il y garda le plus grand incognito; jusque-là qu'il passa, dit-on, une nuit à la porte d'un monastère, où il fut reçu comme un pauvre prêtre (1); mais il venait chercher un asyle et des secours à Venise ; il fallait bien qu'il se fît connaître. Il fut reçu avec tout le respect dû à sa dignité et à son malheur.

---

mente in Benevento e poi nel monte Gargaro. Salito poscia sopra piccolo naviglio di Dalmatia fè vela verso Zara e indi a Venetia si trasportò, unico asilo di libertà e siccurezza. (*Compendio delle historie Venete*, da Gio.-Bat. VERO, lib. 1.)

(1) Primâ nocte quâ appulit Venetias stetit ad portam Sti. Salvatoris usque ad lucem. Inde per triduum in monasterio dicto Charitatis, dissimulatâ personâ, demùm agnitus à peregrino, principi factus est notus. ( *In margine codicis Ambrosiani hæc annotantur.*)

( Il s'agit ici du manuscrit de la *Chronique* de Dandolo. )

Sunt qui tradunt ad sordidum culinæ ministerium ut occultiùs lateret se ultrò demisisse. (Marci-Antonii SABELLICI, *rerum venetarum*, lib. 7. )

Les autres historiens rapportent que le pape fut reconnu dans le monastère où il s'était retiré ; ils nomment même celui qui le reconnut.

Sanuto dit qu'Alexandre était déguisé en cuisinier. Dandolo ne rapporte cette circonstance de l'incognito que comme une version adoptée par quelques-uns ; mais il cite lui-même un document de la cour de Rome, où cette fuite et ce déguisement sont racontés.

XVI.
La république négocie pour le réconcilier avec l'empereur. Réponse de Frédéric.
1177.

La république fit partir sur-le-champ des ambassadeurs (1) pour Pavie, où l'empereur était alors, avec la mission de le supplier de rendre la paix à l'église et à l'Italie. Ils en furent très-gracieusement accueillis; mais, lorsqu'ils lui proposèrent de reconnaître la légitimité d'Alexandre, en le réintégrant dans ses droits, Frédéric répondit avec plus de jactance que de grandeur: « Retournez vers votre prince et vers votre sénat, « dites-leur que l'empereur des Romains réclame « un fugitif et un ennemi; s'ils ne commencent par « me le livrer, les Vénitiens se déclarent contre « l'empire; je punirai cette offense; je les atta- « querai par mer et par terre, et je planterai « mes aigles sur le portail de Saint-Marc (2). »

(1) On nomme ces deux ambassadeurs; c'étaient, suivant l'histoire de Doglioni, Philippe Orio et Jacques Centranigo.

(2) Je traduis ici le discours qui est dans Sabellicus, en l'abrégeant: « Ite, inquit, et hæc vestro principi et populo dicite, Fœdericum Romanorum imperatorem ab eis hostem et fugitivum reposcere; quem nisi primo quoque tempore ad se sub custodiâ vinctum miserint, fore ut pro hostibus imperii se haberi paulò post Veneti scirent; neque fœdus neque jura ulla gentium plus apud se valitura quàm insignem illam contumeliam pro quâ ulciscendâ omnia divina et humana jura paratus esset evertere : admoturum se non multò post terrâ marique ad eorum urbem copias, futurumque ut victrices aquilas, quod ipsi nunquàm putassent, ante divi Marci ædem sisteret.

# LIVRE III. 233

Il fallut se préparer à repousser les efforts d'un prince très-redoutable, car il arma rapidement une flotte de soixante-quinze galères, dont il donna le commandement à Othon, l'un de ses fils (1). Venise ne put lui en opposer que trente (2). Le doge voulut les conduire lui-même contre l'ennemi; et quand il fut sur le point de mettre à la voile, le pape lui ceignit une épée

XVII.
Les Vénitiens arment pour soutenir la cause du pape.
1177.

---

Ce même discours est rapporté dans la *Chronique* de Dandolo; mais il y est en vers.

> Ite, duci vestro nostrum reddatis amorem;
> Et licet hæc nostræ referat sibi pagina chartæ,
> Ore nihilominùs nostra hæc referatis amico
> Verba duci vestro : nostrum nonampliùs hostem
> Sustineat, mittat nobis custodibus illum :
> Ac si fortè neget fugitivum tradere papam,
> Credat amicitiæ dissolvi fœdera nostræ ;
> Securum quòd si dux se facit æquore, classes
> Injiciam, cùm tempus erit, tantisque galeis
> Propulsabo fretum, ut Venetos quoque remige portus
> Ingrediar, Marcique urbem, figamque plateis
> Victrices aquilas non ante in sæcula fixas.

Ces vers sont fort mauvais assurément; mais ils confirment la tradition.

(1) Jules Faroldo, dans ses *Annales vénitiennes*, dit que cet Othon était fils naturel; mais le document cité dans la *Chronique* de Dandolo, liv. 10, chap. 1er, partie 31, porte expressément : « Exercitus cui præerat legitimus imperatoris filius. »

(2) Dandolo rapporte les noms des commandants de ces trente galères.

d'or, en invoquant la protection du ciel sur son entreprise.

XVIII.
Victoire des Vénitiens.
1177.

Les deux armées se rencontrèrent le jour de l'Ascension entre Pirano et Parenzo en Istrie. Celle de l'empereur était composée de bâtiments que lui avaient fournis Gênes, Pise et Ancône. Le combat était inégal, mais le vent était favorable aux Vénitiens; la victoire, vivement disputée, se décida pour eux après six heures de carnage (1). Le pape vit arriver dans le port quarante-huit galères de cette flotte armée pour sa perte, et le fils lui-même de son ennemi au nombre des prisonniers. On renvoya honorablement ce prince à son père, que le malheur avait rendu plus accessible à de nouvelles propositions de paix. Othon s'en était rendu porteur; Frédéric consentit à ouvrir des conférences.

XIX.
Paix.
1177.

Cette paix intéressait toute l'Europe. Les rois de France et d'Angleterre y assistèrent par leurs ambassadeurs; tous les seigneurs, tous les prélats de l'Italie, les députés de toutes les villes liguées, accoururent pour se recommander au pape, qui leur dit avec attendrissement : « Vous savez, « mes enfants, la persécution que l'église a souf- « ferte de la part de l'empereur, qui devait la

---

(1) Les détails de ce combat sont rapportés par Doglioni, *Historia venetiana*, lib. 2, et Sabellicus, lib. 7.

« protéger. Vous savez que l'autorité de l'église
« en a été affaiblie, parce que les péchés de-
« meuraient impunis, et les canons sans exécu-
« tion; nous avons porté la peine de la destruc-
« tion des églises et des monastères, du pillage,
« des incendies, des meurtres et des crimes de
« toutes sortes. Dieu a permis ces maux pen-
« dant dix-huit ans, mais enfin il a apaisé la
« tempête et tourné le cœur de l'empereur à de-
« mander la paix. C'est un miracle de sa puis-
« sance qu'un prêtre vieux et désarmé ait pu ré-
« sister à la fureur des Allemands et vaincre sans
« combattre un prince si redoutable; mais c'est
« afin que tout le monde connaisse qu'il est im-
« possible de combattre contre Dieu (1). »

Le congrès se tint à Venise. Alexandre fut reconnu pour pape légitime, et rétabli dans tous ses droits (2). Quant aux villes de la Lombardie, qui avaient supporté le principal fardeau de la guerre, il n'y eut pas moyen de faire leur paix, et l'on convint seulement pour elles d'une trêve de six ans, pendant laquelle l'empereur renonça à exiger leur serment de fidélité. La ligue lombarde se trouvait composée à cette époque

---

(1) *Histoire ecclésiastique* de l'abbé FLEURY, liv. 73.
(2) *Codex Italiæ diplomaticus* Joannis Christiani LUNIG, tom. I, pars 1, sect. 1, IX.

de la république de Venise, des villes de Milan, Vérone, Brescia, Bergame, Trévise, Vicence, Padoue, Ferrare, Bologne, Mantoue, Modène, Reggio, Bobbio, Plaisance, Lodi, Côme, Carnesino, Belmonte, Alexandrie, Tortone, Verceil, Novarre, Crémone, Parme, Ravenne et Rimini. Cette trêve qui venait de leur être accordée, ne devint une paix définitive que par le traité de Constance, conclu en 1183 (1).

XX.
Frédéric vient à Venise, et baise les pieds du pape.
1177.

Aussitôt que le traité fut signé, l'empereur s'approcha de Venise. Six cardinaux vinrent recevoir son serment de soumission, et ensuite l'absoudre et le reconcilier avec l'église.

Le lendemain le doge, le clergé allèrent audevant de lui et le conduisirent jusque sur la place Saint-Marc; là, le pape l'attendait assis à la porte de la basilique, revêtu de ses habits pontificaux, entouré des cardinaux et de prélats; tous les députés du congrès ajoutaient à la pompe de cette cérémonie, et le peuple de Venise jouissait du spectacle d'une paix qui était son ouvrage.

L'empereur, dès qu'il aperçut le pape, se dépouilla de son manteau et vint se prosterner pour lui baiser les pieds. Alexandre, voyant à genoux devant lui le prince qui depuis vingt ans l'avait

---

(1) *Cod. ital. diplom.* tom. I, part. 1, sect. 1, X.

poursuivi d'asyle en asyle, ne considéra plus que le triomphe de l'église sur une puissance rivale, et s'oublia lui-même jusqu'à mettre son pied sur la tête de l'empereur en prononçant ces paroles d'un psaume : « Je marcherai sur l'aspic et le « basilic, et je foulerai le lion et le dragon. « C'est devant Pierre que je m'humilie, s'écria « Frédéric, et non devant vous. Devant moi « comme devant Pierre, s'écria le pontife en ap- « puyant (1). »

---

(1) Addunt quidam pontificem quasi ita illum expiraturum collo ipsius prostrati pedem imposuisse, cœpisseque interim Davidicum illud canere, super *aspidem et basilicum ambulabis*, notum est carmen : tum Fœdericum ingentes adhuc spiritus alentem dixisse, *Non tibi sed Petro* ; cui ille, irato similis, impressâ fortius plantâ, *Et mihi et Petro*, responderit. (M. A. Sabellici, *Rerum venetarum*, lib. 7.)

Essendose messo l'imperator in zenocchion disteso in sù la piera per bassar il piè al papa, el quale mise el piè destre sù la gola, in segno che l'imperator era sottomesso alla santa madre chiesa, disendoghe queste parole *super Aspidem*, etc., e l'imperator le rispose, *Non tibi sed Petro*, e il papa soggiunse, *Et mihi et Petro*. (*Sommario delle cose notabili concernenti la republica*. Manuscrit de la Bibliothèque-du-Roi, n° 10124.)

2

E 'l papa assolvendolo dalla scommunicazione gli toccò con un pie in collo, pronunziando quel verso del Salmista che s'interpretà così :

Sopra l' aspide, sopra il basilischio,
Sopra 'l leon, sopra 'l dragon t'arrischio.

XXI. *Examen d'un acte de hauteur, attribué à Alexandre.*

On a révoqué en doute la vérité de ces circonstances ; elles sont rapportées par une multitude d'historiens, de prélats, de cardinaux.

E poi lo admise al basio della pace. ( *Annali veneti di Julio* FAROLDO.)

Alexander III postquàm apud Claramontem (Fœdericum), imperatorem damnaverat et Venetiis ante fores S. Marci prostratum in collo calcaverat. ( *Le cardinal* GIACOBATIO, *de Concilio*, lib. 1, art. 18)

Lo imperador se gistò in terra disteso davanti messer lo papa con grandissima reverentia, e messer lo papa glie messe lo piè sulla gola, e lo imperador gli besò lo piede ; e il papa disse : *Super aspidem et basilicum ambulabo et conculcabo leonem et draconem*, e lo imperador disse : *Non tibi sed Petro* ; e il papa li rispose : *Et mihi et Petro.* (*Codex anepigraphus* in quo continentur Venetæ urbis ipsiùsque præsertim veterum familiarum memorabilia vernaculâ linguâ conscripta, nec non brevis historia de Venetæ reipublicæ viribus, ab anno 450 usque ad 1465 ; man. de la biblioth. Laurentiane à Florence).

Il faut remarquer que dans la chronique dont j'extrais ce passage, la paix entre Alexandre III et Frédéric I$^{er}$ est rapportée à la date de 1187, au lieu de 1177, qui est l'époque sur laquelle s'accordent les autres historiens.

« Imperator coronam deposuit et prosternens se super terram, papa super guttur imperatoris pedem sinistrum fixit, et elevato altero pede ad alteram partem prosiliit dicens super aspidem, etc., cui imperator, Non tibi sed Petro, et papa, Non dignitati sed Federico. Tunc papa coronam imperii eidem restituit cum pede. »

(Maniplus florum, sive historia mediolanensis Gualvanei Flammæ, cap. 206, *Rerum italicarum scriptores*, tom. XI, p. 651.)

S'il est vrai que les auteurs contemporains de l'évènement les passent sous silence, une omission n'est pas une dénégation positive, et il faut

L'imperatore prostrato in terra si lasciò metter il piè su la gola al papa, che disse quel versetto del salmo, *Super aspidem et basilicum ambulabo et conculcabo leonem et draconem*, alle quali parole risposte l'imperatore, che non aveva ancor doma la sua superbia, *Non tibi sed Petro*; dove il papa, premendo più forte, soggiunse, *Et mihi et Petro*.

(*Note de Louis Domenichi, sur les Vies des princes de Venise*, par Pierre Marcello.)

Il pontefice ritenendo la solita severità, messo sopra il collo di Frederico l'un piede, intrepidamente proferì le parole del salmo, *Super aspidem et basilicum ambulabis et conculcabis leonem et draconem*, a cui dall'imperatore essendo sdegnosamente risposto, *Non tibi sed Petro*, gli fù dal pontifice con altretanta grandezza d'animo replicato, *Et mihi et Petro*. (*Historia venetiana* da Gio. Nic. Doglioni, lib. 11.)

Les mêmes expressions sont mot à mot dans le *Livre de Bardi, Vittoria navale*, etc.

Il serait facile de multiplier ces citations.

Les autorités contraires sont principalement le 12ᵉ tome des *Annales ecclésiastiques* de Baronius et Georgii Remi J. C. *dissertatio quâ commentum esse putidum calcasse collum imperatoris Frederici Ænobarbæ Cæsaris Alexandrum III pontificem romanum ostenditur*, etc. Norimbergæ, 1625, in-4°.

La question de savoir s'il est vrai que le pape ait mis le pied sur la tête de Frédéric, a été le sujet d'une thèse sou-

bien que le fait ait été consacré, au moins par une tradition générale, puisqu'on a pris soin d'en perpétuer le souvenir par la peinture, et

tcue à Nuremberg, en 1625, par George Remus. Cette thèse a été imprimée, et se trouve à la Bibliothèque-du-Roi, à la suite d'un exemplaire de l'histoire du voyage du pape Alexandre III, par Fortunat Olmo.

L'auteur commence par annoncer qu'il veut venger l'honneur de l'empereur. C'est déja se rendre suspect de partialité ; il ne s'agit point ici de l'honneur de Frédéric, mais de l'honneur du pape ; car c'est le pape qui a tort, si le fait est vrai.

Remus demande si le prince qui avait soumis toute l'Italie, qui était triomphant, invincible ( triumphator magnificentissimus et decus Martis invictissimus), aurait pu souffrir qu'on le foulât aux pieds. D'abord Frédéric n'avait point soumis toute l'Italie ; car il n'y possédait que quelques villes dans le nord, et les principales étaient liguées contre lui : il n'était point triomphant ; car il avait été obligé de repasser les Alpes, déguisé et accompagné d'une trentaine de ses gens : il était encore moins invincible ; car il venait d'être battu par les Milanais, et son fils par les Vénitiens. Remus raconte lui-même cette bataille ; et quand Frédéric aurait été vainqueur, pouvait-il prévoir que le pape lui ferait une pareille insulte ? Pouvait-il la punir ?

Toute la dissertation se réduit à cet argument, qu'un tel outrage n'est point vraisemblable ; que l'empereur ne l'aurait pas souffert, et que les Vénitiens eux-mêmes s'y seraient opposés. Sans doute on ne devait pas s'attendre qu'un pape s'écartât à ce point de la charité et de l'humilité ; mais un acte d'orgueil, pour être extraordinaire, n'en

par une pierre où étaient gravées les paroles que le pape adressa à l'empereur (1). La gloire des Vénitiens n'était nullement intéressée à accréditer cette fable, si c'en eût été une. Ceux qui la rapportent ne sont pas tous Vénitiens, il y a parmi eux des Allemands (2), des Français, etc.;

---

est pas moins possible. Frédéric ne devait pas s'y attendre, et c'est précisément par cette raison qu'il dut lui être impossible de l'éviter, et aux Vénitiens de s'y opposer, quand ils l'auraient voulu.

Le livre intitulé: *Per la storia di papa Alessandro III, pubblica nella sala regia di Roma, e del maggior consiglio a Venetia allegation in jure di Cl. Cornelio Frangipane contra la narration inserta nel XII° tomo delli annali ecclesiastici*, Venetia, 1615, in-4°, contient une dissertation fort étendue sur l'action du pape, une réfutation des arguments par lesquels on en combat l'authenticité, et une multitude de témoignages d'auteurs de toutes les nations.

(1) Mabillon, *Rer. ital.*, antè principem portam templi, inter angiporti ostia, lapis magnus rubens quadratus est in quo æris quadrata itidem laminæ infixa foliis vestita, in quâ Alexander III, Frederici imperatoris collo pedem imposuit, ubi propterea litteræ incisæ leguntur, *Super aspidem*, etc. (*Itinerarium italicum*, p. 1 pag. 34; Sansovinus, *descriptio venet*. lib. 1, pag. 36.)

(2) Usus est Fredericus dejectione et summâ humilitate; nam Venetias venit ac pro templis foribus humi prostratus ante pontificem pedibus calcari se permisit, etc. (Joannis Carionis, *chronicorum libellus*; *Basileæ, de Germanorum*

Tome I.

et, si on veut absolument tirer une conclusion négative du silence des autres historiens, il faut au moins apprécier leur véracité; or ces auteurs

---

*prima origine*, lib. 17; *Chronica, Noremberg*, Chronique de Nauclerc, tom. II, etc.)

Alexander jubet imperatori humi se prosternat et petat veniam; imperator jussa facit, tunc papa prostrati imperatoris summi monarchæ collum pedibus conculcans ait, etc. (*Fontius Chronologia hoc est temporum*, etc., *Basileæ*, 1534.)

Le saint pape craignant sa cruauté (de Frédéric), prins l'acoutrement de son cuisinier, et estant déguisé, s'enfuit à Venise, léans servit aucun temps de jardinier et hortolan..... estant l'empereur arrivé en ce lieu, eut commandement du pape, en vertu de sainte obédience, qu'il eut à se prosterner en terre, et demander pardon de son péché, qui voluntairement fut obéissant, et se présenta pour baiser le pied du pape. Alors voulant Alexandre rabaisser le fast et orgueil de cest empereur, lui mit le pied sur la teste, disant: Il est écrit, tu marcheras sur l'aspide, etc. (Guillaume Paradin, *Chronique de Savoie*, Lyon, 1552, in-f°, pag. 143.)

Bardi, dans son *Histoire du voyage d'Alexandre III*, à Venise, intitulé, *Vittoria navale*, etc., cite soixante-deux historiens de toutes les nations, qui ont raconté ce fait à-peu-près de la même manière, et il confirme leur témoignage par les peintures qui existaient à Venise avant l'incendie du palais ducal, par celle qu'on voyait à Sienne, patrie du pape Alexandre, et à Augsbourg sur la façade de l'hôtel des comtes de Fugger.

Enfin un écrivain moderne très-instruit, et qui se montre supérieur à tous les préjugés, M. Léopold Curti, a raconté

LIVRE III. 243

contemporains se réduisent à deux; Romuald, archevêque de Salerne, qui a écrit le voyage du pape à Venise, et l'auteur anonyme des actes

ce fait de la même manière. (Voyez les *Mémoires historiques et politiques sur Venise*, 2ᵉ part., chap. 9, dans les notes.)

Voici l'indication de quelques ouvrages dont l'objet spécial est de discuter l'authenticité de ce fait.

« Vittoria navale ottenuta dalla republica Veneziana contra Frederico I° imperatore, per la restituzione del papa Alessandro III, da Girolamo Bardii. Venezia, 1584, in-4°.

« Allegazio in jure di Cornelio Frangipane per la vittoria navale contra Frederico I° imperatore, e atto del papa Alessandro III, per il dominio della repubblica Veneta del suo golfo contra alcune scritture de' Napolitani. Venezia, 1618, in-4°.

« Historia della venuta a Venezia occultamente di papa Alessandro III, da Giovan fortunato Olmo. Venezia, 1629, in-4°..

Obon de Ravenne raconte aussi toutes les circonstances de cette entrevue et des évènements qui la précédèrent, avec plus de détail que tous les autres auteurs.

Voyez enfin la dissertation de l'abbé Tentori, espagnol, dans son *Essai sur l'histoire civile, politique et ecclésiastique de Venise*, tom. 1, pag. 86.

Machiavel, dans son *Histoire de Florence*, liv. 1, se borne à dire que Frédéric se vit forcé d'aller à Venise rendre ses respects au pape; il ne parle point de la bataille, mais il ne la nie pas; et il faut remarquer que ce premier livre n'est qu'un sommaire où l'auteur a rassemblé en une centaine de pages l'histoire de toute l'Italie pendant dix siècles.

d'Alexandre III. Ils ont, il est vrai, supprimé cette circonstance; mais ils en omettent d'autres qu'il est plus difficile de révoquer en doute. Si on s'en rapportait à leur récit, cette paix entre l'empereur et le pape aurait été sollicitée par Frédéric, il n'y aurait point eu de bataille entre sa flotte et celle des Vénitiens, et la république n'aurait pris d'autre part dans cette affaire que l'offre de son territoire pour la tenue du congrès. Enfin il y a des écrivains qui prétendent que Frédéric n'alla jamais à Venise; mais le séjour de ce prince dans cette capitale est constaté par des actes qui en sont datés et que nous possédons encore (1).

La bataille paraît aussi un de ces évènements dont il est impossible de méconnaître la réalité; on s'accorde à en citer la date, le lieu, les circonstances; on nomme les principaux officiers qui y commandaient de chaque côté, ceux qui furent faits prisonniers : et, quand on voudrait refuser toute croyance aux historiens qui en font

---

(1) Friderici imperatoris diploma, quo confirmat omnia jura ac privilegia monasterio sanctæ Mariæ de Vaugaditiâ.

Datum apud Venetias in palatio ducis XIV kalendas septembris feliciter amen.

Ce diplôme existe dans les archives de ce monastère. Muratori l'a publié, (*Antiquitates italicæ medii ævi.* Dissertation 19, pag. 81.)

mention, quand on voudrait supposer que les peintures qui décorent le palais ducal à Venise, et où toute cette partie de l'histoire de la république est représentée, sont des monuments commandés par la politique, et exécutés par la flatterie, on ne pourrait refuser d'admettre le témoignage de la cour de Rome elle-même, témoignage d'autant plus irrécusable que cette cour a cherché depuis à secouer le joug de la reconnaissance.

Ce témoignage est constaté par trois monuments. Le premier consiste dans les honneurs que le pape accorda au doge de Venise; il lui donna le privilége de faire porter devant lui un cierge allumé, une épée, un parasol, un fauteuil, un coussin de drap d'or, des trompettes et des drapeaux. Ce n'étaient là, si l'on veut, que de vaines concessions honorifiques; mais voici qui porte plus particulièrement le caractère de la reconnaissance. Alexandre donna au doge un anneau en lui disant : « Recevez-le de « moi comme une marque de l'empire de la mer; « vous et vos successeurs épousez-la tous les ans, « afin que la postérité sache que la mer vous appartient par le droit de la victoire et doit être « soumise à votre république comme l'épouse « l'est à son époux (1). »

XXII. Concessions faites par le pape aux Vénitiens. Origine du droit de souveraineté sur l'Adriatique.

___

(1) Hunc annulum accipe et, me auctore, ipsum mare

Ce n'était point là une libéralité sans conséquence, aussi le gouvernement de Naples en fut-il choqué, et les auteurs napolitains (1) ont écrit contre le droit de souveraineté que la république s'arrogeait sur le golfe Adriatique; il ne faut donc pas s'étonner que l'historien du voyage du pape à Venise en ait passé sous silence plusieurs particularités, puisque cet écrivain était Romuald, archevêque de Salerne, et ambassadeur du roi de Sicile à la suite du pape.

Le second monument est une inscription que Pie IV fit placer dans la salle royale du Vatican; elle était ainsi conçue : « Le pape Alexandre III, fuyant la colère et les persécutions de l'empereur Frédéric, alla dans sa fuite se cacher à Venise. Dès qu'il y fut reconnu, il se vit accueilli par le sénat avec beaucoup d'honneurs. Othon fils de l'empereur fut vaincu et fait prisonnier par les Vénitiens dans une bataille navale. Fré-

---

obnoxium tibi redditum; quod tu tuique successores quotannis statuto die servabitis. Ut omnis posteritas intelligat maris possessionem victoriæ jure vestram fuisse; atque uti uxorem viro, ita illud imperio reipublicæ venetæ subjectum.

(1) Voyez le livre *Allegazione in jure di Cornelio Frangipane, etc.*, que j'ai cité ci-dessus.

déric, après avoir signé la paix, vint en suppliant adorer le pape et lui jurer foi et obéissance; ainsi le rétablissement du pape dans sa dignité fut un bienfait de la république de Venise (1), l'an 1177. »

Le pape faisait élever ce monument quatre siècles après l'évènement dont il voulait perpétuer la mémoire. Cela prouve bien suffisamment qu'à cette époque on le regardait comme certain, et par conséquent on ne peut pas récuser les témoignages des historiens du XV$^e$ et du XVI$^e$ siècle.

Il y a plus : le pape Urbain VIII, en 1635, fit enlever cette inscription, qui, suivant l'historien Nani (2), « avait été choisie au temps de Pie IV
« par une consultation de cardinaux, et qui était
« tirée d'excellents auteurs, d'anciens documents,
« d'inscriptions (3), de peintures et de marbres. »

---

(1) Alexander papa III, Frederici imperatoris iram et impetum fugiens, abdidit se Venetiis. Cognitum et à senatu perhonorificè susceptum, Othone imperatoris filio navali prælio à Venetis victo captoque, Fredericus, pace factâ, supplex adorat, fidem et obedientiam pollicitus. Ita pontifici sua dignitas venetæ reipublicæ beneficio restituta. Anno MCLXXVII.

(2) *Histoire de la république de Venise*, par Nani, liv. 10.

(3) En voici une trouvée dans l'église de S. Jean de

La république rappela sa légation, refusa toute audience au nonce du pape, et exigea le rétablissement de l'inscription, ce qui fut accordé par Innocent X.

Enfin il existe un monument plus ancien de deux siècles que l'inscription dont il s'agit et encore plus irrécusable : c'est une déclaration donnée par la cour de Rome, en présence de notaires, des services rendus par la république au pape Alexandre III. Elle est rapportée textuellement dans la chronique de Dandolo. On y lit (1) que

---

Salbozo, près de Pirano, rapportée par Sansovino et par Justiniani.

> Heus! populi celebrate locum quem tertius olim
> Pastor Alexander donis cœlestibus auxit.
> Hoc etenim pelago venetæ victoria classis
> Desuper eluxit, ceciditque superbia magni
> Induperatoris Federici et reddita sanctæ
> Ecclesiæ pax alma fuit, etc.

Dandolo en rapporte tout au long une, qui était au bas d'un tableau de l'église de S.-Jean-de-Latran ; mais il n'y est fait mention que de la fuite du pape : Profugus latet in Venetiis.

(1) Nos frater Jacobus de urbe, dei gratiâ episcopus Calaritanus, locum tenens in urbe ejusque suburbiis et districtu, reverendi in Christo patris et domini D. Pontii eâdem gratiâ episcopi Urbevetani, domini nostri papæ in ejusdem almâ urbe suisque suburbiis et districtu in spiritualibus vicarii generalis.

le pape Alexandre, forcé, comme David, de fuir
la persécution, avait cherché un asyle à Venise
sous l'habit d'un simple prêtre, qu'il y fut reconnu

---

Illustri domino Joanni Delphino, Dei gratiâ duci Venetiarum inclyto et consiliariis, nec non nobilibus viris et dominis Marco Lauredano et Nicolao Justiniano procuratoribus ecclesiæ sancti Marci civitatis prædictæ salutem in eo qui est omnium vera salus.

Quoniam ex verbo evangelico pro talento abscondito servus reprehenditur, et ex latenti notitiâ, quasi ut admissâ culpâ formidari debet. In tali uno quoque quia thesaurus absconditus et scientia invisa quæ utilitas in utroque, hinc est quod ab hoc nos volentes dubio esse penitus alieni, vestroque pio studio non tantum placere, sed et proficere posse noscentes. Quædam mandavimus vestræ magnificentiæ autenticè significari magnæ utrique gloriæ majoris concordiæ et remissionis plenariæ, quæ nos ex originali de verbo ad verbum pluries audire voluimus de antiquo volumine utique fide digno et difficulter reperto, cujus est titulus ; De historiis sacræ legis et antiquitatibus in particulâ de memorabilibus Alexandri papæ III, cujus præfatæ particulæ initii processus et finis sacramentaliter tenor est talis.

Hic vir natione Thuscus, sed ratione, fide, sufficientiâ præditus, sed sanctimoniâ inclytus, gratus in verbo, et fortis in bello, in persecutionis fornace multipliciter est probatus ; nam illo suggerente cujus anhelitus prunas etiam mortuas in ardorem hæresis reviviscere facit, IV in ecclesiâ schismata surrexerunt. Quibus Petrus quam Christi vicario ecclesiæ primogenitus imperator indivisibiliter hæ-

et reçu avec de grands honneurs, que, pour toute réponse aux propositions de paix, Frédéric exigea qu'on lui livrât le souverain pontife,

---

rens, unà cum sponsâ dilectâ, videlicet Româ, prædictum Alexandrum papam ex urbe secedere compulerunt, cinereque dolore conspersum, ut olim David, jam senex, et Hierusalem etiam nudis pedibus fugiens, cedendum quandoque docuerat minorum iræ et furori etiam filiorum; quo usus consilio ad christianissimum Francorum regem se transferens, ut pastor ovium benignissimè est receptus, quod molestè ferens Federicus ad ferrum convertitur, et opus pium in gladium acuens prægrandem exercitum congregavit, regum Angliæ, Bohemiæ, Daciæ auxilio fultus, in Burgundiamque veniens per ipsum fidelissimum Francorum regem magis est cœlitùs quam armis conflictus, sed ne præsentia papæ occasio foret et causa effusionis sanguinis filiorum, in se volvens discrimen potiùs quàm in filiis, idem pius papa clam fugere cogitavit clamque discessit, ut in se potiùs quærendam quàm de conflictu ulciscendum imperatoris animum provocaret, in Appuliamque perveniens, quia cognitus ex eâdem causâ ibidem gradum sistere noluit, per mareque ut ignotus pervenit Venetias civitatemque tutissimamque omnibus, et in religiosorum loco qui sancta Maria dicitur de Caritate, ut simplex sacerdos capellanatus functurus officio se locavit, ubi tam humiliter quàm frequenter celebrans, post aliquandiu a quodam Venetiarum cive utique nobile ejus orationi affecto, qui aliquandò ejus pedes osculari meruerat evidentibus signis est certitudinaliter agnitus; ducemque civitatis ipsius adiens secreto dixit dominum apostolicum in civitate adesse in loco sanctæ

et qu'irrité du refus de la république il arma
une grande flotte qui fut entièrement détruite,
moins par les efforts des Vénitiens, très-infé-

---

Mariæ dictæ superiùs : quo audito dux ipse facie et animo
lætus factus, occultè missis exploratoribus aliis, qui eum
optimè vultu noverant, deprehenderunt eum esse pontificem summum, paratisque vestibus calceis et mitrâ decen-
tibus, dux ipse cum omnium civitatis nobilium comitivâ et
viris qui eum noverant ad locum pervenit, et eo viso
cunctis genubus provolutis se non negavit, oblatisque quæ
et tulerant cum ingenti lætitiâ, concurrente populo universo, in majus ipsum palatium per ecclesiam conduxe-
runt, honores ei honoribus proferendo, ejusque ascensu
ambaxatam solemnem pro pace et concordiâ reformandis
imperatori mittentes nusquam, ut nec dum à deo tactus
assensit, sed nimis ambaxiatores exagerans petebat sibi
captivari pontificem ; quod illis nequaquàm se facturos
dicentibus, ad propria redeuntes diffidavit ut hostes,
paratisque stolis ex utrâque parte, et multis galeis am-
pliori numero excedente imperatoris exercitu cui præerat
legitimus imperatoris filius, juxta Venetorum littora ad
bellum convenientes exercitus crudeli pugnâ peractâ, tandem magis Deo favente quàm gladio, expugnatur, su-
cumbit imperatoris virtus, incolumesque capti ipse imperatoris natus et barones multi, qui postmodum ad
fidem relicti adeuntes imperatorem, manumque domini
sibi adversam monstrantes, post multam filii et nobilium
et baronum instantiam, jamque à dominio incipiens de-
liniri pacem assensit, etiam usque Venetias se venturum
asserens, culpamque suam coram vicario Christi recognos-

rieurs en nombre, que par la protection divine; qu'enfin l'empereur, confessant sa faute devant le vicaire de Jésus-Christ, vint à Venise se pro-

---

cere velle, quod et fecit. Nam usque ad fores ecclesiæ sancti Marci civitatis ipsius perveniens ibidem coram summo pontifice se prosternens veniam petiit, nec minus libenter et lætius papa remisit, simulque ecclesiam ipsam intrantes universi, Te Deum laudamus solemniter cantaverunt et missam, quam ipse pontifex celebravit devotè, ad imperatorisque verbum ex instantiâ Venetorum, in æternam memoriam pacis tam gratè ecclesiam ipsam amplâ benedictione dotavit, perfectè videlicet expurgationis animæ in festo Ascensionis tantummodo die tamen ipso perpetuis temporibus valitura, ut inquit, duntaxat verè pœnitentibus, et confessis in illam ingressus, ibidem autem sanctissimus papa, et inclytus imperator festa diebus aliquibus celebrantes versus Romam aggressi ad urbem venientes imperator papam in sede beati Petri festinus locavit, ducemque Venetiarum, eorum itineris factum comitem spiritualibus privilegiis et honoribus insigniter decorarunt; sicque ecclesiæ, urbi et orbi feliciter pace datâ, papâ in suâ sede remanente, unusquisque lætus ad propria remeavit.

Hæc autem particulariùs scripsi, ut quilibet noscat quantùm obsit veritati et ecclesiæ obicem se dare, et quantùm possit dura ferens pro ecclesiâ et fide, etiam in arduis optimum finem sperare, quem Christus nobis concedat, quæ quidem omnia supra dicta ut fidem faciant in agendis et lectoribus suis aures aperiant ad credendum supra scriptas particulas de libello facto de verbo ad verbum, prout in eo particulariter continetur, manu quondam Bartholomæi, om-

sterner aux pieds du pape, et implorer son pardon. Il n'y a pas beaucoup de faits de l'histoire du douzième siècle mieux constatés que celui-ci.

La victoire du pape fut complète, il fut rappelé à Rome, et il eut la satisfaction d'y voir son compétiteur abjurer le schisme à ses pieds. Le doge Ziani suivit le pape dans ce voyage. Si quelqu'un avait le droit d'accompagner Alexandre lors de son entrée à Rome, c'était sans doute celui qui lui en avait ouvert le chemin par la victoire.

XXIII.
Retour du pape à Rome. Le doge l'y accompagne.

La paix qui venait de se conclure, et le traité de Constance, qui bientôt après en compléta les dispositions, plaçaient Venise dans une situation plus favorable qu'à aucune époque antérieure. Non-seulement c'était un titre à la considération de l'Europe, que d'avoir protégé contre l'empereur le chef de l'église et la liberté des villes

XXIV.
Situation de la république.
1178.

---

nia sancti de Filippinis de urbe notarii publici nostri scribere mandavimus et fecimus transumptari, ac notariorum publicorum infra scriptorum suscriptionibus roborari et sigilli nostri pontificalis appensione muniri sub anno domini millesimo tercentum quinquaginta novem, pontificatus Dom. Innocentii IV papæ anno VII, die XVII mensis junii, XII indictionis.

Suivent les signatures des quatre notaires.

d'Italie ; mais encore il résultait, de diverses combinaisons amenées par les évènements, des motifs de sûreté et des moyens d'influence pour la république. L'empereur d'Occident avait perdu son autorité dans la péninsule, c'était un voisin dangereux écarté pour long-temps.

Les villes de l'Italie septentrionale, qui venaient d'être affranchies, ne formaient que de petits états, dont aucun ne pouvait donner de l'inquiétude, et qui tous avaient besoin de repos et de protection. Venise était naturellement appelée à devenir leur arbitre.

Le saint-siége lui devait de la reconnaissance. Le roi de Naples, lié avec elle par des traités, et redoutant les Grecs et les Sarrasins, avait d'autant plus d'intérêt de la ménager que lui-même cessait d'être une puissance maritime. L'empire d'Orient, déja depuis long-temps dans un état de décadence, éprouvait toutes les alternatives de la crainte et de l'irrésolution, redoutant les croisés, recherchant, trompant les Vénitiens, sollicitant leur alliance, les appaisant par des concessions.

Les puissances du midi de l'Europe engagées dans une guerre d'outre-mer, pour laquelle elles ne pouvaient se passer du concours des puissances maritimes, devaient nécessairement acheter l'amitié de celle dont les moyens étaient certainement les plus considérables.

Le patriarche d'Aquilée était un voisin quelquefois incommode, mais ne pouvait être isolément un ennemi bien dangereux.

Le roi de Hongrie était le seul voisin que la république eût à redouter.

Quant à la jalousie des Pisans et des Génois, elle avait ses dangers, mais elle avait aussi cet avantage qu'elle entretenait la république dans cet état d'activité qui conserve et augmente les forces : d'ailleurs Gênes et Pise étaient encore plus acharnées l'une contre l'autre qu'ennemies des Vénitiens, et elles étaient sur le point de commencer entre elles une guerre d'extermination, pour la possession de la Corse et de la Sardaigne.

Si l'on considère que, depuis sa fondation, Venise n'avait éprouvé que des revers passagers, comme des batailles perdues, des calamités naturelles, mais qu'elle n'avait pas encore appris à signer des traités désastreux; que sa puissance était toujours allée croissant ; que son gouvernement prenait de la stabilité, tandis que plusieurs états voisins n'étaient pas même fixés sur le choix du leur; qu'enfin son commerce s'agrandissait de jour en jour, et que ce moyen d'augmenter la richesse, la population, les forces d'un état, était inconnu de toutes les autres nations européennes, on entrevoit que la puissance relative de la république s'était accrue plus rapidement encore que sa prospérité, et on doit s'attendre à la voir jouer un rôle important dans les vicissitudes que la fortune préparait au monde.

XXV. Règne d'Orio Malipier. 1178. Nouvelle forme d'élection.

Sébastien Ziani étant mort peu de temps après son retour de Rome à Venise, on eut à procéder à l'élection de son successeur. Il n'entrait pas dans les vues de ceux qui avaient la plus grande influence dans les affaires d'appeler le peuple à cette élection; mais on prévit les inconvénients qu'il y avait à en charger un petit nombre d'électeurs. Ce fut là que commença ce nouveau système d'élection, qui s'est tant compliqué depuis dans le gouvernement de Venise. Le grand conseil choisit à la pluralité des voix quatre commissaires, ceux-ci nommèrent chacun séparément dix électeurs, et le choix de ces quarante électeurs se fixa sur Orio Malipier, le même qui avait refusé le dogat après la mort de Vital Michieli.

Ce changement dans la constitution de la république fut suivi de quelques autres innovations. Il avait été réglé, au commencement du règne précédent, que les six conseillers intimes du doge représenteraient les six quartiers de la capitale. Il y a apparence qu'on avait éludé l'obligation de les choisir chacun dans un quartier différent, puisqu'on fut obligé de faire un réglement, par lequel il était décidé que nul ne pourrait être élu que pour le quartier dans lequel il faisait réellement sa résidence.

Deux grandes assemblées, le sénat qui était composé de soixante membres, et le conseil général qui l'était de près de cinq cents, étaient appelées à prononcer sur tous les grands intérêts de l'état; mais les assemblées sont sujettes à se laisser entraîner par la passion au-delà des formes ou des lois existantes; on sentit la nécessité d'un pouvoir régulateur ou modérateur, qui réclamât, dans l'intérêt des lois, même devant l'autorité suprême. On créa, sous le nom d'Avogadors, trois magistrats, pour représenter la partie publique, non-seulement dans les délibérations sur les affaires de l'état, mais encore dans les causes des particuliers. Devant les tribunaux, ils réglaient la compétence, ils défendaient les intérêts publics dans les affaires civiles, et poursuivaient l'accusation dans les affaires criminelles. Devant les conseils, ils requéraient la constante observation des lois et des formes, ils s'opposaient à la publication des ordonnances qui y étaient contraires. La

XXVI. Création des avogadors.

présence de l'un d'eux au moins était nécessaire, pour la validité des délibérations du grand conseil et du sénat; ils étaient dépositaires de tous les actes de la législation; ils poursuivaient le paiement des amendes pécuniaires auxquelles les fonctionnaires pouvaient être condamnés. Enfin, relativement aux magistrats, leur pouvoir s'étendait jusqu'à mettre opposition à la prise de possession des charges, lorsque ceux qui y avaient été nommés, étaient susceptibles de quelque reproche.

Il y a des historiens qui font remonter l'institution de cette magistrature à l'époque de l'assassinat du doge Pierre Tradenigo, c'est-à-dire en 864. Ce qu'il y a de certain, c'est qu'elle s'est maintenue jusqu'à ces derniers temps dans toutes ses attributions. Les *avogadori di commun*, c'est-à-dire les avocats de la commune, étaient dans l'origine au nombre de trois; ce nombre fut doublé dans la suite; mais il n'y en avait que trois en exercice; ils alternaient et l'exercice était de seize mois. Ils étaient élus par le grand conseil, sur la présentation du sénat; leur *veto* suspendait l'exécution des actes de tous les magistrats et même du sénat et du grand conseil; la durée de cette suspension était d'un mois et un jour; ils pouvaient la renouveler jusqu'à trois fois, et après ce temps ils désignaient eux-mêmes le corps auquel ils en appelaient, pour y faire juger les motifs de leur opposition. Il n'y avait à cet égard d'exception que pour les actes du grand conseil, lesquels, émanant du corps souverain, ne pouvaient être réformés que par le grand conseil lui-même.

Le droit de s'opposer à l'entrée en charge de ceux qui avaient été élus à quelques fonctions publiques, s'était étendu jusqu'à les suspendre de l'exercice de ces mêmes fonctions ; mais seulement dans les trois circonstances d'incapacité légale, d'accusation criminelle, et de dette envers le trésor public.

Ils étaient chargés des fonctions de gouverneur dans la capitale, veillaient à la tranquillité publique, et jugeaient sommairement toutes les petites affaires de police.

Ils avaient un droit sur les confiscations qu'ils faisaient prononcer et sur les amendes.

Enfin plus tard, ils furent chargés de tenir les registres où étaient inscrits les mariages des nobles et les naissances de leurs enfants.

Le premier évènement du règne de Malipier fut une expédition contre Zara. Les citoyens se cotisèrent pour subvenir aux frais de cet armement, qui donna lieu à l'établissement d'un

XXVII. Expédition infructueuse contre Zara.

droit d'entrée dans le port de Rialte (1) : ces offres patriotiques s'élevèrent à 1150 marcs d'argent, et on voit par un diplôme conservé dans la chronique de Sanuto que le marché de Rialte fut engagé aux prêteurs pour la sûreté du prêt; mais on ne réussit point cette fois à faire rentrer cette colonie sous la dépendance de la république, et d'autres intérêts firent remettre à un autre temps une seconde tentative.

XXVIII. Troisième Croisade. Prise de Saint-Jean-d'Acre. 1191.

Le pape, replacé à la tête de toutes les puissances de la chrétienté, ne négligeait aucun moyen de ressaisir son influence, et faisait prêcher une troisième croisade. Tout l'Orient était alors dans la confusion et presque dans l'anarchie. Le trône impérial avait été usurpé par Andronic; celui de Jérusalem envahi par Gui de Lusignan; Saladin le soudan d'Égypte avait profité des divisions des chrétiens dans la Palestine; la victoire de Tibériade lui avait ouvert les portes d'Acre et de Jérusalem. L'Europe armait pour la délivrance de la Syrie; l'empereur Frédéric allait expier en Orient ses torts envers le saint-siège. Les Vénitiens, que l'ini-

_____

(1) *Historia venetiana*, da Gio. Nic. Doglioni, lib. 3. Marin Sanuto, *vite de' duchi Michel.*

mitié de Manuel Comnène avait privés de tous leurs établissements dans l'Archipel et dans la mer Noire, venaient d'être rétablis dans leurs anciens droits par l'usurpateur du trône de Constantinople, qui avait intérêt de les ménager (1). Un nouveau traité d'alliance offensive et défensive (2) venait d'unir l'empire grec et la république. Toujours occupée d'étendre son commerce, elle voulut concourir au succès de la croisade : sa flotte arriva devant St.-Jean-d'Acre au moment où Gui de Lusignan, qui en avait commencé le siège, se trouvait lui-même presque bloqué par Saladin, accouru pour dégager cette place.

Le siége d'Acre fut très-meurtrier ; il fallut neuf fois livrer bataille à Saladin. La rivalité de Lusignan et du marquis de Montferrat, celle du roi de France Philippe-Auguste avec le roi d'Angleterre Richard-Cœur-de-lion, prolongèrent pendant près de trois ans les discordes et le siège. Les maladies enfin consumaient cette armée, et probablement la ville ne se serait pas rendue, si le soudan n'eût été obligé de l'aban-

---

(1) La bulle qui renouvelait tous les priviléges était du mois de février 1188.

(2) Marin le rapporte textuellement dans son *Histoire du commerce des Vénitiens*, tom. III, liv. 3, ch. 9.

donner à elle-même. On la prit par capitulation en 1191 : les Vénitiens furent rétablis dans la possession du quartier qui leur avait été assigné après la première conquête, et aussitôt leur flotte rentra dans ses ports.

Le doge avait montré, lors de sa première élection qu'il n'ambitionnait point cette dignité; l'expérience ne l'y avait pas attaché davantage; il abdiqua pour embrasser la vie monastique. On remarqua que, pendant l'interrègne, les conseillers du doge s'établirent dans le palais ducal (1); cet usage qui s'est maintenu depuis, était propre à rappeler aux peuples que le prince n'était que le magistrat de la république.

---

(1) *Histoire de la ville et de la république de Venise*, par Paul Morosini, liv. 6; *Storia civile e politica del commercio de' Veneziani*, di Carlo-Ant. Marin, tom. III, lib. 3, cap. 1. Celui-ci croit cet usage plus ancien.

# LIVRE IV.

Règne de Henri Dandolo. — Nouvelle croisade. — Prise de Zara. — Excommunication des Vénitiens, 1192—1203. — Conquête de Constantinople. — partage de l'empire grec, 1203—1205.

Les suffrages des quarante électeurs se réunirent sur Henri Dandolo, cet ambassadeur que Manuel Comnène avait voulu priver de la vue. Il y a apparence que Dandolo n'était pas dans un état de cécité complète, car il serait difficile de concevoir qu'absolument aveugle, il eût pu entreprendre, comme on le verra bientôt, de commander une armée, et de diriger une conquête. C'est déja une chose assez remarquable de voir un prince plus que nonagénaire (1) se mettre à la tête d'une expédition lointaine.

<sub>1.<br>Henri Dandolo, doge.<br>1192.</sub>

---

(1) Il avait quatre-vingt-quatorze ans ; au surplus, quant au commandement d'une armée par un aveugle, ce n'était point une chose nouvelle dans ce temps-là. J'en trouve deux

II.
Guerre contre les Pisans.

Une entreprise des Pisans fournit à Dandolo une première occasion de signaler la vigueur de son caractère et l'activité de son administration. Les Pisans, qui avaient une part considérable au commerce de la Méditerranée, ne pouvaient voir sans inquiétude Venise s'arroger un droit presque exclusif de navigation dans le golfe Adriatique. La flotte de la république était alors désarmée; ils profitèrent de ce moment pour tenter un coup-de-main, qui avait plutôt l'air d'une insulte que d'un projet d'établissement. Quelques-uns de leurs vaisseaux arrivèrent à l'improviste sur la côte d'Istrie, mirent des troupes à terre et s'emparèrent de la ville de Pola.

Il n'y avait aucune apparence qu'ils pussent s'y maintenir; aussi vit-on partir sur-le-champ une escadre vénitienne, qui vint les attaquer dans la rade de Pola, détruisit plusieurs de leurs

---

exemples sous le même empereur. Lorsque Isaac Lange envoya une flotte contre Isaac Comnène, qui s'était emparé de l'île de Chypre, il en donna le commandement à Alexis Comnène, qui était aveugle, à la vérité en lui adjoignant un collègue. Peu de temps après, l'armée destinée à soumettre les Bulgares révoltés, partit sous la conduite de Jean Cantacuzène, qui avait eu les yeux crevés. On peut voir ces faits dans Nicetas, *Histoire de Isaac Lange*, liv. 1, chap. 5 et 7.

vaisseaux et poursuivit les autres jusques sur les côtes de la Morée. Le pape, qui voulait sans cesse ramener les forces des chrétiens vers l'Orient, se hâta de se porter pour médiateur entre les deux républiques. L'ambition des Vénitiens se dirigeait toujours vers le Levant. Ils conclurent, en 1196, avec les princes qui régnaient alors sur les côtes de la mer Noire, un traité de commerce qui leur assurait quelques privilèges et le droit d'avoir un consul à Tana, à Trébisonde et dans l'Arménie (1).

On préparait une nouvelle croisade, qui avait pour chefs des seigneurs ou princes français, parmi lesquels on remarquait Baudouin comte de Flandre, Louis comte de Blois, Geoffroy comte du Perche, Henri comte de S. Paul, Simon de Montfort, deux comtes de Brienne, Mathieu de Montmorency. Le voyage était long, le passage sur les terres de l'empire grec n'était pas sans danger. Pour arriver avec toutes ses forces, il fallait nécessairement arriver par mer. On se décida à traiter avec les Vénitiens, pour que leur flotte transportât l'armée des croisés dans la Terre-Sainte. Les seigneurs envoyés pour conclure ce traité évaluaient cette armée à quatre mille cinq cents chevaliers, ayant chacun deux

III.
Quatrième croisade.
1199.
Les barons français traitent avec la république pour le transport de leur armée.
1201.

---

(1) *Storia veneziana di* Andrea Navagifro.

écuyers, et à vingt mille hommes d'infanterie. Il s'agissait donc de transporter plus de trente mille hommes, et plusieurs milliers de chevaux.

C'était le sujet d'un marché plutôt que d'un traité ; mais la république ne pouvait guères fournir un si grand nombre de vaisseaux sans devenir l'auxiliaire, l'alliée des croisés : ceux-ci, dans leur impatience d'accomplir leur vœu, ne se montrèrent point difficiles sur les conditions ; on fut bientôt d'accord. Cependant le gouvernement vénitien jugea nécessaire de soumettre ce traité à la sanction du peuple, n'osant pas apparemment risquer, sans son aveu, une expédition lointaine, dont plus d'une expérience rendait le succès douteux. On assembla le peuple ; on célébra l'office divin, et les seigneurs, députés par les croisés de France, parurent devant la foule immense qui remplissait l'église et la place de Saint-Marc.

L'un d'eux, Geoffroy de Villehardouin, maréchal de Champagne, qui a écrit l'histoire de cette expédition, harangua en ces termes : « Sei-
« gneurs, les barons de France les plus hauts et
« les plus puissants nous ont envoyés vers vous :
« ils vous crient merci ; qu'il vous prenne pitié de
« Jérusalem, qui est en servage des Turcs ; que
« pour Dieu vous veuillez les accompagner, afin
« de venger la honte de Jésus-Christ. Ils ont

« fait choix de vous, parce qu'ils savent que nul
« n'est aussi puissant que vous sur la mer. Ils
« nous ont commandé de nous jeter à vos pieds,
« de ne nous relever que lorsque vous nous aurez
« octroyé notre demande, et que vous aurez
« pris pitié de la Terre-Sainte d'outre-mer (1). »

Alors les six députés s'agenouillèrent en pleurant beaucoup, et le doge et tous les autres s'écrièrent d'une commune voix, en levant leurs mains au ciel, « Nous l'octroyons, nous l'octroyons. »

Le traité fut signé et juré le lendemain, et l'on convint que l'expédition se dirigerait d'abord sur l'Égypte.

Les Vénitiens prirent un délai d'un an, pour équiper les vaisseaux nécessaires. Ils s'engagèrent à fournir des vivres à l'armée pendant neuf mois. Le prix de ce service fut réglé à deux marcs d'argent par homme, et quatre par cheval, ce qui faisait quatre-vingt-cinq mille marcs d'argent, représentant environ quatre millions et demi de la monnaie actuelle, à une époque où le septier de bled valait de cinq à six sols, le marc d'argent cinquante et quelques sols,

---

(1) C'est le texte même de Villehardouin, un peu rajeuni par Ducange, § 16. Je n'y ai changé que l'orthographe et quelques mots.

et, par conséquent, quatre-vingt-cinq mille marcs d'argent, plus de neuf cent mille septiers de bled.

La république ne borna pas ses spéculations à ce marché : elle stipula que cinquante de ses galères seconderaient les opérations de l'armée, sous la condition que le butin et les conquêtes seraient partagés également entre les Vénitiens et les Français (1).

<small>IV.
Défense du pape d'employer les forces de la croisade contre les chrétiens.</small>

Après avoir juré l'observation de ce traité sur les saints évangiles, on voulut lui donner encore plus de solennité en le soumettant à l'approbation du pape. Innocent III, qui régnait alors, était bien éloigné de refuser cette approbation ; mais, pour s'assurer encore davantage de l'exécution du plan qui venait d'être arrêté, il défendit expressément aux croisés d'employer leurs armes contre les chrétiens, et même dans le cas où ceux-ci opposeraient quelque obstacle au passage de l'armée, de les attaquer avant d'avoir pris les ordres du saint-siège (2).

---

(1) Ce traité est rapporté textuellement par Dandolo, *Chronique*, liv. 10, ch. 3, part. 33. Voyez aussi le *Codex Italiæ diplomaticus* de Lunig, tom. II, part. 2, sect. 6, ix.

(2) Ipse vero quod futurum erat præsagium, cautè respondit, quod conventiones illas ita duceret confirmandas, ut videlicet ipsi christianos non læderent, nisi forsan illi

En signant l'engagement de payer 85,000 marcs d'argent, les députés des pélerins avaient moins consulté leurs moyens que leur zèle. Les princes, les barons arrivèrent successivement; mais quelques-uns des principaux croisés étaient morts, notamment Thibaut comte de Champagne. D'autres avaient renoncé à cette entreprise; plusieurs avaient pris une autre direction; de sorte qu'il ne se trouvait pas au rendez-vous plus de la moitié des seigneurs qui, dans le principe, avaient promis de coopérer à cette expédition. Tous ensemble n'avaient pas la somme promise, et qui devait être payée d'avance. La cotisation des croisés n'en fournit guères que la moitié; les chefs engagèrent leur vaisselle, leurs effets les plus précieux; et malgré ces efforts, il s'en fallait encore de trente-quatre mille marcs qu'ils n'eussent acquitté la somme stipulée (1).

<small>V. Embarras des barons pour payer la somme convenue. 1202.</small>

Cependant les vaisseaux étaient prêts, les croisés impatients de partir, et les Vénitiens bien décidés à ne pas leur faire crédit. Con-

<small>VI. Le doge leur propose</small>

---

iter eorum impedirent, aut alia causa justa vel necessaria forsan occurreret, propter quam aliud agere non possent apostolicæ sedis consilio accedente. (*Gesta Innocentii. III, papæ*, p. 72.)

(1) Villehardouin, § 31.

vaincu de l'insuffisance de leurs ressources pécuniaires, le doge proposa aux barons d'obtenir un délai pour payer leur dette, en aidant la république à faire rentrer Zara sous son obéissance. C'était leur proposer une guerre contre le roi de Hongrie, à qui cette ville s'était donnée. Les ordres du pape s'y opposaient formellement; plusieurs croisés manifestèrent des scrupules; le cardinal-légat, qui était alors à Venise, voulut s'opposer à cette expédition; mais Dandolo représenta, avec fermeté, que le pape n'avait point le droit et ne pouvait avoir l'intention de protéger une ville rebelle : que si on n'était maître de Zara avant de commencer l'entreprise, les vaisseaux de cette ville ennemie pourraient intercepter les communications entre Venise et la Palestine; qu'enfin c'était la seule condition à laquelle la république pût permettre le départ de sa flotte, et que, quant au cardinal, s'il voulait s'embarquer, il serait reçu sur les vaisseaux comme prédicateur de la croisade, mais non avec le caractère de légat.

<small>d'aider la république à soumettre Zara.</small>

Cette déclaration énergique leva les difficultés, le cardinal partit pour Rome, et les croisés se déterminèrent à commencer leur pélerinage par le siége de Zara.

<small>VII. Dandolo</small>

On était alors au mois d'octobre 1202; tout était prêt pour le départ. Le marquis de Montferrat avait été élu par les barons français pour commander l'armée ; il ne restait qu'à désigner celui qui devait commander la flotte. Après qu'on eut fait des prières pour le succès de l'expédition, le doge monta dans la tribune de l'église de Saint-Marc, et en suppliant la république de lui permettre de prendre la croix, déclara qu'il était prêt à se mettre à la tête de l'armée vénitienne et à accompagner les croisés, non-seulement à Zara, mais par-tout où les conduirait leur zèle, heureux s'il pouvait trouver le terme d'une vie déja si longue en combattant pour la délivrance du tombeau du Sauveur.

*prend le commandement de la flotte. Départ de l'armée. 1202*

Une pareille résolution dans un vieillard de quatre-vingt-quatorze ans, qui conservait toute l'énergie de l'âge mûr, ne pouvait qu'exciter une admiration mêlée d'attendrissement ; il descendit de la tribune au milieu des acclamations, alla se mettre à genoux devant l'autel, et se fit attacher la croix sur son bonnet ducal. Son fils, Renier Dandolo, fut nommé pour le suppléer pendant son absence. Venise vit partir le doge déployant l'étendard de Saint-Marc, sur une flotte de près de 500 voiles qui portait une armée d'environ quarante mille hommes (1) et

---

(1) D'après Ramnusio, *de Bello constantinopolitano*, il y

une illustre noblesse dont les écus pendaient sur le bord des navires et dont les bannières flottaient au haut des mâts (1). Commencer le siége de Zara, c'était entreprendre de soumettre un peuple révolté pour la quatrième fois, d'autant plus déterminé à la résistance, qu'il en avait déja éprouvé la possibilité et qu'il se sentait moins digne de pardon; c'était attaquer un prince puissant, qui, en sa qualité de chrétien et de croisé lui-même, devait être protégé par le saint-siége; c'était enfin braver les foudres de Rome.

VIII.
Siége
et prise
de Zara.

Zara avait une enceinte garnie de fortes tours et était défendue par une garnison hongroise. Le port était fermé par une chaîne de fer, il fallait forcer ce passage pour compléter l'investissement de la place. La flotte vénitienne rompit cet obstacle. On se disposait à l'assaut; les chefs de l'armée étaient assemblés pour en concerter l'exécution, lorsque Gui, abbé Du vaux de Sernay, l'un des croisés, se présenta dans l'as-

---

avait cinquante galères, deux cent quarante bâtiments chargés de troupes, soixante et dix chargés de vivres et de machines de guerre, et cent vingt palandres portant de quatre à cinq mille chevaux. Sanuto dit seulement trois cents voiles.

(1) VILLEHARDOIN, § 38.

semblée, une lettre du pape à la main : « Au « nom du saint père, dit-il, je vous défends d'at- « taquer cette ville; elle est habitée par des « chrétiens, elle appartient à un prince croisé, « vous l'êtes vous-mêmes, et si vous bravez la « défense, vous n'êtes plus que des excommu- « niés. » Cette menace ébranla plusieurs des chefs ; le comte de Montfort déclara qu'il ne pouvait désobéir au pape; mais les Vénitiens s'emportèrent contre l'orateur jusqu'à mettre sa vie en danger, s'opposèrent à ce qu'on lût la lettre d'Innocent III, et sommèrent les Français de tenir leurs engagements. Il fallait manquer à sa parole ou à l'obéissance due au saint père. La plupart de ces chevaliers jugèrent que, pour eux, le premier devoir était de montrer leur vaillance. Les assauts furent donnés, répétés pendant cinq jours, et les assiégés, qui avaient suspendu des croix autour de leurs murailles, désespérant de résister à des attaques si vives et si continues, se rendirent à discrétion. On ne leur laissa que la vie.

La ville fut livrée au pillage et demantelée. Il y avait trois jours qu'on la saccageait, lors- qu'une querelle s'alluma entre les vainqueurs. Le partage du butin, ou la distribution des lo- gements, en fut la cause; on se battit avec fu-

IX.
Discorde entre les Français et les Vénitiens.

reur pendant une nuit entière; les deux partis perdirent beaucoup de monde, mais les Vénitiens, fort inférieurs en nombre, furent les plus maltraités. Le doge et les principaux chefs de l'armée française, se précipitèrent parmi les combattants pour les séparer. Il fallut huit jours de négociations et d'efforts pour faire cesser l'effusion du sang.

Ils sont excommuniés par le pape.

Il était naturel de voir dans cette discorde une juste punition de la désobéissance dont les croisés s'étaient rendus coupables envers le saint-siége. Le pape, qui jugeait les Français plus disposés à la soumission que les Vénitiens, leur adressa des reproches sévères. Les premiers députèrent vers lui un évêque et trois chevaliers, pour s'excuser sur la nécessité où ils s'étaient trouvés de remplir leurs engagements envers leurs alliés, sans le concours desquels ils ne pouvaient accomplir leur pieuse entreprise. Ils le suppliaient de les relever des censures qu'ils avaient encourues, et lui demandaient ses ordres sur la conduite qu'ils devaient tenir désormais avec les Vénitiens.

La réponse du pape fut qu'ils pouvaient continuer de se servir des vaisseaux de la république, mais à condition qu'ils se sépareraient le plutôt possible d'un peuple assez endurci dans sa désobéissance pour ne pas même demander l'absolution; que, quant à eux, avant d'être absous, il fallait qu'ils restituassent tout le butin qu'ils avaient fait, et renouvelassent leur serment de soumission à l'église. Les croisés français demandèrent humblement et obtinrent leur pardon. Il n'en fut pas de même des Vénitiens : ce vieillard nonagénaire qu'ils avaient à leur tête opposa toujours la plus respectueuse fermeté aux prétentions de la cour de Rome, soutint qu'elle n'avait pas du s'immiscer dans les affaires de la république, et ne daigna pas même solliciter l'absolution des censures (1).

La saison était trop avancée pour qu'au jugement des gens expérimentés, il fût prudent de commencer une campagne de mer sur une côte ennemie; on résolut de faire hiverner la flotte dans le port de Zara. Pendant le séjour que les croisés y firent, on vit arriver une ambassade qui réclamait leur concours pour une expédition bien différente de celle pour laquelle ils avaient pris les armes.

---

(1) Veneti verò, tanquam qui gloriantur cùm malè fecerint et exultant in rebus pessimis, nec ad indulgentiam agendam, nec ad indulgentiam implorandam voluerunt aliquatenus inclinari.

(Vita Innocentii papæ III, ex man. Bernardi Guidonis. *Rerum italicarum scriptores*, tom. III, p. 530.)

X.
Révolutions de Constantinople.

L'empire de Constantinople passait depuis long-temps d'usurpateur en usurpateur : les Comnène ne méritaient pas un autre nom ; mais comme il n'y a rien de si rare qu'un pouvoir dont l'origine soit absolument pure, on appelait légitime ce qui était injuste depuis quelque temps. L'odieux Manuel (1) avait laissé le trône

---

(1) C'est au sujet de ce prince que l'historien Nicétas, d'ailleurs flatteur, laisse échapper cette réflexion : « Défiants et timides, la plupart des princes sont ravis de faire périr les hommes éminents en naissance, en mérite, ou en vertu. Riche, ils vous soupçonnent ; brave, ils vous redoutent ; et s'il paraît un homme qui se distingue par les avantages du corps, les dons de l'esprit, ou la sagesse de sa conduite, il n'y a plus pour eux ni plaisir ni repos. Ces monstres d'orgueil voudraient pouvoir s'en prendre au créateur d'avoir fait d'autres hommes capables de commander ; aussi, contrariant sans cesse les desseins de la providence, sacrifient-ils les gens de bien, pour pouvoir attenter impunément aux propriétés et à la liberté de leurs sujets. C'est ainsi que Manuel ayant conçu d'injustes défiances contre la fidélité d'Alexis, etc. ; » et si on veut savoir pourquoi il persécutait cet Alexis ; le même auteur nous apprend que c'était parce que son nom commençait par la première lettre de l'alphabet, signe évident qu'il était destiné à l'empire. (*Histoire de Manuel Comnène*, liv. 4, chap. 6.)

Quant au droit des Comnène sur le trône de Constantinople, il était fondé sur deux usurpations, celle d'Isaac Comnène, qui, s'étant mis à la tête d'une faction, ravit l'empire à Michel V en 1057, et celle d'Alexis Comnène,

à son fils âgé de neuf ans. Andronic son cousin parvint à s'y asseoir auprès de cet enfant, à qui il fit signer l'arrêt de sa mère et qu'il priva enfin de la vie. Cet Andronic, quand il eut consommé l'usurpation de l'empire, prouva par son administration qu'il n'en était pas indigne. Il établit un ordre sévère dans les finances, se montra fort habile au choix des gouverneurs et des magistrats, pesa les petits et les grands dans la même balance, mit fin aux disputes de religion, éleva des monuments utiles, et honora les savants, quoiqu'il n'eût qu'une légère teinture des sciences (1).

Sous lui, dit Nicetas, chacun se reposait avec sécurité à l'ombre de ses arbres, et se nourrissait de leurs fruits; et ceux qui avaient été ensevelis sous les malheurs des temps précédents, se réveillèrent au commencement de son règne. Déja vieux, il épousa Anne de France, âgée de onze ans, qui avait été promise à Alexis. Peut-être, s'il eût régné quelques années de plus, le vaisseau de l'état aurait-il évité le naufrage. Mais bien qu'Andronic eût cru devoir faire légitimer son usurpation par le patriarche et par un con-

---

qui, en 1081, se révolta contre l'empereur Nicéphore Botoniate. Manuel Comnène était petit-fils d'Alexis.

(1) Nicetas, *Histoire d'Andronic*, liv. 2; chap. 3 et 4.

cile, il n'en fut pas moins précipité d'un trône qu'il devait à des crimes.

Isaac Lange, qui l'y remplaçait, le livra à la fureur d'une populace inconstante. On ne peut retracer toutes les barbaries qui furent exercées sur ce grand coupable, qui d'ailleurs avait montré de l'habileté dans le gouvernement. Après lui avoir meurtri les joues, arraché la barbe, cassé les dents, crevé un œil, et coupé la main droite, on le promena dans Constantinople, pour lui faire éprouver tous les outrages, et on le pendit par les pieds : ce supplice dura trois jours.

Le nouvel empereur, qui permettait ces atrocités, était un lâche, qui fut privé de l'empire et de la vue, et jeté dans une fosse par son frère Alexis. C'était cet Alexis qui régnait depuis quelques années à Constantinople, lorsque les croisés s'embarquèrent pour délivrer les lieux saints.

Un jeune homme, fils d'Isaac, échappé de la prison où son oncle les avait renfermés, parcourait l'Europe, en cherchant des vengeurs à son père. Ce prince s'appelait aussi Alexis. Il s'était adressé au pape, aux Vénitiens, aux croisés, sans en rien obtenir qu'une pitié stérile. Venise devait peu d'affection à cette famille, parce qu'entre les fautes que les princes de ce nom avaient à se reprocher, c'est-à-dire parmi beaucoup d'actes de cruauté, de duplicité, d'avarice et de vanité ridicule, ils avaient opprimé les peuples, pour subvenir à des profusions inouies, et n'avaient pas épargné dans leurs extorsions la colonie vénitienne, qu'ils avaient mise plus d'une fois aux mains, dans Constantinople même, avec la colonie des Pisans (1). Les princes de l'Occident, sollicités par le jeune Alexis, se bornèrent à lui donner le conseil de réclamer les secours de l'empereur Philippe de Souabe, son beau-frère. On lui avait fait entendre que, si l'empereur voulait joindre ses forces à celles des croisés, pour la conquête de la Palestine, ceux-ci reconnaîtraient ce secours, en lui fournissant le leur pour replacer Isaac sur le trône.

Les ambassadeurs qui arrivèrent à Zara venaient de la part de Philippe. Admis à l'audience dans le palais du doge, où les chefs de l'armée s'étaient assemblés, ils dirent : « Nous sommes envoyés « vers vous par le roi des Romains; il desire « vous confier le jeune prince son beau-frère. « Vous avez entrepris une expédition périlleuse « pour soutenir les droits de la justice ; c'est « remplir votre vœu que de venger un opprimé. « Qu'est-il de plus équitable que de rétablir dans

XI.
Arrivée à Zara des ambassadeurs du fils d'Isaac Lange, empereur d'Orient détrôné.
1203.

---

(1) NICETAS, *Histoire d'Alexis Lange*, surnommé Comnène, liv. 3, ch. 10.

« leurs biens ceux qu'on en a privés? Que si vous
« secourez le prince de Constantinople, il vous
« offre ce qui peut contribuer le plus efficacement
« au bien de l'église et à la conquête de la Terre-
« Sainte. Premièrement, si Dieu permet que vous
« rétablissiez Alexis dans son héritage, ce prince
« remettra toute l'église d'Orient sous l'obéissance
« de l'église romaine, dont elle est depuis si long-
« temps séparée; en second lieu, instruit que
« vous avez fait déja de grands sacrifices pour
« votre entreprise, il vous paiera deux cent mille
« marcs d'argent, et vous fournira des vivres pour
« toute votre armée. Lui-même il vous accom-
« pagnera en Égypte; ou, si vous le préférez, il y
« enverra dix mille hommes à sa solde, qu'il y
« y laissera pendant un an. Tant qu'il vivra, il
« entretiendra cinq cents chevaliers pour la dé-
« fense de la Terre-Sainte. Telles sont les con-
« ditions que nous sommes autorisés à vous offrir. »

XII.
Ils proposent aux croisés de rétablir Isaac. Division à ce sujet.

Ainsi on proposait aux croisés une nouvelle infraction des défenses du pape. Il fallait encore aller attaquer un prince chrétien; qui, à dire vrai, avait envahi le trône, mais le trône d'un usurpateur; et la conquête de l'empire grec n'était considérée que comme un préliminaire, un épisode de la délivrance de la Terre-Sainte.

Les uns s'écrièrent que c'était violer son vœu et mériter l'excommunication une seconde fois;

les autres répondirent que, pour accomplir ce vœu, il n'y avait pas de meilleur moyen que de s'assurer l'alliance de l'empereur grec; et que, pour obtenir sa coopération, il fallait le rétablir sur son trône. Les pélerins disputèrent là-dessus avec tant de chaleur qu'ils s'aigrirent et se divisèrent; plusieurs quittèrent une armée qui se mettait en révolte déclarée contre le souverain pontife; cinq cents, pour s'éloigner, se jetèrent à-la-fois dans un bâtiment qui coula à fond.

Ces défections affaiblirent considérablement l'armée. Mais les Vénitiens, qui ne considéraient pas les défenses du pape à cet égard comme légitimes, et qui avaient à Constantinople de bien autres intérêts que dans la Palestine, insistèrent si fortement, que le traité proposé au nom de l'empereur d'Allemagne fut signé. Ils avaient deux griefs principaux contre l'empereur de Constantinople. Manuel Comnène, lorsqu'il s'était reconcilié avec eux, après avoir confisqué leurs vaisseaux et leurs marchandises, leur avait promis une indemnité de 1,500 mille bisans d'or. Ses successeurs avaient négligé le paiement de cette dette, il restait 200 mille bisans à payer. Mais, ce qui était encore plus digne du ressentiment des Vénitiens, ces empereurs avaient montré de la partialité en faveur des Pisans, et

XIII. Les Vénitiens et après eux l'armée, embrassent cette cause.

leur avaient accordé de grands privilèges (1). Il y a des historiens à-peu-près contemporains (2) qui expliquent d'une autre manière cette détermination des Vénitiens; ils l'attribuent à la corruption au moins autant qu'à la haine. Selon eux, le sultan Maleck-Adel, pour détourner l'orage qui paraissait menacer l'Égypte, avait envoyé à Venise des sommes considérables. La chose n'est pas impossible, mais elle n'est pas prouvée, et il ne serait pas impossible non plus que la cour de Rome, dont ils transgressaient les ordres, et les chrétiens de la Palestine, abandonnés par ceux qu'ils croyaient leurs défenseurs, eussent accrédité cette calomnie.

Tout le monde envoya à Rome; les uns pour justifier cette nouvelle entreprise, les autres pour la faire condamner. L'usurpateur du trône de Constantinople lui-même, dans l'espoir de conjurer l'orage, s'adressa au pape. Inno-

---

(1) Voyez Nicetas, *Histoire de Manuel Comnène*, liv. 5 ch. 9, et le commentaire que fait sur son texte l'auteur de l'*Histoire du commerce de Venise*, tom. IV, liv. 1, chap. 1.

(2) *Le continuateur anonyme de Guillaume de Tyr*, tom. V de la Collection de Martenne et Durand. L'*Histoire de la conquête de la Terre-Sainte*, traduite, dit-on, du français de Bernard (dont l'original est perdu) par Pepin de Boulogne, et augmentée par lui, tom. VII de la *Collection de* Muratori.

cent III aurait bien voulu ramener l'empire grec à son obéissance, et devenir l'arbitre de ce grand différend; il ordonna de nouveau aux croisés d'aller droit au secours de la Terre-Sainte, et renouvela ses menaces d'excommunication. Les menaces restèrent sans effet. La flotte mit à la voile le 7 avril 1203, après avoir achevé la démolition des murs de Zara, au mépris de la protection que le pape avait accordée à cette ville.

Le rendez-vous de l'armée avait été assigné à Corfou. On y vit avec joie arriver le jeune Alexis, suivi d'un assez grand nombre de seigneurs allemands qu'il avait recrutés à la cour de Philippe. Le prince de Constantinople, qui jusque-là n'avait obtenu que des consolations et des conseils à Rome, à Venise, et même à la cour de son beau-frère, fut si touché de voir une armée de vaillants hommes décidés à embrasser sa cause qu'il se jeta aux pieds du doge et du marquis de Montferrat, pour leur exprimer sa reconnaissance. Infortuné! qui ne savait pas combien il est dangereux d'implorer le bras d'autrui pour reconquérir une couronne!

XIV. Arrivée à l'armée d'Alexis, fils d'Isaac.

Quoique les projets des croisés contre l'empire grec fussent publics depuis plusieurs mois, quoiqu'il y eût, dit-on, seize cents bâtiments dans le port de Constantinople, l'armée ne ren-

XV. Arrivée de l'armée des croisés devant Constantinople. 1203.

contra aucun obstacle dans sa route, les îles où elle prit terre se rendirent sans résistance et reconnurent pour empereur Isaac, père du jeune Alexis. Cet empire déja affaibli par de si longues divisions, l'était encore plus par une administration honteuse. L'empereur Alexis n'avait d'abord parlé qu'avec dérision des préparatifs des Latins, et avait dédaigné d'en faire. Plongé dans la mollesse, il laissait les rênes de l'état à un beau-frère, qui avait vendu à son profit tous les approvisionnements de la marine, et à des eunuques, qui ne voulurent jamais souffrir qu'on abattît des arbres dans les forêts réservées pour les chasses du prince (1). Quand le bruit des armes ennemies parvint jusque dans ces jardins où l'empereur, au milieu des voluptés, échappait aux murmures de son peuple; quand les courtisans effrayés n'osèrent plus prolonger l'illusion, on fit accourir à la hâte des troupes des provinces voisines, on voulut armer une flotte, mais il n'était plus temps; les vaisseaux étaient sans agrès, sans matelots; et la ville impériale, alors certainement la plus grande du monde civilisé, vit la flotte vénitienne se déployer sans obstacle, et débarquer au pied de ses murs un nouvel empereur.

---

(1) NICETAS, *Histoire d'Alexis*, liv. 3, ch. 11.

Ce fut à la fin de juin que cette armée se présenta à l'entrée du canal des Dardanelles : on se rallia devant Abydos, les cinq cents voiles défilèrent dans le détroit, couvrirent le bassin de la Propontide et vinrent, les bannières déployées, longer les murs de Constantinople de si près que plusieurs vaisseaux reçurent et envoyèrent des décharges de traits et de pierriers.

En voyant cette superbe ville, ses dômes, ses palais, ses hautes murailles, les quatre cents tours qui les couronnaient, et le peuple innombrable dont elles étaient couvertes : « Il n'y eut « là, dit un témoin oculaire, cœur si assuré ni si « hardi qui ne frémît, et non sans raison, vu « que, depuis la création du monde, jamais une « si haute entreprise ne fut faite par un si petit « nombre de gens, et chacun jeta les yeux sur ses « armes (1). »

L'armée débarqua sur la côte méridionale du Bosphore ; de là on voyait, sur la côte opposée, le vaste amphithéâtre qui couronne le golfe de Chrysocéras ; dans le fond le palais de l'empereur, d'un côté la capitale occupant tout l'espace entre le golfe et la Propontide, la citadelle à l'extrémité de la pointe d'Europe, de l'autre côté le faubourg de Pera et la tour de Galata :

XVI. Les croisés débarquent sur la côte méridionale du Bosphore.

---

(1) VILLEHARDOUIN, § 66 et 67.

à l'entrée du port, vingt galères rangées le long de la chaîne qui le fermait; et, sur le rivage, un camp de soixante-dix mille hommes, au milieu duquel s'élevait le pavillon de l'empereur.

Les Grecs et les Latins se trouvaient en présence, ils n'étaient séparés que par un canal. Rien n'annonçait des dispositions pour interdire le passage; mais il y en avait pour s'opposer à la descente, et l'on ne pouvait guères prévoir comment une armée de quarante mille hommes, déja affaiblie par une campagne, réduirait une ville d'où pouvait sortir, disait-on (1), quatre cent mille combattants. Je suis loin de le croire, car, quelques années auparavant, Isaac Lange avait eu peine à y lever deux mille hommes, pour les opposer à un de ses officiers qui s'était fait proclamer empereur.

Les Latins débutèrent par le pillage de Chalcédoine, et d'un palais que l'empereur avait sur la côte d'Asie; ils s'arrêtèrent quelques jours à Chrysopolis, pour y rassembler des vivres, et, dans une rencontre, un de leurs partis culbuta cinq cents cavaliers grecs. Cependant un officier

---

(1) Voyez Le Beau, *Histoire du Bas-Empire*, liv. 94, et Gibbon, *Histoire de la décadence de l'empire romain*, ch. 60.

de l'empereur se présenta devant le chef des croisés et les harangua en ces termes : « L'empereur
« n'ignore pas, seigneurs, que vous êtes les plus
« grands entre les princes qui ne portent point
« la couronne, et que vous appartenez aux plus
« vaillantes nations de l'univers ; mais il ne peut
« comprendre par quel motif et à quel dessein
« vous êtes venus dans ses états. Il est chrétien
« comme vous ; il sait que vous avez entrepris la
« délivrance du saint sépulcre. Si vous avez be-
« soin de vivres ou de secours, il vous en four-
« nira volontiers quand vous évacuerez son ter-
« ritoire. Il se verrait à regret obligé de vous
« attaquer, comme il en a le pouvoir ; car, quand
« vous seriez vingt fois plus nombreux que
« vous n'êtes, pas un d'entre vous n'échappe-
« rait si mon maître voulait faire usage de ses
« forces (1). »

Cette jactance fit peu d'effet sur les croisés ;
Conon de Béthune répondit en leur nom : « Beau
« sire, vous nous avez dit que votre maître s'é-
« tonne que nos seigneurs et barons soient en-
« trés sur son territoire. Ce territoire n'est pas
« le sien, puisqu'il ne l'occupe que contre Dieu
« et le bon droit. Il appartient à son neveu que
« vous voyez assis parmi nous, au fils de l'em-

---

(1) VILLEHARDOUIN, § 72.

« pereur Isaac. Mais si votre maître veut se ren-
« dre à sa merci et lui restituer la couronne, nous
« nous emploierons auprès du prince légitime
« pour qu'il pardonne à son oncle, et lui laisse
« une existence honorable. A l'avenir ne soyez
« plus assez hardi pour vous charger d'un sem-
« blable message (1). »

Le lendemain on essaya de montrer le jeune Alexis au peuple de Constantinople. Toutes les galères mirent à la voile; Alexis était debout sur la poupe de la capitane, entre le doge et le marquis de Montferrat. On côtoya les remparts en criant : « Voici votre prince légitime que « nous vous ramenons; nous venons pour vous « secourir et non pour vous faire aucun mal, si « vous-mêmes vous faites votre devoir. » Mais cette vue, ces discours ne produisirent aucun effet : il fallut commencer les attaques; on résolut de tenter le passage et le débarquement en face de l'armée ennemie.

XVII. L'armée passe sur la côte d'Europe.

Le 8 juillet au soleil levant, après la célébration du saint sacrifice, toute l'armée démarra de la côte d'Asie.

Baudouin, comte de Flandre, commandait l'avant-garde composée en grande partie d'archers et d'arbalétriers.

---

(1) VILLEHARDOUIN, § 73.

Les quatre divisions du corps de bataille avaient pour chefs, Henri, frère du comte de Flandre; Hugues, comte de Saint-Paul; Louis, comte de Blois, et Mathieu de Montmorency. On y distinguait Mathieu de Valincourt, Baudouin de Beauvoir, Pierre d'Amiens, Eustache de Canteleu, Antoine de Cahieu, Eudes de Champlitte, Oger de Saint-Chéron, Manassés de l'Ile, Miles de Brabant, Machaire de Sainte-Menehould, Jean Foisnons, Guy de Chappes, Clerambault, Robert de Roncoy, et Geoffroy de Villehardouin, qui nous a conservé tous ces noms dans son histoire.

Enfin le corps de réserve était conduit par le marquis de Montferrat. Il était composé des Italiens, des Dauphinois et des Allemands.

Chaque galère remorquait un vaisseau chargé de troupes; les bannières flottaient, les trompettes sonnaient, les chevaliers, armés de pied en cap, et que, dans sa naïve frayeur, l'historien grec (1) nous représente aussi hauts que leurs lances, étaient debout, s'appuyant sur leurs chevaux déja tout sellés; « On ne demandait pas, dit celui d'entre eux qui nous a transmis tous ces détails, on ne demandait pas qui devait aller

---

(1) Nicétas, *Histoire d'Alexis*, liv. 3, ch. 11.

le premier; chacun s'efforçait de gagner les devants et les chevaliers s'élançaient dans la mer jusqu'à la ceinture, le heaume en tète, l'épée à la main (1). »

<small>Les Grecs ne s'opposent point au débarquement.</small>

Dès qu'on put prendre terre on jeta les ponts, les chevaux sortirent des vaisseaux et les chevaliers se rangèrent en bataille à l'est du golfe du côté de Galata. L'armée impériale ne fit que de faibles efforts, pour empêcher le débarquement; ils se bornèrent à quelques décharges contre les premiers qui abordèrent; ces 70,000 hommes, sans attendre le premier choc, se hâtèrent de rentrer dans Constantinople, avec une telle précipitation, que l'avant-garde des Latins pilla leur camp et les tentes de l'empereur.

<small>Prise de la tour de Galata.</small>

La flotte vénitienne était à l'entrée du port, l'armée au pied des murs du faubourg de Pera; on y prit poste le soir même. Dans la nuit, la garnison de la tour de Galata, secondée par des troupes qu'on lui envoya de la ville, à travers le port, fit une sortie que les assiégeants

---

(1) Il ne demandent mie chascuns qui doit aller devant; mais qui ainçois puet, ainçois arrive, et li chevalier issirent des vissiers, et saillent en la mer trosque à la ceinture, tuit armé, les hielmes laciez, et les glaives ez mains.

(Villehardouin, § 82.)

repoussèrent avec vigueur. Les Grecs se jetèrent pour se sauver, les uns dans leurs barques, d'autres vers la campagne; ceux qui voulurent regagner la tour furent si vivement poursuivis, que les croisés y entrèrent pêle-mêle avec eux et s'en emparèrent.

Au point du jour, et pendant que l'on combattait encore sur terre, les galères vénitiennes attaquèrent le port. Une chaîne de la longueur de quatre portées de flèches, soutenue par des pieux, en fermait l'entrée; derrière cette chaîne vingt galères grecques chargées de soldats et de machines lançaient contre les assaillants des pierres et des traits. Il fallait briser cette chaîne, pour s'ouvrir un passage au travers de la flotte ennemie. On avait préparé, pour la rompre, d'énormes ciseaux qu'une machine faisait mouvoir; des matelots s'élançaient sur la chaîne, pour travailler à en séparer les anneaux ou à couper les pieux qui la soutenaient; enfin un gros navire, dont le vent secondait l'effort, vint briser cet obstacle: les Vénitiens pénétrèrent dans le canal et prirent ou détruisirent tous les bâtiments qui s'y trouvaient.

XVIII. Les Vénitiens forcent l'entrée du port.

Au fond du port coule une rivière assez large, dont les Grecs avaient rompu le pont. Il fut rétabli sans qu'ils osassent entreprendre de s'y opposer. L'armée, après avoir passé la

XIX. Siége de Constantinople.

rivière, vint camper sous le palais des Blaquernes, qui était fortifié. On ne pouvait pas penser, avec si peu de monde, à faire l'investissement d'une ville, qui avait plusieurs lieues de tour. Les Français se bornèrent à attaquer une des portes : on prépara les machines, on traça un camp, qui fut fermé de fortes palissades; une division entière de l'armée était de garde jour et nuit ; malgré ces précautions, les sorties étaient continuelles, on avait plusieurs alertes par jour, il fallait dormir et manger sous les armes.

Il est vrai que ces sorties étaient constamment repoussées; mais on y perdait toujours du monde et souvent de vaillants hommes. On ne pouvait s'éloigner du camp de quatre portées de trait; la disette était une suite inévitable de cette gêne; il ne restait de farine que pour trois semaines; presque point de viande salée, et on se voyait déja réduit à manger des chevaux. Telle était au bout de dix jours la situation de l'armée assiégeante.

On résolut de donner l'assaut. Les Vénitiens étaient d'avis d'attaquer du côté de la mer, qui leur paraissait plus accessible, et de dresser les échelles sur les vaisseaux, pour atteindre le haut des murailles. Cette manière de combattre n'était pas familière aux chevaliers français. Ils ne purent consentir à se priver de leurs chevaux et de leurs armes ordinaires. Il fut résolu qu'on ferait deux attaques à-la-fois, l'une par mer, du côté du port, l'autre par terre, à la porte du palais des Blaquernes.

Deux divisions furent laissées en réserve pour la garde du camp, sous le commandement du marquis de Montferrat et de Mathieu de Montmorency; les autres s'avancèrent pour donner l'assaut. On eut d'abord à combler le fossé; deux cent cinquante béliers, tours roulantes ou autres machines, commencèrent à jouer contre la muraille et à lancer une grêle de pierres et de flèches sur ceux qui la défendaient. C'étaient, de ce côté, des Pisans, qui avaient fourni un corps auxiliaire à l'empereur : ainsi les Vénitiens trouvaient devant eux les rivaux de leur commerce prêts à leur disputer les remparts de Constantinople. L'empereur, du haut d'une tour, était spectateur du combat; il avait confié le commandement de ses troupes à son gendre Théodore Lascaris.

XX. Assaut. Les Vénitiens pénètrent dans la ville.

A peine la muraille fut-elle endommagée qu'on y appliqua les échelles. Cinq chevaliers et dix soldats parvinrent jusqu'au haut du rempart, où ils eurent à soutenir un terrible combat à coups de hache et d'épée.

Pendant qu'on livrait cet assaut du côté des

Blaquernes, la flotte avançait, rangée sur une longue ligne; les uns avaient élevé des tours sur le pont de leurs vaisseaux, d'autres tenaient les échelles toutes prêtes; quatre cents balistes lançaient des traits. « Ores pourrés ouïr estrange « prouesse. Le duc de Venise, qui vieil homme « estoit et goutte ne voyoit, tout armé sur la « proue de sa galère, le gonfanon de Saint- « Marc par-devant lui, s'écriant aux siens qu'ils « le missent à terre (1). » Il fut obéi, sa galère aborda la première; les Vénitiens, voyant leur chef et leur étendard sur le rivage, se crurent perdus d'honneur s'ils ne les suivaient. Tout s'élança à-la-fois; les ponts-levis, les échelles, furent approchés de la muraille : du haut des vaisseaux, à l'aide de quelques planches ou de quelques cordages, les Vénitiens combattaient contre les assiégés avec la lance et l'épée; les uns étaient précipités, d'autres atteignaient le rempart; tout-à-coup une main, qui n'est point connue, arbore l'étendard de Saint-Marc sur une des tours. L'enthousiasme des assaillants en redouble, les Grecs épouvantés font moins de résistance, les soldats les poursuivent sur les murs, vingt-cinq tours sont prises, les vain-

---

(1) Villehardouin, § 90.

queurs et les vaincus se précipitent ensemble dans la ville.

Le doge fait partir sur-le-champ un bateau pour donner avis de ce succès à ses alliés. Il leur envoie même quelques chevaux que ses soldats venaient de prendre.

Mais de nouvelles troupes accouraient du dedans pour arrêter les progrès des Vénitiens, peu nombreux encore. Assaillis de toutes parts, ils mettent le feu au quartier où ils ne peuvent se maintenir, regagnent les tours dont ils s'étaient rendus maîtres; le vent s'élève, l'incendie devient plus rapide, tout est en flammes, depuis la porte des Blaquernes jusqu'à la porte dorée, c'est-à-dire, dans un espace d'une lieue.

Les Grecs, après avoir forcé les Vénitiens à se retirer dans les tours, font une sortie contre les Français. Les braves qui avaient déjà atteint le sommet de la muraille et qui y combattaient encore, en sont précipités; soixante divisions débouchent par plusieurs portes et se déploient dans la plaine. Il n'était plus possible de continuer l'assaut, ni de recevoir le choc au pied du rempart. Il fallut se hâter de regagner le camp, pour se réunir aux deux petits corps qu'on y avait laissés, et se mettre à l'abri dans les retranchements contre cette nuée d'ennemis. Lascaris conduisait cette attaque. L'empereur

XXI.
Sortie qui oblige les croisés à abandonner l'assaut.

lui-même, que les murmures et les insultes du peuple avaient tiré de sa honteuse inaction, sort à cheval, revêtu de ses ornements impériaux, et exhorte ses soldats à un dernier effort, qui doit les délivrer des barbares et sauver leur pays, leur prince et leur religion.

Les six divisions françaises se rangèrent en dehors de leurs palissades, les archers en avant: on forma un bataillon des chevaliers qui avaient été démontés, et dans cette posture ils attendirent l'ennemi de pied ferme; mais sans aller à lui, de peur d'être enveloppés et accablés par le nombre.

Aussitôt que Dandolo fut averti du péril de ses alliés, il s'écria qu'il voulait vivre et mourir avec eux, et abandonnant les tours dont il s'était rendu maître, il fit voile pour traverser le port, vint débarquer avec ses troupes au fond du golfe et se ranger auprès des Français.

Malgré ce renfort, le péril était extrême (1). L'armée grecque s'approcha jusqu'à la portée de l'arc; on commença à tirer. Lascaris voulait tenter une attaque vigoureuse, mais l'empereur ne le permit pas; et après avoir essayé par quel-

---

(1) Et sachiez que onques Dieu ne tira de plus grand péril nulz gens, et qu'il n'y eut si hardi qui n'eût grande joie. (Villehardouin, § 93.)

ques manœuvres d'attirer les croisés dans la plaine, il donna ordre à ses troupes de rentrer dans la ville, au grand étonnement des assiégeants et des assiégés.

Il eût peut-être sauvé la ville, dit Nicétas (1), s'il eût permis à son gendre de se livrer à toute l'ardeur de son courage et de charger les ennemis.

Cette terrible journée venait de se terminer sans aucun résultat. Les Français avaient escaladé les murailles, les Vénitiens avaient pénétré dans la ville; les uns et les autres, abandonnant les postes qu'ils avaient conquis, s'étaient vus obligés de chercher leur sûreté dans le camp qu'ils occupaient la veille.

Mais Constantinople était en flammes. On était indigné d'avoir vu l'armée impériale se retirer sans combattre. On avait appris ce que pouvait l'audace des assiégeants. Alexis, qui n'avait pas osé attaquer les croisés, ne put se déterminer à les attendre. Il avait préparé sa fuite; dès cette nuit même, abandonnant sa femme, deux de ses filles, son trône et son peuple, il se sauva dans un port de la Thrace, sur une barque qui portait ses pierreries et son

XXII. Fuite de l'empereur Alexis. Rétablissement sur le trône d'Isaac Lange et de son fils.

---

(1) Nicétas, *Hist. d'Alexis*, liv. 3, ch. 12.

trésor. Il y a des historiens qui le font monter à dix mille livres d'or, ce qui n'est guère vraisemblable dans une administration aussi vicieuse que celle de cet empire.

Aussitôt après son départ, un eunuque entreprit de consommer la révolution, distribua de l'argent aux gardes, annonça la fuite d'Alexis au peuple. Tout-à-coup cette malheureuse capitale, ébranlée par un assaut et dévorée par un incendie, fut illuminée comme en un jour de fête. On courut à la prison d'Isaac, qui, dans ce tumulte, privé de la vue, saisi de terreur, s'entendit avec étonnement proclamer empereur, au moment où il croyait qu'on lui apportait la mort. Pendant qu'on s'empressait déja de lui prodiguer tous les hommages de la bassesse, des députés allèrent au camp des assiégeants leur annoncer cette révolution, et inviter le jeune Alexis à venir dans les bras de son père. Toute la nuit on vit arriver de la ville des gens qui confirmaient cette nouvelle, en venant offrir leurs hommages au prince. Mais la foi des Grecs était si décriée que les Latins ne voulurent point relâcher leur ôtage, avant d'avoir fait confirmer toutes les promesses qu'il avait souscrites lorsqu'il avait imploré leur secours. On retint les députés de la ville; l'armée se mit sous les armes, et quatre seigneurs, Mathieu de Montmorency, Villehardouin, et deux Vénitiens, furent envoyés auprès du nouvel empereur, pour réclamer la ratification du traité.

« Ils furent conduits au palais, où ils trouvè-
« rent Isaac, si richement vêtu, qu'on ne pou-
« vait voir plus de magnificence, et l'impéra-
« trice, sa femme, qui était une belle dame, et
« autour d'eux, tous ceux qui la veille étaient
« leurs ennemis (1). Sire, dit le maréchal de
« Champagne, vous voyez le service que nous
« avons rendu à votre fils, et comment nous
« avons tenu nos engagements. Mais il ne peut
« entrer ici qu'il n'ait rempli les siens envers
« nous, c'est pourquoi il vous prie, comme vo-
« tre fils, de ratifier les promesses qu'il nous a
« faites. »

L'empereur ayant demandé à les connaître, on lui exposa ces conditions. « Certes, répondit-
« il, ces engagements sont bien grands, et je ne
« vois pas comment on pourrait les tenir; mais
« vous avez tant fait pour lui et pour moi, que
« quand on vous donnerait tout l'empire, vous
« l'auriez bien mérité. ».

XXIII.
Isaac Lange ratifie le traité fait par son fils avec les croisés.

La soumission de l'église grecque à l'église romaine, et le paiement des deux cent mille marcs

---

(1) Villehardouin.

d'argent (1) étaient de ces conditions dont l'exécution était difficile. Cependant le nouvel empereur se décida à sanctionner ces promesses; et ce fils, à qui il devait d'être replacé sur le trône, fit son entrée dans Constantinople le 18 juillet, au milieu de ces audacieux étrangers qui lui en avaient ouvert le chemin. Son père l'associa à l'empire; ils furent couronnés ensemble dans l'église de Sainte-Sophie. Mais il faut que la reconnaissance soit un bien pesant fardeau, ou que la passion de régner soit une passion bien jalouse, puisque ce fils allait devenir un collègue importun pour un père aveugle et chargé d'années.

XXIV. Murmures des Grecs.

Le rétablissement d'Isaac Lange sur le trône de Constantinople avait été le résultat d'une guerre de huit jours et d'une révolution d'une nuit. Il est rare que les coups-de-main produisent des changements durables. Celui-ci ne pouvait l'être, faute d'unité d'intérêts entre l'empereur, ses sujets, et ses nouveaux alliés. Les

---

(1) Dandolo dit 200 mille marcs, sans ajouter si c'est d'argent ou d'or. Cette somme aujourd'hui vaudrait à-peu-près cinq fois plus; c'est-à-dire un million de marcs : or, un million de marcs d'or ferait 800 millions de notre monnaie, et il serait difficile de croire que l'empereur eût promis une telle contribution.

vainqueurs exigeaient une somme considérable, que l'empereur leur avait promise, sans savoir comment se la procurer. Une promesse encore plus hasardée, c'était le retour de l'église grecque à la communion romaine. Le peuple voyait avec horreur ces Latins qui venaient lui imposer une nouvelle croyance, en lui demandant des contributions. Il ne s'intéressait guère plus à Isaac qu'à son frère, usurpateurs l'un comme l'autre. On louait même celui qui venait d'être renversé : « Sa douceur, disait-on, et sa clémence, « étaient grandes. Il ne faisait point arracher « les yeux, et aucune matrone, pendant son « règne, n'avait revêtu les habits de deuil à « cause de lui (1). » Quelle préférence pouvait mériter celui que l'intrigue d'un eunuque, l'inconstance populaire et des soldats étrangers, venaient de porter du fond de sa prison sur le trône? Ce trône était évidemment trop mal affermi pour qu'Isaac pût s'y croire en sûreté. Ce n'était pas tout de posséder la capitale, il restait à soumettre les provinces; et le séjour même de Constantinople était dangereux pour lui. Il fallait y retenir les étrangers; mais l'empereur ne le pouvait qu'en leur faisant de nou-

---

(1) Nicétas, *Hist. d'Alexis*, liv. 3, ch. 12.

velles promesses, et ses premiers engagements n'étaient pas remplis. D'une autre part, les croisés français, poursuivis par les reproches, par les excommunications du pape, étaient impatients d'accomplir leur vœu, et de porter leurs armes dans la Terre-Sainte. Les Vénitiens, moins zélés, avaient des projets d'établissement pour leur commerce, et n'étaient pas au bout de leurs demandes. L'avidité vint applanir toutes ces difficultés, et faire naître de nouvelles circonstances.

XXV. Extorsions pour payer les contributions dues aux croisés.

Il n'était guère vraisemblable que les plus grands seigneurs de France et l'armée vénitienne ne fussent venus à Constantinople que pour se partager deux cent mille marcs d'argent. On confisqua les biens des partisans de l'empereur dépossédé, on dépouilla sa femme, on prit l'argenterie des églises, on fondit les statues des saints. Ces premières mesures, qui ne pouvaient manquer d'indigner les peuples, ne produisirent qu'une somme très-insuffisante, qui fut remise aux vainqueurs. Cet à-compte ne servit qu'à exciter leur cupidité. Il y avait dans la ville des religions diverses, un mélange de toutes les nations, des intérêts opposés : c'étaient autant de causes de discorde. En apprenant l'irruption des Latins, le peuple de cette capitale, au lieu de songer à se défendre, s'était préci-

Discorde dans Constantinople.

pité dans les maisons des marchands occidentaux, et les avait démolies sans distinction d'amis et d'ennemis. Il en résulta que les Pisans se réfugièrent à Pera, et devinrent les alliés des Vénitiens, oubliant pour un moment leurs anciennes rivalités. Une nuit, les Vénitiens et les pélerins flamands se jetèrent dans un quartier de Constantinople occupé par des Juifs et des marchands sarrasins, brisèrent les portes d'une synagogue; les Juifs prirent les armes, le peuple accourut pour favoriser leur résistance. Les pillards mirent le feu à ce quartier, et un incendie de huit jours dévora tout ce qui occupait l'intervalle d'une mer à l'autre, une partie de l'hippodrome, un grand nombre d'édifices, plusieurs vaisseaux dans le port, en un mot, un tiers de la ville. Cette nouvelle calamité excita d'autant plus la rage du peuple, que l'empereur Alexis semblait y applaudir, et qu'on voyait les agents du fisc chercher dans les décombres fumants les restes des trésors sacrés, ou des richesses privées, pour acquitter d'autant la contribution (1). Quinze mille marchands de toutes les nations de l'Occident, qui étaient établis à Constantinople, se virent obligés de

---

(1) Nicétas, *Hist. d'Isaac Lange*, ch. 1 et 2.

fuir, et d'aller chercher leur sûreté dans le camp des Latins.

Les horreurs d'un siége, le pillage, les extorsions, deux incendies, devenaient les torts du jeune Alexis envers sa nation; elle ne pouvait lui pardonner sur-tout d'avoir stipulé pour les consciences d'autrui, d'avoir promis un changement de religion au nom de tout un peuple. Son ignorance grossière, sa figure ignoble, les débauches, dans lesquelles il prostituait sa dignité, auraient suffi pour en faire un objet de mépris. Il n'y avait pas jusqu'à ses fréquentes communications avec les croisés, jusqu'aux familiarités qu'ils se permettaient avec lui, qui ne devinssent un sujet de reproche et de dérision; on racontait avec indignation que ces étrangers lui ôtaient son diadême d'or pour le coiffer de leur bonnet de laine (1). Aux yeux des Grecs, ces Vénitiens, ces Français, n'étaient que des marchands et des espèces de barbares (2).

Le père n'était ni moins odieux, ni moins ridicule; il s'entourait de moines, qui, se pres-

---

(1) Nicétas, *Hist. d'Isaac Lange*, ch. 3.

(2) L'historien Nicétas nomme ainsi les Vénitiens, et cela non pas après la prise de Constantinople, mais à une époque où ils étaient les alliés de l'empereur Manuel Comnène. (Voyez *Histoire de cet empereur*, liv. 2, ch. 5.)

sant à sa table, et couvrant de baisers ses mains nouées par la goutte, lui promettaient qu'il recouvrerait la vue et la santé. Il s'irritait d'entendre les courtisans prodiguer à son fils plus d'acclamations qu'à lui. Sa crédulité alla jusqu'à faire transporter dans son palais, sur la foi de je ne sais quel présage, un sanglier de bronze, ornement de l'hippodrome. Le peuple, en qui la superstition était plus excusable, brisa une statue de Minerve de trente pieds de haut, parce qu'elle regardait le couchant, et qu'on l'accusait d'avoir appelé les Occidentaux (1).

Cependant le terme du séjour des Latins arrivait au mois de septembre. Isaac : effrayé de l'abandon où il allait se trouver après leur départ, envoya son fils auprès des chefs de l'armée, pour leur représenter l'impossibilité de recouvrer en deux mois une somme aussi considérable que celle qui leur était due : il fallait préparer graduellement les peuples à renoncer au schisme et à reconnaître la suprématie de l'église latine. Le prince ajouta que le départ des croisés rendrait impossible l'exécution de ces deux engagements, et mettrait en danger la vie de son père et la sienne, l'un et l'autre ayant

XXVI. Traité entre l'empereur Isaac et les croisés, par lequel il les retient jusqu'au mois de mars, 1204.

---

(1) Nicétas, *Hist. d'Isaac Lange*, ch. 3.

encouru la haine de leurs peuples pour s'être ligués avec les Latins. Il n'y avait qu'un moyen de les maintenir sur le trône et de les mettre en état de s'acquitter : c'était de leur prêter des forces pour soumettre les provinces, et de leur accorder du temps. Il demandait que l'armée différât son départ jusqu'au mois de mars, et, comme il fallait à cet effet prolonger l'engagement que les Vénitiens avaient pris avec les barons, il offrait de payer pendant un an le frêt des navires, et de fournir, pendant ce même temps, tout ce qui serait nécessaire à l'armée. Ces propositions étaient accompagnées de la promesse de faire tous ses efforts pour rassembler les deux cent mille marcs d'argent, et d'équiper une flotte destinée à seconder l'entreprise des croisés sur la Terre-Sainte.

Ce ne fut pas sans de vives discussions que ces propositions furent acceptées dans le conseil des barons. Ceux qui avaient désapprouvé la marche sur Constantinople pouvaient encore moins consentir à y faire un si long séjour; mais on touchait à l'hiver; il n'était guère possible de commencer dans cette saison la guerre de la Palestine. Cette raison prévalut; les Vénitiens ne se firent pas prier pour s'arrêter dans un pays où ils desiraient consolider leurs établissements; l'expédition de la Terre-Sainte fut différée pour une somme de trois mille deux cents marcs d'or.

Une partie de l'armée, sous les ordres du comte de Flandre, resta devant la capitale, pour la contenir; tandis que l'autre, conduite par le marquis de Montferrat, à qui l'empereur paya seize cents écus d'or (1), accompagna le jeune Alexis dans les provinces voisines, dont la soumission fut assez facile.

Ces succès du prince, qui auraient dû flatter son père, ne lui inspirèrent que de la jalousie; d'un autre côté Alexis lui-même en conçut trop d'orgueil, commença à traiter les croisés avec moins d'attention, et à se rapprocher du parti qui leur avait voué une haine irréconciliable. Ces hauteurs, les imprécations des Grecs, l'interruption du paiement des sommes promises, irritèrent les barons qui se déterminèrent sur-le-champ à déclarer la guerre à un prince assez ingrat pour oublier qu'il leur était redevable de sa couronne.

XXVII. Brouilleries entre les croisés et l'empereur. Ils lui déclarent la guerre.

Six députés, Conon de Béthune, Villehardouin, Miles de Brabant, et trois Vénitiens, se hasardèrent à entrer seuls dans Constantinople, pour remplir cette périlleuse mission : « Sire, « dit Conon de Béthune (2), nous venons de

---

(1) Nicétas, *Hist. d'Isaac Lange*, ch. 3.
(2) Villehardouin, § 112.

20.

« la part des barons et duc de Venise, pour
« vous rappeler leurs services. Personne ne les
« ignore; vous leur avez juré, vous et votre père,
« de tenir les traités dont vos chartes font foi;
« vous ne les avez point exécutés comme vous
« le deviez; ils vous ont sommé maintes fois de
« tenir vos engagements, et nous vous en som-
« mons de leur part, en présence de tous vos
« barons. Si vous le faites, ce sera justice; si
« vous y manquez, sachez que dorénavant ils
« ne vous tiennent ni pour seigneur ni pour
« ami; ils useront de tous les moyens qui sont
« en leur pouvoir. Ils n'auraient pas voulu atta-
« quer, ni vous ni les vôtres, avant de vous
« avoir porté le défi; ce n'est pas leur coutume,
« ni celle de leur pays, d'user de trahison. Vous
« avez ouï ce que nous avions à vous dire, c'est
« à vous de prendre votre parti. »

Les députés, après cette harangue se retirèrent, montèrent promptement à cheval, traversèrent les flots d'un peuple furieux de leur
audace, et, lorsqu'ils furent hors des portes, se
tinrent fort heureux d'avoir échappé à un si
grand péril.

Alexis fut extrêmement irrité de cette menace,
et dès ce moment ce prince se considéra comme
en état de guerre avec ses bienfaiteurs. On croit
qu'il fut porté à se commettre avec les Latins

par un seigneur de la maison de Ducas, allié de la famille impériale, nommé Alexis Murtzuphle (à cause de ses sourcils épais), et qui cherchait à fomenter de nouveaux troubles dont il espérait profiter.

Les croisés occupaient les faubourgs de Péra et de Galata. Leurs vaisseaux étaient à l'ancre de ce côté du port; la ville et le camp se menaçaient, sans tenter de part ni d'autre aucune attaque sérieuse. Les forces étaient assurément fort inégales; c'était une armée réduite à vingt mille hommes, éloignée de son pays, n'attendant aucun secours et mal approvisionnée, qui assiégeait la capitale la plus populeuse du monde connu; mais, dans cette capitale, le gouvernement et le peuple étaient sans énergie; le seul qui eût du courage était ce Murtzuphle, qui méditait une nouvelle usurpation; il en donna de grandes preuves dans une sortie où il fut lâchement abandonné par ses soldats.

XXVIII. Tentative des Grecs pour brûler la flotte des croisés.

Une nuit, au milieu de l'hiver, les sentinelles des croisés crièrent, Alerte; une lueur subite venait d'éclairer tout le golfe; le camp prit les armes; on vit s'avancer sur la mer, toutes les voiles déployées et poussés par un vent favorable, dix-sept navires en flammes, qui venaient porter l'incendie au milieu de la flotte des pélerins. Les Vénitiens se jetèrent dans des barques, allèrent au-devant de ces colonnes de feu, et, malgré les traits que leur lançaient les Grecs, ils accrochèrent plusieurs brûlots, et les entraînèrent hors du port à force de rames. Cette manœuvre fut exécutée avec tant d'audace et de diligence, qu'un seul des vaisseaux de la flotte fut atteint par les flammes.

XXIX. Révolution à Constantinople.

Découragé par le mauvais succès de cette entreprise, Alexis se laissa déterminer par Murtzuphle à entrer en négociation. Il réclamait encore le secours des barons contre le peuple de Constantinople, et offrait de leur livrer le château fortifié des Blaquernes. Mais ce conseil de Murtzuphle était un piége; il divulgua lui-même ce projet pour rendre l'empereur odieux. La multitude furieuse de la lâcheté d'un prince, qui voulait livrer la ville une seconde fois, s'assembla en tumulte autour de l'église de Sainte-Sophie, demandant à grands cris qu'on la délivrât d'un vieillard imbécille et d'un traître, et qu'on nommât un nouvel empereur.

Le sénateur Nicétas, qui a écrit l'histoire de ces temps déplorables, eut la sagesse et le courage de représenter, que les Latins étaient aux portes de la ville; que ce n'était pas le moment de leur fournir un nouveau prétexte et de les irriter, en détrônant un prince qui était leur ouvrage. C'était précisément ce qui faisait haïr

Alexis; on prodigua à cet empereur les noms d'esclave et de traître; il fallut que le sénat lui désignât sur-le-champ un successeur. Mais cette couronne, que si souvent on brigue au péril de la vie, personne alors n'osait l'accepter. Elle fut successivement offerte à plusieurs sénateurs, dont la prudence sut échapper à un honneur si dangereux, et on finit par proclamer tumultuairement un jeune homme, nommé Nicolas Cannabé, qui, en se laissant faire cette violence, montra moins de courage que de faiblesse.

*Cannabe, empereur.*

Les espérances de Murtzuphle étaient trompées; il gagna l'eunuque intendant du trésor, les gardes, courut à l'appartement d'Alexis qu'il réveilla par des cris d'effroi, et, sous prétexte de le sauver, le fit sortir par une porte dérobée; des hommes apostés le saisirent et le jetèrent dans un cachot, où il fut étranglé. Isaac, son père, alors malade, fut tellement frappé de cette révolution qu'il succomba à son saisissement. Murtzuphle, ne tenant aucun compte de l'élection qui venait d'être faite, se fit proclamer par ses partisans, et l'imprudent, qui avait osé accepter l'empire, alla expier dans un cachot un règne de quelques heures. Ces évènements se passèrent le 26 janvier 1204.

XXX. *Murtzuphle, empereur. 1204.*

Ce nouvel usurpateur au moins n'était pas

indigne du rôle de défenseur de son pays (1). Il suppléa par son activité au peu d'énergie de son peuple, multiplia les périls autour du camp des croisés, fit plusieurs tentatives pour détruire leur flotte, exécuta de nombreuses sorties, se montrant dans tous ces combats une massue de fer à la main. Ces expéditions n'étaient pas heureuses, mais elles fatiguaient une armée qui diminuait tous les jours, et, pendant les trois mois qu'elles durèrent, un meilleur ordre s'établissait dans les finances; la confiscation des biens de tous ceux qui s'étaient enrichis aux dépens de l'état, sous les règnes précédents, fournissait au trésor des ressources, qui dispensaient de recourir à de nouveaux impôts. Les murailles de Constantinople étaient réparées, exhaussées; elles se couvraient de machines de guerre; on élevait, sur les tours déja existantes, des retranchements, et d'autres tours de plusieurs étages, en charpente, pour conserver l'avantage de la position sur les assaillants. Murtzuphle essaya même de conjurer la guerre par la ruse ou la négociation : il fit demander une entrevue à laquelle les barons ne consentirent qu'avec répugnance. Ce fut le doge qu'ils chargèrent de les représenter. Dans cette

---

(1) Gibbon, ch. 60.

conférence on mit à la paix trois conditions ; la première, qu'il serait payé aux croisés une contribution (1); la seconde, que le nouvel empereur leur fournirait un secours pour la conquête de la Terre-Sainte ; enfin qu'il se soumettrait à l'église romaine. C'étaient, comme on voit, les conditions qui avaient été souscrites par Isaac et par Alexis ; Murtzuphle refusa de se soumettre à la troisième, et il fallut se préparer de part et d'autre à des actions de guerre plus décisives.

Les croisés faisaient la guerre contre Murtzuphle en sûreté de conscience et avec tout le zèle du prosélytisme. C'était un usurpateur : les Latins oubliaient que leurs secours n'avaient pu rendre les droits d'Isaac plus légitimes ; mais

---

(1) Nicétas, *Hist. d'Alexis Ducas*, ch. 2, et d'après lui, Gibbon et Le Beau, attestent cette négociation. Quant à la somme demandée, on l'exprime fort différemment. Le Beau dit cinq mille livres d'or, et Gibbon, qui suit en cela l'historien grec, cinquante mille, qu'il évalue à quarante-huit millions. L'or valant à-peu-près quatorze ou quinze fois l'argent, cinq mille livres d'or équivaudraient à environ 150 mille marcs d'argent. Il y a apparence que cette somme était le reste des 200,000 marcs promis par Isaac et par Alexis. Mais, s'il fallait admettre la version de Gibbon, la contribution demandée à Murtzuphle se serait élevée à 1,500,000 marcs d'argent, et il n'y aurait plus aucune proportion entre cette seconde contribution et la première.

combattre un prince, qui refusait de se soumettre à l'église romaine, leur semblait une guerre sainte, une manière d'acquitter leur vœu. « C'est une guerre juste, disaient les évêques « qui avaient suivi l'armée; le meurtrier de son « seigneur n'a droit de posséder aucune terre, « tous ses adhérents participent au crime, et « en outre ils se sont soustraits à l'obédience « de Rome: pourquoi nous vous disons que la « bataille est légitime. Si vous avez la pieuse « intention de conquérir le pays et de le ranger « sous l'autorité du pape, vous mériterez les « indulgences et les pardons qu'il a octroyés à « ceux qui mourraient confessés et repentants « de leurs fautes (1). »

XXXI. Traité entre les croisés, par lequel ils se partagent d'avance l'empire.

Ces exhortations donnèrent aux barons une telle assurance qu'ils signèrent avec le doge un traité pour le partage de l'empire, qu'ils se promettaient de conquérir. Ce traité, que Dandolo rapporte dans sa chronique (2), est du mois de mars 1204. Le premier article était relatif au partage du butin : on promettait de le mettre fidèlement dans un dépôt commun, de le répartir également entre les deux nations, et de prélever sur la part des Français la

---

(1) VILLEHARDOUIN, § 117.
(2) Liv. 10, ch. 3, par. 32.

somme qui restait due par eux aux Vénitiens. Quant aux approvisionnements, il devait en être fait deux parts égales pour la subsistance de l'armée et de la flotte. Les Vénitiens devaient être rétablis dans tous les priviléges dont ils avaient joui. Aussitôt après la conquête, douze électeurs, dont six Français et six Vénitiens, devaient nommer un empereur à la pluralité des suffrages : le patriarcat de l'empire et l'église de Sainte-Sophie devaient appartenir à la nation dont l'empereur ne serait pas. Il était stipulé qu'on préleverait sur toutes les terres conquises un quart des provinces et un quart de la capitale, pour former les états du nouvel empereur; que, des trois autres quarts, une moitié formerait le lot des Vénitiens et l'autre serait répartie entre les barons français; que douze commissaires seraient désignés, pour assigner à chaque baron les provinces qui devaient être son partage; que les barons les posséderaient à titre de souveraineté transmissible à leur descendance, masculine et féminine, mais comme feudataires de l'empire, et qu'en cette qualité ils prêteraient tous, à l'exception du duc de Venise, hommage à l'empereur. Enfin les Français et les Vénitiens s'engageaient à prolonger encore leur séjour dans l'empire grec jusqu'au dernier jour de mars de l'année suivante, pour y affermir la puissance du nouveau souverain.

On connaît peu d'actes diplomatiques aussi importants, et qui aient été suivis d'une exécution aussi littérale : il était donné à ces vaillants hommes d'écrire d'avance l'histoire de l'empire qu'ils allaient attaquer.

XXXII.
Assaut de Constantinople, 9 avril 1204. Les croisés sont repoussés.

Leurs préparatifs étaient faits ; les pertes que l'armée avait essuyées ne permettaient plus de faire les approches de deux côtés différents ; se borner à un assaut par terre, c'était se priver du secours de la flotte et des soldats vénitiens, dont l'attaque avait eu un plein succès lors du premier siége. On se détermina à embarquer toute l'armée, et à donner l'assaut du côté de la mer. Quelques officiers avaient proposé d'attaquer de préférence le front de la place qui s'étendait le long de la Propontide, et qu'ils jugeaient le plus faible ; mais les Vénitiens représentèrent que, si on faisait l'attaque hors du port, le courant entraînerait les vaisseaux et rendrait l'abordage plus difficile. Il fut donc décidé qu'on donnerait l'assaut là même où les Vénitiens l'avaient déja donné la première fois, vers cette partie de la ville qui avait été incendiée. Murtzuphle, qui prévit ces dispositions, fit dresser sa tente au milieu des décombres et attendit les assaillants.

Le 9 avril, la flotte, qui formait une ligne d'une demi-lieue de longueur, quitta le rivage de Péra pour traverser le port, et l'armée vint aborder au pied des murs de Constantinople, tandis que du haut de leurs huniers les Vénitiens, impatients de combattre avec la lance, jetaient des ponts sur les tours. Tout le front de la ville était attaqué à-la-fois et par-tout avec une égale impétuosité, mais tous les efforts des assiégeants ne purent compenser l'infériorité de leur nombre et le désavantage de leur position. Après plusieurs heures de combat il fallut se décider à la retraite, et ce ne fut pas sans beaucoup de difficultés et de dangers que ceux qui avaient mis pied à terre regagnèrent leurs vaisseaux. Leur perte avait été fort considérable; les Grecs triomphaient; mais les barons, dès le soir même, résolurent un nouvel assaut, qui eut lieu trois jours après et sur le même point. On enchaîna deux à deux les gros vaisseaux qui devaient attaquer les tours ; on promit cent marcs d'argent aux premiers soldats qui atteindraient le haut de la muraille.

Le combat commença au point du jour. Les croisés appliquèrent leurs échelles au rempart. Les assiégés les combattaient avec la lance ou l'épée, et les écrasaient avec des pierres ou des poutres qu'ils faisaient rouler sur eux. Les gros

XXXIII
Nouvel assaut. Prise de Constantinople.
12 avril 1204.

vaisseaux n'avaient pu encore aborder; il était midi, et les Grecs avaient repoussé toutes les attaques, lorsque le vent, venant à fraîchir, poussa contre une tour deux bâtiments nommés le Pélerin et le Paradis, que montaient les évêques de Troyes et de Soissons. L'échelle du Pélerin atteignit le rempart; soudain un Français, André d'Urboise, et Pierre Alberti, vénitien, s'élancent, franchissent ce périlleux passage et sont suivis de quelques braves; la bannière des évêques est plantée sur le rempart; cette vue redouble l'ardeur des assaillants, quatre tours sont emportées, trois portes cèdent aux coups du bélier, les chevaliers sautent sur leurs chevaux et se précipitent dans la ville (1) à la tête de toute l'armée.

Murtzuphle avait rangé sa garde en bataille pour les recevoir; mais il se vit abandonné et contraint de se retirer dans le palais de Bucoléon; le carnage devint épouvantable. Cependant la nuit approchait; il eût été imprudent de laisser l'armée se répandre sans ordre dans une ville immense: les chefs l'arrêtèrent, pour

---

(1) Nicétas dit: Un cavalier nommé Pierre, grand comme un géant, coiffé d'un casque presque aussi haut qu'une tour, et capable de mettre seul en fuite toute une armée, entra par la porte du Pitrion. *Hist. d'Alexis Ducas*, chap. 2.

se tenir à portée de leurs vaisseaux, et prirent poste au pied des tours, près des portes dont ils venaient de s'emparer. Soit que l'on craignît quelque attaque, soit que l'on voulût établir des communications plus faciles, les assiégeants eurent encore recours au funeste expédient de l'incendie; le feu dévora cette nuit plus de maisons que n'en contiennent, suivant l'expression de Villehardouin, trois des plus grandes villes de France; c'était la troisième fois, dans moins d'un an, que Constantinople éprouvait ce terrible fléau.

Au point du jour les Latins croyaient avoir encore beaucoup à faire. Ils étaient sous les armes et s'attendaient à combattre un mois entier, pour emporter tant de palais, tant d'églises, qui pouvaient offrir des points de résistance, et pour soumettre une innombrable population; mais pendant la nuit Murtzuphle, après avoir inutilement parcouru la ville pour rallier ses soldats, avait désespéré de sa cause, s'était jeté dans un vaisseau, et s'était enfui vers la Thrace.

*Fuite de Murtzuphle. Nomination d'un nouvel empereur. Sa fuite.*

Qui croirait que dans cette ville en flammes, dont une partie était déja occupée par l'ennemi, et dont le reste devait être saccagé au point du jour, il se trouva des hommes assez aveugles pour ambitionner un trône prêt à crouler, et ensanglanté depuis six mois par trois empereurs? Dès qu'on eut appris la fuite de Murtzuphle, le patriarche, le clergé, les sénateurs, le peuple, coururent à Sainte-Sophie; là, deux concurrents passèrent le reste de cette nuit déplorable à briguer un diadème en lambeaux. On proclama Théodore Lascaris, prince digne sous plusieurs rapports d'une couronne. Il harangua, avec toute l'éloquence naturelle aux Grecs, ces soldats prêts à passer sous le joug, ce peuple menacé du plus honteux esclavage. Il voulut les exciter à faire un dernier effort pour repousser l'étranger; mais, les trouvant incapables d'aucune résolution généreuse, il fut réduit à se sauver avant que le soleil eût éclairé ce règne d'un moment.

A peine le jour commençait-il à paraître que les vainqueurs, impatients de dévorer leur proie, virent venir à eux de longues files d'habitants, précédés de prêtres, qui portaient des croix et des reliques. Ces suppliants se prosternèrent pour demander la vie: c'était de leurs richesses que les soldats étaient altérés, après un an de misère et de privations. Maîtres dès-lors de la ville de Constantin, qui venait de succomber pour la première fois, les chefs dirigèrent leurs troupes dans les différents quartiers, pour s'emparer des postes principaux.

LIVRE IV.   321

Le marquis de Montferrat, en entrant dans le palais impérial, le trouva plein des plus illustres captives. C'étaient, parmi beaucoup de femmes du sang royal, ou des premières maisons de l'empire, la sœur du roi de France Louis VII, veuve des deux empereurs (1), et Marguerite de Hongrie, en deuil depuis deux mois de l'empereur Isaac. La beauté de celle-ci frappa d'admiration tous ces guerriers, à qui l'ardeur du combat laissait quelque chose de farouche. Le chef des croisés, le marquis de Montferrat, ne put se défendre d'une impression que ses compagnons éprouvaient. Pour être digne de la plus belle des impératrices, il ne lui manquait qu'un trône, et sa vaillance venait de le lui conquérir.

Cependant la ville était en proie à l'avidité et à la licence des soldats répandus dans tous les quartiers; les habitations des citoyens, les magasins du commerce, les palais, les églises, étaient fouillés sans égards pour l'humanité, sans respect pour la majesté des lieux. Les historiens, qui ont le plus soigneusement évité l'exagération dans le récit de ces malheurs, évaluent à deux mille le nombre des habitants qui

XXXIV.
Pillage de Constantinople.

---

(1) Alexis Manuel, fils de Manuel Comnène, et Andronic.

furent victimes de l'irruption des vainqueurs ou des excès qui la suivirent. Ni les ordres des généraux pour faire respecter la faiblesse et l'infortune; ni l'excommunication dont les évêques menaçaient quiconque détournerait une partie du butin, ou pillerait les temples; ni la sévérité du comte de Saint-Paul qui fit pendre un chevalier; rien ne put arrêter les désordres jusqu'à ce qu'enfin l'avarice fût assouvie. Les soldats, après avoir pillé les demeures des particuliers, menaçaient ou torturaient les propriétaires, pour leur arracher l'aveu de quelque trésor caché; et un premier aveu, loin de satisfaire une avidité insatiable, devenait le prétexte de nouveaux tourments. Les habitants se jetaient aux genoux de tous les officiers, en faisant des signes de croix, pour faire comprendre qu'ils étaient chrétiens, et croyant voir dans chacun d'eux le chef de l'armée, ils s'écriaient : « Saint roi marquis, ayez pitié de « nous. »

Tout ce qu'on put faire en faveur de ces malheureux ce fut de laisser les portes de la ville ouvertes, afin qu'ils pussent au moins, en abandonnant leur fortune, échapper aux derniers outrages, et voir de loin brûler leurs maisons. Ils erraient dans la campagne, les uns avec leurs enfants éplorés, les autres encore plus à plaindre, seuls, séparés de leur famille et incertains de son sort. Dans leur fuite, les riches empruntaient des haillons pour devoir leur sûreté à la livrée de l'indigence, les pères couvraient de boue le visage de leurs filles, afin de les dérober à la brutalité des soldats (1). Les sénateurs, le patriarche lui-même, sans suite, presque sans vêtements et monté sur un âne, parce qu'il avait été dépouillé de sa chaussure, suivaient le rivage de la mer, cherchant un esquif qui les emportât, à travers d'autres périls, loin de cette terre désolée.

A côté de ces scènes de douleur, le pillage en offrait de hideuses et de risibles. Les soldats de la croix brisaient les châsses des saints, violaient les tombeaux, enfonçaient les tabernacles, profanaient les vases sacrés, dispersaient ce que la religion a de plus vénérable, arrachaient les balustres d'argent de Sainte-Sophie, et, pour enlever ces dépouilles, amenaient dans le sanctuaire des chevaux qui le souillaient. Leur fanatisme ne croyait pas commettre une impiété en profanant les temples des schismatiques, ils insultaient au culte de leurs ennemis. Une prosti-

(1) C'est l'aventure du sénateur Nicétas qu'il rapporte lui-même dans son récit des évènements qui suivirent la prise de Constantinople, ch. 2.

tuée vint s'asseoir dans la chaire patriarcale, et les pélerins s'enivrant dans le calice et dans le ciboire, dansaient aux chansons de cette fille de Bélial (1).

Pendant que les soldats s'abandonnaient à ces excès, d'autres croisés se livraient avec non moins d'ardeur à une autre espèce de pillage. Ici je laisse parler l'auteur de l'histoire ecclésiastique (2). « Martin abbé de Paris au diocèse de « Basle vint pendant le pillage à une église qui

---

(1) Voici le récit d'un témoin oculaire : « Quod auditu horrendum est, id tum erat cernere, ut divinus sanguis et corpus Christi humi effunderetur et abjiceretur. Qui autem pretiosas eorum capsulas capiebant ipsas confractas pro patricis et poculis usurpabant. Muli et jumenta sellis instrata usque ad templi adita introducebantur quorum nonnulla cum ob splendidum et lubrium solum pedibus insistere nequirent prolapsa confodiebantur ut effusis cruore et stercore sacrum pavimentum inquinaretur. Imo et muliercula quædam cooperta peccatis, Christo insultans et in patriarchæ solio consedens fractum canticum cecinit, et sæpe in orbem rotata saltavit, etc.

(Nicetas, *Hist. d'Alexis Ducas*, ch. 3 et 4.)

Le traducteur latin n'a pas tout dit; l'historien appelle cette femme une prostituée chargée de péchés, une servante du diable, une prêtresse des furies, une boutique de sortiléges. Tous ces détails sont rapportés par Gibbon, l'abbé Fleury, M. Sismonde-Simondi, et tous les autres historiens.

(2) Liv. 76$^e$.

« était en grande vénération. On y avait apporté
« de tout le quartier de grandes sommes d'ar-
« gent et de précieuses reliques des églises et
« des monastères voisins. Plusieurs étant donc
« entrés dans l'église, pour la piller, l'abbé Martin
« s'avança dans un lieu plus secret où il crut
« trouver ce qu'il cherchait. Il y rencontra un
« vieillard de bonne mine avec une grande barbe
« blanche, et lui dit d'un ton menaçant : Allons,
« maudit vieillard, montre-moi les plus précieuses
« reliques que tu gardes; autrement tu es mort.
« Le prêtre grec effrayé par le ton de sa voix,
« car il n'entendait pas les paroles, commença,
« pour l'adoucir, à lui parler en langage franc,
« et l'abbé, qui n'était point en colère, lui fit
« entendre ce qu'il desirait de lui.

« Alors le grec, l'ayant considéré et jugeant
« que c'était un religieux, crut plus tolérable
« de lui confier des reliques que de les aban-
« donner à des séculiers, qui les profaneraient
« de leurs mains sanglantes, et lui ouvrit un
« coffre ferré où l'abbé enfonça les deux mains
« avec empressement, et emplit de ce qu'il jugea
« le plus précieux son habit retroussé exprès.
« Ces reliques étaient, du sang de Notre-Sei-
« gneur, du bois de la vraie croix, des os de
« saint Jean-Baptiste, un bras de saint Jacques,
« et grand nombre d'autres.

« Galon de Sarton, chanoine de Saint-Martin
« de Péquigny, prit d'abord dans le pillage le
« chef de saint Christophle, le bras de sainte
« Eleuthère, et quelques autres reliques. Se pro-
« menant dans un vieux palais demi-ruiné, il
« aperçut une fenêtre bouchée de foin et de
« paille, où il soupçonna qu'il y avait des reli-
« ques, et en effet il trouva deux vases dont
« l'un contenait le doigt, l'autre le bras de saint
« George; mais, craignant d'être surpris, il les
« remit. Le lendemain, fouillant plus avant, il
« trouva deux bassins d'argent avec leurs étuis,
« qu'il emporta, et connut, par les inscriptions
« que dans l'un était le chef de saint George,
« et dans l'autre le chef de saint Jean-Baptiste.
« Pour les transporter plus facilement et plus
« sûrement, Galon rompit les grands bassins
« qu'il vendit, puis il s'embarqua et porta ces
« reliques dans la cathédrale d'Amiens. »

Parmi toutes ces circonstances du sac de Constantinople, ces horreurs, ces orgies, ces excès d'avarice, quelques traits caractérisent la dévotion grossière des Occidentaux, beaucoup attestent leur orgueilleuse ignorance. Les Grecs étaient un peuple corrompu, avili, mais fort supérieur alors aux Latins dans tout ce qui tenait à la culture des arts et des lettres; on ne le vit que trop à la manière dont les vainqueurs profanèrent les monuments qui décoraient l'ancienne Byzance. Ces vainqueurs parcouraient Constantinople, parés avec tout le faste de l'Orient, et portant des plumes et des écritoires en dérision de la science des vaincus.

Quand les chefs commencèrent à croire que leur voix pouvait être entendue d'une soldatesque effrénée, ils ordonnèrent d'apporter dans un dépôt commun tout ce qui avait été trouvé dans le pillage. On ne pouvait pas s'attendre à une restitution fidèle ; cependant il se trouva que la masse du butin à partager s'élevait à quatre cent mille marcs d'argent. Un quart fut réservé pour l'empereur qui devait être élu ; le reste fut partagé également entre les Vénitiens et les Français. La part de ceux-ci fut donc de cent cinquante mille marcs. Ils commencèrent par en prélever cinquante mille, pour s'acquitter envers les Vénitiens de ce qu'ils leur devaient encore ; de sorte qu'il resta cent mille marcs à répartir entre tous ceux qui composaient l'armée. Chaque fantassin eut cinq marcs, chaque homme de cheval le double, et chaque chevalier ou prêtre le quadruple ; ce qui prouve qu'il ne restait pas plus de quinze mille hommes dans l'armée des Français.

Mais la somme régulièrement partagée n'était qu'une faible partie de ce que le pillage

XXXV.
Partage du butin.

avait produit. Villehardouin évalue le butin des Français à quatre cent mille marcs, sans compter ce dont on n'eut pas connaissance. Or, si on ajoute à cette somme une somme égale pour les Vénitiens, les cinquante mille marcs qu'on préleva pour leur créance, et les cent mille qui furent mis en réserve pour l'empereur, on trouvera un total de 950 mille marcs; à quoi il faut ajouter les parts des seigneurs, sans doute bien plus considérables, les rapines ignorées, les objets vendus, estimés à vil prix ou détruits; et si on considère que cette ville, où l'on faisait un pillage équivalent au moins à deux cents millions de notre monnaie d'aujourd'hui (1), venait d'être ravagée par trois incendies effroyables, on se fera quelque idée de la richesse de cette capitale.

L'esprit spéculateur des Vénitiens se montra au milieu de ce désordre général, dont ils entrevirent l'occasion de profiter. Ils proposèrent de se charger de tout le butin, et de donner cent marcs d'argent à chaque homme de pied, deux cents à chaque homme de cheval, et quatre cents aux chevaliers et aux prêtres. Ce marché

---

(1) En supposant que depuis 1204 l'argent n'ait perdu que les trois-quarts de sa valeur.

ne fut pas accepté; mais cette offre prouverait que la somme trouvée était bien plus considérable que celle dont on a cherché ci-dessus à établir l'évaluation.

Les reliques furent partagées avec le même soin que les richesses, sauf les pieux larcins dont nous avons cité quelques exemples. Le doge envoya à Venise une portion de la vraie croix, un bras de saint George, une partie du chef de saint Jean-Baptiste, le corps de sainte Luce, celui du prophète saint Siméon, et une fiole du sang de Jésus-Christ.

L'avidité spécule sur-tout : les reliques vraies ou supposées devinrent un objet de commerce.

Il y avait à Constantinople d'autres trophées dont les guerriers occidentaux ne connaissaient pas encore le prix. Tout ce que les lettres grecques et latines avaient produit, tout ce que le savoir avait confié au papier, était recueilli depuis neuf siècles dans de vastes bibliothèques, que les soldats dispersèrent ou que la flamme dévora. On doit déplorer cette perte; mais il n'est pas possible de l'apprécier.

La magnificence des empereurs avait embelli la capitale de tous les monuments des arts : la Grèce, l'Égypte, Rome elle-même, avaient été mises à contribution pour décorer Byzance. On citait une multitude d'ouvrages célèbres dans lesquels les vainqueurs ne virent que les objets d'un luxe inutile ou une matière qui, pour recouvrer quelque valeur, devait être rendue à des usages grossiers. Les statues de marbre furent mutilées ; on fondit celles d'airain ; et, de tant de chefs-d'œuvre, on ne connaît aujourd'hui que quatre chevaux de bronze doré, qui étaient placés dans l'hippodrome de Constantinople (1), et que Dandolo envoya à Venise, où on les éleva sur le portail de St.-Marc. C'est ce même trophée que nous avons vu devenir ensuite pour la France un juste monument d'orgueil et de douleur (2).

---

(1) Nicétas dit que, sur la tour de l'Hippodrome, il y avait quatre chevaux dorés vis-à-vis l'un de l'autre.

(*Hist. de* Manuel Comnène, liv. 3, ch. 5.)

(2) Furono portati a Venesia quatro cavalli grandi di bronso dorati ch'erano a Constantinopoli, i quali furono fatti in Persia, e quando i Romani acquistarono la Persia, tolsero i quatro cavalli e li fecero portare alla marina, e fecero mettere sulle loro monete e medaglie nel rovescio i detti quatro cavalli e portati poi a Roma, demum Constantino imperator romano quando andò ad abitare a Constantinopoli, cioè a edificare la detta città, tolse i detti quatro cavalli di Roma, e li portò con lui, ed è opera excellentissima ben gittata e netta. Uno de' quali cavalli era sulla galera di ser Dominico Morosini e per sinistro si ruppe un piede di dietro, e giunti a Venesia e scaricati furono posti sopra la

## LIVRE IV.

Il y avait un mois que les croisés dominaient dans Constantinople au seul titre de vainqueurs. Ils s'occupèrent enfin du choix d'un souverain, et, conformément à leurs conventions, désignèrent des électeurs pour y procéder. De la part des Français on nomma six ecclésiastiques, afin d'être plus sûr de leur impartialité dans un choix dont ils ne pouvaient être l'objet. Ce furent le légat du pape, Pierre, évêque de Bethléem; Conrad, évêque d'Halberstadt; Jacques de Vitry, évêque d'Acre; l'abbé de Loces, au diocèse de Verceil, et les deux prélats dont les bannières avaient été arborées les premières sur les tours de Constantinople, Garnier, évêque de Troyes, et Nevelon, évêque de Soissons. Les électeurs vénitiens furent Vital Dandolo, amiral de la flotte; Othon Querini, Bertuce Contarini, Nicolas Navagier, Pantaléon Barbo. Les auteurs ne s'accordent pas sur le sixième; les uns le nomment Jean Balegio, les autres Jean Michieli. C'est un devoir de l'histoire de conserver les noms des hommes qui ont pris

XXXVI.
Élection d'un empereur latin.

---

chiesa di S. Marco; ma il signor Morosini volle tenere per memoria quel piede. Onde la signoria ne fece far un altro e aggiungerlo al cavallo, come al presente appare; ed io ho veduto il detto piede.

(Marin Sanuto, *Vite de' Duchi. A.* Dandolo.)

une noble part aux grands évènements. Ce sont là les véritables titres de noblesse des familles, c'est la plus belle récompense de l'héroïsme ou de la capacité.

Entre tous les seigneurs qui avaient eu part à cette grande conquête, trois, déja élevés à la dignité de souverain, paraissaient devoir, à raison de leur rang et de leurs services, exclure tous les autres et balancer les suffrages. C'étaient le marquis de Montferrat, général de la croisade; Baudoin, comte de Flandre, qui en avait été le promoteur, et le doge Henri Dandolo.

Le premier, que sa réputation militaire avait appelé à la tête de cette expédition, venait de donner une nouvelle preuve de ses talents. Le second, âgé seulement de trente-deux ans, était le plus puissant des princes de l'armée. Le troisième presque centenaire, avait montré une force de tête et de caractère qui avait vaincu tous les obstacles, sans cesse renaissants dans une si grande entreprise.

*On propose le doge.* Mais il était peu naturel de placer sur un trône qu'on venait de fonder, un vieillard qui ne pouvait manquer d'éprouver bientôt la débilité de son âge. D'une autre part, il y avait à considérer que, si la couronne était déférée au doge, les Vénitiens se trouveraient possesseurs de plus de la moitié de l'empire; qu'il n'y avait pas seulement à le garder, mais à le conquérir; qu'ils avaient pour cela peu de forces de terre; qu'il était à craindre que les barons, peu satisfaits de leur lot, ne retirassent leurs troupes, ce qui pouvait entraîner la perte de toutes ces conquêtes. Malgré ces raisons, la majorité des électeurs penchait pour Henri Dandolo; on allait recueillir les voix, lorsqu'un des Vénitiens, Pantaléon Barbo, représenta que ce choix, quelque honorable qu'il fût, était plus dangereux que profitable pour la république. Plus la place de doge devenait importante, plus il était à craindre qu'un si haut prix offert à l'ambition n'excitât des factions, et par conséquent des troubles. La république ne serait peut-être pas assez puissante pour garder l'empire; et le doge empereur serait trop puissant pour respecter toujours les droits de la république. Il n'était pas dans la nature des choses que l'empire d'Orient dépendît d'une ville éloignée et sans territoire. La réunion de ces deux gouvernements en entraînait la translation à Constantinople; et alors Venise devenait sujette pour avoir voulu être souveraine. Proposer au vénérable doge de devenir empereur en cessant d'être Vénitien, c'était lui donner une trône sans les moyens de s'y maintenir, et priver la république d'une de ses plus illustres familles.

Ces représentations, si sages et si généreuses, déterminèrent les électeurs à choisir entre le comte de Flandre et le marquis de Montferrat. On a dit que les Vénitiens écartaient celui-ci, parce qu'ils craignaient un si grand accroissement de puissance, donné à un prince déja établi dans le nord de l'Italie. Cette crainte ne paraissait pas fondée. La petite souveraineté que le marquis de Montferrat possédait au pied des Alpes, ne pouvait faire aucun ombrage à la république. Quoi qu'il en soit, le 9 mai, après une délibération qui durait depuis le matin, la pluralité des suffrages se réunit en faveur du comte de Flandre, et à minuit l'évêque de Soissons ayant proclamé ce choix du haut d'un balcon du palais, toute la ville retentit du cri de Vive l'empereur Baudoin!

*Baudouin, comte de Flandre, proclamé empereur.*

Le marquis de Montferrat fut le premier à lui baiser la main, avec une noble abnégation de ses prétentions. Le nouvel empereur fut élevé sur le bouclier. Ce bouclier était soutenu par le doge, le marquis de Montferrat, le comte de Blois, et le comte de Saint-Paul.

XXXVII. *Partage des provinces.*

Il avait été convenu que celui des deux concurrents français qui ne serait pas élevé au trône, aurait, avec le titre de roi, l'île de Candie et tout ce que l'empire possédait au-delà du Bosphore : ce fut le lot du marquis de Montferrat. Mais il demanda et obtint d'échanger le pays situé sur la côte d'Asie, contre la province de Thessalonique, voisine des états du roi de Hongrie, dont il devenait le beau-frère en épousant Marguerite, veuve de l'empereur Isaac.

On procéda au partage des provinces; plusieurs avaient été démembrées depuis longtemps, et de tout ce qui restait, les croisés n'avaient encore pu conquérir que les environs de la capitale. Il paraît que ceux qui firent cette distribution n'étaient pas suffisamment instruits de l'étendue de l'empire. On donna des principautés en Asie à ceux qui voulurent tenter d'en aller prendre possession. Mais comment faire des conquêtes avec une armée réduite à moins de quinze mille hommes, divisée entre tant de nouveaux souverains? Il était évident que ce partage de l'empire devait ruiner en peu de temps la puissance des Latins dans l'Orient. Assez forts pour détruire, ils ne l'étaient pas assez pour conserver. Quand on lit, dans Villehardouin, les conquêtes que tel ou tel prince entreprenait avec cent ou six vingts chevaliers, on croit lire les expéditions des lieutenants de Pizarre ou de Fernand Cortez; et l'on est humilié de voir les fils des Grecs et les restes de l'empire romain traités avec ce mépris.

Il n'est guère possible de dire avec exactitu[de] quel fut le pays qui échut à chacun des copa[r]tageants. L'acte de partage a bien été conser[vé] par les historiens (1); mais il y a beaucoup [de]

---

(1) Il est dans les notes de la *Chronique* de Dandol[o,] liv. 10, ch. 3, par. 33.

Voici textuellement ce qui concerne les Vénitiens :

*Pars terrarum domini Ducis et communis aliàs gentis V[e]netiarum.*

*De primâ parte imperii Romaniæ quæ devenit commu[ni] Venetiarum.*

Civitas Archadiopolis,
Missini,
Bulgarifigo,
Pertinentia Archadiopoli,
Pertinentia Pictis et Nicodemi,
Civitas Heracleæ,
Pertinentia Caludro cum civitate Rodesto et Panedo cu[m]
    omnibus quæ sub ipsis,
Civitas Adrianopolis, cum omnibus quæ sub ipsâ,
Casalia Corici vel Coltrichi,
Pertinentia Brachiali,
Sageedei vel Saguelai,
Pertinentia de Muntimanis et Sigopotomo cum omnibu[s]
    quæ sub ipsis,
Pertinentia Gani,
Certasca Miriofitum,
Casalia de Raulatis et Examilli,
Pertinentia Gallipoli,
Cortocopi Casalia,

noms qui sont méconnaissables, et, chose étonnante, on n'y trouve pas l'indication de toutes les villes ou provinces qui appartenaient alors à l'empire grec.

---

Pertinentia Peristatus,
Emborium vel Estborium,
Lazua et Lactu.

*Hæc est secunda pars terrarum Dî ducis et communis Venetiarum de secundâ parte imperii Romani.*

Provinciæ Lacedæmoniæ Miera et Megali Epicephis,
Parva et magna pertinentia Calobries vel Calobrita,
Ostrones vel Ostrovos, provincia Colonis, Oreos, Caristos,
Antrus, Concilani, vel Conchi Latica, Cavisia vel Nisia,
Egina et Calirus vel Culuris, pertinentia Lapadi,
Zacinthos, Oprium vel Orili,
Cæphalonia, Patre, Methone, cum omnibus suis scilicet pertinentiis de Brana, pertinentia de Catacha Gomo, cum villis, Chiræ hermis filiæ imperatoris, vel kir Alexii, cum villis de Molineti, et de cæteris monasteriorum sub quibusdam villis, quæ sunt imperatoris, scilicet de Micra, et Megali Epicepsi, scilicet parva et magna provincia Ricopalla vel Nicopalla, cum pertinentiis de Artha et Bohello, de Anatholico, de Lesconis et de cæteris........ et monasteriorum cum Cartolaratis.
Provincia Dirrachii et Arbani, cum Clominissa, vel Clavinissa de Vagnetia,
Provincia de Granina,

Ces possessions furent concédées aux barons avec des titres inconnus jusque alors dans l'Orient. Le comte de Blois fut duc de Nicée; Villehardouin, maréchal de Romanie. La nouveauté des titres attestait un grand changement qui s'était opéré dans le système de la société; et la Grèce dut sans doute être étonnée de voir un comte de Naxe, un prince de Lacédémone, un duc d'Athènes.

On se partageait, on troquait, on vendait les provinces et les villes; et ces mutations prouvaient également l'avidité et l'ignorance des nou-

---

Provincia Drinopoli, provincia Acridis, Leucas et Coripho.

Muratori, dans son édition de la *Chronique de Dandolo*, rapporte, à la suite de ce traité, une variante qu'il dit avoir vue sur le manuscrit de la bibliothèque Ambrosienne. Il y a quelques noms écrits différemment, et même quelques-uns de plus ou de moins ; mais il est fort difficile d'expliquer tout-à-fait l'une et l'autre leçon. Quand les Français et les Vénitiens voulurent se mettre en possession d'un territoire si imparfaitement connu et si vaguement désigné dans l'acte de partage, quelques difficultés s'élevèrent entre les co-partageants ; mais elles furent terminées à l'amiable par des arbitres qui, de la part de Henri Baudouin, furent Geoffroy de Villehardouin et Miles de Brabant ; et de la part de Marin Zeno podestat vénitien, Bartole, Aldibrand, et André Bembo ; ils prennent dans l'acte le titre de *Judices Veneti*. Cet acte est rapporté par Muratori, dans ses antiquités du moyen âge. Dissertation 47e, p. 233.

veaux possesseurs. Des villes jadis libres étaient jouées aux dés par des hommes grossiers, qui n'en connaissaient pas même la position.

Je n'ose me hasarder à traduire la liste des pays qui entrèrent dans le partage des Vénitiens.

*Celles qui échurent aux Vénitiens.*

Parmi les noms qu'on peut reconnaître, on y remarque, au fond du Pont-Euxin, Lazi ; sur la côte de l'Asie mineure, Nicopolis ; dans le bassin de la Propontide, au nord, Héraclée, Ægos-Potamos et Rodosto ; sur la côte méridionale, Nicomédie ; Gallipoli, à l'extrémité du détroit de l'Hellespont ; sur l'Hèbre de Thrace, Adrianopolis, aujourd'hui Andrinople ; deux places dans l'île d'Eubée, Oréos et Caristos ; plusieurs ports autour du Péloponnèse, savoir, Égine, dans le golfe Saronique ; Mégalopolis, dans la Laconie ; Colone et Méthone, à la pointe de la Messénie, et Patre, aujourd'hui Patras, au détroit qui sépare le golfe de Corinthe de la mer Ionienne ; enfin toutes les îles de cette mer, depuis Zante jusqu'à Corfou, et Dirrachium, sur la côte de la Dalmatie.

Il faut ajouter à ces possessions plusieurs îles de l'Archipel, dont il n'est pas fait mention dans l'acte de partage : l'île de Candie, que les Vénitiens acquirent du marquis de Montferrat, le 12 août de la même année, pour dix mille

22.

marcs d'argent (1), et enfin le quart de la ville de Constantinople. On voit que le traité leur assurait la possession de ces rivages où la fable ingénieuse avait supposé autrefois la conquête de la Toison-d'Or. Ce fut à bon droit que le doge, après avoir chaussé les brodequins rouges, marque de la dignité impériale, ajouta à ses titres celui de seigneur du quart et demi de l'empire romain (2).

XXXVIII. Les croisés se réconcilient avec le pape.

Aussitôt qu'ils furent maîtres de Constantinople, le nouvel empereur, le marquis de Montferrat et le doge, écrivirent au pape pour le prier de sanctionner, par son approbation, tout ce qui avait été fait. L'excommunication avait

---

(1) Marin Sanuto, dans son *Histoire des ducs de Venise*, rapporte cette transaction. Elle est aussi dans l'histoire des marquis de Montferrat, par Benvenuto di S. Georgio, lequel dit que les Vénitiens n'acquittèrent pas entièrement le prix de la vente. Les auteurs varient sur ce prix. Ducange, dans son histoire de Constantinople, dit mille marcs d'argent; et en effet, la copie de l'instrument, rapportée par l'historien du Montferrat, contient ces mots : « Vos ad præsens mihi dare debetis mille marchas argenti, et tantas possessiones à parte occidentis quarum redditus decem millia iperpera auri, juxta existimationem unius mei amici et alterius vestri, annuatim capiam. »

(2) Dominus quartæ partis et dimidiæ imperii romani.

été lancée contre les Vénitiens à cause de l'expédition de Zara : le moment était favorable pour demander qu'elle fût levée ; et il devenait nécessaire de réconcilier la république avec le saint-siége, afin de prévenir toutes les difficultés que pourrait éprouver, de la part de la cour de Rome, l'élection d'un Vénitien au patriarcat de Constantinople.

Dandolo, en même temps qu'il rendait compte au pape, avec dignité et avec mesure, des raisons qui légitimaient l'expédition de la république contre une colonie rebelle, envoya solliciter l'absolution auprès du cardinal Pierre de Capoue, légat du saint-siége dans la Palestine. Ce légat se trouvait alors dans des circonstances fort difficiles. Le peu de croisés qui étaient allés dans la Terre-Sainte n'y avaient fait que des efforts infructueux. Pierre de Capoue était obligé de renoncer, pour le moment, à toute nouvelle entreprise, et il venait de conclure une trêve de six ans avec les Sarrasins. Il accorda cette absolution, qui constatait au moins la soumission de la république. « Les Vénitiens, dit Fleury (1), n'a« vaient donné aucune satisfaction ; mais le légat « aimait mieux les conserver imparfaits que les

---

(1) Liv. 76ᵉ.

« perdre entièrement; il craignait qu'ils ne gâ-
« tassent les autres. »

Le pape ne pouvait pas oublier combien les croisés, et sur-tout les Vénitiens, s'étaient rendus coupables de désobéissance. Au mépris de ses anathèmes, ils étaient allés à Zara; au lieu de faire voile pour la Palestine, ils avaient fait la guerre au roi de Hongrie, chrétien et même croisé; ils avaient attaqué un autre prince chrétien, avaient renversé un trône, et s'étaient partagé un empire, sans attendre les ordres du saint-siége. Cette guerre avait fait manquer l'expédition de la Terre-Sainte. Aussi la réponse du pape commençait-elle par une réprimande sévère; il leur reprochait de n'avoir pas accompli leur vœu, d'avoir préféré les richesses de ce monde aux biens célestes, d'avoir attaqué sans mission un peuple schismatique à la vérité, mais sur lequel ils n'avaient aucune juridiction. Il faisait ensuite le tableau de toutes les horreurs, de toutes les profanations qui avaient souillé la prise de Constantinople. Ces crimes ne pouvaient que détourner les Grecs de revenir au sein de l'église romaine; « cependant, ajoutait
« Innocent III, les desseins de la Providence sont
« impénétrables. Votre action est injuste, mais
« les Grecs avaient péché; Dieu s'est servi de
« vous pour les punir. Puisque cette terre vous

« est acquise par le jugement de Dieu, nous
« croyons pouvoir vous autoriser à la défendre.
« Nous espérons que Dieu vous pardonnera, si
« vous gouvernez avec justice, si vous ramenez
« les peuples à notre sainte communion, si vous
« restituez les biens de l'église, si vous faites
« pénitence, et sur-tout si vous persistez dans
« la résolution d'accomplir votre vœu (1). »

Le pape envoya un légat à Constantinople, qui vit avec douleur que les barons et les Vénitiens s'étaient partagé les domaines de l'église en même temps que le territoire de l'empire.

XXXIX. Élection d'un patriarche de Constantinople.

Il restait à élire un patriarche; il devait être pris parmi les Vénitiens conformément au traité. Le choix tomba sur Thomas Morosini. Ce choix n'avait rien que de louable; mais le pape jugea que l'élection n'avait pas été faite dans les formes canoniques; parce qu'elle avait eu lieu en vertu des ordres ou des pouvoirs du doge, et qu'elle avait été faite par les nouveaux chanoines de l'église de Sainte-Sophie, nommés par Dandolo. En conséquence le pape cassa l'élection; mais, en considération du mérite du sujet, il nomma lui-même l'élu patriarche de Constantinople. Ce patriarche se trouvait alors à Rome. Il passa

---

(1) *Codex Italiæ diplomaticus*, tom. II, par. 2, sect. 6, X.

par Venise pour aller prendre possession de son siége ; là le sénat lui fit jurer de ne nommer aux canonicats de Sainte-Sophie, et de ne promouvoir aux siéges de sa juridiction que des sujets vénitiens. Le pape, informé de ce serment, le déclara nul, et défendit à Morosini de le tenir (1).

<small>XL.
La république cède des fiefs dans ses nouvelles conquêtes.</small>

La république était plus puissante que le nouvel empereur. Elle venait d'acquérir plusieurs millions de sujets; mais il restait à les soumettre et à les contenir. Telle était l'entreprise d'un état, qui, si on ne compte pas la Dalmatie, presque continuellement révoltée, n'avait guère que deux cent mille ames de population (2). Il y avait dans cette conquête un

---

(1) Cette bulle est dans la vie d'Innocent III, insérée par Muratori dans sa collection *Rerum italicarum scriptores*, tom. III, p. 543. On y lit: « Tibi mandamus et in virtute spiritûs sancti districtè præcipimus quatenùs juramentum illud nequaquàm observes.

(2) Dans le tableau rapide des révolutions de l'Italie, placé à la tête de l'histoire de Florence, Machiavel se borne à dire : « Les services que les Vénitiens rendirent aux Français pour leur passage en Asie, leur valurent en récompense l'île de Candie. » Il faut en convenir, c'est dire trop peu : ils coopérèrent à la conquête, et ils ne reçurent point l'île de Candie à titre de récompense, puisqu'ils l'achetèrent. D'autres possessions leur furent cédées, mais à titre de partage.

avantage au partage duquel les belliqueux alliés des Vénitiens ne prétendaient pas : c'était le commerce.

Les nouvelles possessions échues aux Vénitiens par le traité étaient toutes maritimes, à l'exception d'Andrinople. Elles présentaient une suite de ports et d'îles, depuis le golfe Adriatique jusqu'au Bosphore. Dans l'impossibilité où le gouvernement se voyait d'occuper à-la-fois un si grand nombre de points isolés, il accorda, en 1207, à tous les citoyens vénitiens la permission d'armer, pour conquérir les îles de l'Archipel et les ports de la côte, non encore soumis, à condition qu'ils les tiendraient comme fiefs de la république. On ne réservait que l'île de Candie et celles de la mer Ionienne. Cette proclamation ouvrit une nouvelle carrière à l'ambition et à la cupidité. Les nobles et les marchands vénitiens, citoyens égaux d'une république où les fiefs étaient inconnus, s'empressèrent de hasarder leurs richesses pour devenir conquérants et feudataires. La lâcheté des Grecs leur facilita ces conquêtes.

Marc Dandolo et Jacques Viaro s'emparèrent de Gallipoli, qu'ils firent ériger en duché.

Les îles de Naxos, Paros, Melos et Horinée, formèrent une principauté, que la famille de Marc Sanudo conserva près de quatre cents ans.

Marin Dandolo s'établit à Andros.

André et Jérôme Ghisi prirent Theonon, Sciros et Micone; Pierre Justiniani et Dominique Michieli, l'île de Céos; Raban Cornaro s'établit sur les côtes de Négrepont, où il eut de la peine à se maintenir; et Philocole Navagier porta le titre de grand-duc de Lemnos.

XLI.
Révolte dans les provinces conquises.
1205.

Nous avons fait remarquer que la ville d'Andrinople était la seule possession de la république dans l'intérieur des terres. Cette place était un poste avancé pour la défense de Constantinople. Elle se trouvait dans le voisinage d'un prince puissant, auquel les Grecs avaient eu recours en haine de leurs nouveaux maîtres. Le roi des Bulgares profita de l'occasion, promit des secours: la révolte éclata dans toutes les provinces, la garnison vénitienne d'Andrinople fut obligée de se retirer, et il fallut rappeler des troupes de tout côté pour aller faire le siége de cette ville. Mais tel était le mépris des Latins pour le peuple conquis, qu'ils ne voulurent pas admettre les Grecs dans leur armée, même comme recrues.

Baudouin et Dandolo partent pour réprimer l'insurrection.

L'empereur est défait et prisonnier. Le doge ramène l'armée battue à Constantinople.

Baudouin partit aussitôt de Constantinople avec peu de monde, sans se donner le temps d'attendre son armée, que dans les circonstances il était fort difficile de réunir. Le vieux doge, dont l'activité ne se ralentissait pas, arriva devant la place aussitôt que lui. Le roi des Bulgares, prompt à la secourir, ne tarda pas à venir attaquer les assiégeants dans leurs lignes. Ils poursuivirent imprudemment un corps de cavalerie qui fuyait pour les attirer; l'excès de la bravoure occasionna une déroute complète; l'empereur tomba entre les mains des Bulgares, le comte de Blois fut tué. Le doge et Villehardouin rallièrent les débris de l'armée, et opérèrent la retraite sur Constantinople, vivement poursuivis par l'ennemi, ayant à traverser un pays en état de révolte, et laissant l'empereur au pouvoir d'un vainqueur barbare, qui lui fit indignement couper les jambes et les bras. Telle fut la destinée d'un jeune prince, que, si peu de temps auparavant, la fortune avait appelé de si loin au trône de Constantinople. Mutilé, jeté sur un rocher, il y expira au bout de trois jours.

Dandolo ramenait, à travers mille périls, les restes d'une armée qui naguère avait soumis un empire. En considérant que de toute cette conquête il ne restait que deux ou trois villes, il dut éprouver cette grave douleur qui, sans les décourager, pèse sur les ames fortes, au moment où le fruit de leurs méditations et de leur constance va leur échapper.

La bataille avait été perdue le 14 avril; Dandolo, le promoteur de cette grande entreprise, qui semblait se terminer d'une manière si déplo-

XLII.
Mort de Dandolo.
4 juin 1205.

rable, succomba, non à un siècle de travaux, non à la douleur, mais à une maladie, le 14 juin 1205; il fut enterré dans l'église de Sainte-Sophie. La gloire de ce doge donna lieu à une innovation remarquable. Il paraît qu'il fut le premier dont on grava le nom sur les monnaies de la république (1).

Si maintenant on se demande quel fut, en dernière analyse, le fruit de cette conquête, on est obligé de reconnaître que le résultat en fut très-important pour les Vénitiens, puisqu'elle assura la splendeur de leur république en lui donnant l'empire des mers; mais, pour l'Europe, ce résultat fut la perte inutile de beaucoup de vaillants hommes, l'incendie de Constantinople, la destruction de monuments précieux, la chûte d'un empire, et un démembrement qui en facilita bientôt la conquête aux barbares. L'unique fruit que l'Europe paraisse avoir retiré de cette grande révolution, c'est l'introduction de la culture du millet, dont le marquis de Montferrat envoya quelques graines à ses états d'Italie (2).

---

(1) Muratori a donné la description et l'empreinte d'une pièce d'argent portant ces mots : *H. Dandulus.* ( *Antiq. italicæ medii ævi. Dissertation* 27ᵉ, p. 648.)

(2) Et donaverunt bursam unam plenam de semine seu

granis de colore aureo et partim albo, non ampliùs anteà visis in regionibus nostris qui dixerunt detulisse ab unâ provinciâ Asiæ, Natolia dicta et vocari *Meliga* quæ tractu temporis magnum redditum et subsidium patriæ compararet.

Je suis redevable de la connaissance du document, d'où j'extrais ce passage, à M. Michaud, qui l'a inséré dans les pièces justificatives de son *Histoire des Croisades*; mais on m'a fait observer que je m'étais trompé dans ma première édition, en traduisant *Meliga* par *Maïs*. Je dois cette correction à M. Dureau de la Malle.

# LIVRE V.

Pierre Ziani, doge. — Occupation de Corfou et de Candie. — Guerre contre les Génois. — Révoltes de Candie, 1205 — 1228. — Dogat de Jacques Thiépolo. — Affaires de Constantinople. — Chûte de l'empire des Latins en Orient, 1228 — 1261. — Nouvelle révolte de Candie. — Rivalité du pape et de l'empereur Frédéric II. — Guerre de Venise contre Erzelin, tyran de Padoue, 1228—1252. Guerre contre les Génois, 1252 — 1269. — Révolte du peuple de Venise. — Changement dans la forme des élections. — Création de la charge de grand-chancelier. — Disette. — Etablissement du droit de navigation dans l'Adriatique. — Guerres qui en sont la suite. — Dogat de Laurent Thiépolo, de Jacques Contarini et de Jean Dandolo. — Etablissement du saint-office à Venise, 1269 — 1289.

I.
Etablissement des correcteurs des lois pendant l'interrègne

LA longue absence de Henri Dandolo, ses succès, l'importance personnelle qu'il s'était acquise, les conquêtes qu'il avait faites pour la république, tout cela avait placé le gouvernement vénitien dans une situation absolument nouvelle. On n'avait rien à reprocher au doge qu'on venait de perdre. Son ambition avait paru désintéressée;

cependant le sénat n'avait pu voir sans inquiétude le chef de l'état aquérir une si grande puissance. On nomma une commission de cinq membres, pour proposer dans l'interrègne la réforme des abus qu'on aurait pu remarquer dans le gouvernement. L'institution de ces nouveaux magistrats, auxquels on donna le titre de correcteurs du serment du doge, ayant été maintenue à chaque vacance du trône, il en résulta que ces censeurs, appelés à faire l'examen des réformes dont le gouvernement était susceptible, passèrent de la censure des lois à celle de l'administration, et de l'administration à l'administrateur, de sorte qu'à la mort de chaque doge il se trouva un tribunal tout prêt à prononcer sur sa conduite : et il en fut des doges comme des rois d'Égypte, ils eurent un jugement à subir après leur mort.

On donna pour successeur à Henri Dandolo, Pierre Ziani, fils de l'ancien doge du même nom. Son premier soin fut d'envoyer à Constantinople un représentant de la république, auquel on donna le titre de Podestat. Le choix tomba sur Marin Zeno, qui partit accompagné de quatre conseillers ou provéditeurs.

Pierre Ziani, doge. 1205.

Une flotte de trente-une galères mit à la voile pour aller prendre possession des îles que la république s'était réservées.

II. Départ d'une flotte vénitienne.

Dans sa route elle rencontra un corsaire génois, qui, bien qu'accompagné d'une escadre de neuf galères, fut enveloppé, attaqué, pris, et pendu sur-le-champ.

<small>Elle s'empare de Corfou.</small>
Pour un état qui prétendait exercer le droit de souveraineté sur toute la surface de l'Adriatique, Corfou, qui garde ou menace l'entrée de ce golfe, était une possession indispensable. Cette île n'appartenait point alors à l'empire grec, mais elle en avait été une dépendance. Nous avons rapporté que les princes normands établis dans la Pouille s'en étaient emparés. Le royaume de Naples avait passé depuis dans des mains qui n'étaient pas en état de garder ce poste important. Quand la flotte vénitienne se présenta devant le port, elle n'éprouva aucune résistance. On s'empressa de mettre quelques troupes à terre pour prendre possession de la capitale, et on mit à la voile pour Candie.

<small>Prend possession de Modone et de Coron.</small>
En passant devant Modone et Coron, sur la côte du Péloponnèse, on y jeta de faibles garnisons; la Grèce était au premier occupant. Etrange exemple des vicissitudes humaines! Athènes, dès qu'elle apprit qu'on avait vu une flotte vénitienne dans ces mers, se hâta d'envoyer des députés à Venise pour demander des maîtres.

<small>Elle occupe</small>
Peu de jours après, on aperçut le mont Ida;

la flotte vint jeter l'ancre sous cette île fameuse, *l'île de Candie.* qui ferme l'Archipel, et à qui son étendue d'environ soixante lieues, sa fertilité, ses cent villes, et l'avantage de sa position, avaient procuré autrefois la domination de la Méditerranée.

L'armée vénitienne était sous le commandement de Rainier Dandolo et de Roger Premareni. La conquête de la ville de Candie ne coûta que peu d'efforts, et la soumission de tout le pays fut le résultat d'une campagne. Jacques Thiépolo y fut envoyé pour le gouverner, avec le titre de duc. Mais cette soumission avait été trop rapide pour être sincère : d'une autre part, les Génois ne pouvaient voir sans jalousie les rivaux de leur commerce former de si puissants établissements dans les mers de l'Orient. Cependant, ne voulant pas en venir dans ce moment à une guerre ouverte contre la république, ils lui cherchèrent un ennemi, et déterminèrent le comte de Malthe, par les secours qu'ils lui fournirent sous-main, à se mettre à la tête des Candiotes mécontents ; de sorte que leur révolte éclata presque immédiatement après leur soumission.

Je ne me propose point de raconter tous les combats que les Vénitiens eurent à livrer pour conserver la possession de cette île. Ce fut, de

III.
*Révolte de cette île.*

part et d'autre, une suite non interrompue d'efforts pour secouer le joug et pour l'appesantir (1).

Toujours de nouvelles tentatives de la part d'un peuple moins jaloux de son indépendance qu'impatient d'une domination lointaine ; secours insuffisants fournis par les ennemis de la métropole; sacrifice continuel des soldats et des trésors de celle-ci, pour faire rentrer les révoltés dans le devoir; résultat uniforme des expéditions maritimes; succès des invasions, toujours rapide,

---

(1) En 1207, révolte soutenue par le comte de Malthe.

En 1220, révolte des Agiostéphanites.

En 1226, nouvelle insurrection.

En 1228, révolte soutenue par Jean Vatace, empereur de Nicée.

En 1241, révolte à l'instigation de Michel Paléologue.

En 1242, révolte de George et de Théodore Cortazze.

En 1243, révolte d'Alexis Calerge, qui dure dix-huit ans.

En 1324, trois révoltes moins considérables.

En 1324, révolte de Varda Calerge.

En 1326, révolte de Léon Calerge.

En 1327, insurrection appaisée par Justinien Justianiani.

En 1341, révolte punie par Justiniani et Morosini.

En 1361, révolte des colons vénitiens de Candie, qui dure jusqu'en 1364.

En 1365, révolte des frères Calerge, calmée en 1366.

parce qu'elles sont imprévues, toujours peu durable, parce qu'elles ne peuvent être soutenues; toutes les descentes suivies d'une occupation facile, jamais d'une possession paisible; la partie montagneuse du pays offrant toujours une retraite assurée aux rebelles; les campagnes commencées par une victoire éclatante, finissant par une guerre de postes, qui ruine ordinairement le vainqueur; clémence après les succès incomplets; exécutions après les victoires décisives; c'est ce que présente cette guerre de cent soixante ans, qui ajoute à la difficulté de résoudre le problème de l'utilité des grandes colonies. Les Vénitiens appelaient toutes ces insurrections des révoltes. Ils prétendaient à la fidélité, à la reconnaissance d'un peuple qu'ils avaient acheté. Ils attribuaient cette résistance à l'inconstance, à la perfidie; mais, comme l'a dit un historien très-estimable (1), il était aussi facile de l'expliquer par des vertus que par des vices.

La première insurrection des insulaires obligea le duc de Candie et les généraux vénitiens à se rembarquer. La république fit partir de nouvelles troupes; le comte de Malthe, qui s'était mis à la tête des révoltés, ne jugeant pas à pro-

---

(1) M. Simonde-Sismondi.

pos de se sacrifier pour leur défense, les abandonna, et les Vénitiens furent bientôt maîtres des principales positions.

On proposa dans le sénat de faire démolir toutes les places fortifiées de l'île. Rainier Dandolo représenta qu'elles étaient encore plus utiles aux troupes régulières, mais peu nombreuses de la métropole, qu'à la population insurgée, et il proposa noblement de pourvoir, de ses deniers, à l'entretien de ces fortifications. Son offre ne fut point acceptée, mais son avis prévalut.

Les Vénitiens y envoient une colonie. Il importait d'accoutumer les Candiotes à ne plus considérer la nation vénitienne comme une nation étrangère; dans cette vue, on délibéra d'engager les citadins de Venise à former des établissements dans cette île, à y transporter leur résidence, et, pour les y déterminer, on confisqua la moitié des terres des révoltés, et on les distribua aux nouveaux colons (1) : singulier moyen de s'attacher un peuple, que de le dépouiller, et de vouloir qu'il reconnaisse des concitoyens dans ceux qui ont envahi son héritage. Tite-Live raconte qu'après la conquête d'Antium, lorsque le sénat voulut en partager le territoire et y envoyer une colonie, on eut peine à trouver

---

(1) L'acte de cette concession est rapporté dans l'*Histoire de Venise*, par André NAVAGIER.

dans Rome, encore pauvre, des citoyens qui consentissent à s'expatrier pour s'enrichir; ils aimaient mieux desirer du bien à Rome, qu'en posséder à Antium. A Venise on vit partir cinq ou six cents familles, pour aller fonder la nouvelle colonie.

Les Génois, voyant les Vénitiens à-peu-près maîtres de Candie, voulurent couper la communication de cette colonie avec la métropole; ils envoyèrent une flotte de trente galères croiser à l'entrée de l'Adriatique. Aussitôt, sans se donner le temps d'armer une flotte plus considérable, l'amiral Jean Trévisan appareilla de Venise avec neuf gros vaisseaux, courut sur l'ennemi, qu'il rencontra à la hauteur de Trapani, sur la côte de Sicile, et l'attaqua sans s'embarrasser de l'inégalité du nombre. Dès le commencement de l'action, un de ses vaisseaux tomba au pouvoir des Génois. Trévisan continua le combat avec fureur, reprit son vaisseau, et vit les Génois fuir à pleines voiles. Non content de ce succès, il les poursuivit jusques sur la côte d'Afrique, les attaqua de nouveau, s'empara de quatre de leurs galères, et, s'acharnant sur ce qui restait, livra un troisième combat le lendemain. Six galères ennemies seulement parvinrent à s'échapper. Le sénat de Gênes fut réduit à demander la paix, que le gouvernement vénitien desirait ardem-

<small>Combat contre les Génois.</small>

ment, pour pouvoir à loisir s'établir dans ses nouvelles conquêtes.

Les seigneurs français, qui s'étaient emparés de la principauté de Négrepont et de l'Achaïe, réclamèrent le secours de la république : en le leur accordant, elle acquit deux puissants vassaux.

Colonie envoyée à Corfou. Ce qu'elle avait fait pour Candie, elle le fit pour Corfou; une colonie y fut envoyée.

Croisade en Égypte. Telle était son ambition de former de nombreux établissements dans l'Orient, qu'elle prit part à une sixième croisade qui se dirigeait sur l'Égypte. Les Vénitiens y coopérèrent de deux manières, en y envoyant une flotte et des troupes, et en y transportant celles du roi de Hongrie, qui, pour prix de ce service, céda à la république tous ses droits sur les villes de Dalmatie, dont elle était alors en possession. Cette nouvelle guerre, contre les Sarrasins, n'eut aucun succès. On prit d'abord Damiette; mais bientôt après, l'armée chrétienne, se trouvant bloquée dans une position périlleuse, entre le Nil et l'armée du soudan Mélédin, se vit obligée d'acheter, par la restitution de Damiette, la permission de se rembarquer. On signa une trève de huit ans.

Révolte de Candie. Une seconde révolte éclata dans Candie. Le gouverneur appela à son secours le prince de Naxe, vassal de la république. Ce prince aida le duc à soumettre les rebelles; mais choqué des airs de supériorité qu'affectait celui-ci, il fomenta une nouvelle sédition, le contraignit à fuir de son palais, sous des habits de femme, à se refugier dans un château, l'y investit, et se rendit maître de l'île. Il fallut faire partir des troupes de Venise en toute hâte, pour aller délivrer le gouverneur. Ces troupes surprirent Candie, et obligèrent le duc de Naxe à se rembarquer; mais la révolte ne tarda pas à se rallumer. Les Candiotes taillèrent en pièces un corps qui avait voulu les forcer dans leur retraite. Le sénat rappela successivement ses gouverneurs, jusqu'à ce que l'un d'eux fut assez heureux ou assez habile pour éteindre l'incendie, ce qui procura à la colonie un calme de deux ans.

Il y en avait vingt-quatre que Pierre Ziani régnait. Sentant les approches de sa fin, il abdiqua sa dignité, et mourut un mois après. Indépendamment des évènements militaires que nous avons racontés, il faut rapporter à son dogat l'institution d'un tribunal de quarante membres, chargé de juger les affaires civiles. L'ancienne quarantie ne conserva plus dans ses attributions que les affaires criminelles.

Abdication et mort de Pierre Ziani.

Création de la quarantie civile.

L'élection, qui suivit la mort de Pierre Ziani, donna lieu à une circonstance singulière. Les électeurs étaient, comme nous l'avons vu, au nombre de quarante; il arriva qu'il y eut partage

IV. Partage entre les électeurs. Jacques Thiepolo, doge. 1228.

entre Rainier Dandolo et Jacques Thiepolo ; les épreuves du scrutin furent vainement répétées pendant deux mois, tant chacun des électeurs était déterminé à persister dans son choix. Il fallut faire pencher la balance. Au lieu de nommer quelques électeurs de plus, le sénat ordonna de s'en rapporter au sort, qui donna pour doge à Venise Jacques Thiepolo.

L'île de Candie réclama ses premiers soins ; cette fois la révolte y était excitée par l'empereur de Nicée, Jean Vatace. Il avait envoyé aux rebelles un secours de trente galères et une armée. Les troupes vénitiennes furent obligées de se renfermer dans leurs forts, quelques-uns se rendirent ; l'insurrection éclata de toutes parts ; mais quand les renforts arrivèrent de Venise, l'armée grecque se rembarqua, comme avaient fait le comte de Malthe et le duc de Naxe, laissant les Candiotes sans secours, à la merci d'un maître offensé.

v.
Affaires de l'empire d'Orient.

Cet empereur de Nicée était un des plus infatigables ennemis de la puissance des Vénitiens en Orient. Il faut nous reporter à Constantinople pour assister aux révolutions de ce nouvel empire.

Henri de Flandre, empereur.
1206.

Baudouin, premier empereur des Latins, était mort, comme nous l'avons vu, dans les fers du roi des Bulgares. Henri de Flandre, son frère, qui avait recueilli les débris de l'armée, fut proclamé empereur. Il avait à combattre, indépendamment du roi des Bulgares, trois princes grecs, qui s'étaient établis dans les provinces démembrées de l'empire; Théodore Lascaris, empereur de Nicée; Michaël Lange, prince d'Épire, et un Comnène, qui prenait le titre d'empereur de Trébizonde. L'empire, suivant l'expression d'un historien grec (1), était devenu un monstre à trois têtes.

Avec quatre cents chevaliers seulement, Henri remporta, contre des armées considérables, des avantages assez éclatants, pour forcer ses ennemis à demander la paix. Sa bonne administration lui concilia même, autant que cela était possible, l'affection de ses sujets grecs. Il eut la sagesse de sentir qu'on ne peut régner sur des hommes, en affectant de leur refuser toute confiance, et en les excluant de l'administration de leur propre pays.

Ce même esprit de prudence l'empêchait de favoriser le zèle ambitieux du légat du pape, qui voulait absolument interdire le culte grec, et exiger les dîmes pour le clergé latin. Henri s'opposa à toute persécution; son courage alla

---

(1) Nicetas, *Histoire de Baudouin*, ch. 8.

jusqu'à encourir les censures. Il les mérita, en faisant placer son trône dans la cathédrale, au-dessus de celui du patriarche, et en défendant aux barons d'aliéner leurs fiefs en faveur du clergé (1). Ce prince mourut sans héritier, après un règne de dix ans.

VI.
Pierre de Courtenai, empereur.
1216.

Sa couronne fut offerte à Pierre de Courtenai, comte d'Auxerre, qui, vendant à-peu-près tout son patrimoine, et à l'aide des secours du roi de France, son cousin, ( car ils étaient l'un comme l'autre petits-fils de Louis-le-Gros (2)), parvint

---

(1) Ce système n'était pas nouveau dans l'administration de l'empire de Constantinople. Nicétas loue Manuel Comnène (liv. 7, ch. 3) de n'avoir pas doté les églises en biens-fonds : « Comme il savait, dit-il, que les solitaires perdent quelque chose de la tranquillité d'esprit, et de l'attention qu'ils doivent apporter au service de Dieu, lorsqu'ils sont occupés des affaires temporelles, il ne leur donna ni terres, ni vignes, et il laissa à la postérité un exemple de la manière dont se doivent faire les fondations de monastères. Il renouvella une ordonnance par laquelle Nicéphore Phocas, cet empereur si sage et si avisé, avait défendu aux moines de posséder des terres et des immeubles. »

(2) Reginald de Courtenai, dont l'abbé Suger raconte les rapines dans ses lettres 114 et 116, maria sa fille Elisabeth à Pierre de France, septième fils de Louis-le-Gros, en exigeant que ce prince prît le nom et les armes de la maison de Courtenai ; ce fut de ce mariage que naquit Pierre de

à réunir une armée de cent quarante chevaliers, et d'environ cinq mille hommes, pour venir prendre possession de l'empire d'Orient.

Il eut recours aux Vénitiens pour son passage. La république exigea que l'empereur et sa petite armée, en reconnaissance de ce service, lui fissent restituer la ville de Durazzo, que le prince d'Épire occupait. On l'assiégea, mais sans succès. Débarqué en Épire, Pierre de Courtenai entreprit de pénétrer par terre jusque dans ses états. Il fallait traverser ceux de Théodore Lange, à qui

*Il est fait prisonnier en Épire.*

---

Courtenai, empereur de Constantinople. Ainsi les Courtenai de la branche de France ne descendaient point de la maison de Courtenai par les mâles, mais par Élisabeth, fille de Reginald de Courtenai. C'étaient des descendants de Louis-le-Gros, qui avaient pris le nom de Courtenai, et qui par conséquent étaient réellement des princes du sang royal de France. Quand le parlement de Paris voulut rejeter leurs prétentions à ce titre qu'ils invoquaient contre les maisons de Valois et de Bourbon, il établit en principe qu'il fallait compter la filiation, non depuis Louis-le-Gros ou Hugues Capet, mais depuis saint Louis seulement: « Principis nomen nusquam in Galliâ tributum nisi iis qui per mares e regibus nostris originem repetunt, qui nunc *tantùm* à Ludovico nono beatæ memoriæ numerantur; nam Cortinæi et Drocences à Ludovico crasso genus ducentes hodiè inter eos minimè recensentur. » ( DE THOU.)

on venait de déclarer la guerre, en attaquant la ville de Durazzo. Cette imprudence eut le résultat qu'elle devait avoir. L'armée du nouvel empereur fut retardée, égarée, enveloppée dans sa marche, puis affamée et réduite à mettre bas les armes. Courtenai et le légat qui l'accompagnait, se virent prisonniers du despote d'Épire. Le pape lança les plus terribles anathêmes contre Théodore. Ce prince conjura l'orage, en renvoyant le légat, et retint l'empereur, qui mourut dans sa captivité.

VII.<br>Robert de Courtenai, empereur.<br>1221.

Robert de Courtenai, second fils de Pierre, fut appelé sur ce trône que son père n'avait pu occuper. Il arriva à Constantinople par l'Allemagne et par la Hongrie; mais il s'y trouvait resserré par trois voisins dangereux. Théodore Lange avait enlevé la Thessalie au fils du marquis de Montferrat, s'était emparé d'Andrinople, et avait pris le titre d'empereur de Thessalonique. Les empereurs de Nicée et de Trébizonde, qui étaient alors Jean Vatace et David Comnène, pressaient, d'un autre côté, le nouvel empereur

Il flatte les Vénitiens.

latin. Contre tant d'ennemis il n'avait de secours que les excommunications du pape. Les Vénitiens auraient pu le servir plus utilement; aussi prenait-il grand soin de les flatter. Il n'écrivait jamais au doge qu'en lui donnant le titre de collègue. Mais les révoltes de Candie exigeaient, dans ce moment, l'emploi des forces de la république. Robert n'était pas d'un caractère à conquérir son empire ni l'amour de ses sujets. Vaincu par Jean Vatace, sans avoir combattu en personne, il perdit, dans une bataille, la plupart des chevaliers qui lui étaient restés attachés, et tandis qu'il achetait la paix avec l'empereur de Nicée, par la cession de toute la côte méridionale du Bosphore, il vit les troupes de l'empereur de Thessalonique se présenter jusque devant les faubourgs de Constantinople. *Il est battu par l'empereur de Nicée.*

Comme si ce n'eût pas été assez de ces désastres, il acheva de se perdre par une folle passion. Il y avait à Constantinople la veuve d'un chevalier français, qui venait de fiancer sa fille à un chevalier bourguignon. L'empereur, devenu éperdument amoureux de cette demoiselle, offrit sa main, sa couronne, et obtint que la mère et la fille vinssent habiter son palais. On ignore si le mariage avait été célébré. Le chevalier bourguignon, furieux de se voir enlever l'épouse qui lui avait été promise, assemble ses amis, attaque le palais, au milieu de la nuit, en force la garde, et, pendant que Robert se cache, ce rival furieux pénètre jusqu'à l'appartement des deux dames françaises, précipite la mère dans le port, coupe le nez et les lèvres à la fille, et laisse dans cet *Il s'enfuit et meurt.*

état la maîtresse ou la femme de l'empereur (1). Celui-ci, au lieu de faire punir ce crime, se sauva de Constantinople, et alla implorer la protection du pape. Sa mort, qui suivit de près cette fuite, faisait tomber la couronne sur la tête de son frère Baudouin; mais on ne pouvait pas songer à confier l'empire, dans des circonstances si difficiles, à un enfant de dix ans. Les barons appelèrent un chef qui en avait quatre-vingts; c'était Jean de Brienne, seigneur champenois, illustre par de grands exploits, de grandes alliances (2) et de hautes vertus. Le trône de Jérusalem étant venu à vaquer, le roi Philippe-Auguste l'avait désigné pour le remplir; mais Jean s'en était vu déposséder par l'empereur Frédéric II, son gendre.

VIII.
Jean de Brienne, empereur.
1228.

On convint que le roi de Jérusalem, car il conservait ce titre, serait reconnu empereur d'Orient, et qu'il marierait sa fille au prince Baudouin de Courtenai, lequel serait empereur après lui. En arrivant dans sa nouvelle capitale, deux ans après son élection, il la trouva menacée par une ligue,

---

(1) Marin SANUTO. ( *Secreta fidelium crucis*; liv. 2, p. 4, ch. 18. )

(2) Il était beau-père de l'empereur Frédéric II, et son frère Gautier avait épousé Marie, reine de Sicile.

que Jean Vatace, empereur de Nicée, avait formée avec le roi des Bulgares et l'empereur de Trébizonde. Le vieil empereur concerta son plan de défense avec Théophile Zéno, alors chef de la colonie vénitienne. Ils sollicitèrent l'envoi d'une flotte; mais la république ne mit pas dans cet armement sa diligence ordinaire, car lorsque les vingt-cinq galères, parties de Venise, arrivèrent aux Dardanelles, les Grecs étaient déja au pied des remparts : la flotte de Jean Vatace, commandée par Léon Gavalla, et forte de trois cents voiles, croisait à l'entrée du détroit.

*Les Vénitiens envoient une flotte à son secours.*

On était déja aux mains sous les murs de la ville. L'empereur, au lieu d'attendre dans des fortifications une armée de cent mille ennemis, osa paraître dans la plaine, à la tête de cent soixante chevaliers, et de trois ou quatre mille hommes de cavalerie. Cette petite troupe vit se déployer devant elle quarante-huit escadrons, et les chargea avec une telle vigueur, que tous furent rompus, à l'exception de trois, qui couvrirent la retraite de l'empereur de Nicée et du roi des Bulgares.

Pendant ce combat, l'escadre vénitienne, conduite par les provéditeurs Léonard Querini et Marc Gussoni, déployait toutes ses voiles pour attaquer la flotte grecque. Le combat fut long, sanglant et quelque temps incertain; mais l'ha-

*Elle bat la flotte de l'empereur grec.*

bileté des marins vénitiens décida enfin la victoire. Plusieurs des navires ennemis furent brisés; on s'empara de quelques autres, le reste prit la fuite, et l'escadre victorieuse, ayant franchi le détroit, parut devant le port de Constantinople, au moment où la garnison qu'on y avait laissée se précipitait sur une partie de la flotte grecque, mouillée près du rivage, et s'emparait de vingt-quatre galères.

Deux ans après, l'infatigable Vatace voulut réparer sa double défaite, et se montra encore aux portes de la capitale, tandis que son amiral venait bloquer le port. Jean Michieli en sortit pour attaquer cette flotte, à la tête de seize galères vénitiennes, secondées de quelques navires pisans et génois, qui se trouvaient à Constantinople; tandis que Geoffroy de Villehardouin, prince d'Achaïe ( parent de l'historien ), débouchait dans la Propontide, avec six vaisseaux, qui portaient cent chevaliers, trois cents arbalétriers et cinq cents archers. Les Grecs, se voyant attaqués de deux côtés, ne firent qu'une assez faible résistance; ils perdirent cinq de leurs vaisseaux. La fuite de la flotte jeta l'épouvante dans l'armée, qui, du rivage, avait été spectatrice de cette défaite. Il n'y eut plus moyen de retenir des soldats trop effrayés pour calculer les forces qui leur restaient. L'empereur de Nicée fut obligé

*Nouvelle défaite des Grecs.*

de les suivre, en menaçant encore de ses regards cette ville qui avait été deux fois l'écueil de ses armes (1).

Des attaques si fréquemment réitérées faisaient juger de l'opiniâtreté et des ressources de l'ennemi. Les Latins étaient vainqueurs, mais leur nombre diminuait tous les jours, comme leur territoire. Ils étaient presque réduits à la ville de Constantinople. Cette colonie guerrière, qui comptait déjà trente ans d'existence, c'est-à-dire de guerres continuelles, devait avoir perdu tous ses fondateurs. Le nombre des défenseurs qui lui restaient diminuait tous les jours par les défections. Les uns s'embarquèrent furtivement, pour retourner dans leur patrie; d'autres, séduits par des promesses, passèrent dans le camp des ennemis. Il n'y eut pas jusqu'aux chevaliers de Saint-Jean de Jérusalem, qui, en reconnaissance de quelques concessions que leur fit l'empereur

---

(1) Les historiens grecs ne parlent pas de cette première attaque de Constantinople. Les historiens français ne font pas mention du secours fourni par la flotte vénitienne. Les Vénitiens s'attribuent peut-être plus de part qu'ils n'en eurent au succès. J'ai suivi le récit de Ducange, qui cite fort exactement ses autorités. (*Histoire de Constantinople, sous les empereurs français*, liv. 3, § 20, 21, 22.)

de Nicée, ne prêtassent leurs forces au schismatique contre le prince orthodoxe (1).

Jean de Brienne sollicita les secours des princes chrétiens. Pour en hâter l'arrivée, le jeune Baudouin, son gendre et son successeur désigné, alla parcourir les cours de l'Europe. Le pape publia une croisade pour la défense de cet empire, dont la conquête avait été punie par les anathêmes de son prédécesseur.

Mort de Jean de Brienne. Le vieux défenseur de Constantinople mourut, après un règne de huit ans, le 20 mars 1237.

IX. Baudouin, empereur. 1237. Croisade pour la défense de l'empire latin d'Orient. Plusieurs princes prirent la croix; beaucoup de fidèles, pour racheter leurs péchés, firent vœu d'aller combattre dans la Romanie; la plupart se dispensèrent du pélerinage, par une contribution en argent. On leva des impôts, pour subvenir aux frais de la guerre future. Les ecclésiastiques virent leurs biens soumis à une retenue du tiers de leur produit. On imposa aux Juifs du royaume de France un forte taxe, que le roi saint Louis destinait à la croisade. En attendant tous ces secours, les barons qui gouvernaient, en l'absence du nouvel empereur, s'étaient vus obli-

---

(1) L'abbé de Vertot ne nie pas ce fait, mais tâche de l'excuser, liv. 3.

gés d'emprunter de marchands vénitiens trois ou quatre mille marcs d'argent. C'était une somme d'à-peu-près 200,000 francs ; encore l'empereur d'Orient ne trouva-t-il à l'emprunter que sur gage, et quel gage! On y affecta la sainte couronne d'épines, encore teinte du sang de Jésus-Christ. *L'empereur met en gage la couronne d'épines de J.-C.*

Lorsque l'échéance du prêt fut arrivée, l'empereur n'était pas plus en état de rembourser la dette qu'au moment où il l'avait contractée. Nicolas Querini, commerçant Vénitien, se mit à la place des prêteurs, et, pour prix d'un court délai qu'il accorda, il exigea que ce gage sacré fût transporté à Venise et y restât en dépôt. La sainte couronne allait devenir la propriété d'un banquier, si le prince pieux qui régnait alors sur la France ne l'eût dégagée, en faisant rembourser la somme dont elle répondait. C'eût été une simonie de l'acheter ; mais, quand il l'eut rendue à l'empereur Baudouin, celui-ci lui en fit présent, et lui offrit en même-temps un morceau de la vraie croix, le lange de Jésus-Christ, la chaîne, l'éponge et le calice de la passion, une partie du crâne de saint Jean-Baptiste, et la verge de Moïse. Saint Louis fit bâtir la Sainte-Chapelle pour y déposer ces reliques. *Saint Louis l'acquiert.*

Baudouin avait amené à Constantinople quelques troupes qu'il avait ramassées dans l'Occident; mais il ne voyait point arriver les princes qui s'étaient croisés pour le défendre. Le zèle avait malheureusement alors plusieurs occasions de se signaler. On pouvait se croiser contre les infidèles de la Terre-Sainte, et contre les schismatiques grecs. Pour ajouter à la complication de tous ces intérêts, le pape publia successivement deux nouvelles croisades; l'une contre Asan, roi des Bulgares, qui avait faussé sa promesse de se soumettre à l'église latine; l'autre contre l'empereur d'Allemagne, Frédéric II, qui opposait la force de ses armes aux prétentions du saint-siège. Il y avait les mêmes indulgences à gagner en combattant le soudan d'Égypte ou de Syrie, les princes grecs et l'empereur catholique. Au milieu de tant de guerres, il n'était pas possible qu'il restât des troupes disponibles pour soutenir Baudouin II sur le trône de Constantinople, d'autant plus qu'au lieu de veiller à la conservation de son empire, il en était presque toujours absent, pour solliciter par lui-même l'assistance des princes de l'Occident.

Il perdit en voyages infructueux presque toute la durée d'un règne de vingt-quatre ans. Las d'attendre ou de solliciter en vain les secours des chrétiens, cet empereur, en faveur duquel le pape avait publié une croisade, fit une alliance avec les Comans, peuple sauvage, qui s'était établi dans la Moldavie; de sorte qu'on pouvait voir dans la même armée des Français, des Vénitiens, des croisés de diverses nations, des Grecs, des mahométans et des barbares, marchant, une bulle du pape à la main, contre l'empereur de Nicée, qui, par une autre singularité, avait les Génois pour alliés.

Lorsque l'empereur orthodoxe conclut son traité avec les chefs des Comans, les deux parties contractantes se tirèrent mutuellement du sang et se le donnèrent à boire. Un des chefs de cette nation étant mort à Constantinople, on pendit sur sa tombe vingt-six chevaux vivants, et huit de ses officiers, qui s'offrirent pour aller le servir dans un autre monde. On ne devait pas s'attendre à voir ces choses se passer dans le camp des croisés. *L'empereur s'allie avec les Comans.*

Les armes de Baudouin eurent d'abord quelques succès; il prit plusieurs villes que tenait l'empereur de Nicée. Sa flotte, qui n'était que de treize voiles, battit la flotte grecque, composée de trente vaisseaux, et en enleva la moitié. Vatace prit sa revanche sur quelques places de son rival, attira les Comans sous ses drapeaux, et força Baudouin à signer une trêve de deux ans, ce qui donna à l'empereur de Nicée le loisir d'étendre ses possessions aux dépens du prince de Thessalie et du roi des Bulgares; de sorte qu'il enveloppait de tous les côtés le petit territoire qui restait à l'empereur de Constantinople.

Vatace étant mort, et sa couronne ayant passé de son fils à son petit-fils, encore en bas âge, l'empire fut envahi par le tuteur de cet enfant. Ce tuteur était Michel Paléologue, guerrier déja illustre, digne par beaucoup de qualités d'occuper le trône de Vatace. Le faible Baudouin, renfermé dans sa capitale, était réduit à faire de la monnaie avec le plomb qui couvrait les édifices, à démolir des maisons pour suppléer au défaut de bois de chauffage, et à mettre son fils unique entre les mains des marchands vénitiens, pour sûreté de quelque argent qu'il leur empruntait (1).

X. L'empereur grec

Paléologue, maître de tout le pays des deux

---

(1) Ei solùm urbis Constantinopolis mœnia remanserunt, quem et tam diù generis hujus afflixerunt, ut filium suum, Philippum nomine, quibusdam burgensibus constantinopolitanis coactus fuit, pro certâ quantitate pecuniæ obligare; qui dictum puerulum, securioris custodiæ causâ, Venetias postmodum transmiserunt. Et nonnulla palatia sua, plumbo cooperta nobiliter ab antiquo, discooperire, et plumbi vendere cooperturam, et alia plura agere, ut vivere posset augustæ in convenientia dignitati.

(Marin SANUTO. *Secreta fidelium crucis*; liv. 2, 4ᵉ partie, chap. 18.)

rives du Bosphore, voyait avec dépit la ville impériale reconnaître d'autres lois. Il la resserra peu-à-peu, assiégea même, quoique sans succès, le faubourg de Galata, et obtint de ses alliés les Génois (1) une flotte pour bloquer le port.

<small>Paléologue fait la guerre aux Latins.</small>

L'empereur latin avait pratiqué quelques intelligences avec le gouverneur de Daphnusie, place appartenant à l'empereur grec, sur le Pont-Euxin, à quarante lieues de la capitale. La flotte vénitienne, sous le commandement du podestat de la colonie, Marc Gradenigo, partit pour aller surprendre cette place.

<small>Surprise de Constantinople. 1261.</small>

Pendant qu'elle était occupée à cette expédition, Paléologue envoya son général Stratégopule, avec huit cents chevaux et quelque infanterie, au-delà du Bosphore, pour faire une

---

(1) Et acceptans (Paleologus) negotium pro quo iverant (legati Januenses), utpotè quòd Venetos intimo cordis exosos habebat, confœderationem et pacta inivit cum eis, in quâ nomine communis Januæ immunitatibus multis concessis, civitatem Smyrnarum liberaliter tradidit et donavit. Ità quod Januenses ad partes Romaniæ navigantes, tanquam ad eorum propriam terram, portum facerent et accessum haberent.

(Barthelemi Scriba, *continuateur des Annales de Gênes*, par Caffari, liv. 6. Collection de MURATORI, t. VI, p. 528.)

diversion dans la Thrace. Ce général avait ordre, en passant près de Constantinople, d'observer l'état de cette place; mais il n'y avait aucune apparence de tenter, avec une poignée de soldats, une entreprise sur la capitale de l'Orient. Ce détachement grec se grossit de paysans des environs. Stratégopule s'avança près des murs pendant la nuit du 25 juillet 1261, dans l'intention de faire une reconnaissance, laissant même le gros de ses gens derrière lui. Il apprit que la plupart des troupes de Baudouin étaient parties, pour aller assiéger une ville de Thrace. Un Grec, qu'on lui amena, lui offrit d'introduire quelques soldats dans Constantinople par un souterrain. Il fallait pénétrer dans la ville, égorger un corps-de-garde, s'emparer d'une porte, l'ouvrir à sa petite troupe, et devenir maître de cette grande capitale, avant que les Français eussent le temps de se reconnaître. Il fallait surtout ne point échouer dans une entreprise pour laquelle on s'écartait des instructions de l'empereur. Quinze soldats se glissent par le souterrain jusque dans la maison du Grec qui les conduisait. Ils partent sur-le-champ et se dirigent vers la porte dorée. Dans leur chemin ils rencontrent une seule sentinelle qu'ils égorgent. Arrivés devant cette porte qui ne s'ouvrait plus depuis long-temps, ils veulent l'abattre à coups de hache, mais elle se trouve maçonnée. La démolition exige beaucoup d'efforts; le temps s'écoule. Ceux qui étaient cachés à l'entrée de la ville attendaient avec impatience le signal convenu : Stratégopule était dans la plus grande anxiété. Le mur tombe, la porte s'ouvre, une poignée de braves se précipite dans les rues voisines. A mesure que la petite armée arrive, elle se range en bataille, s'empare de quelques positions, mais n'avance qu'avec circonspection. On enveloppe et on massacre les faibles détachements de troupes qu'on rencontre. Tout-à-coup la flamme s'élève dans quatre quartiers; la ville est remplie de cris, de feu, de soldats. Les Latins surpris courent aux armes, les assaillants au pillage; les habitants, éveillés en sursaut, se cachent pour attendre l'évènement, ou viennent se ranger sous les drapeaux du vainqueur. Il n'y a point d'ordre dans la défense; la résistance devient impossible. L'empereur se sauve de son palais, se dépouille en courant des marques de sa dignité, se précipite dans une barque. Les bâtiments qui restaient dans le port coupent leurs câbles et s'éloignent de cette ville en flammes, emportant vers Négrepont quelques-unes des principales familles, et cet empereur, nouvel exemple des vicissitudes humaines. Des soldats grecs trouvent sous leurs pas l'épée, le diadème de Baudouin;

ces trophées sont portés au bout d'une lance. Au point du jour, l'ennemi se trouve maître de Constantinople.

Le flotte vénitienne arrivait en ce moment de sa fatale expédition de Daphnusie. Elle avait vu pendant une partie de la nuit la lueur d'un vaste incendie, qui lui annonçait un grand désastre; mais elle ne pouvait en soupçonner la cause. Quelques barques avertissent l'amiral; il veut attaquer sur-le-champ; mais ses trente galères, à mesure qu'elles approchent, sont entourées de bateaux chargés de familles fugitives qui viennent demander un asyle. On voit le rivage couvert de malheureux à qui le danger n'avait pas même laissé le temps de se vêtir. On demande aux vainqueurs de leur permettre au moins la retraite; et, dès que cette dernière grace est obtenue, ils se précipitent en si grand nombre dans des barques, pour atteindre cette flotte mal pourvue de vivres, que plusieurs périssent de misère avant d'arriver à Négrepont. Les chefs de ces familles fugitives et ruinées trouvèrent à Venise non-seulement des secours, mais des honneurs; on en admit dix-neuf dans le grand conseil. Cette république eut constamment la sage politique de bien accueillir les habitants de ses colonies après leurs désastres.

Il y avait cinquante-sept ans que la capitale

de l'Orient avait été prise par la bravoure d'une petite armée de Latins; elle venait d'être enlevée par une troupe encore moins nombreuse. Ce n'était là qu'un coup-de-main, un hasard de la fortune; mais plusieurs causes anciennes et permanentes devaient amener tôt ou tard la chûte de l'empire fondé par les croisés. Ces croisés étaient une poignée d'aventuriers, dont le nombre avait été diminué considérablement par les premiers combats; il n'en restait pas un au bout de cinquante ans. Aucune nation n'était intéressée à la conservation de cet empire; le gouvernement de Venise et le pape devaient seuls la desirer; mais ni l'un ni l'autre ne pouvaient y envoyer des forces suffisantes pour le soutenir. La protection du pape tenait à l'abdication du schisme, et le schisme était précisément ce qui rendait les vainqueurs plus odieux aux vaincus. Par un défaut de politique assez ordinaire dans les coalitions, on avait conquis un empire, non pour fonder un état capable de résistance, mais pour s'en partager les lambeaux. Il était évident que la population grecque chasserait avec le temps la population latine.

Michel Paléologue s'empressa de venir se faire couronner dans la capitale que la fortune lui avait donnée. Il y trouva les colonies de marchands vénitiens, pisans et génois, qui y étaient restés après la conquête; il leur conserva les privilèges et les franchises dont ils jouissaient, et le droit d'avoir parmi eux des juges de leur nation. Seulement il prit des précautions pour que cette population latine ne pût pas se réunir. Les Génois fiers de s'être déclarés pour l'empereur de Nicée avant sa nouvelle conquête, crurent pouvoir se permettre tout impunément; ils assaillirent et pillèrent le palais du podestat vénitien; l'empereur saisit ce prétexte, pour les obliger de se retirer au-delà du golfe, dans le faubourg de Galata, dont il fit démolir les fortifications. Les Vénitiens cessèrent d'être souverains dans Constantinople; mais ils conservèrent le droit d'avoir un chef de leur nation, sous le titre de bailli ou baile. Ils furent exempts envers l'empereur des corvées dues par les sujets ou par les vassaux; et tel est l'esprit du commerce, que cette colonie a toujours subsisté, malgré les guerres survenues depuis entre la république et Constantinople.

XI. Observations sur l'établissement des Vénitiens à Constantinople.

On ne peut pas douter que les Vénitiens n'eussent dès long-temps senti combien leur puissance dans l'Orient était mal affermie. L'emploi continuel de leurs forces en prouvait l'insuffisance. Il n'était pas dans la nature des choses qu'une population étrangère, qui diminuait tous les jours, restât maîtresse paisible d'un grand empire, à qui elle demandait le sacrifice de ses richesses et de sa religion.

Il n'y avait aucune proportion entre la colonie et la métropole. Aussi dit-on que, dès l'année 1225, pendant le règne déplorable du second des Courtenai, on mit en délibération, dans le conseil de Venise, s'il ne convenait pas de transférer le gouvernement et la population tout entière de la république dans ces nouveaux états qu'il s'agissait de défendre. On ajoute que les avis furent tellement partagés sur cette importante question, que la proposition contraire ne prévalut que d'une voix, qu'on appela la voix de la providence. Ce devait être une délibération bien solennelle que celle où l'on agitait le déplacement de la capitale, un changement de patrie. Cependant la plupart des historiens n'en font aucune mention; leur silence ne peut qu'inspirer des doutes sur la réalité de ce fait; d'un autre côté on cite d'anciennes chroniques qui l'attestent (1). Cette idée est d'ailleurs si naturelle

---

(1) Voyez *Principj di storia civile di Venezia*, de Sandi; les chroniques qu'il cite sont manuscrites; il les désigne sous les noms de *Savina* et de *Barbaro*.

Dans son *Essai sur l'histoire de Venise*, l'abbé Tentori, tom. IV, chap. 9, cite aussi la même chronique, et une his-

qu'il est impossible qu'elle ne se soit pas présentée à des hommes continuellement occupés de la conservation de cette précieuse conquête. Il ne peut donc y avoir d'incertitude que sur le nombre plus ou moins grand des partisans de cette proposition hardie.

Quoiqu'on ne puisse pas, sur une simple tradition rapportée dans des manuscrits dont il est difficile d'apprécier l'autorité, admettre un fait si important au nombre des vérités historiques, il peut être de quelque intérêt de consigner ici l'extrait du récit qu'on en lit dans la chronique dite de Barbaro.

Le doge Pierre Ziani, après avoir eu sur ce grand projet des conférences avec les principaux de l'état, assembla le grand conseil et y proposa la délibération. Il commença par faire valoir l'importance des établissements que la république possédait dans le Levant, la force et la fertilité de Corfou, l'étendue et l'heureuse si-

---

toire manuscrite; mais il ne croit pas que cette délibération ait jamais eu lieu ni pour Constantinople, ni pour Candie.

L'architecte Thomas Temanza, dans sa *Dissertation topographique, historique et critique*, sur l'ancienne ville de Venise, rapporte les discours attribués au doge Pierre Ziani, qui proposait la translation, et au procurateur Ange Falier qui s'y opposa.

tuation de Candie, toutes les côtes de la Grèce, les meilleures îles de l'Archipel soumises aux Vénitiens, le reste occupé par des maîtres si faibles qu'ils seraient trop heureux de se ranger sous la protection du pavillon de Saint-Marc ; au fond de cet Archipel, une ville superbe, populeuse, assise entre deux mers. Il n'existait pas dans le monde entier un site plus attrayant et plus avantageux. C'était là qu'avec toutes les commodités de la vie on pouvait se promettre une sûreté parfaite : c'était de là que, par une communication facile avec les colonies, on pouvait les protéger efficacement, ou en tirer des secours au besoin. Ces colonies d'ailleurs, sans cesse révoltées contre une métropole éloignée et située au fond de l'Adriatique, obéiraient sans murmure à la dominatrice naturelle du commerce de l'Europe et de l'Asie. La conservation de toutes ces colonies et les avantages à en tirer dépendaient donc de l'occupation de Constantinople.

Que si l'on considérait l'état précaire d'un reste de Français, leur petit nombre, leurs divisions, leur pénurie, il n'était pas douteux que la république ne fût appelée à la gloire de réunir sous sa domination la totalité d'un empire qu'elle avait fondé. Si elle ne se chargeait de le défendre, elle perdait tout le fruit de ses anciennes victoires, et laissait avorter les bienfaits de la providence. Bientôt les Grecs allaient renverser le trône des Latins; au contraire, ces Grecs ne seraient plus que de faibles ennemis en présence des Vénitiens établis sur le canal du Bosphore.

D'ailleurs, si ce voisinage n'était pas exempt de dangers, la république, dans sa situation actuelle, n'avait-elle rien à craindre? Les Padouans, le patriarche d'Aquilée, le roi de Hongrie, ne l'avaient-ils pas fatiguée de guerres continuelles, depuis sa fondation, et ces guerres pouvaient-elles être regardées comme terminées? « Quand
« elles le seraient, ajoute l'orateur, quand il se-
« rait permis de se confier avec une entière sé-
« curité à une paix suspecte, quelle est notre
« situation? Nous avons un état et nous n'avons
« point de territoire; sans territoire comment
« espérer de voir notre population s'accroître;
« et sans population comment maintenir notre
« puissance, comment accomplir les destinées
« auxquelles nous devons nous croire appelés?
« Tant que nous resterons renfermés dans ces
« lagunes, au fond d'un golfe orageux, les peu-
« ples que nous avons soumis, et à qui notre
« domination n'assure aucun avantage, ne pour-
« ront se considérer comme formant avec nous
« une nation; nous en tirerons quelques tributs,

« mais ils seront absorbés par les efforts conti-
« nuels que nous aurons à faire pour contenir
« les tributaires dans l'obéissance. Nous n'avons
« rien à vendre à nos îles qu'elles ne pussent se
« procurer avec avantage de par-tout ailleurs.
« Pour qu'elles nous soient profitables, il faut
« que nous nous emparions de leurs produc-
« tions, et que notre commerce soit un mono-
« pole; mais ce monopole excite le désespoir
« des colons, et des révoltes continuelles vous
« l'attestent.

« Je veux que vous repoussiez vos voisins, que
« vous conteniez vos sujets, que votre commerce
« florissant vous procure de nouvelles richesses;
« comment en jouirez-vous dans ce marais où
« vous manquez de toutes les choses nécessaires
« à la vie; où l'air est impur quand les eaux
« viennent à baisser, où ces mêmes eaux, quand
« elles s'élèvent, menacent votre ville? déja elles
« ont détruit Malamocco qu'il a fallu abandon-
« ner. Vos digues renversées tous les ans par
« des tempêtes, vos îles submergées, vos ports
« ensablés, vous annoncent que tôt ou tard ces
« lagunes seront envahies par la mer; et, quand
« vous voudriez croire ce danger plus éloigné qu'il
« ne l'est peut-être, n'en est-il pas un autre dont
« vous avez été souvent avertis? En vain vous vous
« efforcez de consolider vos habitations sur cette

« arène mouvante, les tremblements de terre
« viennent de temps en temps les renverser; tout
« vous dit que vous êtes sur un sol contre le-
« quel les éléments sont conjurés. Ce n'est point
« là le siége d'un empire puissant. Il dépend de
« vous de changer cette plage aride, cette mer
« orageuse, ces marais infects, où vous vous
« trouvez loin de vos ressources et au milieu
« de vos ennemis, pour le plus beau site de l'u-
« nivers, dont vous interdirez à votre gré l'ap-
« proche aux Pisans et aux Génois, d'où vous
« dominerez les îles de l'Archipel, toute la Grèce
« et les côtes d'Asie, heureuses de vous obéir, et
« où vous appellerez à vous, sans efforts comme
« sans rivaux, le commerce du monde. »

Cette perspective brillante, l'attrait de la nouveauté séduisait une partie de l'assemblée, mais les esprits moins hasardeux craignaient de se laisser entraîner dans un avenir inconnu, et les hommes sur qui l'amour de la terre natale et les habitudes conservaient plus d'empire, éprouvaient une répugnance invincible à changer de patrie. Le conseil était agité; un bruit confus de voix annonçait la diversité des opinions, lorsqu'un personnage vénérable, le procurateur Angelo Falier, monta à la tribune.

« Quelque répugnance que j'éprouve, dit-il,
« à combattre le sentiment du prince à qui

« je dois obéissance et respect, je le fais cette
« fois avec confiance, parce que je viens plaider
« devant vous la cause de la patrie; je me croi-
« rais ingrat envers elle, envers cette terre na-
« tale où mes aïeux ont été honorés, où moi-
« même j'ai été nourri, élevé, comblé de bienfaits,
« si je consentais aujourd'hui à l'abandonner
« pour aller chercher d'autres biens sur une
« terre étrangère. Et quels sont-ils donc ces biens?
« un air plus pur, un site plus riant, un sol plus
« fertile, la richesse, un commerce plus étendu,
« une domination plus vaste et plus facile. Ah! lors-
« que les habitants de Padoue s'enfuirent du plus
« beau pays de la terre pour venir chercher un asyle
« dans les lagunes, ils surent gré à ces plages d'être
« stériles, incultes, inhabitées, situées au milieu
« des eaux. Si elles eussent été riches, si elles n'eus-
« sent été cachées par la mer qui les environne,
« nos pères n'y auraient pas trouvé leur sûreté,
« notre république, notre patrie n'existerait pas,
« nous serions nés sujets de quelqu'un des petits
« princes de l'Italie, et nous ne nous verrions pas
« aujourd'hui occupés à délibérer s'il nous con-
« vient de trahir notre mère commune pour aller
« dominer dans l'orient. Nos pères songèrent-ils à la
« quitter lorsqu'ils n'eurent plus besoin d'un asyle?
« ils s'attachèrent à ces tristes plages en recon-
« naissance du bienfait qu'ils en avaient reçu. Ils

« travaillèrent pendant huit cents ans à les assai-
« nir, à s'y fortifier contre leurs ennemis et
« contre les tempêtes; ils les couvrirent d'édifices
« somptueux; ils y appelèrent toutes les com-
« modités de la vie; ils y suspendirent dans les
« temples les trophées de leurs victoires; et nous
« qui jouissons de tous ces biens, nous voulons
« les méconnaître pour en chercher de nouveaux.
« Nous reprochons à notre terre natale son in-
« salubrité; et, aveugles que nous sommes, nous
« oublions que les contagions les plus redouta-
« bles viennent de l'Orient, où l'on veut nous
« conduire! Nous nous plaignons de la stérilité
« de notre sol, comme si quelque chose man-
« quait à nos besoins, à nos caprices: comme si
« les eaux qui nous environnent ne nous fournis-
« saient pas à-la-fois et une nourriture abondante,
« et un moyen d'industrie. On nous parle de trem-
« blements de terre: Eh! quel pays y est plus
« exposé que Constantinople? Des inondations:
« les Romains quittèrent-ils leur ville, parce que
« le Tibre menaçait d'en renverser les remparts?
« De sûreté, de richesses: n'est-ce pas ici que vous
« avez trouvé votre sûreté? que vous avez acquis
« ces richesses qui vous rendent ambitieux? De
« colonies: et sur qui donc avons-nous conquis les
« plus belles de celles que nous possédons? sur les
« maîtres de cet empire à qui ces colonies tiennent,

« dit-on, indissolublement. Nos colonies grecques
« sont importantes sans doute ; mais sont-elles
« les seules que nous ayons à conserver? L'Istrie,
« la Dalmatie, n'auraient-elles plus de prix à nos
« yeux? Et si nous allions à Constantinople pour
« être plus à portée de surveiller Candie et la
« Grèce, ne serait-ce pas abandonner au roi de
« Hongrie nos provinces de l'Adriatique ?

« Ce prince est un voisin dangereux ; la ja-
« lousie des Padouans et l'inimitié du patriarche
« d'Aquilée vous fatiguent ; vous allez mettre les
« mers entre eux et vous ; mais dans quel pays
« allez-vous vous fixer où l'ambition de la domina-
« tion et des richesses ne vous suscitent bientôt
« des ennemis? Déja il s'agit de transporter le siége
« de votre nouvel état dans une ville que nous ne
« possédons pas tout entière. Il faudra commencer
« par en chasser ou par assujettir les Français ; en-
« suite, vous aurez à vous assurer de l'obéissance
« des naturels du pays ; enfin, il vous restera à re-
« pousser vos nouveaux voisins, c'est-à-dire le roi
« des Bulgares, le prince de Thessalie, l'empereur
« de Trébizonde et celui de Nicée, dont le terri-
« toire s'étend jusqu'aux faubourgs de Constan-
« tinople. Il y a plus, on parle d'un nouveau
« peuple déja établi dans la Natolie, peuple re-
« doutable par son courage, par son fanatisme,
« et par la haine qu'il a vouée au nom chrétien.

« Voilà pourtant les ennemis que vous iriez
« chercher pour échapper à l'incommodité d'a-
« voir pour voisins les Padouans et le patriarche
« d'Aquilée.

« Avez-vous formé le projet de vivre en paix
« avec tous ces peuples dont vous allez vous
« rapprocher? Mais l'amitié des Grecs est tou-
« jours suspecte; celle des Français, impuis-
« sante et onéreuse; enfin, je suppose que vous
« conserviez la paix avec les uns et les autres;
« quel moyen de la conserver avec les infi-
« dèles?

« De deux choses l'une, ou vous partez pour
« faire des conquêtes, et alors les projets de
« votre politique sont subordonnés aux événe-
« ments; ou bien vous allez vous établir paisi-
« blement dans un quartier de Constantinople;
« mais conçoit-on l'existence de deux gouverne-
« ments dans l'enceinte d'une même ville? Où
« sera notre sûreté dans un pareil établissement?
« Quelle sera la condition de nos concitoyens
« transplantés sur cette terre nouvelle? Quelle
« sera la destinée de nos vieillards, de nos pa-
« rents, de tout ce que nous laisserons ici? Aban-
« donnés au fond de ce golfe, c'est alors qu'ils
« s'apercevront que ces plages sont tristes et
« stériles. Le commerce, la richesse, la puissance,
« s'évanouiront à-la-fois; un voisin ambitieux

« ne tardera pas à se montrer entreprenant :
« nous apprendrons de loin que notre patrie
« est devenue sujette. Ceux d'entre nous qui
« pourront encore y aborder trouveront la ville
« dépeuplée, les canaux ensablés, les digues ren-
« versées, les lagunes infectes, nos édifices dé-
« molis, leurs débris précieux transportés ail-
« leurs, nos trophées dispersés chez l'étranger,
« quelques religieux errants sur les ruines de
« monastères autrefois magnifiques, le peuple
« sans travail et sans pain, la religion sans pompe,
« le magistrat de quelque ville voisine dictant
« des lois dans ce palais où nous délibérons; et
« l'histoire dira que, pour écouter une ambition
« inquiète et peu réfléchie, nous avons renoncé
« aux bienfaits les plus signalés de la providence,
« et détruit l'un des monuments les plus admi-
« rables de l'industrie humaine. » Non, s'écria
l'orateur, en se jetant aux pieds d'un Christ qui
décorait la salle, « Non, vous ne permettrez pas,
« ô notre divin Sauveur, que nous abandonnions
« la patrie que vous nous aviez assignée; c'est
« vous qui en avez posé les fondements sur l'a-
« byme des mers; c'est vous qui l'avez défendue
« et gouvernée. Daignez toucher le cœur de ce
« peuple qui vous fut toujours fidèle; qu'il ne
« se montre pas ingrat envers vous, et qu'il
« accomplisse, sous une protection dont il a reçu

« tant de témoignages, les destinées que vous
« lui réservez. »

Falier descendit alors de la tribune, les yeux pleins de larmes ; on alla aux voix : et une boule ou deux décidèrent du sort de Venise.

Sous une infinité de rapports, la situation de Constantinople était certainement préférable. Mais de tels avantages ne sont que relatifs, et, si les Vénitiens délibérèrent en effet sur le choix, ils firent sagement de préférer une position moins brillante, où ils trouvaient leur sûreté, et que leurs forces maritimes suffisaient à défendre. Transporté dans l'Orient, ce peuple de commerçants et de marins, plus braves sans doute que les Grecs, mais moins lettrés, et considérés par eux comme des barbares, n'aurait pu y être supporté qu'en se confondant avec la population indigène et en en prenant la mollesse. Mais les différences de religion, de langue et d'intérêts, étaient autant d'obstacles à cette fusion. Jamais ils n'auraient eu assez de bras pour contenir la population, pour détruire trois ou quatre empereurs inquiets de leur voisinage, ni sur-tout pour arrêter le nouveau torrent de barbares qui devaient bientôt fondre sur ces belles contrées. Ce n'était pas avec une trentaine de galères qu'on pouvait défendre une ville comme Constantinople. D'ailleurs les Vénitiens ne possédèrent jamais que le quart de la ville, et quand ils auraient pu devenir maîtres de toute cette capitale, que serait devenu le gouvernement de Venise au milieu de cette nouvelle population? Un gouvernement municipal pouvait convenir à un état qui était tout entier dans une ville. On peut admettre même chez une grande nation un gouvernement collectif; mais il faut que les intérêts du peuple et ceux de l'administration soient homogènes; il faut que ceux qui exercent les droits de tous, soient revêtus de leur magistrature par la confiance; que les patriciens, s'il y en a, soient dès long-temps environnés de considération : or conçoit-on ce que serait une poignée de citadins et de nobles, qui viendraient dans un pays, où leurs noms ne seraient pas même connus, imposer silence à toutes les vanités? De deux choses l'une : ou on aurait appelé les habitants du pays à siéger dans les conseils investis de la souveraineté, et alors les Vénitiens n'auraient plus été que des Grecs, et l'empire d'Orient aurait été une république; ou bien les Vénitiens auraient prétendu gouverner sans partage, et pour soutenir un tel gouvernement ( en supposant la chose possible ), il aurait nécessairement fallu donner une telle puissance à celui qui en aurait été le chef, que bientôt les conquérants n'auraient pas été plus libres que le peuple conquis.

La puissance, la liberté, la conservation de la république, tenaient à sa position insulaire. Comme Athènes, elle dominait sur la mer; comme Athènes, elle avait vaincu le grand-roi; mais elle avait un avantage de plus, celui de ne point tenir à la terre. Ceci rappelle cette réflexion de Xénophon, dont il a été fait une application si brillante : si les Athéniens étaient à-la-fois maîtres de la mer et insulaires, ils seraient terribles sans être vulnérables.

XII. *Nouvelle révolte des colonies vénitiennes* Pendant que les Latins perdaient l'empire d'Orient, il était naturel que les colonies vénitiennes essayassent de nouveaux efforts pour secouer le joug de la métropole. C'est un des inconvénients attachés au gouvernement républicain, que cette méfiance déclarée contre tous les dépositaires du pouvoir, qui le fait passer rapidement dans une multitude de mains, parmi lesquelles il y en a nécessairement de malhabiles. Le sénat de Venise changeant continuellement les gouverneurs de ses provinces, ceux-ci administraient nécessairement sans expérience : les plus capables n'osaient rien hasarder: il semblait qu'on ne voulût laisser à aucun d'eux le temps de réparer ses fautes ou d'achever ce qu'il avait heureusement commencé. De là résultaient pour les colons de justes sujets de plainte. Quelquefois l'administrateur était tenté d'abuser d'un pouvoir qui allait lui échapper, et souvent les peuples éprouvaient la tentation non moins vive de profiter, pour ressaisir leur liberté, de l'occasion favorable que leur offrait un mauvais choix.

Les villes de Pola et de Zara chassèrent le podestat vénitien, et se mirent, comme de coutume, sous la protection du roi de Hongrie. Il fallut armer une flotte, et réduire ces deux places par des siéges.

Les Candiotes, qui avaient un asyle plus sûr dans leurs montagnes, fatiguaient sans cesse la république de leurs insurrections. Deux frères, Georges et Théodore Cortazzi, se mirent à la tête de celle qui éclata en 1241. Ils rassemblèrent assez de forces pour que cette révolte devînt une guerre. Le gouverneur Marin Geno y fut tué. Ses successeurs, sur-tout Marin Gradenigo, remportèrent quelques avantages, et ramenèrent une paix qui fut scellée du sang de quelques rebelles obscurs.

Un autre habitant de l'île, nommé Alexis Calerge, homme considérable par sa naissance, redoutable par sa prudence et sa tenacité, pré-

1241.

1243.

paraît, non une révolte momentanée, mais une résistance opiniâtre. Le sénat, averti de ses pratiques, soupçonna son dessein, et voulut le faire enlever. Calerge, également bien servi par ses espions, s'évada sur-le-champ, et l'insurrection éclata dans la nuit même de son évasion. Ce fut un embrasement général, une guerre qui, pendant dix-huit ans, conduite et soutenue avec des succès divers, fatigua, épuisa les troupes de la république.

L'Europe eut pour la première fois le spectacle d'une puissance maritime luttant contre une grande colonie. La métropole attaquait toujours les rivages avec succès. Les colons trouvaient toujours un asyle assuré dans les terres. Les Vénitiens, après une première victoire, se trouvaient trop faibles pour en recueillir le fruit. Quand les Candiotes étaient victorieux à leur tour, leur ennemi leur échappait; ils ne pouvaient le suivre sur les mers, et porter la guerre dans son territoire. Ces deux peuples étaient dans l'impuissance de se détruire; ils sentirent l'inutilité de leurs efforts; on négocia, et dans la négociation le gouvernement vénitien reprit sa supériorité. Il ne lui en coûta que de gagner le chef de l'insurrection. On accorda à Calerge des honneurs, des priviléges, l'exemption de tous les impôts:

on l'éleva au rang de noble vénitien; et, contre l'ordinaire de cette sorte de traité entre le maître offensé et le sujet rebelle, on ne conserva ni sentiment de vengeance, ni projet de trahison. Pour affermir cette paix, la métropole envoya dans l'île une nouvelle colonie, qui fonda la ville de la Canée, sur les ruines de l'ancienne Cydon.

Le système de colonisation que les Vénitiens adoptèrent mérite de fixer l'attention; ils divisèrent l'île en trois parts. La première pour la république, la seconde appartenait à l'église, la troisième aux colons; celle-ci était divisée en 132 lots pour les cavaliers ou nobles, et 405 pour les fantassins. L'ancienne Crète pouvait reconnaître dans ce partage une imitation de la méthode des Grecs et des Romains (1). Les lots

*Nouvel envoi de familles vénitiennes à Candie. Terres qu'on leur assigne. Elles fondent la ville de la Canée.*

---

(1) Thucydide rapporte plusieurs exemples de partages semblables ordonnés par les Grecs après la soumission d'une colonie révoltée. Les Athéniens rentrent dans Mitylène, qui avait été infidèle à leur alliance : ils ordonnent la mort de tous les habitants, à l'exception des femmes et des enfants. Le vaisseau, porteur du contre-ordre, arrive quelques instants avant l'exécution; mais il apporte en même-temps un décret qui divise les terres de l'île en trois mille lots; trois cents pour être consacrés aux dieux, et le reste pour être réparti par le sort entre les citoyens d'Athènes envoyés pour en prendre possession.

Platée, dépendance de Thèbes, et qui était devenue l'alliée

de terre n'étaient point égaux; aux plus considérables était attachée l'obligation de fournir, en cas de guerre, un cavalier et deux écuyers avec leurs armes et leurs chevaux; les autres devaient fournir dix soldats à pied. Plus tard la colonie eut un gouvernement calqué sur celui de la métropole, un duc, ou vice-doge, un grand conseil et un livre d'or (1), pour y inscrire les noms d'une noblesse sans pouvoir.

XIII. Différends entre le pape et l'empereur Frédéric II.

Pendant ce temps-là des intérêts temporels brouillaient l'empereur Frédéric II et le pape. L'empereur s'était engagé à faire le voyage d'outre-mer; déjà héritier du royaume de Naples, il avait exigé de Jean de Brienne, son beau-père, la cession de la couronne de Jérusalem; mais, depuis sept ans, il différait d'accomplir son vœu. Grégoire IX eut beau lui écrire: « Le Seigneur nous a mis en ce monde, comme « un chérubin armé d'un glaive tournoyant,

---

des Athéniens, est forcée de se rendre; une sentence solennelle condamne tous les habitants à mort, les femmes sont réduites en servitude, les Thébains envoient une colonie de Mégariens pour peupler la ville, et les terres deviennent une propriété du trésor public.

(1) *Ricerche storico-critiche sull' opportunità della laguna veneta pel commercio, sull' arti e sulla marina di questo stato*, par le comte FILIASI.

« pour montrer à ceux qui s'égarent le chemin
« de l'arbre de vie (1). » Il eut beau lancer
l'excommunication, pour se débarrasser d'un
voisin dangereux, en l'envoyant au-delà des
mers; Frédéric disait que si Dieu avait connu
le royaume de Naples, il n'aurait pas fait choix
du stérile pays de la Judée; et il répondait au
pape (2) : « L'église romaine brûle d'une telle
« avarice, que les biens ecclésiastiques ne lui
« suffisent plus; elle n'a pas honte de dépouiller
« les princes souverains. Je ne parle point des
« simonies, des exactions qu'elle exerce sur le
« clergé, des usures manifestes ou palliées dont
« elle infecte le monde. Cependant ces sangsues
« insatiables usent de discours tout de miel,
« disant que la cour de Rome est l'église *notre*
« *mère et notre nourrice*, tandis que c'est une
« marâtre, et la source de tous nos maux. Elle
« envoie de tous côtés des légats, avec pouvoir
« de punir, de suspendre, d'excommunier, non
« pour répandre la parole de Dieu, mais pour
« amasser de l'argent, et moissonner ce qu'ils
« n'ont point semé; et maintenant ces Romains,
« sans noblesse, sans courage, vains de leur

---

(1) *Histoire ecclésiastique*, liv. 79ᵉ.
(2) Ibid.

« littérature, aspirent aux royaumes et aux em-
« pires. »

C'étaient là de singuliers sentiments pour un croisé; aussi le pape prononça-t-il l'anathème contre Frédéric (1). « Voyant que l'empereur
« négligeait son salut, en refusant d'accomplir
« son vœu, nous avons, dit-il, tiré contre lui
« le glaive médicinal de saint Pierre, et publié,
« en esprit de douceur, la sentence d'excommu-
« nication. Tous les lieux où il arrivera seront
« frappés de l'interdit ecclésiastique; tant qu'il
« y sera présent, on n'y célébrera aucun office;
« s'il assiste au service divin, nous procéderons
« contre lui comme contre un hérétique qui
« méprise les clefs de l'église; et s'il ne se sou-
« met à l'excommunication, nous absoudrons
« de leur serment tous ceux qui lui ont juré
« fidélité : car on n'est point obligé de garder
« la foi que l'on a jurée à un prince chrétien,
« quand il s'oppose à Dieu et à ses saints, et
« méprise leurs commandements. » Cette terrible maxime montrait un digne successeur d'Innocent III, qui, en excommuniant Louis de France, fils de Philippe-Auguste, avait pris pour texte ces paroles d'Ézéchiel : « Glaive, glaive,
« sors du fourreau, et aiguise-toi pour tuer. »

---

(1) Ibid.

Frédéric, sans être ébranlé par les anathêmes du pape, jugea cependant que les intérêts de son royaume de Jérusalem pouvaient réclamer sa présence. Il se disposa à partir pour la Palestine. Grégoire lui signifia qu'il ne pouvait pas prétendre à y passer comme croisé, jusqu'à ce qu'il fût absous des censures qu'il avait encourues. Ce prince ne tint aucun compte de cette défense. Pendant qu'il allait combattre les Sarrasins, il laissa en Italie une armée qui attaqua l'état de l'église; et par une singularité assez remarquable, il y avait dans cette armée des Sarrasins-siciliens qu'il avait enrôlés dans ses troupes.

*Frédéric passe en Palestine.*

Arrivé dans la Terre-Sainte avec vingt galères et cent chevaliers, il y trouva un clergé décidé à le méconnaître, et les soudans d'Égypte et de Damas campés à Gaza et à Naplouse. Frédéric jugea fort sagement qu'attendu la difficulté de conquérir par les armes ces saints lieux, qui avaient déja coûté tant de sang, c'était rendre un grand service à la chrétienté, que de s'assurer, au moins pour quelque temps, par la négociation, la possession non contestée du royaume de Jérusalem. Il eut le bonheur, ou l'habileté, de conclure avec le soudan d'Égypte une trève de dix ans, par laquelle celui-ci lui cédait Jérusalem, Bethléem, Nazareth et Sidon,

*Il conclut une trève avec le soudan d'Égypte.*

avec la faculté de fortifier ces places; seulement le soudan se réservait, dans Jérusalem, une mosquée que les musulmans avaient bâtie à la place de l'ancien temple, détruit par Titus, et qui avait été changée en église, après la conquête de Godefroi de Bouillon.

Cette restriction excita la colère du patriarche. Il se plaignit de l'impiété qui laissait le temple de Salomon entre les mains des infidèles, et poussa l'emportement jusqu'à défendre de réconcilier les saints lieux, d'y faire aucun pélerinage, d'y célébrer le service divin.

Au mépris de toutes ces censures, l'empereur fit faire les cérémonies de la religion dans l'église du Saint-Sépulcre; et comme il n'y avait point d'évêque pour le couronner, il prit lui-même la couronne sur l'autel, et se la mit sur la tête; deux jours après il partit pour Ptolémaïs. Le clergé ne lui pardonnait pas d'avoir signé la trève. Des moines s'étant permis de prêcher contre lui, il les fit fustiger par ses soldats. Le patriarche mit les lieux saints en interdit. Frédéric se rembarqua, et fit voile pour l'Italie, où les succès de l'armée du pape réclamaient sa présence.

*Il arrive en Italie.*

Son arrivée changea l'état des affaires, et lui attira une troisième excommunication. Le pape délia tous les sujets de l'empereur de leur serment de fidélité. Ce grand éclat fut suivi d'une assez prompte réconciliation ; mais quelque temps après les guerres de l'empereur contre les villes insoumises de la Lombardie, et ses prétentions sur la Sardaigne, attirèrent sur lui de nouveaux anathèmes et la publication d'une croisade. « Il y a, disait le pape, plus de mérite « à combattre Frédéric, ennemi de la foi, qu'à « retirer la Terre-Sainte d'entre les mains des « infidèles (1). » Grégoire déposa Frédéric, et donna l'empire à Robert, frère de saint Louis ; mais le roi lui fit une fort belle réponse, dont la sagesse contrastait avec l'emportement du pontife. L'empereur marcha sur Rome.

Ce pontife violent, qui luttait depuis quatorze ans contre le plus puissant prince de la chrétienté, était presque centenaire ; il mourut. Son successeur ne régna que quelques jours.

XIV. Guerre en Italie.

---

(1) Lettre de Grégoire IX à saint Louis : « Un curé de Paris ayant reçu l'ordre de publier cette excommunication, dit en chaire : J'ai ordre de dénoncer l'empereur comme excommunié ; j'ignore pourquoi. J'ai appris seulement qu'il y avait un grand différend entre lui et le pape. Je ne saurais dire de quel côté est le bon droit. En conséquence, autant que je le puis, j'excommunie celui des deux qui a tort. Le pape ne manqua pas de punir cette hardiesse, et l'empereur de la récompenser. »

Les cardinaux furent près de deux ans à s'accorder sur un choix. Lorsque ce choix fut connu, on en félicitait Frédéric. « Le cardinal de Fies-
« que, répondit-il, était de mes amis; vous ver-
« rez qu'Innocent IV sera mon ennemi le plus
« acharné. » En effet, le nouveau pape ne se montra pas plus disposé que son prédécesseur à rien abandonner des prétentions de l'église. Les hostilités recommencèrent, et avec elles les excommunications. Le pape poussait si loin la violence dans l'exercice de son autorité spirituelle, qu'en même temps qu'il déposait l'empereur et publiait une croisade contre lui, il excommuniait deux autres rois, Jacques d'Arragon et Sanche de Portugal. Tandis qu'il offrait la couronne de Sicile à un prince français, il la proposait à un fils du roi d'Angleterre (1); enfin il entrait en négociation avec le soudan d'Égypte, pour l'engager à rompre la trève jurée entre lui et Frédéric, comme roi de Jérusalem. Il y eut des conspirations contre la vie de l'empereur (2); il y en eut pour tuer le pape. Fré-

---

(1) Cette bulle d'Innocent IV au roi d'Angleterre a été imprimée pour la première fois par le savant et judicieux auteur de l'*Essai sur la puissance temporelle des papes*, tom. II.

(2) Presque tous les conjurés condamnés à mort, après la

déric fit pendre son médecin pour lui avoir présenté du poison.

Tant d'animosité ne pouvait manquer de donner naissance à des factions. Il s'en forma deux en Italie, sous le nom de Guelfes et de Gibelins, noms dont on ignore l'origine, mais à qui de longs malheurs, fruit de tant de discordes, donnèrent une déplorable célébrité.

*Commencement des deux factions connues sous le nom de Guelfes et de Gibelins.*

A la faveur de ces troubles, Azon, marquis d'Este, réclama l'assistance du pape et des Vénitiens, pour recouvrer ses états, dont il avait été dépouillé par l'empereur, et mit le siége devant Ferrare, qui tenait pour la faction gibeline. Le doge alla en personne à ce siége, après avoir laissé le gouvernement de Venise à son fils Jean (1), et Ferrare s'étant rendue, le marquis, en en prenant possession, s'acquitta envers la république par la concession de divers priviléges, dont les commerçants vénitiens devaient jouir dans ses états. Ces priviléges furent, dans la suite, l'occasion d'une guerre.

L'empereur avait beaucoup à faire pour sou-

---

découverte de la conjuration tramée par les frères mineurs pour assassiner Frédéric, déclarèrent que le pape en avait connaissance. (*Lettres de* Pierre DESVIGNES, liv. 11.)

(1) *Storia veneziana di* Andrea NAVAGIERO.

tenir ses droits en Allemagne, en Lombardie, en Sicile, en Syrie. Le pape, qui lui suscitait des ennemis de tous côtés, ne manqua pas de s'adresser aux Vénitiens, dont la politique constante fut de contrarier l'agrandissement des empereurs en Italie. La république arma une flotte, qui, sous le commandement de Pierre Thiepolo, fils du doge, alla croiser dans les mers de Naples, fit quelques dégâts sur les côtes, et se retira, sans avoir livré bataille, devant la flotte impériale.

*La république arme une flotte contre l'empereur.*

Pour réparer la honte de cette retraite, le jeune Thiepolo alla combattre à la tête des Milanais. Vaincu par Erzelin, l'un des partisans de l'empereur, il fut fait prisonnier et envoyé à Frédéric, qui, contre toutes les lois de la guerre et de l'humanité, lui fit trancher la tête, pour se venger du doge et insulter le gouvernement vénitien. Non-seulement la république ne témoigna aucun ressentiment de cet outrage, mais après la mort de l'empereur, qui survint en 1250, elle fournit à son fils Conrad une flotte pour passer à Naples, quoiqu'il fût poursuivi avec la même animosité, et frappé des mêmes anathêmes que son père.

*Le fils du doge va combattre contre l'empereur; il est pris et décapité.*

La vengeance du sénat de Venise tomba sur Erzelin. C'était un homme de basse extraction, qui, à la faveur des troubles qui désolaient

*Guerre contre Erzelin, tyran de Padoue.*

l'Italie, s'était fait chef du parti des Gibelins, c'est-à-dire des Impériaux dans la Lombardie. Il avait établi sa résidence à Padoue, dont il était devenu le tyran, et répandait encore plus la terreur par ses cruautés que par ses armes. Le pape, pour se délivrer d'un ennemi si dangereux, publia, contre ce fils de perdition, cet homme de sang, réprouvé par la foi (1), une croisade, dans laquelle les Vénitiens s'engagèrent avec l'ardeur qu'inspirent le desir d'une juste vengeance, et l'inquiétude que donne toujours le voisinage d'un tyran. Dans le traité qui fut conclu à cette occasion avec le pape, le doge ne stipula point en son nom, comme avaient fait souvent ses prédécesseurs, mais au nom du conseil et de la communauté des Vénitiens (2). Ils armèrent des troupes, des vaisseaux. Padoue, la place d'armes d'Erzelin, fut emportée d'assaut, et pillée pendant sept jours par ceux qui se disaient ses libérateurs. Le tyran, furieux en apprenant la perte de cette ville, fit égorger tous les Padouans qui étaient dans son armée; poursuivi dans Vérone, dans Vicence, dans

---

(1) Ce sont les expressions de la bulle. (RAYNALDI *Annales*, 1255.)

(2) *Memorie storico-civili sopra le successive forme del governo de' Veneziani* da Sebastiano CROTTA.

Brescia, il mourut enfin d'une blessure qu'il avait reçue en combattant. Ce fut en reconnaissance de ce service, rendu au parti de l'église, que le pape accorda au doyen du chapitre de Saint-Marc le droit de porter la mître et le bâton pastoral.

*Abdication du doge Jacques Thiepolo. 1249.*

Je n'ai pas voulu interrompre le récit de ces évènemens, pour faire mention de l'abdication du doge Thiepolo. Accablé d'années et du chagrin d'avoir perdu si malheureusement son fils, il se démit de sa dignité en 1249. Savant jurisconsulte, il avait recueilli, coordonné les lois de sa patrie, et réformé le code vénitien.

Il y avait à-peu-près un siècle que les Pandectes de Justinien avaient été retrouvées (1); la vive lumière qu'avait répandue ce recueil de lois, fut une des principales causes du retour de la civilisation. Ce que les Triboniens avaient

---

(1) A Amalfi, en 1137, ou en 1135, suivant Tiraboschi. Cet historien prétend au reste que le manuscrit qu'on trouva à Amalfi, était, ou l'original, ou au moins une copie très-ancienne des Pandectes; mais que l'existence de ce recueil était connue avant cette époque; et il cite à l'appui de son opinion plusieurs jurisconsultes qui l'avaient déja expliqué; quoi qu'il en soit, les Pisans emportèrent ce trophée du pillage d'Amalfi, et s'en virent dépouillés à leur tour par les Florentins.

fait pour la législation de l'empire, Pantaléon Justiniani, depuis patriarche de Constantinople, Thomas Centranigo, Jean Michieli, et Étienne Badouer, l'exécutèrent pour leur patrie. Tels sont les noms de ceux que la reconnaissance publique cite comme coopérateurs de Jacques Thiepolo dans cet utile travail. L'orgueil national des habitants de Sienne, et peut-être la jalousie ont accrédité parmi eux l'opinion que les Vénitiens leur avaient demandé communication de leurs statuts, et les avaient pris pour modèle (1). Il serait fort difficile de vérifier ce fait, dont assurément les Vénitiens ne demeureraient pas d'accord.

Ce fut, dit-on, sous le règne de Jacques Thiepolo, en 1446, que furent commencés le pont de Rialte et les embellissements de la place Saint-Marc (2).

Thiepolo fut remplacé par Marin Morosini, pour l'élection duquel on éleva le nombre des

Marin Morosini, doge. 1249.

---

(1) Voici ce que je lis dans une note de M. le bibliothécaire de la ville de Sienne, sur un manuscrit intitulé : *Collezione di leggi Venete : è costante tradizione che da Siena fossero mandati i nostri statuti a Venezia.*

(2) *Cronica di Venezia, e come lo fù edificata, e in che tempo, e da chi fino all' anno 1446.*

(*Manuscrit de la bibliothèque de St.-Marc*, n° 21.)

électeurs à quarante et un, afin d'éviter les inconvénients du partage.

C'est au règne de celui-ci qu'il faut rapporter la première croisade de saint Louis, dont je ne fais mention que parce que un vieil historien reproche aux Vénitiens de n'avoir pas voulu se laisser fléchir pour fournir à ce prince des vaisseaux à un prix raisonnable (1).

<small>Renier Zeno, doge. 1252.</small>

Morosini ne régna que trois ans. Après sa mort, les quarante-un électeurs firent choix de Renier Zeno, et annoncèrent cette élection au peuple. C'est l'expression de l'historien Dandolo (2) que je consigne ici, parce qu'elle fait voir ce qui restait alors au peuple vénitien de son ancien droit d'élire le doge.

<small>XV. Guerre contre les Génois. 1256.</small>

Le règne de Zeno fut rempli par une guerre continue de onze ans que la république de Venise eut à soutenir contre celle de Gênes. Ce fut vers l'an 1256 qu'éclata entre les deux peuples cette haine née de la jalousie du commerce ; haine si

---

(1) Et li messages furent en Acre; ils ne porent en nule manière fléchir les Genevoys, ne les Véniciens, que ils vousissent mettre resnable pris en leur vaissiaus.

(*Annales du règne de St.-Louis*, par Guillaume de NANGIS.)

(2) Ducem creatum populo nuntiaverunt. (*Chronicon.* lib. 10, cap. 7.)

funeste dans ses effets qu'elle compromit tour-à-tour l'existence des deux états. Gênes, sans territoire comme Venise, tirait toute sa puissance de la navigation. Cette navigation avait pour objet de fournir à l'Europe les marchandises de l'Asie. A cette époque, la boussole n'avait pas encore ouvert les routes de l'océan. Quatre puissances principales possédaient de vastes côtes sur la Méditerranée, mais aucune d'elles n'avait une marine commerçante. Les chrétiens et les Sarrasins se disputaient encore l'Espagne; la France divisée ne songeait pas à s'enrichir par le commerce, qu'elle semblait même dédaigner; le royaume de Naples et de Sicile était devenue une proie que plusieurs familles se disputaient; l'empire grec, déchiré de toutes parts, était pressé par les peuples orientaux. C'était un immense avantage que le privilége exclusif d'aller acheter, dans le fond de la Méditerranée, tous les objets de luxe et de nécessité que l'Asie fournissait à l'Europe, d'en fixer à son gré le fret et le prix. Ce privilége était exploité par les trois républiques de Venise, de Pise et de Gênes. Les deux dernières n'avaient pu voir sans envie les établissements que la première avait acquis dans l'Archipel et dans la Morée. Si les Vénitiens avaient pu garder toutes leurs conquêtes, ils auraient certainement fini par interdire à leurs rivaux la navigation de la mer Noire, du Bosphore et de l'Archipel. Sans en venir même à cette extrémité, ils auraient eu sur eux tant d'avantages, que la concurrence serait devenue impossible; aussi le sentiment de leur intérêt avait-il allié les Génois avec les empereurs grecs, pour la destruction de l'empire latin en Orient.

*Discorde pour la possession d'une église à St.-Jean-d'Acre.*

Sur les côtes de la Palestine, les avantages avaient été moins inégalement partagés. On a vu que les Génois et les Vénitiens avaient des comptoirs dans les ports principaux. Ils possédaient les uns et les autres des quartiers dans plusieurs places; ils y étaient sous la juridiction de leurs magistrats. Dans la ville de Saint-Jean-d'Acre il ne se trouvait malheureusement qu'une église pour les deux nations. Les Génois en réclamaient la possession exclusive, les Vénitiens voulaient qu'elle fût commune; le pape jugea le différend en faveur de ceux-ci. Les Génois, au lieu de se soumettre à cette décision, s'emparèrent de l'église, la fortifièrent et chassèrent tous les Vénitiens de la ville.

Ils devaient s'attendre à être bientôt attaqués. Venise arma treize galères, qui forcèrent l'entrée du port, et brûlèrent trente bâtiments génois qui s'y trouvaient. Quelques troupes mises à terre marchèrent sur l'église qui était le sujet de la querelle, l'emportèrent d'assaut, la détruisirent entièrement, forcèrent les Génois à se réfugier dans Tyr, s'emparèrent de leurs comptoirs, et pillèrent leurs magasins.

Les Génois établis à Tyr se mirent aussitôt en mer avec quelques vaisseaux, pour tirer vengeance de cette perte. L'escadre vénitienne sortit du port de Saint-Jean-d'Acre, pour aller à leur rencontre, et les battit complètement. Mais ce n'était là que le prélude de combats plus sérieux. Les deux républiques armaient avec la plus grande activité. Les Vénitiens ne se bornèrent pas à déployer leurs propres forces. Ils invoquèrent la haine que les Pisans avaient vouée au nom génois, et oubliant pour un moment leurs propres rivalités, parce qu'il y avait un ennemi commun à détruire, Venise et Pise s'allièrent par un traité offensif et défensif, dont la durée était fixée à dix ans (1).

Quarante-neuf galères et quatre gros vaisseaux partis de Venise arrivèrent devant Saint-Jean-d'Acre, presque dans le même temps où quatre gros vaisseaux et quarante galères génoises en-

---

(1) Il est dans les dissertations de MURATORI, *sur les antiquités du moyen âge*. (Dissertation 49$^e$, p. 403.)

Bataille navale. 1258.

traient dans la rade de Tyr. Les deux flottes remirent en mer, animées d'une ardeur égale; elles s'aperçurent mutuellement vers le soir du 25 juin 1258. On passa la nuit à s'observer. Les Génois avaient pour capitaine Guillaume Buccanigra. La flotte vénitienne était commandée par André Zeno, fils du doge, et Laurent Thiepolo. Au point du jour on s'attaqua avec fureur, la ligne des Génois fut rompue dès le commencement de l'action; ils redoublèrent d'efforts pour réparer ce désavantage. Mais la victoire se déclara en faveur des Vénitiens. Vingt galères prises les suivirent lorsqu'ils rentrèrent triomphants dans le port; le reste de la flotte génoise se retira vers Tyr; elle avait perdu plus de deux mille hommes. Arrivés à Saint-Jean-d'Acre, les vainqueurs se jetèrent sur ce qui restait dans cette ville de négociants génois, détruisirent leurs habitations et les firent prisonniers. Ainsi la guerre civile venait de s'allumer entre les chrétiens dans la Terre-Sainte; et tandis que les infidèles pouvaient voir, de leurs côtes, les fureurs de ces deux peuples qui s'entre-détruisaient, ce qui restait de chrétiens dans la Palestine se déclarait, au gré de ses passions, pour l'un ou l'autre parti; les chevaliers du Temple, les hospitaliers de Saint-Jean-de-Jérusalem devinrent les auxiliaires des deux républiques rivales (1).

Les Vénitiens n'avaient pas renoncé à recouvrer les possessions qu'ils avaient conquises, cinquante ans auparavant, vers le Bosphore; ils faisaient avec peu d'avantage une guerre opiniâtre à l'heureux Michel Paléologue, qui les avait chassés de Constantinople. Mais que pouvaient des flottes d'une vingtaine de galères, contre le nouvel empire grec? Les exploits des généraux de la république se réduisaient à désoler le commerce, à menacer toutes les côtes et à incendier quelques villages. Ce fut en vain que la république sollicita, et que le pape fit prêcher une croisade contre l'empereur schismatique. Aucun prince de l'Occident ne voulut prendre les armes contre lui. Bien loin de-là, il trouva des alliés, grace à l'irréconciliable haine qui divisait les Génois et les Vénitiens. Les Génois, au lieu de s'armer pour mériter les indulgences, encoururent l'excommunication, en s'alliant avec Michel Paléologue, qui leur

XVI.
Guerre des Vénitiens contre l'empereur grec.

Les Génois s'allient à l'empereur.
1261.

---

(1) En me conformant à la version de la plupart des historiens, je préviens qu'elle n'est pas tout-à-fait d'accord avec les annales génoises, liv. 6. Les annales génoises sont de Caffari, et le 6ᵉ livre de Barthelemi Scriba son continuateur.

offrait des priviléges et des établissements, aux dépens de leurs rivaux (1), notamment la possession de l'île de Scio, où ils se sont maintenus pendant plus de trois siècles (2). L'empereur leur donna aussi le palais et le comptoir de la colonie vénitienne de Constantinople. Ces implacables ennemis le démolirent et en transportèrent les pierres à Gênes (3).

Une flotte génoise vint se réunir à la flotte grecque. Cette armée combinée fit quelques prises de médiocre importance ; on se partagea les prisonniers. Les Grecs firent crever les yeux aux leurs ; les Génois massacrèrent tous ceux qui leur étaient échus en partage (4). Ces atro-

---

(1) Voyez le traité dans la collection Bysantine, à la suite de l'*Histoire de Constantinople*, sous les empereurs français, par Ducange ; il est du 13 mars 1261.

(2) Jusqu'en 1566.

(3) Idem imperator palatium amplum et latum ad formam castri, quod Veneti in dictâ civitate obtinebant, Januensibus donavit, quodque Januenses cum tabis, buccinis et chordibus cadunatis funditùs diruerunt ; et ex lapidibus ipsius palatii in ipsâ nave Januam transmiserunt, quorum quidam adhuc exstant in domo communis ædificatâ ad clapam olei.

( *Annales genuenses ubi supra.*)

(4) L'historien génois ne rapporte que la moitié de ce fait : « Imperator autem ad dedecus Venetorum omnibus nasum abscindi, et oculos erui fecit, præter quibusdam, qui, precibus Januensium, dictam pœnam evaserunt. »

cités trouvèrent leur juste punition au commencement de la campagne suivante. La flotte de Venise attaqua et battit complètement la flotte génoise sur les côtes de la Morée. Non contents d'ensanglanter la Syrie et l'Archipel, les Génois vinrent insulter leurs ennemis dans l'Adriatique. Ceux-ci, pour interdire l'approche de leurs côtes, envoyèrent trente-sept galères dans le canal de Malthe. En interceptant ce passage, elles coupaient toute communication entre Gênes et Constantinople. Les Génois, avec cette diligence que l'animosité seule peut donner, en équipèrent trente-deux; elles mirent aussitôt à la voile pour rompre cette barrière qui séparait tout le Levant de la partie occidentale de la Méditerranée.

Ce fut à la hauteur de Trapani, port de la Sicile, que les Génois aperçurent enfin le pavillon de Saint-Marc. La fortune ne l'avait point encore abandonné, mais la victoire fut achetée par un horrible carnage. Les Génois combattirent avec une telle fureur, que leur défaite fut désastreuse; pas un de leurs vaisseaux ne chercha son salut dans la fuite; tous furent pris, brûlés ou engloutis dans la mer; il ne resta de leur armée que deux mille et quelques cents prisonniers. Les vainqueurs n'étaient pas en état de poursuivre vivement leurs succès après une vic- *Bataille de Trapani.*

toire si long-temps disputée; cependant ils en recueillirent le fruit. L'empereur grec, ne comptant plus sur les secours de ses alliés, se hâta de conclure, en 1268, avec les Vénitiens, une trève de cinq ans, dont la ratification fut signée par le doge assisté de son conseil et de neuf autres citoyens, qui apparemment avaient été nommés pour délibérer sur cette affaire (1). L'empereur, en désespérant de la cause des Génois, n'avait pas apprécié tout ce que peuvent fournir de ressources le commerce, le patriotisme et la haine.

Quatre batailles perdues coup sur coup, une grande flotte détruite, n'avaient point ébranlé la constance de ces implacables rivaux. Pendant qu'à Constantinople Michel Paléologue signait une trève sans avoir combattu, à Gênes toutes les fortunes, tous les bras étaient employés à

---

(1) Fù ratificato dal doge con li suoi consiglieri e nove altri cittadini che saranno stati insigniti delle dignità più cospicue.

(*Memorie storico-civili sopra le successive forme del governo de' Veneziani*. da Sebastiano CROTTA.)

Ce traité est rapporté textuellement dans l'histoire de Venise, par André Navagier; mais il le met sous la date de 1265.

préparer un nouvel armement. Trop faibles encore pour ressaisir la victoire, les Génois ne voulaient point abandonner le champ de bataille, et cherchaient à se consoler de leur malheur par des ravages. Tout-à-coup on apprit à Venise qu'une expédition partie de Gênes avait débarqué des troupes dans l'île de Candie, attaqué brusquement, emporté d'assaut, pillé, livré aux flammes, rasé entièrement la ville de la Canée, nouvelle fondation de la colonie vénitienne. Les flottes des deux nations se rencontrèrent, l'année suivante, sur la côte de Tyr; les Génois furent encore défaits sans être découragés. Ne pouvant plus rassembler des armées, ils firent une guerre de corsaires. Il y avait huit ans que cette fureur des deux peuples rivaux ensanglantait la Méditerranée; leur rage, loin de se consumer, trouvait sans cesse de nouvelles armes.

Trois autres campagnes ne purent l'affaiblir, et laissèrent indécis de quel côté il y avait le plus d'opiniâtreté et de haine. Les vaincus n'étaient pas plus disposés à la paix que les vainqueurs; il fallut que des circonstances indépendantes de leur volonté vinssent suspendre cette lutte terrible.

Trêve.
1269.

Saint Louis préparait alors (en 1269), sa seconde et déplorable expédition pour l'Afrique; mais tel était dans ce temps-là le système de l'administration, qu'un roi de France entreprenait une guerre au-delà des mers, sans avoir les moyens d'y transporter son armée; il fallait, pour effectuer le passage, emprunter les vaisseaux des Vénitiens ou des Génois, et pour qu'ils pussent en fournir, il ne fallait pas qu'ils eussent un ennemi à poursuivre.

Toute la chrétienté s'interposa pour déterminer les deux républiques à cesser de mettre obstacle, par leurs divisions, à la délivrance des lieux saints; mais tout ce qu'on put en obtenir, ce fut une suspension d'armes momentanée, qui devint cependant une trève de quelques années, par la médiation de Philippe-le-Hardi, successeur de saint Louis. On accusa les Génois d'avoir retenu leurs prisonniers, quoiqu'ils fussent convenus de les rendre, et d'en avoir fait périr deux mille de misère (1).

---

(1) Mon savant confrère, M. Raynouard, m'a communiqué des vers en langue romane, qui attestent les plaintes des Vénitiens.

*Fragment d'une pièce de Barthelemi Zorgi.*

>   Quar judeus ni reneiatz
>   Non deuria voler
>   Preizoniers destener
>   Al sos guerriers accordats;

Venise fournit quelques vaisseaux à saint Louis (1) : les deux républiques employèrent le temps de cette trève forcée à d'autres guerres et à des révolutions. Si on a été étonné de l'opiniâtreté du peuple génois à soutenir, pendant dix ans, une guerre si ruineuse, on le sera bien davantage en se rappelant que cette ville, d'où partaient continuellement des flottes pour réparer des désastres et en éprouver de nouveaux, était en proie aux discordes civiles. Le peuple

---

E lur ven a plazer
Prop dos mil prés tener,
Ben qu'il sion accordat
Qu'a tort et à pechat
En moran tuit malamen
E saboun veramen
Qu'à negun d'els tan ne valou li sieu
Que ja per els si dechaia ni s. leu.
Quant sol per far parer
Qu'il si tengron per paiat
Dels près com au coindat
Laisson morir tanta geu.

(*Manusc. de la bibliot. du Vatican*, n° 3204, f° 81.)

(1) Le contrat entre saint Louis et les Vénitiens pour le loyer des bâtiments qui devaient porter l'armée française, se trouve dans le *Codex Italiæ diplomaticus* de Lunig, tom. II, part. 2, sect. 6, XII. Il y en a plusieurs copies dans les manuscrits de la Bibl.-du-Roi.

jaloux du pouvoir des nobles, redoublait ses efforts pour ressaisir sa liberté intérieure, comme pour disputer l'empire de la mer. Il renversait des familles puissantes, à l'aide de quelques autres qui usurpaient à leur tour l'autorité, et il repoussait en même temps l'armée de Charles d'Anjou, dont l'ambition voulait envahir toute l'Italie.

XVII.
Révolte du peuple de Venise.

Tandis que Gênes combattait pour échapper à l'aristocratie, Venise était agitée par d'autres causes, qui préparaient aussi des troubles domestiques. La guerre avait été brillante, mais ruineuse; il fallut recourir à des impôts; et pour atteindre toutes les fortunes, on s'arrêta à l'idée de lever une taxe sur les farines. Le renchérissement du pain, excita de violents murmures; le peuple s'assembla en tumulte, environna le palais du gouvernement, et demanda à grands cris la suppression du nouvel impôt (1). Le doge se présenta accompagné de ses conseillers, il essaya de haranguer le peuple; mais, au lieu de réussir à calmer la sédition, il se vit accablé de huées, de menaces, et contraint de rentrer dans son palais, pour échapper aux pierres qu'on lui lançait. Les séditieux se répan-

---

(1) Marin Sanuto, *Vite de' duchi R. Zeno.*

dirent dans la ville, attaquèrent et pillèrent les maisons de plusieurs nobles odieux ou suspects à la populace. Ce fut une confusion épouvantable qui mit la république en péril. Des troupes accourues à la hâte des garnisons les plus voisines, parvinrent cependant à la faire cesser. Aussitôt que le sénat eut ressaisi son autorité, il la vengea par un grand nombre d'exécutions; mais les supplices ne procurent jamais qu'une tranquillité imparfaite. La discorde avait jeté des racines même parmi les nobles. Déja, quelque temps auparavant, un homme considérable, illustré par une victoire, Laurent Thiepolo, avait failli d'être victime de l'inimitié de deux autres hommes d'un grand nom. Laurent et Jean Dandolo l'avaient attaqué et blessé grièvement, en plein jour, au milieu de la place publique (1). Cet acte de violence avait divisé les principaux habitants de la ville en deux partis. Les Thiepolo paraissaient alors les ardents défenseurs des prétentions des anciennes familles. Les Dandolo, quoique leur ori-

---

(1) DANDOLO (*Chron.* ch. 7, p. 37) dit : *Mortiferè vulneratus est*, ce qui semblerait annoncer que Thiepolo fut tué; mais on voit qu'ensuite il fut élu doge, et sa reconciliation avec les frères Dandolo est même racontée plus bas par l'historien.

gine remontât aussi au berceau de la république, s'étaient déclarés les chefs de tous ceux en qui les richesses ou une illustration récemment acquise, avaient fait naître une ambition nouvelle. Venise portait dans son sein le germe des plus fatales dissensions.

Ce fut dans ces circonstances que le doge Renier Zeno mourut. Son règne avait été signalé par un grand revers, la perte de Constantinople, et par des victoires sur les Génois chèrement achetées. Cependant la ville avait reçu, pendant son administration, des embellissements considérables; le pont de Rialte avait été achevé, et les rues avaient été pavées en briques.

XVIII. Changement dans la forme des élections.

Les passions qui agitaient les esprits, les rendaient moins sensibles aux désastres de la guerre. Aux yeux de chaque faction, la plus grande des calamités était le triomphe de la faction opposée. On chercha à éviter les brigues, les coalitions, en faisant intervenir le sort dans le choix des électeurs; cette idée donna naissance à une forme d'élection, que je ne puis me dispenser de faire connaître, parce qu'elle est singulière, et qu'elle a été maintenue jusqu'à ces derniers temps.

Pendant les six premiers siècles de la république, le droit d'élire le doge avait été exercé par le peuple entier.

En 1173, ce choix fut confié à onze électeurs : cinq ans après on procéda différemment ; le grand conseil nomma quatre commissaires, qui désignèrent chacun dix électeurs. Le nombre des électeurs fut porté à quarante-un, en 1249.

Tel était l'ordre existant en 1268, à la mort de Renier Zeno.

On régla, pour l'avenir, que trente membres du grand conseil, désignés par le sort, se réduiraient par un second tirage, au nombre de neuf. Ces neuf conseillers désignaient quarante électeurs provisoires (savoir les quatre premiers cinq chacun, et les cinq derniers quatre chacun). On allait aux voix pour la confirmation des quarante électeurs désignés; et sur les neuf voix il fallait en réunir sept pour que la nomination fût confirmée; on exigeait que ces électeurs provisoires fussent âgés de plus de trente ans.

Ces quarante électeurs provisoires se réduisaient, par le sort, à douze. De ces douze, le premier désignait trois personnes, chacun des autres en désignait deux; il en résultait une liste de vingt-cinq autres électeurs, dont la confirmation était le sujet d'un ballottage dans lequel il fallait obtenir neuf voix, pour être maintenu sur la liste.

Ces vingt-cinq nouveaux électeurs se réduisaient, par le sort, à neuf. Chacun des neuf proposait cinq personnes, d'où résultait une nouvelle liste de quarante-cinq, où l'on n'était maintenu qu'à la pluralité de sept voix sur les neuf.

Les quarante-cinq électeurs de ce troisième choix se réduisaient à onze par le sort. Les huit premiers nommaient chacun quatre personnes, et les trois derniers chacun trois. Ces désignations produisaient une liste de quarante-une personnes, qui devaient être les électeurs définitifs. On allait au scrutin, et on excluait celles qui ne réunissaient pas neuf suffrages sur onze.

Cette opération terminée, on soumettait au grand conseil la liste des quarante-un électeurs présentés, pour procéder au choix du doge; le grand conseil délibérait successivement au scrutin sur chacun d'eux, et si quelqu'un ne réunissait pas la majorité absolue des suffrages, les onze électeurs provisoires étaient obligés d'en désigner un autre.

Ainsi la nomination des quarante-un électeurs était le résultat de cinq tirages au sort entremêlés de cinq scrutins (1). Immédiatement après

---

(1) J'ai trouvé dans un manuscrit quelques vers populaires qui expriment assez bien cette opération si compliquée :

Trenta elegge il conseglio,
De quei nove hanno il meglio ;

leur nomination, ils passaient dans une salle, où ils demeuraient enfermés jusqu'à ce qu'ils eussent fait l'élection du doge. Là, on les traitait splendidement, aux frais de la république, on leur accordait tout ce qu'ils demandaient, et on donnait également à tous ce que chacun avait demandé (1). Mais toute communication au-dehors leur était interdite.

> Questi elegon quaranta,
> Ma chi più in lor si vanta
> Son dodeci, che fanno
> Vinti cinque : ma stanno
> Di questi soli nove,
> Che fan con le lor prove
> Quaranta cinque a ponto
> De quali undeci in conto
> Eleggon quarant' uno,
> Che chiusi tutti in uno,
> Con venti cinque al meno
> Voti, fanno il Sereno
> Principe che coregge
> Statuti, ordini e legge.

*De l'État présent de la république de Venise*, etc., par H. D. V., chevalier de l'ordre de Saint-Michel. (*Man. de la Bibliot.-du-Roi*, n° 10,465).

(1) Léopold Curti rapporte, dans ses Mémoires historiques et politiques sur le gouvernement de Venise, que quelquefois les membres du conclave faisaient des demandes un peu singulières. Il y en eut un qui un jour demanda un chapelet, on leur envoya quarante-un chapelets ; une autre fois un des

Les électeurs assemblés commençaient par se choisir trois présidents, qu'on désignait sous le nom de *priori*. Ils demandaient ensuite deux secrétaires, qui devaient rester enfermés avec eux. L'assemblée ainsi constituée, ils étaient appelés, par rang d'âge, devant le bureau des *priori*; là, chacun écrivait de sa main sur un billet, le nom de celui qu'il désignait pour doge, et jetait le billet dans une urne. Deux conditions seulement étaient exigées des candidats, d'être membres du grand conseil, et âgés de plus de trente ans.

Après avoir compté les billets, l'un des secrétaires en tirait un et lisait le nom qui y était porté; alors chacun des électeurs pouvait énoncer librement les reproches qu'il croyait devoir faire au sujet proposé.

Si le nom sorti de l'urne était celui de l'un des électeurs, il était obligé de passer dans un cabinet séparé, pour laisser une entière liberté aux accusations. Après qu'on avait développé hors de sa présence tous les griefs énoncés contre lui, il était rappelé; le président lui en faisait part, et on entendait ce qu'il avait à dire pour sa justification.

---

électeurs demanda les fables d'Ésope, il fallut courir toute la ville pour en trouver quarante-et-un exemplaires.

Cette information sur tous les noms contenus dans l'urne étant terminée, on ballottait successivement les noms de tous les candidats, au moyen de deux urnes, dont l'une était pour les suffrages affirmatifs, l'autre pour les boules d'exclusion, et aussitôt que l'un des noms avait obtenu vingt-cinq suffrages, l'élection était consommée.

Tel était ce mode d'élection, qui a été jugé fort diversement. Les uns y ont trouvé un chef-d'œuvre de sagacité et de prudence; d'autres n'y ont vu qu'une complication de formes, dont il était impossible de prévoir et de diriger le résultat selon les besoins de la république. Tous sont demeurés d'accord que des procédés si méthodiques, si lents ne pouvaient convenir qu'à un peuple grave et fidèle à ses usages.

En dernière analyse, il s'agissait de choisir quarante-un électeurs sur les quatre cent soixante-dix citoyens qui composaient le grand conseil. Le sort désignait d'abord neuf personnes, mais c'était là toute la part qu'on laissait à l'aveugle hasard. Le choix raisonné de ces neuf personnes, formait une liste de quarante. Celles-ci avaient déja une présomption en leur faveur. Le tirage les réduisait à douze; mais cela n'empêchait pas que les douze ne fussent le résultat d'un choix. Une seconde opération de ces douze produisait une liste de neuf autres électeurs, qui devaient avoir aussi des droits à la confiance, puisqu'ils avaient été élus. Ces neuf en élisaient onze, et enfin l'opération des onze se réduisait à former la liste des électeurs définitifs proposés au grand conseil. Tout le résultat de ce système était donc de mettre obstacle à la brigue, en ne permettant pas de deviner qui serait chargé de faire la liste de proposition; mais cette liste une fois faite, l'intrigue reprenait tous ses droits. Dans la suite, on prit le plus sûr moyen de n'avoir pas à se plaindre d'un mauvais choix; ce fut de rendre la place de doge moins importante.

XIX.
Laurent Thiepolo, doge.
1268.

Le premier essai de cette forme d'élection, éleva au dogat Laurent Thiepolo, alors à la tête du parti aristocratique, et qui, dix ans auparavant, avait remporté une victoire sur les Génois, dans la mer de Syrie. Les marins le portèrent en triomphe jusqu'à son palais, et de-là vint l'usage que les ouvriers de l'arsenal soutinssent sur leurs épaules la chaise ducale du doge, lorsqu'on lui faisait faire, après sa nomination, le tour de la place de Saint-Marc (1). Ce fut toute la part qui resta définitivement au peuple dans l'élection du chef de l'état.

---

(1) *Hist. di Venetia*, di Paolo MOROSINI, lib. 8.

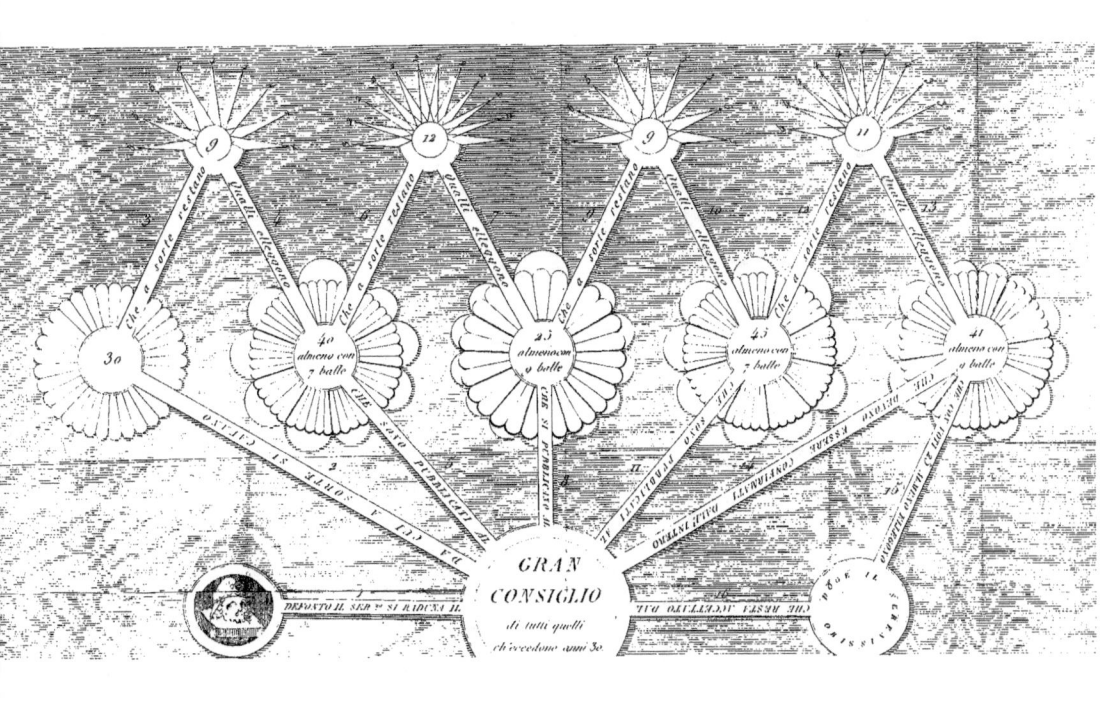

On créa immédiatement après une charge importante, celle de grand-chancelier de la république. C'était un ministre dépositaire du sceau de l'état, prenant séance à tous les conseils, mais sans voix délibérative, environné de beaucoup d'honneurs, portant la robe sénatoriale, doté d'un revenu considérable (1), élu par le grand conseil, inamovible, et par conséquent indépendant du prince. Cette institution offre une particularité remarquable sous un autre rapport. En même temps qu'on donnait au grand-chan-

*Création de la charge de grand-chancelier.*

---

(1) Sorenzo, dit qu'il était de trois mille ducats.

La chancellerie se subdivisait en plusieurs espèces d'archives : il y en avait une qu'on appelait *la Secreta*, où se déposait, sous la responsabilité du chancelier, tous les actes et documents dont personne ne pouvait prendre connaissance sans une autorisation spéciale ; les autres papiers du gouvernement et de l'administration formaient les archives proprement dites ; ce qu'on appelait la chancellerie ducale, était le lieu où devaient être déposés tous les testaments. On prétend que ce dépôt rendait au chancelier neuf mille livres de France par an ; enfin, il y avait la chancellerie prétorienne qui était le dépôt des bulles de Rome et autres actes relatifs au clergé ou aux affaires ecclésiastiques ; les droits du chancelier sur ces actes s'élevaient à dix-huit cents livres.

On sent bien que toutes ces distinctions et toutes ces évaluations ne se rapportent pas au moment où cette charge fut créée.

celier la prééminence sur les membres de tous les conseils, excepté les conseillers du doge et les procurateurs de Saint-Marc, on réglait que le titulaire de cette dignité serait toujours choisi dans le corps des secrétaires : or les secrétaires n'étaient pas tirés des familles nobles, mais de la bourgeoisie, qu'on appelait à Venise la citadinance. Jusques-là on n'avait établi aucune distinction entre les citoyens nobles ou non nobles, pour l'éligibilité à tous les emplois. Il y avait, par le fait, des familles patriciennes; elles avaient la plus grande part à toutes les dignités; elles dominaient dans les conseils par le nombre comme par l'influence; mais rien ne consacrait en leur faveur un droit que n'eussent pas les autres citoyens.

Ce fut un trait d'habileté de l'aristocratie, de concéder un privilége aux citadins; c'était supposer qu'il pouvait y avoir des priviléges, et que la noblesse avait déja les siens. Leur assurer la possession de la seconde place, c'était déclarer qu'ils étaient exclus de la première.

XX.
Disette à Venise.
1269.

Une cité comme Venise, remplie d'une population immense, qui quelquefois s'accroissait rapidement, par l'affluence des étrangers, par l'armement ou le retour d'une flotte, devait faire une consommation considérable de tous les objets nécessaires à la vie. Cette même ville était sans territoire, et ne possédait que des colonies moins florissantes par la culture que par le commerce. Pour les peuples commerçants, les moissons naissent du sein des eaux. Mais les côtes de la Grèce n'ont jamais été fertiles; l'Afrique était depuis plusieurs siècles en état de guerre perpétuelle avec l'Europe; la côte orientale de l'Espagne était encore occupée par les Sarrasins; il n'y avait donc que le royaume de Naples et la Sicile qui pussent offrir à Venise le pain que devaient consommer ses habitants. Telle était la sécurité du gouvernement, telle était son excessive confiance dans les ressources du commerce, que cette capitale se trouva sans approvisionnements, lorsqu'une mauvaise récolte dans la Sicile et dans la Pouille vint faire prohiber l'exportation des grains de ces deux provinces. Le gouvernement vénitien, qui n'en avait guère que pour un mois, envoya sur-le-champ dans toute la Lombardie; il écrivit aux magistrats des villes de Padoue, de Ferrare et Trévise, pour demander à partager l'abondance dont elles jouissaient. On rappelait dans ces lettres les services que la république avait rendus à ces villes, notamment pour la destruction du tyran de Padoue. Mais les Vénitiens éprouvèrent ce qu'on doit attendre, dans la détresse, de voisins dont on a excité la jalousie par sa prospérité. Il fallait

*Les voisins de Venise lui refusent des grains.*

que déja Venise eût mérité de l'inimitié, puisque toutes les villes de la côte voisine refusèrent à la reconnaissance ce que l'humanité avait droit d'exiger. Ce ne fut qu'avec beaucoup de peines, de dangers et de sacrifices, qu'on parvint à faire venir de la Dalmatie, et de quelques autres points éloignés, des secours tardifs, incertains et toujours insuffisants. Cette disette dura tout l'hiver de 1269. On créa, à cette occasion, une magistrature, chargée de prévenir désormais un semblable malheur. Mais les soins de cette magistrature auraient été sans effet, si Venise n'eût su mettre à profit son influence, pour s'assurer la faculté de puiser à volonté sur tous les points qui pouvaient lui fournir des approvisionnements abondants.

Elle n'avait point de territoire en Italie; celui qu'elle possédait sur les côtes de la Dalmatie était hérissé de rochers; par conséquent la population vénitienne sur les deux rives de l'Adriatique pouvait être exposée fréquemment à la disette.

L'île de Candie était un pays fertile; mais les révoltes de cette colonie en interrompaient souvent le commerce, et ne permettaient pas à la métropole de compter sur cette ressource.

Quand la république renouvela ses traités avec l'empereur grec Michel Paléologue, après l'expulsion des Latins du trône de Constantinople, elle eut soin d'y faire insérer la condition expresse qu'elle pourrait extraire, sans aucune opposition, autant de grains qu'elle voudrait de la Crimée, et de tout le territoire que l'empire grec possédait encore en Europe et en Asie (1). Elle se fit autoriser par le soudan de Tunis à exporter des grains de cette côte, jusqu'à concurrence de la cargaison de douze bâtiments à-la-fois, tant que le froment ne s'éleverait pas au-dessus du prix de trois bisans et demi la mesure (2).

<small>Mesures pour éviter le retour de ce fléau.</small>

Elle obtint des concessions à-peu-près semblables des autres régences barbaresques et des royaumes de Naples et de Sicile, où elle payait moins de droits d'exportation que les naturels du pays (3). Elle soumit ses voisins, le patriarche d'Aquilée, le comte de Gorice et le seigneur de Ferrare, à souffrir ces extractions, quelquefois même gratuitement.

Grace à tous ces priviléges et à l'activité du commerce, l'abondance fut assurée; l'Angleterre même, alors riche en grains, en couvrit les ports

---

(1) Le document est à la suite du tom. 4 de l'*Histoire du commerce de Venise*, par Marin.
(2) *Id.* tome V, liv. 1, ch. 3.
(3) *Ibid.*

de Venise, lorsque les récoltes manquèrent sur les côtes de la Méditerranée (1); et non-seulement cette capitale se vit approvisionnée, mais elle devint le grenier de toute l'Italie septentrionale et la régulatrice du prix des denrées.

Ainsi donc, si l'administration vénitienne avait commis une faute d'imprévoyance, elle sut la réparer habilement. Un gouvernement qui sent sa force, tire quelquefois avantage de l'adversité, qui donne toujours des ingrats à punir. La république, impatiente de faire sentir à ses voisins son ressentiment de leurs procédés, établit un impôt considérable sur tous les vaisseaux, sur toutes les marchandises, qui navigueraient dans l'Adriatique, au nord du cap de Ravenne, d'un côté, et du golfe de Fiume de l'autre.

XXI.
La république établit un droit de navigation dans l'Adriatique.

Quand on eut établi cet impôt, il fallut le soutenir, et, comme tout impôt dérive nécessairement de la souveraineté, la république se trouva engagée, sans en avoir peut-être conçu

---

(1) Relation dell' illustrissimo signore D. Francesco de Bera, cavalier di S. Jago, ritornato di ambasciadore dalla serenissima repubblica di Venezia all' invittissimo e serenissimo cattolico rè di Spagna. (*Manuscrit de la Bibliot.-du-Roi*, n° 221—92.

« Conducono tanta quantità di formenti che ben spesso ne sono pieni li porti di quella città delle loro navi. »

le projet, à se déclarer maîtresse de l'Adriatique. c'est-à-dire d'une mer dont elle ne possédait pas même tous les rivages. Cette prétention était une nouveauté dans le droit public. Il est difficile de concevoir un droit de propriété sur une mer ouverte et commune à des riverains de diverses nations. Il fallait être bien déterminé à faire usage de sa puissance, pour tracer d'un bord à l'autre cette ligne que les étrangers ne pouvaient passer sans devenir tributaires, et bien fort, pour les assujettir à venir dans Venise même se soumettre à une vérification et acquitter le tribut.

Les Génois, les Pisans, les Siciliens, les Levantins, étaient fondés à se plaindre; mais les premiers étaient en état d'hostilité avec la république; ni les uns ni les autres ne possédaient les rivages de cette mer dont elle s'arrogeait la propriété. C'était bien pis pour les peuples qui, à titre de riverains, y avaient absolument les mêmes droits que Venise, pour Trévise, Padoue, Ferrare, Bologne, Ravenne, Ancône, qui, si elles ne repoussaient cette usurpation, ne pouvaient plus mettre un vaisseau à la mer, ni communiquer l'une avec l'autre, ni recevoir, ni expédier des marchandises, sans payer un tribut aux Vénitiens.

Les premiers qui appuyèrent par les armes

leurs justes réclamations furent les Bolonais. Ils reçurent des secours de quelques villes de la Lombardie, et, ce qui était un prodige pour ce temps-là et pour un état de cette étendue, ils parvinrent à mettre en campagne une armée de quarante mille hommes, composée sans doute de milices; mais un tel effort prouve jusqu'à quel point la république avait encouru la haine de ses voisins.

{Les Bolonais arment pour s'opposer à cette innovation.}

Quelques galères, qu'elle envoya contre les Bolonais, insultèrent ou ravagèrent vainement les rives du Pô. Les Vénitiens, quoiqu'ils eussent le doge à leur tête, furent repoussés par-tout pendant la première campagne. Au commencement de la seconde, Marc Gradenigo fut envoyé pour commander la petite armée que Venise opposait aux Bolonais. Il leur livra une bataille générale, dont le succès complet lui ouvrit tout le territoire ennemi, et força Bologne à demander la paix. La première condition fut le maintien du droit exigé par Venise sur tout ce qui traverserait la mer qui l'entoure. Seulement elle consentit, en faveur des Bolonais, à quelques modifications dans le tarif. Le sénat jugeait bien qu'un tarif est, de sa nature, une chose variable; l'essentiel était de donner à une taxe arbitraire le caractère d'un droit reconnu.

{Ils sont forcés de s'y soumettre.}

Ancône, voyant le mauvais succès des armes des Bolonais, implora l'autorité du pape contre les prétentions des Vénitiens, qu'elle traitait de pirates et de brigands. Le pape, qui n'aurait pas mieux demandé que d'être choisi pour arbitre de ce différend, en écrivit à la république. Mais le sénat, sans s'écarter des formes de respect qu'il garda toujours avec le chef de l'église, montra une telle fermeté dans sa résolution, que le médiateur n'osa compromettre son autorité, et les Ancônitains se virent obligés de subir la loi qui leur était imposée. Ils essayèrent de l'éluder. Le sénat envoya une flotte pour forcer l'entrée de leur port. Cette flotte fut repoussée, une tempête la dispersa, les Ancônitains s'emparèrent de quelques vaisseaux. Le pape, croyant la circonstance favorable pour parler avec plus de hauteur, reprocha amèrement aux ambassadeurs de la république les violences que leur gouvernement se permettait contre une ville que le saint-siége avait prise sous sa protection. Ce gouvernement fut inébranlable ; une seconde armée partit pour aller mettre le siége devant Ancône ; et cette ville fut réduite à reconnaître que la souveraineté du golfe appartenait exclusivement aux Vénitiens.

On rapporte à l'époque de cette guerre contre les Ancônitains, la création d'un petit nombre

*Ancône implore la protection du pape. 1275.*

*Les Vénitiens assiégent Ancône, et la forcent à céder.*

de conseillers, pour renforcer le conseil intime du doge, et qui, dans la suite, sous le nom de Sages-grands, devinrent les directeurs de la politique extérieure et les ministres d'état de la république (1). On remarque que le doge, dans les traités qu'il eut à signer après cette guerre, stipula au nom du grand conseil et de la commune de Venise. L'autorité du prince diminuait de jour en jour.

Ainsi fut soutenu, contesté, et enfin établi pour toujours, ce singulier droit de souveraineté sur une chose qui, de sa nature, ne paraissait pas pouvoir être une propriété exclusive. Ce droit, que la république avait fondé par la force, elle a voulu le défendre par le raisonnement.

*Examen du droit de la république sur cette mer.*

Lorsque les premiers Vénitiens se jetèrent dans des îles à-peu-près désertes, ce n'était pas un domaine, mais un asyle qu'ils venaient y chercher. Peu-à-peu ils s'y fixèrent; ils y bâtirent; ils peuplèrent, enrichirent ces plages incultes, les couvrirent d'édifices, et rien de plus légitime sans doute que la propriété de cette création. Leur ville n'avait pour remparts que

---

(1) *Memorie storico civili soprà le successive forme del governo de' Veneziani*, da Sebastiano Crotta.

ses lagunes, pour postes avancés que ses vaisseaux. La mer assurait leur défense, pourvoyait à leur nourriture, leur fournissait du sel pour leurs besoins et pour leur commerce, leur ouvrait une source de richesses ; mais de ce qu'ils tiraient de cette mer plus d'avantages que tous leurs voisins, il ne s'ensuivait pas qu'ils eussent le droit de se l'approprier à l'exclusion des autres riverains. Ils avaient pu combattre, soumettre, détruire ceux qui troublaient leur navigation ; il n'y avait rien à en conclure contre les voisins paisibles, à moins que ceux-ci ne vinssent d'eux-mêmes se mettre sous la protection de saint Marc. C'était sous le prétexte de cette protection que la république avait conquis la Dalmatie, en même temps qu'elle exterminait les pirates de Narenta. Ses conquêtes, en s'étendant sur la côte orientale du golfe, diminuaient la sûreté, mais non pas les droits des peuples établis sur la côte d'Italie.

Le pape Alexandre III avait dit au doge : « Que la mer vous soit soumise comme l'épouse « l'est à son époux, puisque vous en avez acquis « l'empire par la victoire. » Ces paroles pouvaient passer pour un titre, à une époque où les souverains pontifes se donnaient pour dispensateurs des couronnes. Cependant on voit que les papes eux-mêmes furent étonnés de la conséquence que les Vénitiens voulaient en tirer. Deux siècles de possession n'avaient pas légitimé ce droit aux yeux du pape Jules II, lorsqu'il demandait à l'ambassadeur de Venise où était le titre qui constatait la concession du golfe à la république : il est vrai que Jérôme Donato lui répondit, que ce titre se trouvait écrit au dos de la donation du domaine de saint Pierre faite au pape Silvestre par Constantin.

Dans la suite la cour de Rome reconnut ce droit plus formellement, en accordant au gouvernement vénitien la permission de lever un décime sur les revenus du clergé, pour prix de la défense du golfe. Cette permission était renouvelée périodiquement par une bulle; c'était, si l'on veut, un subside que le pape, comme souverain d'une partie du littoral de l'Adriatique, accordait aux Vénitiens, pour la protection qu'en recevait le commerce de ses sujets; mais il leur payait ce tribut avec leur propre bien; d'ailleurs cette concession d'un prince ne pouvait porter atteinte aux droits de tous les autres; et, en dernière analyse, lorsque le pape Paul V disait : « Je ne sais pas pourquoi les Vénitiens se prétendent souverains du golfe; je fais lire tous les ans une bulle qui excommunie les pirates; en parlant de cette mer je me sers dans tous mes actes de cette formule *notre mer Adriatique*; » il argumentait d'après un titre qui avait tout juste la même valeur que celui des Vénitiens.

Il est évident que, dans les règles de l'équité naturelle, les prétentions des Vénitiens à la souveraineté du golfe ne pouvaient être justifiées ; il n'en est pas de même si on considère la question sous un autre rapport, et si on part de cette maxime du droit politique, qu'une nation a, quand elle le peut, le droit d'exiger des autres ce qui lui est nécessaire pour sa conservation.

La question posée ainsi se réduit à un point de fait : il s'agit de savoir si Venise, pour jouir d'une pleine sécurité au fond du golfe, avait besoin d'en interdire l'entrée aux vaisseaux des autres nations; mais c'est avec des armes et non pas en alléguant des droits, qu'on se défend de ses ennemis ; ainsi la prétendue souveraineté des Vénitiens aurait été illusoire, s'ils n'eussent pas été assez puissants pour la faire respecter.

D'ailleurs, en admettant que, pour leur sûreté, il pussent interdire la navigation du golfe aux vaisseaux armés des autres nations, cette sûreté n'exigeait pas qu'ils levassent un tribut sur les bâtiments du commerce, sur les marchandises. Il faut donc reconnaître que ce droit n'avait d'autre fondement que la force. Cependant telle est l'influence des habitudes et l'empire des anciennes institutions, que toutes les puissances s'étaient accoutumées, même dans un temps où elles auraient pu le contester avec succès, à reconnaître le droit de souveraineté de Venise sur l'Adriatique. Peut-être les réflexions de Vittorio Siri (1) sur cette prétention sont-elles ce qu'il y a de plus raisonnable à en dire: Il faut convenir, dit-il, que si les Vénitiens ne gardaient le golfe il serait bientôt infesté de pirates. Qui pourrait se charger de cette garde? Serait-ce le gouvernement de Naples confié à des vice-rois temporaires et ambitieux? Le gouvernement pontifical, dont les richesses sont presque toujours détournées par une famille avide? L'Autriche, qui ne possède qu'un port au fond de cette mer? Quel autre que la république aurait pu faire consentir les Turcs à ne pas y envoyer des vaisseaux armés? Sans doute c'est un mal que tous les riverains de l'Adriatique n'y jouissent pas d'un droit égal. Sans doute il est dur pour eux de payer un tribut au gouvernement vénitien; mais ôtez-lui ce privilége, bientôt arriveront les pirates, après eux les flottes turques, toutes les côtes seront menacées et cette mer cessera d'être paisible, d'être navigable.

---

(1) *Memorie recondite*, tome V, p. 11.

C'était pour faire un acte de souveraineté sur l'Adriatique que tous les ans, le jour de l'Ascension, le doge sortait du port de Venise, sur le Bucentaure (1), entouré de toute la noblesse, et s'avançait jusqu'à la passe du Lido, où il épousait la mer en y jettant un anneau béni, et en prononçant ces paroles : *Desponsamus te mare in signum veri perpetuique dominii*. Le nonce du pape et les ambassadeurs de tous les souverains reconnaissaient tacitement les prétentions de la république en assistant à cette cérémonie.

Les diverses puissances le reconnaissent successivement.

Les Vénitiens, à mesure qu'ils étendirent leur

---

(1) Le Bucentaure était un grand vaisseau d'apparat tout doré. On ignore l'étymologie de ce nom ; les uns le font dériver de la particule augmentative *Bu* et de *Centaure*, qui était le nom d'un vaisseau fameux dans l'antiquité ; d'autres y reconnaissent le vaisseau d'Énée, qui portait le nom de *Bis Taurus*; d'autres enfin ont cru que *Bucentaurum* n'était que la corruption de *Ducentorum*, c'est-à-dire bâtiment à 200 rameurs.

Au reste, on a remarqué que cet usage de prendre possession de la mer, ou de se rendre le dieu de la mer favorable, était pratiqué chez les anciens. Athénée rapporte, liv. XI, que les Syracusains y jetaient tous les ans un vase rempli de parfums ; et le doge placé sur la proue du Bucentaure, rappelle Énée qui :

Stans procul in prorâ, pateram tenet, extaque salsos
Porricit in fluctus, ac vina liquentia fundit.

influence, exigèrent des faibles un aveu plus formel d'un droit qui n'existait pas (1). Quand les petites puissances établies sur les rivages de cette mer eurent des guerres entre elles, elles réclamèrent le secours des Vénitiens; et, pour être plus sûres de l'obtenir, elles sollicitaient leur protection comme souverains du golfe (2).

Les exemples sont fréquents de demandes adressées à la république pour obtenir le libre passage (3) de grains, de marchandises, de mu-

---

(1) Outre les deux traités dont nous avons parlé avec Bologne et Ancône,

En 1269, traité avec Ravenne.

En 1321, avec Bologne.

En 1337, avec Ancône.

En 1381, avec le roi de Hongrie.

(2) En 1377, les habitants de Firmo et d'Ascoli contre les Ancônitains.

En 1393, ceux de Spolette contre les mêmes.

En 1458, le prince de Tarente contre les Génois.

En 1464, Ferdinand, roi de Sicile, contre les pirates.

En 1483, le roi de Hongrie contre les pirates.

En 1486, le légat du pape contre les Turcs, qui infestaient l'Adriatique et menaçaient Ancône.

En 1577, Grégoire XIII contre le marquis de Vico, qui faisait la course dans cette mer.

(3) En 1399, Guillaume, archiduc d'Autriche, pour le passage de sa femme avec douze navires.

En 1457, Le roi de Hongrie pour des bois.

nitions, de vaisseaux. Tantôt on demandait l'exemption du péage, ou la dispense d'aller subir à Venise une vérification : tantôt on sollicitait une protection spéciale pour le transport dont il s'agissait ; mais il n'en résulte pas moins que la suprématie de la république était avouée. On voit Béatrix reine de Hongrie écrivant au doge pour obtenir le transit de bijoux qu'elle faisait venir d'Italie pour son usage.

La république était sur-tout jalouse d'interdire la navigation de l'Adriatique à tous les bâtiments de guerre étrangers. Jamais elle ne laissa échapper une occasion de constater et de soutenir son privilége à cet égard. Avec les Turcs elle traita : avec Naples elle employa la voie des sommations, pour requérir le roi Ferdinand de faire sortir du golfe quelques galères qu'il avait envoyées sur les côtes de la Pouille (1). Elle refusa au pape Pie II (2) la liberté d'envoyer deux galères à Ancône, alléguant qu'il était reconnu

---

En 1478, l'empereur Frédéric, pour des grains venant de la Pouille.

En 1481, Béatrix, reine de Hongrie, pour ses bijoux.

En 1482 et en 1502, le roi de Hongrie, pour des grains.

En 1505, le pape Jules II, pour des grains.

(1) En 1460.

(2) En 1463.

par tous les princes que la défense du golfe appartenait à Venise. Elle ne voulut pas permettre que l'empereur et le roi de France (1) y envoyassent des vaisseaux armés.

A une époque même où elle était déja fort déchue de sa puissance et où d'autres nations avaient une marine bien autrement respectable que la sienne, en 1630, le sénat ne se relâcha nullement de ses prétentions, malgré une guerre malheureuse, qu'il avait alors à soutenir. L'ambassadeur d'Espagne prévint la république que l'infante Marie devait aller de Naples à Trieste, sur l'armée navale du roi son frère, pour épouser le roi de Hongrie, fils de l'empereur; et, comme la cour d'Espagne voulait que cet avis n'eût que l'apparence d'une communication officieuse et sans conséquence, le ministre ajouta, que si l'infante était obligée de relâcher dans quelqu'un des ports de la république, il demandait qu'elle y fût reçue avec toute la bienveillance qu'avait droit d'attendre la sœur du roi son maître de la part d'une puissance amie.

Le gouvernement vénitien, qui vit dans cette communication l'essai d'une prétention contraire à ses droits, s'empressa d'offrir sa flotte

---

(1) En 1542 et 1543.

pour le voyage de l'infante, en ajoutant qu'il ne pouvait permettre l'entrée du golfe à aucun bâtiment de guerre étranger. La cour de Madrid, alléguant que la flotte vénitienne avait été infectée de la peste, ce qui était vrai, insista pour que la princesse fît le trajet sur les vaisseaux du roi son frère. Le sénat se montra inébranlable dans son refus, et envoya ordre à son amiral de repousser les navires espagnols s'ils se présentaient (1). L'infante finit par demander le passage sur la flotte de Venise, où elle fut traitée avec tous les honneurs dus à son rang, et toute la magnificence dont la république faisait vanité dans ces sortes d'occasions (2).

---

(1) *Histoire de Venise*, par NANI, liv. 8.

(2) Le gouvernement vénitien a fait faire plusieurs livres pour établir son droit de souveraineté sur l'Adriatique. Voici le titre des principaux.

*Angeli Mathiaci de jure Venetorum et jurisdictione maris Adriatici.* Venezia 1617, in-4°.

*Julii Pacii de dominio maris Adriatici disceptatio pro republicâ venetâ.* Luc. 1619, in-4°.

*Articolo delle ragioni del dominio della repubblica veneta sopra il suo golfo proposto dal Cirillo Michele.* Venezia 1618, in-4°.

*De jurisdictione reipublicæ venetæ in mare Adriaticum, epistola Fr. De ingenuis, vel potius F. Pauli veneti, adversus*

Laurent Thiepolo était mort le 16 août 1274, pendant les guerres que le droit de navigation avait occasionnées. A cette époque l'ambition

---

*J. B. Valenzolam et Laurentium Morinum lat. a* Nic. Crasso. Eleuteropolis 1619, in-4°.

*Del Dominio del mare Adriatico, overo golfo di Venezia, discorso di* Pict. Zambono J. C. Vicenza 1620, in-4°.

*Theodori Graswinckelii maris liberi vindiciæ adversus Pet. Bap. Burgum ligustici maritimi dominii assertorem.* Hagæ Comitis 1652, in-4°.

*Theodori Graswinckelii maris liberi vindiciæ adversus Guill. Weiwodum britannici maritimi dominii assertorem.* Hagæ Comitis 1653, in-4°.

*De Dominio maris juribusque ad dominium præcipuè spectantibus assertio brevis Guillelmi Wilwot.* Hagæ Comitis 1653, in-4°.

*De dominio maris libri duo, autore Joanne Palatio.* Venetiis 1663, in-12.

Cet ouvrage est un fatras de la plus indigeste érudition. Trois ou quatre cents pages sont employées à prouver par l'Écriture sainte, par les pères, par les conciles, par les jurisconsultes et par les poëtes, que la mer peut être une propriété particulière. Il n'y a pas l'ombre d'un raisonnement, quoique l'auteur ergotise toujours. La fin du second livre seulement contient quelques faits.

*Dominio del mare Adriatico della repubblica di Venezia descritto da Fr. Paolo Sarpi suo consultore d'ordine pubblico.* Venezia 1686, in-12.

Celui-ci est au contraire l'ouvrage d'un homme supérieur, mais la cause n'en est pas meilleure.

des doges ne pouvait plus avoir pour objet de perpétuer cette dignité dans leur famille ; mais ils profitaient de leur élévation pour s'assurer, par de grandes alliances, des richesses et des appuis. Nous en avons déjà vu quelques exemples. Laurent Thiepolo les avait renouvelés : il avait épousé la fille d'un ban de Servie, avait marié l'aîné de ses fils à une princesse du sang esclavon et donné au second une riche héritière de Vicence. On pouvait voir dans tous ces soins autre chose que la sollicitude paternelle ; aussi le sénat en fut-il alarmé ou au moins mécontent.

XXII. Nouveaux réglemens intérieurs.

Dès que la mort de Thiepolo laissa le trône vacant, on profita de cette institution des correcteurs, si heureusement imaginée, qui donnait les moyens de réformer les lois à chaque interrègne, et on en rendit une, par laquelle il était défendu aux doges d'épouser, ou de faire épouser à leurs enfants, des femmes étrangères, en ajoutant que ces sortes de mariages seraient à l'avenir une cause d'exclusion de la dignité ducale.

Défense aux doges d'épouser, ou de faire épouser à leurs enfants, des femmes étrangères.

La république poussa même plus loin ses précautions, pour interdire à tous ses citoyens le secours d'un protecteur étranger ; car, quelques années après, Etienne, prince de Hongrie, ayant

La république adopte une fille de la maison Morosini,

demandé en mariage une fille de la maison Morosini, le sénat ne voulut pas permettre que cette famille pût tirer avantage ou vanité de cette illustre alliance. La république adopta cette demoiselle, et la donna, comme princesse, au prince qui la demandait. Par une suite de ce système, qui tendait à empêcher les citoyens considérables d'acquérir au dehors du crédit ou des richesses, on leur défendait d'accepter aucune fonction publique chez l'étranger.

*qui devait épouser un prince.*

Un usage singulier s'était introduit en ce temps-là dans les diverses républiques de l'Italie. Jalouses de leurs citoyens, livrées à d'interminables discordes, redoutant sur toutes choses l'ambition ou l'influence d'un indigène, elles appelaient souvent, sur sa réputation de bravoure ou de capacité, un étranger, pour exercer, pendant un temps déterminé, l'autorité du gouvernement (1). Il semblait que ces républiques n'eussent rien tant à redouter que le triomphe de l'un des partis qui les divisaient. On faisait jurer à ce magistrat emprunté de se démettre de son pouvoir à l'époque qui devait en être le terme, et on lui assurait des avantages proportionnés à sa dignité.

*Défense aux Vénitiens d'accepter des fonctions publiques chez l'étranger.*

---

(1) MURATORI, *Dissertation* 45.

LIVRE V. 453

Plusieurs membres des grandes familles vénitiennes avaient été invités à remplir ces hautes fonctions chez leurs voisins; un Querini, un Badouer à Padoue (1), un Tiépolo à Milan, un Mo-

---

(1) Padoue avait coutume, dès le XII<sup>e</sup> siècle, de se choisir tous les ans un premier magistrat, qui, sous le titre de Podestat ou de Consul, présidait à ses conseils et à son gouvernement; elle les prenait quelquefois parmi ses concitoyens, le plus souvent parmi les hommes les plus considérables des villes voisines. Voici la liste des Vénitiens qui furent appellés à cette magistrature; je l'extrais des listes générales imprimées par MURATORI (*Rerum italicarum scriptores*, tom. VIII, p. 365 et suiv.):

1201, Pierre Ziani.
1213, Marin Zeno.
1228, Etienne Badouer.
1229, Jean Dandolo.
1230, Etienne Badouer.
1257, Jean Badouer.
1261, Jean Badouer.
1264, Laurent Thiepolo.
1265, Gerardin Longo.
1270, Thomas Justiniani.
1272, Michel Auro.
1277, Mathieu Gritti.
1278, Marin Valaresso.
1281, Henri Auro.
1291, Thomas Querini.
1293, Paul Querini.
1294, Nicolas Morosini.

rosini à Pise. Mais avant que ces villes eussent senti tout le danger de confier les rênes de leur gouvernement à des mains étrangères, Venise s'aperçut qu'il y en avait un pour elle à laisser prendre

1303, Marin Badouer.
1318, Jean Camolino.
1319, Marc Gradenigo.
1327, Gerard Morosini.
1337, Marc Cornaro.
1338, Marin Falier.
1339, Jean Contarini,
*Id.* Pierre Badouer.
1340, Jean Ziani.
1341, Pierre Zeno.
1342, Jean Gradenigo.
1343, Pierre Zeno.
1344, Bernard Justiniani.
1346, Jean Dandolo,
1347, Pierre Badouer.
1348, Jean Contarini.
1350, Mathieu Contarini.
*Id.* Marin Falier.
1351, Jean Foscari.
1354, Pierre Badouer.
1355, Mathieu Contarini.
1356, Marc Cornaro.
1357, Marin Morosini.

On voit quelle influence des choix aussi fréquents, faits parmi leurs concitoyens, devaient donner aux Vénitiens sur Padoue.

à quelques-uns de ses citoyens l'habitude d'une grande autorité.

A ces innovations dans la législation il faut en ajouter une autre, qui fut adoptée vers le même temps. Une loi déclara les enfants non légitimes inhabiles à entrer dans le grand conseil. Cette exclusion des bâtards prouve qu'ils n'étaient pas soumis à d'autres incapacités. C'est à la même époque que quelques historiens (1) rapportent le réglement qui défendait à tous les Vénitiens d'acquérir des possessions sur la terre-ferme, c'est-à-dire en Italie. *Les enfants illégitimes exclus du droit de sieger dans les conseils. Défense aux Vénitiens de posséder des immeubles en pays étranger.*

Le successeur de Laurent Thiepolo fut Jacques Contarini, vieillard de quatre-vingts ans, dont la famille, anciennement illustre, avait été élevée sur le trône deux cents ans auparavant. Le règne de celui-ci fut rempli par la guerre d'Ancône, que j'ai déja racontée, et par une révolte en Istrie. La ville de Capo-d'Istria essaya de secouer le joug des Vénitiens; Trieste suivit cet exemple. Ces villes invoquèrent le secours du patriarche d'Aquilée, toujours prêt à susciter des embarras à la république. Il fit une alliance offensive avec le comte de Gorice. Venise fut obligée d'envoyer *XXIII. Jacques Contarini, doge. 1274. Révolte en Istrie.*

---

(1) *Storia della città e repubblica di Venezia*, di Paolo Morosini, lib. 8°.

successivement dans l'Istrie deux armées, qui éprouvèrent même d'assez grands revers; mais qui finirent par soumettre les révoltés; comme cela arrive toujours, lorsque des peuples, qui veulent secouer le joug, n'ont pour alliés que des voisins jaloux, dont l'objet est de nuire à la métropole plutôt que d'affranchir les colonies. Sanuto dit que le patriarche fut fait prisonnier, promené dans Venise sur une mule dont il tenait la queue et avec cet écriteau sur le dos: *Ecce sacerdos pravus qui in diebus suis displicuit deo et inventus est malus* (1).

*Acquisition d'Almissa en Dalmatie.*
La république fit vers ce temps-là quelques acquisitions d'une médiocre importance: la petite ville d'Almissa dans la Dalmatie fut conquise, sous prétexte que ses habitants s'étaient emparés de quelques bâtiments appartenant aux Vénitiens.

*De Montone en Istrie.*
La ville de Montone (2) en Istrie, et celle de Cervia dans la Romagne, renoncèrent, dit-on, à la liberté qu'elles avaient conservée jusque alors, pour se mettre sous l'empire, ou sous la

---

(1) Il y a sur cette guerre un passage assez remarquable de l'autre Marin SANUTO, l'auteur du livre, *Secreta fidelium crucis*, liv. 2, 2ᵉ partie, ch. 8.

(2) Des historiens disent qu'elle se donna volontairement à la république, mais Dandolo dit formellement (*Chron.* ch. 9, part. 5) qu'elle fut assiégée et conquise.

protection, des Vénitiens. Cervia fut la première possession de Venise sur la terre-ferme d'Italie. On sait assez combien on doit se défier de ces récits où l'on présente un peuple faisant volontairement le sacrifice de son indépendance; en effet, cette ville de Montone se révolta bientôt après, et plus d'une fois. De Cervia dans la Romagne.

Jacques Contarini occupa le trône à-peu-près six ans : accablé de vieillesse, il demanda et obtint la permission d'abdiquer sa dignité, qui fut conférée à Jean Dandolo. Cette élection fut un triomphe pour le parti opposé à l'aristocratie. Sous ce nouveau règne, un tremblement de terre renversa quelques maisons de Venise en 1280. L'année suivante, les flots de l'Adriatique, refoulés par les vents du midi, s'élevèrent à une hauteur menaçante, envahirent les parties inférieures des maisons, détruisirent les approvisionnements, les marchandises, et firent craindre le renversement de tous les édifices (1). XXIV. Jean Dandolo, doge. 1280.<br><br>Tremblement de terre.

---

(1) Item eodem millesimo et anno in festo sancti Thomæ apostoli in V$^a$ feriâ, et sequenti nocte in VI$^a$ feriâ circà horam matutinalem, factæ sunt coruscationes et audita sunt tonitrua magna, quod erat insolitum, ut tali tempore tonitrua audirentur. Et tunc in Venetiis factæ sunt inundationes magnæ maris et fluctuum, quales non fuerunt, ut dicunt antiqui, ex quo civitas illa fuit fundata super aquas usque ad dies nostros. Et

*Interdit jeté sur Venise par le légat du pape.*

Le pape, qui favorisait le roi de Naples, Charles d'Anjou, publia une croisade contre le compétiteur de ce prince. La république ne voulut pas armer pour une cause qui lui était étrangère, ni permettre que ses citoyens y prissent part. Le légat du pape fut tellement irrité de ce refus qu'il confondit, dans sa colère, les Vénitiens avec les princes excommuniés, et jeta un interdit sur leur ville. Mais le gouvernement prouva dans cette affaire tout ce qu'a de force une résistance accompagnée de modération; il ne souffrit pas que ses sujets fissent la guerre sans son aveu.

On supporta l'interdit sans récriminer contre le souverain pontife. On n'essaya point de forcer les ecclésiastiques à violer la défense du pape,

---

submersæ sunt naves, et necati sunt homines; et mercationes, quæ in solariis domorum non erant, penitùs sunt destructæ. Simile infortunium fuit in civitate Cluginâ, scilicet Cluzâ quæ est in lacunis marinis, ubi fit sal. Et dicebat cardinalis romanæ curiæ dominus Bernardus legatus, qui in Bononiâ habitabat, quod adeò accidit hoc infortunium Venetis quia excommunicati erant ab eo, quòd contra Petrum Aragonum Regi Karulo succursum dare volebant, cùm de voluntate Martini papæ procederet. (*Memoriale potestatum regiensium gestorumque iis temporibus ab anno 1154 usque ad annum 1290, Autore anonymo.*) Collection de MURATORI, *Rerum italicarum scriptores*, tom. VIII, page 1166.

qui suspendait la célébration des saints mystères; on se soumit, pendant trois ans, à la privation des secours spirituels; on se borna à adresser au saint-siège des réclamations respectueuses. Pendant ce temps-là les circonstances changèrent, la tiare passa sur une autre tête, et le nouveau pontife, qui vit qu'on n'avait rien gagné à interdire les Vénitiens, les réconcilia avec l'église en 1286. L'un des fruits de cette réconciliation fut l'établissement du saint-office à Venise.

Il y avait à-peu-près un siècle que les papes avaient imaginé d'établir cette espèce de tribunal contre les hérétiques. D'abord on n'envoyait contre eux que des missionnaires. Quand on eut éprouvé l'insuffisance du zèle et de l'éloquence pour les convertir, on voulut les effrayer. Les missionnaires furent autorisés à requérir l'assistance de la puissance temporelle et à s'assurer de son obéissance par la menace de l'excommunication.

XXV. Établissement du saint-office à Venise. 1286.

Il en résulta que les prêtres, envoyés pour éclairer ceux qui erraient dans la foi, se trouvèrent armés du glaive, se crurent chargés de découvrir, de poursuivre, de punir ceux qui étaient dans l'erreur, au lieu de les convertir, et devinrent une commission de recherches, un sanglant tribunal.

Les gouvernements espérèrent que ce tribunal

les préserverait de l'hérésie, toujours si funeste à la tranquillité des états.

Celui de Venise était vivement pressé par la cour de Rome de permettre l'introduction de l'inquisition dans son territoire. Vers le milieu du XIIIe siècle, il consentit à prendre des mesures contre les hérétiques; mais sans se dessaisir, en faveur des ecclésiastiques, de l'autorité inaliénable qui appartient aux princes temporels.

Il fut réglé qu'il y aurait des juges séculiers chargés de recevoir les dénonciations contre l'hérésie; que ces magistrats renverraient à des docteurs ecclésiastiques l'examen de la doctrine soupçonnée d'erreur; que ceux-ci en feraient leur rapport et qu'ensuite les magistrats civils prononceraient sur la culpabilité des accusés et sur l'application des peines.

C'était assurément tout ce qu'on pouvait faire de plus sage au XIIIe siècle. La cour de Rome était loin de s'en contenter; elle voulait que les juges ecclésiastiques eussent la plénitude de la juridiction, et que le magistrat civil n'intervînt nullement dans les choses qui ne sont point de l'ordre temporel. Cette doctrine aurait pu être soutenue si les peines n'eussent été que spirituelles comme les délits; mais ses peines allaient jusqu'à la confiscation des biens, à la privation de la liberté, même de la vie.

Le gouvernement vénitien négocia long-temps pour obtenir que l'église se relâchât de ses prétentions, il résista aux bulles de dix papes (1); enfin on trouva un tempérament qui laissait aux juges du saint-office la plénitude de juridiction qu'ils réclamaient, et qui cependant en empêchait l'abus, parce qu'on ne leur permettait d'exercer cette autorité que sous la surveillance des magistrats.

Voici ce qui fut réglé par le concordat du 28 août 1289 (2). Dans la capitale, le tribunal du saint-office devait se composer du nonce pontifical, de l'évêque de Venise et d'un religieux; les deux derniers, malgré leur commission du pape, ne pouvaient exercer ce ministère

*Concordat de 1289, avec le pape*

*Limites des pouvoirs de l'inquisition.*

---

(1) Alexandre IV, Urbain IV, Clément IV, Grégoire X, Innocent V, Adrien V, Jean XIX, Nicolas III, Martin IV, Honoré IV.

(2) L'abbé Laugier se trompe quand il fait honneur de ce concordat à Pierre Gradenigo successeur de Jean Dandolo : celui-ci régnait encore au mois de septembre; on peut s'en convaincre par une délibération du 5 des Kal. de septembre rapportée dans une bulle du pape Nicolas IV, et qu'on trouve dans la continuation des *Annales de Baronius*, par RAYNALDI, tom. IV.

qu'après avoir reçu des provisions du doge. Dans les provinces, le pape nommait également les inquisiteurs ; mais, quand ils n'étaient pas agréés par le gouvernement, ils ne recevaient point de provisions, et la cour de Rome se voyait obligée de faire un autre choix.

Trois sénateurs à Venise, dans les provinces trois magistrats, assistaient à toutes les assemblées du tribunal ; tout ce qui s'y passait hors de leur présence était nul de plein droit. Ils pouvaient suspendre les délibérations, empêcher l'exécution des sentences, lorsqu'ils les jugeaient contraires aux lois ou à l'intérêt de la république : ils juraient de ne rien celer au sénat de ce qui se passerait au saint-office : ils devaient s'opposer à la publication, même à l'insertion sur les registres de l'inquisition, de toute bulle qui n'aurait pas été approuvée par le grand conseil. Jamais les magistrats assistants du tribunal de l'inquisition ne pouvaient être pris parmi ceux qui avaient, soit par eux-mêmes, soit par leurs proches, quelques intérêts à la cour pontificale ; jamais les procès ne pouvaient être évoqués à Rome, ni ailleurs. A ce sujet on cite l'exemple d'un hérétique de Padoue, contre lequel le grand-inquisiteur de Rome avait informé et qu'il réclama pendant cinq ans. Le gouvernement vénitien ne voulut jamais permettre l'extradition de l'accusé, qui finit par être mis en liberté sans jugement, apparemment parce que les erreurs dont on l'accusait pouvaient ne pas être des hérésies aux yeux de la puissance séculière.

La juridiction du saint-office était rigoureusement restreinte au crime d'hérésie. Les Juifs établis sur les terres de la république n'étaient point justiciables de ce tribunal, et on en donnait cette raison, que l'autorité ecclésiastique ne pouvait s'étendre sur ceux qui n'étaient pas du corps de l'église.

<small>Sa juridiction.</small>

Cette juridiction ne s'étendait pas non plus sur les Grecs; parce qu'il n'était pas juste que la cour romaine fût juge dans sa propre cause : ni sur les bigames; parce que, le second mariage étant nul, il ne pouvait y avoir abus du sacrement, mais seulement violation de l'ordre civil: ni sur les blasphémateurs, et à plus forte raison sur les usuriers : ni enfin sur les sorciers ou magiciens, à moins qu'ils n'eussent fait abus des sacrements.

Les biens des condamnés restaient à leurs héritiers naturels.

Quant aux écrits, on ne pouvait pas, à cette époque, en prévoir le danger; l'imprimerie n'était pas encore inventée. Dans la suite, l'inquisition eut le droit d'examiner les livres, mais seulement ceux qui pouvaient intéresser la foi. La permission et la défense d'imprimer furent exclusivement réservées aux magistrats. On pouvait s'en rapporter à leur vigilance : l'aristocratie est à cet égard le moins tolérant des gouvernements.

Enfin les délits temporels des ecclésiastiques restèrent, sans exception, dans les attributions de l'autorité séculière.

Les fonds mêmes destinés au service du tribunal étaient confiés à un trésorier vénitien, et qui était tenu de rendre compte de leur emploi à l'autorité civile.

<small>Efforts du clergé pour étendre le pouvoir de l'inquisition.</small> Telles furent les limites que le gouvernement trouva le moyen d'opposer à une autorité si souvent abusive (1). Les inquisiteurs ont constamment essayé de s'affranchir de ces entraves; mais ni les subtilités, ni les menaces n'ont jamais pu

---

(1) On peut voir les réglements qui furent arrêtés à cette époque sur l'inquisition, et ceux qui y ont été ajoutés depuis, dans l'*Histoire des inquisitions*, par l'abbé MARSOLLIER; mais il faut remarquer, 1° que cet auteur, qui annonce dans son titre l'*Histoire de l'inquisition d'état de Venise*, l'a confondue avec l'*inquisition ecclésiastique*, et ne parle que de celle-ci; 2° qu'il a abusé de la permission d'emprunter à un étranger, car son troisième livre est copié de l'ouvrage de Fra Paolo sur l'*inquisition de Venise*, sans qu'il en fasse la moindre mention : ce qui a donné à cet emprunt le caractère du plagiat.

obtenir à cet égard la moindre concession (1). L'historien de l'église rapporte (2) que l'inquisiteur de Venise, s'étant permis de faire emprisonner quelques Juifs convertis qui étaient suspects d'hérésie, les magistrats firent arrêter les familiers de l'inquisition. En 1518, l'inquisition poursuivit à outrance de prétendus sorciers de la province de Brescia. On fut révolté du nombre des condamnations, et de la sévérité des peines: le conseil des dix cassa la procédure, manda les inquisiteurs, et renvoya les accusés devant d'autres juges.

Il y avait à Brescia un capucin, qui avait le malheur d'errer dans les opinions que l'on doit avoir de l'ante-christ. L'inquisition voulut le juger comme hérétique, et, sur ce fondement que

---

(1) On peut voir dans la *correspondance* de l'archevêque d'Embrun la Feuillade, ambassadeur de France à Venise, que l'inquisition avait imaginé une subtilité, pour se débarrasser de la surveillance des magistrats laïques, en prétendant que la présence de ceux-ci n'était indispensable que pour le jugement des affaires, et non pour les informations préliminaires ; cette prétention fut repoussée. (*Correspondance de l'archevêque d'Embrun*, dépêche du 23 août 1659. *Man. de la Bibl.-du-Roi*, n° 1125—745).

(2) L'abbé FLEURY, liv. 96.

Tome I. 30

le délit et l'accusé étaient également soumis à la juridiction ecclésiastique, elle prétendit que les assistants séculiers ne devaient point intervenir au procès : le gouvernement se maintint dans ses droits par sa fermeté. Les exemples sont innombrables des tentatives que les inquisiteurs ont faites, dans tous les temps, pour étendre leur pouvoir, et pour s'affranchir de la surveillance des magistrats.

<small>XXV. Premiers sequins frappés à Venise.</small>

Ce fut, dit-on, sous le règne de Jean Dandolo qu'on frappa, pour la première fois, à la monnaie de Venise, ces ducats d'or si connus sous le nom de sequins, nom qui leur vient du mot *Zecca*, qui désigne l'atelier monétaire. L'empreinte de cette monnaie portait le nom et la figure du doge : d'abord on l'y voyait assis; dans la suite on le représenta debout, enfin à genoux, recevant des mains de saint Marc l'étendard de la république. C'était l'histoire de la puissance ducale. Mais une chose plus remarquable, c'est que, pour battre ces sequins, la république eut à solliciter un privilége de l'empereur et du pape. Il est difficile de comprendre qu'un état, qui existait depuis huit cents ans, n'eût pas de monnaie; il paraît naturel de croire que ce privilége ne fut demandé qu'à l'occasion de la monnaie nouvelle, mais enfin il fut demandé.

LIVRE V. 467

Le fait est consigné dans la chronique de Sanuto (1), l'un des historiens les plus exacts de la république.

Jean Dandolo mourut en 1289.

---

(1) Nel 1285 sotto questo doge avendo avuto i privilegi del papa e dell' imperatore di poter far stampare e coniare monete di rame, d'argento e d'oro, fino a questo giorno stampatone d'argento, etc.

(*Vite de' duchi*, G. DANDOLO).

# LIVRE VI.

Élection de Pierre Gradenigo. — Désastres en Orient. — Guerre contre les Génois. — 1289 — 1299. — Considérations sur les gouvernements d'Italie au XIV$^e$ siècle. — Révolutions dans le gouvernement de Venise. — Clôture du grand conseil. — Établissement de l'aristocratie. — 1289. — 1319.

I.
Conséquences du nouveau système d'élection.

On a vu par quels procédés le gouvernement de Venise avait peu-à-peu diminué l'influence populaire. Ce gouvernement, purement démocratique dans son origine, était devenu tout-à-coup monarchique, par l'institution d'un prince à vie, qui disposait de toutes les places, et qui souvent désignait son successeur. Mais les monarchies sont de ces grands édifices qui veulent être vus de loin, pour conserver tous leurs droits au respect des hommes. Quand tous les intérêts de l'état, et tout l'état même, sont concentrés dans une seule ville, il est impossible que la population n'ait pas mille occasions de juger ce qui se passe sous ses yeux, de s'opposer à ce qu'elle censure, et de se croire capable de faire mieux, parce qu'elle a assez de discernement pour être mécontente. Il est impossible que le chef du gouvernement ne soit pas souvent irrité par la résistance, tenté de la surmonter, et quelquefois victime de ses efforts pour y parvenir. Vingt doges massacrés, ou précipités du trône, attestent combien ce trône était un poste périlleux.

Quand les hommes du peuple concouraient à la nomination du prince, il était naturel qu'ils se crussent en droit de le punir.

Quand le doge ne leur demanda plus que d'applaudir à son élection, ils se baissèrent pour ramasser l'argent qu'il leur faisait jeter.

Lorsqu'il ne fut plus du tout leur ouvrage, ils courbèrent leur tête sous ses pieds pour le porter en triomphe.

Après qu'on eut établi que la nomination serait faite par un petit nombre d'électeurs, on ne crut cependant pas pouvoir se dispenser de faire agréer leur choix par la multitude assemblée. On proclamait devant le peuple le résultat de l'élection, et il le confirmait par ses acclamations. Jamais il ne s'était permis de désapprouver un choix ; mais ces acclamations, si faciles à obtenir, étaient un exercice de son ancien droit.

Sous prétexte que ces assemblées générales étaient nécessairement tumultueuses, on en était venu à faire représenter le peuple par un syndic, qui d'abord donnait sa sanction au choix, qui plus tard était réduit à reconnaître le doge nommé, qui enfin n'était plus admis que pour prêter, au nom de tous, le serment d'obéissance.

La nation avait été dépouillée de ses droits, mais ce n'était pas au profit du prince, dont le pouvoir éprouvait tous les jours quelques nouvelles restrictions; c'était au profit de cette partie de la population ancienne, illustre, riche, éclairée, et par conséquent influente, qui remplissait le grand conseil, le sénat, et toutes les places de l'administration.

Ces usurpations successives avaient humilié le peuple. Un impôt, qui pesait principalement sur lui, l'avait irrité, une famine récente lui avait donné le droit d'accuser son gouvernement. Il voyait des divisions parmi ceux qui voulaient retenir le pouvoir. Quelques revers inévitables à la guerre fournissaient un prétexte pour dire que les affaires étaient mal conduites. Les peuples voisins faisaient fréquemment l'essai de leurs forces contre leurs magistrats. L'esprit de révolte qui s'était manifesté dans Venise, à l'occasion de l'impôt sur les farines, avait été puni, mais non pas éteint. Il n'y avait pas jusqu'aux calamités naturelles, aux tremblements de terre, aux inondations, dont on ne pût tirer avantage. Le malheur affaiblit et déconsidère les particuliers; il n'en est pas de même du peuple pris collectivement: plus il a de quoi gémir, plus il a de forces. Le droit de se plaindre lui rend tous ses droits.

Le parti qu'on pouvait tirer de toutes ces circonstances n'était pas analysé, mais senti par la masse de la population mécontente. Ce mécontentement éclata après la mort de Jean Dandolo: des deux factions qui s'agitaient dans Venise, l'une avait fait porter au trône, quelques années auparavant, Laurent Thiepolo, le soutien du parti aristocratique; l'autre venait d'y appeler Jean Dandolo, que la faction contraire reconnaissait pour son chef. Il paraît que les Thiepolo ne tardèrent pas à changer de parti, car pendant la pompe des funérailles du doge, au moment où les électeurs venaient de se réunir, pour procéder à un nouveau choix, le peuple répandu plutôt que rassemblé sur la place publique, annonça par ses cris qu'il voulait pour doge Jacques Thiepolo, accompagnant cette proclamation tumultueuse d'injures, d'imprécations contre le gouvernement actuel (1). Ce mouvement

11.
Le peuple déclare qu'il veut pour doge Jacques Thiepolo.
1289.

(1) Cum trepidatione undique eo concursum, voces ama-

était si spontané qu'aucune mesure n'avait été préparée pour en assurer le résultat; s'il y eût eu là un homme pour le diriger, pour intimider et disperser les conseils, Venise courait la chance d'avoir un gouvernement populaire, si elle n'a-*Jacques Thiepolo s'enfuit.* vait pas un tyran. Mais Jacques Thiepolo fut plus effrayé que tout autre de ces cris qui l'appelaient au trône, qu'avaient occupé son père et son aïeul. Les qualités populaires qui lui avaient concilié la bienveillance de la multitude, n'étaient point celles d'un chef de parti. Loin de se montrer infidèle envers l'ordre de citoyens, auquel il appartenait par sa naissance, il se jeta dans leurs bras, épouvanté de l'idée de s'attirer de si puissantes haines, et tâcha même de négocier, pour appaiser ce tumulte élevé en sa faveur. Ne pouvant y réussir, il prit le parti le plus propre à jeter le peuple dans l'irrésolution, et à donner aux conseils le temps de se reconnaître; il s'évada pour ne point régner, et se refugia dans le Trévisan.

Il serait difficile de juger si Thiepolo avait eu connaissance de ce dessein qu'il fit lui-même avorter: on serait tenté de le croire, aux regrets

---

rissimæ et invidiæ plenæ in patricios jactatæ nominatim, jacobum Tepulum ducem populus postulabat. (Sabellicus, *decad.* 1, l. 10.)

qu'en témoigna sa famille, et aux entreprises qu'elle hasarda quelque temps après, pour réparer ce mauvais succès; mais dans toute conspiration la première condition est le choix d'un bon chef. On avait compté sur Jacques Thiepolo, on l'avait mal connu ; s'il abandonna ceux qu'il avait compromis, il ne fut qu'un lâche : appelé au trône sans son aveu, s'il sacrifia les intérêts de son ambition à la tranquillité de sa patrie, ce fut l'acte d'un noble et digne citoyen : tant il est difficile quelquefois d'apprécier la conduite des hommes à travers les incertitudes de l'histoire.

La multitude cherchait vainement celui qu'elle voulait couronner. Quand on veut la tenir pendant quelque temps en effervescence, il faut que cet état lui soit profitable par le pillage, ou qu'au moins elle ne soit pas rappelée par le besoin à de paisibles travaux. Rien de tout cela n'avait été prévu : cette flamme, n'ayant plus d'aliment, s'éteignit au bout de huit à dix jours, et les électeurs, qui avaient fait semblant de délibérer, pendant qu'ils temporisaient, proclamèrent le nouveau prince qu'ils avaient donné à la république.

C'eût été une faiblesse de nommer Jacques Thiepolo. La faveur du peuple, et peut-être sa propre connivence, lui donnaient évidemment l'exclusion pour toujours. On ne pouvait pas

111.
Pierre Gradenigo, doge.
1289.

non plus, comme cela arrive souvent dans les élections où l'on est embarrassé par des ambitions rivales, ne hasarder qu'un choix provisoire, en le faisant tomber sur un vieillard. La place de doge, que la politique du conseil avait amoindrie, reprenait en ce moment toute son importance. Il fallait un chef d'une capacité éprouvée, plein de courage et de vigueur, et sur-tout imbu, dès sa jeunesse, de toutes les maximes du patriciat. Cet homme se trouvait dans Pierre Gradenigo, alors gouverneur de la colonie de Capo-d'Istria, et qui n'était pas encore âgé de quarante ans. Il est toujours beau, aux yeux d'un homme courageux, d'être choisi pour être à la tête des affaires de sa patrie dans un temps d'orage. Dix galères, envoyées au-devant de Gradenigo, le ramenèrent dans Venise, où son entrée fut un triomphe, mais un triomphe incomplet, car le morne silence du peuple condamnait cette élection.

*Insultes du patriarche d'Aquilée.*

Ce règne commençait sous de sinistres présages. Le patriarche d'Aquilée défit complètement l'armée chargée de défendre Trieste; il poursuivit sa victoire, pilla Caorlo, et vint jusqu'à Malamocco, où il mit tout à feu et à sang, insultant ainsi la république jusques dans ses faubourgs; et, après avoir déployé ses bannières à la vue de la capitale, il embarqua paisiblement son butin, et se retira dans ses ports sans être poursuivi. C'était une médiocre gloire pour un archevêque de faire une guerre de pirate; mais c'était une honte pour la république d'être bravée par un tel voisin.

Les affaires des chrétiens en Orient étaient ruinées. Une flotte de vingt galères, que les Vénitiens avaient envoyée en Syrie, pour secourir la ville de Tripoli, n'avait pu empêcher cette place de succomber. Le soudan d'Égypte, après l'avoir prise d'assaut, l'avait réduite en cendres, et les chrétiens n'avaient conservé que par une trêve incertaine un reste d'établissement précaire sur la côte de la Palestine : ils avaient perdu Antioche; ils étaient réduits aux villes de Sidon, de Berythe et de Ptolémaïs.

IV. État des affaires des chrétiens en Orient.

Cette dernière ville était partagée entre des Européens de diverses nations, non-seulement insubordonnés, indisciplinables, mais divisés entre eux, ayant des intérêts divers, des passions opposées. Les Génois, les Pisans, les Vénitiens, hasardaient leurs spéculations commerciales, à la faveur d'une trêve momentanée, et chacune de ces trois colonies cherchait sur-tout à nuire à ses rivales. Les rois de Chypre et de Jérusalem, le prince d'Antioche, les comtes de Tyr et de Tripoli, étaient venus chercher un asyle et porter leurs prétentions à Ptolémaïs; un

Discorde dans Ptolémaïs.

légat du pape compliquait encore les difficultés en réclamant l'autorité. Les chevaliers du Temple, les hospitaliers de Saint-Jean, des aventuriers de toutes les nations, fort peu occupés de l'intérêt des marchands, ne songeaient qu'à acquérir des possessions où ils pussent dominer. Quelques-uns n'étaient que des turbulents, d'autres des fanatiques. Ils n'étaient venus que pour s'enrichir en tuant des infidèles, et ils prétendaient accomplir leur vœu, expier leurs péchés, en commettant d'horribles désordres, en portant le ravage sur les terres des Sarrasins, au mépris de la trêve à laquelle ils devaient eux-mêmes un reste de sûreté.

Les conseils, les prières de ceux qui avaient quelque chose à perdre, ne purent les retenir. Ces imprudents, s'autorisant de cette maxime du droit public d'alors, qu'on n'était pas obligé de tenir une trêve que le pape avait désapprouvée, se répandirent dans les campagnes, interceptèrent les caravanes, dévastèrent les villages voisins, et signalèrent leur zèle par le pillage et le massacre.

v.
Le soudan d'Égypte vient attaquer cette place.
1290.

Le soudan irrité se borna cependant à demander qu'on lui livrât les principaux coupables. On voulut qu'il se contentât de quelques explications, de mauvaises excuses; mais il n'en tint aucun compte, et il marcha en Syrie, sur la fin de l'année 1290, avec une armée, que des récits, vraisemblablement exagérés, font monter à plus de cent cinquante mille hommes d'infanterie, et à soixante mille chevaux (1).

Quelle que pût être la force de cette armée, Ptolémaïs n'aurait pas été dans l'impuissance de résister, si ses défenseurs eussent été capables de s'entendre. Il y avait, dit-on, dans la ville dix-huit mille croisés, et une population qui pouvait fournir trente mille soldats. Une telle garnison, bien conduite, aurait pu défendre de bonnes murailles, dans lesquelles le soudan ne pouvait l'affamer, ni la bloquer par mer, n'ayant point de flotte.

On sentit cependant la nécessité de se donner un chef, et le grand-maître du temple, Guillaume de Beaujeu, fut chargé de ce difficile emploi; mais il fut tué dans une des premières attaques, et on ne songea point ou on ne parvint pas à le remplacer. Dès-lors ce ne fut plus dans la ville qu'une horrible anarchie; les ennemis poussèrent si vivement leurs attaques, que le 18 mai 1291, après un siége d'environ quarante jours, ils livrèrent un assaut général, auquel les assiégés ne purent résister.

*Prise de Ptolémaïs. 1291.*

---

(1) Marin Sanuto dit seulement vingt mille chevaux et trente mille fantassins.

Le jour qui vit l'irruption des Sarrasins dans cette dernière retraite de la chrétienté, fut marqué par un des plus épouvantables carnages dont l'histoire fasse mention. Les fortifications renversées, les magasins pillés, toutes les richesses dispersées, la ville en flammes de tous côtés, tous les asyles souillés, trente mille personnes égorgées, et le reste de la population réduit en esclavage; tels furent les résultats de l'inconduite et de la discorde des chrétiens.

Tandis que des malheureux de toutes nations se précipitaient vers le rivage pour échapper au massacre, que le roi de Jérusalem se sauvait honteusement sur une galère, et que le patriarche se noyait dans une barque surchargée de monde, au milieu du port (1); d'autres se refugiaient dans le temple, et l'abbesse de Sainte-Claire, assemblant ses chastes filles, leur disait: « Méprisons cette vie pour nous conserver pures « à notre divin époux. » A son exemple, toutes

---

(1) Dominus rex Cypri cum suis evasit. Dominus vero patriarcha Hierusalem, dum intraret in navem ut evaderet, propter nimiam multitudinem personarum intrare volentium in navem cum eo, submersus est cum omnibus in mare qui secum erant.

(Chronicon parmense auctore anonymo synchrono. *Rerum italicarum scriptores*, tom. IX, p. 821.)

se coupèrent le nez, se mutilèrent, et offrirent à des vainqueurs furieux le spectacle horrible d'un dévouement dont le martyre fut la récompense.

Ce désastre fit perdre totalement le courage au peu de chrétiens qui restaient encore sur cette côte désolée; ils abandonnèrent Berythe et Sidon. Il ne paraît pas que les Vénitiens aient eu une part plus considérable que les autres dans ce siége mémorable; mais je n'ai pu passer sous silence un évènement, qui, en renversant pour jamais cet empire, que les chrétiens avaient fondé et défendu, au prix de tant de sang, sur la côte de Syrie, détruisit les établissements de commerce que la république y avait formés.

*Ruine des établissements de commerce en Syrie.*

On vit arriver à Venise quelques vaisseaux chargés de fugitifs et de débris, qui annoncèrent à cette capitale qu'elle venait de perdre un grand nombre de ses citoyens, et ses comptoirs, la source de tant de richesses depuis deux siècles. Les principaux de ces fugitifs furent admis dans le grand conseil (1).

*Les marchands expulsés de cette côte arrivent à Venise.*

―――――――――――

(1) Marin SANUTO, *Vite de' duchi*, P. Gradenigo. Jean Charles Sivos en donne la liste composée de sept noms, et il l'intitule : « *Famiglie che furono fatte del gran consiglio l'anno 1296, 1° maggio, le quali vennero con grandissime richezze dalla città di Ptolemaide e non volsero entrar nel*

Ces nouvelles, qui devaient répandre une désolation générale, ne produisirent qu'une médiocre consternation. On apprenait ces désastres au moment où l'on se promettait d'en faire éprouver de pareils à d'irréconciliables ennemis. La trève avec Gênes venait d'expirer; tout Venise retentissait du bruit des armes; la haine imposait silence à toutes les autres passions. Serait-il vrai qu'elle en fût la plus violente?

VI.
Guerre contre les Génois.
1293.

Les Génois étaient alors en guerre avec les Pisans, leurs voisins, leurs rivaux, et par conséquent leurs ennemis naturels. Venise devenait nécessairement l'alliée de ceux-ci. C'était sous le commandement d'un de ses citoyens (1), alors podestat de Pise, que les Pisans, quelques années auparavant, avaient disputé aux Génois,

---

*porto di Venezia se prima non erano fatti del gran consiglio e così gli fù concessa la gratia.* » (*Casade nobili di Venetia*, manusc. de la bibliot. de Monsieur, n° 62.)

Ces prétentions ne convenaient guères à des fugitifs: il est probable qu'ils n'avaient pu sauver toutes leurs richesses. Où seraient-ils allés s'ils n'étaient pas entrés à Venise? Mais il faut remarquer que cette république avait accueilli avec la même faveur les fugitifs de Constantinople, et qu'elle en usa de même dans la suite pour ceux de Candie.

(1) Albert Morosini, qui perdit la bataille de Miloria contre la flotte de Gênes, en 1284.

sans succès à la vérité, l'empire de la mer de Ligurie.

Gênes, quoique sa dernière guerre contre Venise eût été malheureuse, avait alors une puissance maritime égale, ou peut-être même supérieure, à celle des Vénitiens. Elle renversait son gouvernement aristocratique pour revenir à la démocratie. Dans Venise, au contraire, l'aristocratie faisait continuellement des progrès. Les deux républiques avaient au loin des colonies considérables. Les Vénitiens étaient maîtres de la côte orientale de l'Adriatique, de toute l'île de Candie, d'une partie de celle de Négrepont et de plusieurs ports de la Morée. Les Génois avaient battu complètement les Pisans, et comblé la passe du port de Livourne : ils étaient alliés avec l'empereur grec; maîtres de l'île de Scio, établis dans le faubourg de Péra, de l'autre côté du port de Constantinople : ils possédaient plusieurs comptoirs sur les côtes de la mer Noire, et avaient conquis depuis trente ans, sur les Tartares, ou acheté (1) la ville de Théodosie, aujourd'hui Caffa, à l'entrée du canal qui communique de la mer Noire aux Palus-Méotides. Ils avaient, comme on voit, succédé à toute la

---

(1) Nicéphore GREGORAS, *Hist. bysantine*, liv. 13, ch. 2.

puissance des Vénitiens dans les mers qui sont au-delà du Bosphore. Ils ne possédaient Péra que comme fief (1): ils n'avaient pas le titre de maîtres du quart de l'empire romain; mais ils étaient parvenus à en faire exclusivement le commerce, et ces audacieux marchands finirent par être les maîtres d'affamer ou d'approvisionner Constantinople, par s'en approprier la pêche, les douanes, par faire la guerre à l'empereur grec, et par lui interdire le droit de mettre à la mer un seul vaisseau.

Pour se faire une juste idée du commerce de la mer Noire, il faut considérer que les fleuves qui s'y jettent, le Tanaïs, le Borysthène, le Niester, le Danube, traversent dans leur cours immense des pays fertiles, qui alors n'avaient que très-peu de débouchés pour l'écoulement de leurs productions. La ville la plus populeuse de l'Europe se trouvait située à l'embouchure de cette mer; elle avait droit d'être la capitale du commerce du monde; mais il n'y a point de commerce là où l'on dispute sur des dogmes et sur la lumière incréée du mont Thabor. Cette capitale déchirée par des guerres civiles et reli-

---

(1) *Histoire de la décadence de l'empire romain*, par GIBBON, ch. 63.

gieuses, avait besoin de grains, de bois, de bestiaux. Ses habitants professaient un culte qui, dans certains temps, fait du poisson une nourriture nécessaire; l'embouchure du Tanaïs en fournit une quantité inépuisable. Le luxe de Constantinople appelait toutes les marchandises de l'Asie; la Perse les fournissait aux vaisseaux qui venaient les recevoir au fond de la mer Noire. Ces vaisseaux appartenaient aux Génois; le port de Théodosie était leur entrepôt.

C'était à la faveur d'un commerce si étendu, qu'une petite république, assise sur d'arides rochers, au bord de la Méditerranée, entretenait une quantité innombrable de marins, couvrait les mers de ses navires, en promettait cent à l'empereur grec, en fournissait deux cents à saint Louis, et cela après une guerre de dix ans, dans laquelle elle avait vu plusieurs de ses flottes détruites. Cette puissance du commerce, qui renouvelle sans cesse les capitaux et qui multiplie les hommes, se développa dans la guerre que les Génois recommencèrent contre les Vénitiens, en 1293. Les deux républiques firent des armements, que tous leurs contemporains ensemble n'auraient pu égaler, et dont l'appareil n'était ni moins dispendieux ni moins formidable, sauf les différences qui résultent de l'état de l'art, que les flottes des plus puissantes nations de nos jours.

*Pillage de Péra par les Vénitiens.*

Les Vénitiens prirent l'avantage de l'offensive. Soixante galères sorties de leurs ports, firent voile vers l'Archipel, sous le commandement de Roger Morosini. Au mépris de l'empire grec, cette flotte passa les Dardanelles, traversa la Propontide, et vint jeter l'ancre dans la baie de Constantinople, pour attaquer le faubourg de Péra. Cet établissement n'était pas fortifié; les Génois se jetèrent dans Constantinople, abandonnant leurs comptoirs et leurs magasins à l'ennemi, qui, après le pillage, signala son départ par un incendie. Michel Paléologue n'eut pas assez d'énergie pour témoigner son ressentiment de cet outrage autrement que par les plaintes de ses ambassadeurs.

Les Génois surent tirer un grand avantage de leur désastre. La conquête trop facile de Péra leur fournit un prétexte pour demander et obtenir de l'empereur grec la permission de s'y fortifier, et ce poste, mis à l'abri de toute attaque avec une étonnante diligence, devint le boulevard de leur puissance, la clef du Bosphore, et bientôt après l'effroi de Constantinople.

*Ils détruisent les comptoirs*

Cependant la flotte vénitienne entra dans la mer Noire, renversa les établissements que les

Génois avaient sur ces côtes, et reprit ensuite la route de l'Archipel, après avoir détaché, sous les ordres de Jean Soranzo, une escadre de vingt-cinq galères, chargée de détruire Théodosie. Cette ville n'était pas plus en état de défense que Péra. Les Vénitiens s'en emparèrent facilement ; mais l'hiver surprit leur escadre au fond de cette mer ; les glaces fermèrent le bosphore Cimmérien, le froid fit périr plus de la moitié des équipages, et Jean Soranzo eut plus de peine à en ramener les restes, au retour de la belle saison, qu'il n'en avait eu à ruiner l'établissement des Génois.

*des Génois dans la mer Noire.*

Ceux-ci venaient de mettre à la mer une flotte de cent soixante galères, dont chacune, dit-on, était montée par deux cent vingt matelots ou soldats. C'était une armée de trente-cinq mille hommes, et on ajoute qu'on n'y avait admis que des Génois. Mais cet armement si formidable avait inutilement cherché l'ennemi dans les mers de la Sicile.

Soixante-six galères de cette armée, sous le commandement de Lamba Doria, vinrent attaquer Venise dans cette mer dont elle se disait souveraine. Charles et André Dandolo allèrent à sa rencontre avec une flotte de quatre-vingt-quinze bâtiments. Les deux armées combattirent devant Corcyre-la-Noire, ou Curzola, l'une des

*VII. Une flotte génoise entre dans l'Adriatique et bat la flotte vénitienne à Curzola.*

îles de la Dalmatie. Malgré l'infériorité du nombre de ses vaisseaux, Lamba Doria en détacha quinze, qui devaient s'élever au vent de la flotte vénitienne, et fondre sur elle pendant l'action. Avec le reste il n'hésita point à engager le combat, qui fut long et vivement soutenu. Le choc des quinze galères qui avaient pris le vent détermina la victoire. Jamais il n'y en eut de plus complète. Le feu couvrit et dévora en un instant toute la flotte de Venise; douze vaisseaux seulement parvinrent à s'échapper, soixante-cinq furent brûlés, et dix-huit tombèrent au pouvoir du vainqueur, avec sept mille prisonniers, au nombre desquels étaient un fameux voyageur vénitien nommé Marc Pol, qui avait parcouru l'Asie pendant un grand nombre d'années, et l'amiral André Dandolo lui-même. Ce malheureux général, assis sur le banc d'une galère, les mains enchaînées, se voyait conduire à Gênes. Mais il ne voulut pas servir au triomphe de son ennemi, et, montrant qu'un homme de cœur a toujours des ressources contre la honte, il se fracassa la tête contre le bord du navire, et déroba au peuple de Gênes le cruel plaisir de voir un amiral vénitien chargé de fers (1).

---

(1) Il y a un récit très-détaillé de cette bataille, dans un

LIVRE VI. 487

Lorsque les douze vaisseaux échappés de ce combat entrèrent dans Venise, on craignit de voir paraître presque aussitôt la flotte des Génois; mais elle n'était pas en état de tenir la mer. Deux de leurs galères osèrent venir seules jusqu'à Malamocco, et braver la flotte de la république. On commença une information contre les officiers qu'on accusait de n'avoir pas fait leur devoir à la bataille de Curzola. Les historiens ne sont pas d'accord sur le résultat de cette procédure. Il y en a qui disent que plusieurs coupables furent punis du dernier supplice; d'autres prétendent que tous les accusés furent

---

ouvrage intitulé: *Ferreti Vicentini historia rerum in Italiâ gestarum ab anno* 1250, *ad annum usque* 1318. (*Rerum italicarum scriptores*, tom. IX, p. 987.) Suivant cet historien, les Génois n'avaient que soixante-deux galères, et les Vénitiens 96; mais les premiers furent renforcés vers la fin du combat par treize de leurs vaisseaux qu'ils avaient laissés en arrière. André Dandolo ne fut point fait prisonnier, mais tué dans le combat, en embrassant son pavillon. Quatorze galères vénitiennes se sauvèrent, quatre-vingt-deux tombèrent au pouvoir du vainqueur avec six mille six cent cinquante-quatre hommes.

André Navagier dit positivement: « Il generale della signoria, avanti di giungere a Genova, disperato, non volendo prender cibo, e battendo la testa sopra un banco della galera, si diede la morte. »

absous (1). La première version serait plus conforme aux maximes des républiques, maximes qui ne doivent jamais être plus inflexibles que dans l'adversité.

**VIII.**<br>La flotte vénitienne battue à Gallipoli.<br>1294. La campagne suivante, la fortune ne cessa pas d'être contraire aux Vénitiens. Marc Baséio, leur amiral, rencontra et combattit la flotte ennemie devant Gallipoli, à l'entrée des Dardanelles. De vingt-cinq galères qu'il commandait, seize furent prises ou détruites; les autres allèrent répandre la consternation dans leurs ports, et laissèrent la mer libre aux Génois. Ils en profitèrent pour faire une descente en Candie, et pillèrent encore une fois la ville de la Canée.

Déja, dans cette guerre, Venise avait perdu plus de cent vaisseaux, et nécessairement un grand nombre de marins et de soldats. La principale de ses colonies était ravagée, les autres pouvaient l'être; cependant les négociants couvraient encore les mers de bâtiments armés en course, désolaient le commerce de l'ennemi, insultaient ses côtes; et on cite un capitaine Sclavoni, qui, avec quatre galères, eut l'audace

---

(1) Voyez les additions à la *Chronique de* Dandolo, tom. II, rapportées dans l'édition de Muratori, d'après un exemplaire *manusc. de la bibliot. Ambrosienne.*

d'aller brûler un vaisseau dans le port même de Gênes.

Cette ville, qui soutenait depuis six ans une guerre si terrible, était alors déchirée par les factions. Les Gibelins en avaient expulsé les Guelfes. Venise n'était pas moins agitée par des passions rivales. Les deux républiques, sous la médiation de Mathieu Visconti, duc de Milan, consentirent, en 1299, à une paix qui n'était qu'une suspension d'armes, pour faire les préparatifs d'une nouvelle guerre. Par ce traité, la mer Noire et la mer de Syrie furent interdites, pendant treize ans, aux bâtiments armés des Vénitiens (1).

L'empereur grec Andronic Paléologue devait à la république une somme assez considérable, dont il éludait depuis long-temps le paiement, sous divers prétextes. Ce prince était à bon droit irrité contre les Vénitiens, qui étaient venus attaquer les Génois, ses alliés, jusque dans les faubourgs de sa capitale. Le gouvernement de Venise le jugea assez faible ou assez timide pour ne pas être ménagé. Une flotte de trente-sept galères vint bloquer le détroit des Dardanelles, désola le commerce des Grecs, mit tout à feu  Une autre flotte vénitienne dévaste les côtes de l'Archipel.

---

(1) Jean VILLANI, *Hist. de Florence*, liv. 8, ch. 27.

et à sang, depuis Péra jusqu'à Argire, et s'empara d'un grand nombre de vaisseaux, dont tous les équipages furent impitoyablement massacrés. L'auteur de cette abominable exécution se nommait Bellet, et était de l'illustre famille des Justiniani. Un de ses parents, qui a écrit l'histoire de Venise, dépose de ce crime, qu'il rapporte avec la plus froide indifférence. Il dit que Bellet Justiniani rentra vainqueur à Venise, c'est-à-dire qu'il y revint avec la somme que l'empereur Paléologue s'était empressé de faire porter sur cette flotte dévastatrice (1).

<small>IX.
État de la noblesse en Italie au xiv<sup>e</sup> siècle.</small>

Je n'ai pas cru devoir interrompre le récit des évènements militaires, pour raconter une partie des évènements bien autrement importants qui se préparaient dans l'intérieur, et qui changèrent définitivement la constitution de la république.

---

(1) « Bellet Justiniani fit pendre tous les Grecs qui furent trouvés sur les vaisseaux, parce que peu auparavant ils avaient, par leur perfidie, fait perdre Constantinople aux Vénitiens. Il saccagea, il brûla tout sur la côte. A l'aspect de la flotte les habitants des rivages se retiraient dans les montagnes. Il revint ensuite vainqueur à Venise apportant quinze mille perperi : c'est une monnaie grecque. »

( *Histoire de Venise*, de Pierre JUSTINIANI, liv. 3), il faut entendre *liv. de perpèri*, voyez l'*Histoire du commerce de Venise*, par MARIN, tom. III et V, liv. 3, chap. 1.

Quelques écrivains, jaloux de frapper l'imagination de leur lecteur, ont raconté que ces institutions inattendues, qui opérèrent une révolution dans l'essence du gouvernement de Venise, furent conçues, proposées, arrêtées tout-à-la-fois par le doge Gradenigo (1). Mais ce n'est

---

(1) M. Simonde Sismondi, dans son *Histoire des républiques italiennes du moyen âge*, (*Ch.* 28), reproche fort justement à plusieurs historiens, et notamment à Laugier, d'avoir présenté cette révolution comme l'ouvrage d'un jour. Les écrivains vénitiens ne pouvaient que la louer sans l'approfondir; mais l'abbé Laugier qui avait des lumières, et qui, en sa qualité d'étranger, aurait pu montrer de l'indépendance, aurait dû être plus exact, plus véridique. Il existe une preuve incontestable que la révolution aristocratique n'était pas entièrement consommée même au mois de juin 1310, c'est-à-dire à l'époque où éclata la conjuration de Thiepolo, dont nous parlerons dans le livre suivant; ce sont les sentences du tribunal des quarante, contre les conjurés, sentences que Muratori a imprimées à la suite de la chronique de Dandolo. Les condamnés y sont divisés en deux classes, savoir : les nobles, *nobiles qui erant de majori concilio vel esse poterant*, et tous ceux qui étaient exclus du grand conseil, *reliqui qui non erant de majori concilio nec esse poterant*. Voilà la ligne de démarcation bien établie : ce fut la cause de la conjuration ; mais ces mots *qui esse poterant* indiquent qu'il y avait encore une élection annuelle parmi les nobles ; donc la loi qui supprima les élections, et y substitua pour toujours le droit de la naissance, est postérieure au

point ainsi que s'opèrent les révolutions politiques quand elles doivent être durables. Il faut, lorsqu'on veut profiter de l'histoire et comprendre les évènements, tenir compte des circonstances qui les ont préparés, et suivre attentivement toutes les mesures qui les ont graduellement amenés.

Le moyen âge vit se former et se détruire en Italie une multitude de gouvernements; mais on n'avait nullement étudié la théorie de leur organisation. On ignorait presque généralement alors la langue et l'existence des philosophes de l'antiquité, qui avaient cherché à concilier l'indépendance naturelle de l'homme avec l'ordre de la société. Le droit public se composait de quelques traces des institutions romaines, et des usages apportés par des conquérants barbares. On en faisait l'application suivant les intérêts locaux ou les circonstances, et les passions turbulentes venaient tour-à-tour les modifier.

Quand la théorie de l'organisation des sociétés n'aurait pas été presque généralement inconnue,

---

mois de juin 1310. Condillac, dans le ch. 4, du liv. 9 de son *Histoire moderne*, place sous la date de 1289, la nouvelle loi qui investit du pouvoir souverain et perpétuel un certain nombre de familles; c'est une erreur de trente ans, cette révolution ne fut consommée qu'en 1319.

la pratique du gouvernement aurait été fort difficile. On conçoit que, dans un temps où les routes étaient à-peu-près impraticables; où les postes, les lettres de change, l'imprimerie, n'étaient pas encore inventées; où peu de gens même savaient lire et écrire, il devait être impossible de gouverner, et sur-tout d'administrer un état de quelque étendue. Faute de pouvoir l'exploiter soi-même, on l'affermait à des vassaux. L'ignorance des grands et des peuples fit la fortune des clercs. L'impuissance de correspondre rapidement et de se faire obéir au loin, fut une des causes de l'anarchie féodale. Les communications rapides sont le meilleur moyen de gouvernement; les réunions faciles sont le plus sûr garant de la liberté des peuples.

La force tendit toujours à s'arroger du pouvoir, ou au moins des priviléges; la force, la supériorité des talents, ont dû assurer par-tout et toujours une supériorité sociale; mais ces circonstances sont passagères de leur nature, et il n'y aurait jamais eu de classes privilégiées, si, pour y être admis ou s'y maintenir, on n'eût pu trouver hors de soi l'origine de son droit. La domination du fort, de l'habile n'est qu'un fait; c'est dans le droit de jouir par représentation que consiste le privilége. Ce droit, qui n'est point en nous, ne peut donc avoir de réalité qu'à proportion de l'assentiment plus ou moins général qu'y donnent les autres.

<small>Son origine.</small> Toutes les circonstances d'où l'on peut faire découler la possession des priviléges, se réduisent à celles-ci, la conquête, la propriété territoriale, la richesse et l'ancienne illustration par les fonctions publiques.

<small>La conquête.</small> La conquête n'est que le droit de la force; ce droit a pour limite ce qu'exige la conservation et le juste intérêt du vainqueur, et pour terme la durée de la force.

<small>La propriété.</small> La propriété territoriale donne deux sortes de droits, celui qui résulte de l'intérêt qu'a le propriétaire à l'administration des affaires générales, et celui qui dérive de ses rapports soit avec le souverain, soit avec le colon de la terre. S'il doit service à l'un et protection à l'autre, il faut bien qu'il commande à celui-ci pour servir celui-là; il faut bien que l'un s'acquitte des services qu'on lui rend par des priviléges, et que l'autre paie la protection qu'il reçoit par des soumissions. Cet état de choses est l'intermédiaire entre l'esclavage et la liberté; cette condition fut celle d'une partie des peuples de l'Europe, lorsqu'ils eurent reçu le christianisme, qui n'est guère compatible avec l'esclavage, tel que les anciens le connaissaient. On vit des serfs plus ou moins assujettis, des seigneurs plus ou moins

privilégiés; mais, d'une part, les vassaux tendaient à s'affranchir, et de l'autre, s'établissait la maxime qu'il ne pouvait y avoir de terre sans seigneur.

L'application de cette maxime et l'exercice des droits féodaux éprouvèrent de plus grandes difficultés dans les villes, sur-tout lorsqu'elles devinrent riches et populeuses. Les hommes rassemblés sont toujours tentés de profiter du moment où leurs forces se trouvent réunies, pour réclamer les concessions qu'ils croient leur être dues. De-là l'affranchissement des communes, qui fut le premier pas de l'Europe moderne vers la liberté.

Dès le milieu du douzième siècle, on avait vu presque toutes les villes du nord de l'Italie, secouer le joug des empereurs. Vers la fin du treizième, l'empereur Rodolphe, au lieu de chercher à leur disputer leur indépendance, avait consenti à la leur vendre pour de l'argent (1). *La richesse.*

Dans ces communes affranchies, on ne put plus avouer la prétention d'asservir ses concitoyens, mais on conserva celle de les gouverner. Les richesses devinrent un titre pour prendre

---

(1) MACHIAVEL, *Histoire de Florence*, liv. 1.

part à l'autorité, à raison du plus grand intérêt qu'avait le riche à la conservation et à l'ordre de la société.

On voit que le droit qui résulte de la richesse est moins étendu que celui qui dérive de la propriété territoriale. Or, dans les villes, il ne peut y avoir de propriété territoriale proprement dite. On y occupe un toit, mais on ne peut y conserver de ces domaines qui, par leur étendue, leur position et le nombre des hommes qui les cultivent, donnent de la puissance à leur possesseur. Aussi les privilégiés des villes se distinguaient-ils de ceux des campagnes par la modération de leurs prétentions. Ceux-ci se montraient à cheval, la cuirasse sur le corps, le heaume en tête, avec des armes dont ils s'étaient réservé l'usage. Ils rappelaient toujours que leur droit était fondé sur leur force, sur leur vaillance. Dans les villes, cet appareil ne pouvait être d'aucun usage; c'était par la richesse qu'on se faisait des clients, et par la séduction qu'on gagnait des amis.

Les fonctions publiques. Peu-à-peu l'exercice de l'autorité, à mesure qu'elle avait été prolongée, heureuse, applaudie, devenait un droit à de nouvelles marques de confiance, parce qu'elle supposait une dette des administrés envers l'administrateur, et dans celui-ci un accroissement d'expérience, une transmission de lumières, de bonnes maximes, et la juste ambition d'ajouter à l'illustration de son nom.

C'est de toutes ces choses que s'est composée l'idée de ce qu'on a appelé la noblesse.

Mais remarquons que, soit qu'elle dérive de la propriété territoriale ou des richesses, soit qu'elle ait été acquise par les fonctions, la noblesse ne peut se séparer de l'idée de services rendus à la société dont on est membre. Si cette circonstance ne lui concilie le respect des peuples, elle n'est plus que tyrannie. A Rome, les nobles étaient ceux qui pouvaient montrer les portraits de leurs ancêtres revêtus des charges curules.

Une des folies des hommes est de vouloir lier aux institutions anciennes leurs institutions nouvelles, et d'exiger que celles-ci obtiennent, dès l'origine, tout le respect que les siècles avaient imprimé à celles-là. On ne tient point compte de la différence des temps; on veut concilier à la dignité qu'on possède tous les droits possibles à la considération, anciens et nouveaux. Une fois en possession de quelques avantages, les hommes qui avaient su s'en saisir voulurent envahir tous les priviléges dont avaient joui dans les temps passés, et sous des gouvernements divers, ceux dont ils se croyaient les pareils. Ils voulurent réunir dans leur personne les honneurs de l'ancien patriciat, et la puissance féodale, et la souveraineté aristocratique, et jusqu'à la faveur du courtisan. Ils ne voyaient pas que toutes ces prétentions étaient contradictoires; qu'on ne peut être à-la-fois sujet, souverain, courtisan et magistrat; qu'à la cour des despotes il n'y a point de noblesse; que la noblesse qui résulte de la force, de la conquête, est la moins pure, la moins légitime de toutes. La véritable grandeur est celle qui n'a pas besoin de l'abaissement des autres. Ils ne voyaient pas que la domination féodale est de la puissance, mais n'est pas de la noblesse; qu'il est de la nature de la puissance de résider dans le fait plus que dans le droit, et que la conservation d'une grandeur qui n'existe qu'aux dépens d'autrui tient à la durée de la force. Leur puissance, incommode à ce qui était au-dessus d'elle, devint encore plus odieuse à qui se trouvait au-dessous.

De-là cette ligue qui a souvent existé entre le plus puissant et les plus petits, pour se débarrasser de toutes les puissances intermédiaires. Cette ligue produisit des effets fort différents.

Dans le midi de l'Europe, les rois finirent par affranchir les communes, pour diminuer le pouvoir de la noblesse féodale; dans les états du nord (1), les peuples, pour faire descendre les nobles à leur niveau, conjurèrent le souverain de prendre en main le pouvoir absolu. Ils se jetèrent dans les bras du despotisme, pour échapper à la tyrannie des seigneurs.

Peu de temps après l'époque de cette histoire à laquelle nous sommes parvenus, deux grandes découvertes vinrent diminuer considérablement les moyens de puissance de la noblesse. Les armes à feu rendirent inutiles tous les avantages qu'elle s'était réservés dans le combat. L'imprimerie, en facilitant l'instruction, rapprocha les classes inférieures de la classe opulente et privilégiée; il ne put plus y avoir de noblesse que dans les faits et dans les souvenirs; mais n'anticipons pas sur les évènements.

Au commencement du quatorzième siècle, on pouvait remarquer dans les états d'Italie, la condition fort diverse de la noblesse, fondée sur la puissance féodale, sur la richesse, ou sur les magistratures, et trouver dans les circonstances locales l'explication de l'influence à laquelle chacune de ces classes privilégiées était parvenue, ou de la nullité à laquelle elle était réduite.

*Diverses conditions des nobles.*

---

(1) En Suède, en Danemarck, voyez l'*Histoire de la dernière révolution de Suède*, par SHERIDAN.

Dans les pays restés monarchiques, la noblesse s'était soutenue, grace à son alliance naturelle avec le souverain. Elle avait conservé des priviléges, mais sans obtenir aucune part au gouvernement. Dans les communes qui non-seulement s'étaient affranchies de la servitude, mais qui avaient même secoué l'autorité d'un monarque, les classes privilégiées avaient accommodé leurs prétentions, comme elles l'avaient pu, avec la volonté du reste de la population. Il y avait en cela des nuances infinies.

*Dans les monarchies*

*Dans les républiques*

Le territoire offrait-il par sa richesse de grandes ressources aux propriétaires: la ville n'était-elle que d'une médiocre importance: les seigneurs territoriaux y dominaient, parce qu'ils pouvaient affamer et assiéger la commune. Les barons se fortifiaient dans leurs châteaux; les moins forts devenaient les auxiliaires des plus puissants, pour avoir part au droit d'oppression. Telle était la situation des républiques de la marche Trévisane. L'autorité y était oligarchique, et devenait tyrannique par intervalles, lorsqu'un de ces petits souverains se trouvait assez fort pour réduire tous les autres à la condition de ses auxiliaires. Ce fut l'histoire de Padoue, de Trévise, de Vérone, de Mantoue, de Ferrare, de Vicence; toutes se qualifiaient de républiques, mais les trois premières étaient

*Padoue, Trévise, Vérone, Mantoue, Ferrare, Vicence.*

sous l'autorité des seigneurs de la maison de Romano; Mantoue sous l'influence du comte de Saint-Boniface; les deux dernières étaient opprimées par le marquis d'Este : la plupart de ces pays étaient sans gouvernement; ils n'avaient que des maîtres.

Ces succès de quelques seigneurs avaient excité l'ambition de tous. Mais, dans les grandes villes, la masse de la population leur opposait une forte résistance. Milan obligeait ses patriciens à se contenter d'une part dans la magistrature. Après avoir excité, par l'envahissement de tous les emplois, une indignation générale, les nobles milanais se virent réduits à signer avec les plébéiens un traité, par lequel ceux-ci étaient admis au partage égal de toutes les fonctions publiques, depuis la charge d'ambassadeur jusqu'à l'emploi de trompette de la communauté (1). Les plus fiers se retiraient dans leurs châteaux, et se vengeaient de leur nullité en dévastant les campagnes; mais ces dévastations mêmes augmentaient la force des villes, c'est-à-dire leur population. Les habitants dispersés dans un pays ouvert aux ravages des

*Milan*

---

(1) Le 4 avril 1258, *Histoire milanaise*, de Bernard Corio, part. II.

seigneurs, couraient chercher, dans une enceinte de murailles, un asyle pour leur famille et pour leurs biens. C'est la tyrannie des seigneurs féodaux qui a peuplé les villes, où tant de ressentiments fermentaient contre eux, et où les progrès de l'industrie et des richesses fournirent enfin les moyens d'écraser ces petits tyrans.

Lorsque la translation du saint-siége à Avignon laissa Rome livrée à elle-même, le tocsin du Capitole obligea les barons à quitter leurs retraites fortifiées, pour venir s'humilier devant le tribun populaire; et l'histoire nous représente les Savelli, les Frangipani, les Colonne, les Ursins, debout, tête nue, dans l'attitude de la soumission, prêtant, en tremblant, le serment de fidélité à la loi de *bon état* (1), entre les mains du fils d'un cabaretier.

Leurs palais n'étaient plus des asyles, leurs excès n'avaient plus le privilége de l'impunité : une tentative de révolte les réduisit à entendre leur condamnation comme les plus vils criminels, et à recevoir une grace plus humiliante encore.

---

(1) Poi se faceva stare venante a se, mentre sedeva, li baroni tutti, in piedi, ritti, co' le vraccia piegate, e co' li capucci tratti. Deh! come stavano paurosi! (FORTIFIOCCA, *Hist. rom.*, liv. 1, ch. 20.)

Dans la plupart des républiques, où la guerre demandait un chef, mais où l'abus du pouvoir avait rendu odieux tous les nobles indigènes, les factions rivales appelaient au gouvernement un magistrat étranger. On vit Rome demander un chef à Bologne (1), et Venise en fournir à Padoue, à Pise, à Milan.

*Usage des villes d'Italie de choisir un chef étranger.*

Dans les états où un sol peu fertile n'invitait qu'une faible partie de la population à l'agriculture, et n'offrait pas de grands moyens de puissance aux seigneurs territoriaux, ils virent leur influence décroître, à mesure que d'autres fortunes s'élevaient, à la faveur du commerce. Ils eurent cependant, pour se maintenir, la ressource du service militaire, et sur-tout les factions. Cette condition était celle des nobles de Gênes, de Pise et de Florence. Lorsqu'ils voulurent ressaisir violemment le pouvoir, ils furent comprimés, punis; leurs forteresses furent rasées, et on porta la haine contre eux jusqu'à l'injustice, en les dépouillant des droits communs à tous.

*Gênes, Pise, Florence*

Ce fut dans ces villes commerçantes que des citoyens, enrichis rapidement par d'heureuses entreprises, commencèrent à se comparer à ces

---

(1) Brancaleone.

anciens possesseurs des priviléges, et à en réclamer le partage. Une noblesse s'éleva qui avait une origine toute différente de la première, et qui lui disputa l'autorité, disposée, comme l'autre, à la retenir et à en abuser.

On voit que l'influence des classes privilégiées se modifiait selon les circonstances. Les seigneurs établis en Italie par le droit de la conquête, au temps de l'invasion des Goths et des autres étrangers, cessèrent d'être des dominateurs, et ne furent plus que de puissants vassaux, lorsque des monarchies régulières s'élevèrent.

Après que les communes se furent affranchies de la domination des empereurs, les seigneurs féodaux conservèrent du pouvoir là où la possession territoriale suffisait pour leur conserver la prééminence; ils la partagèrent ou la perdirent là où d'autres causes, et sur-tout le commerce, firent naître d'autres moyens de puissance qui rivalisaient avec les leurs.

Quand ces deux espèces de noblesse cessèrent d'être rivales, elles s'accordèrent pour dominer. La haine du peuple contre les nobles précipitait les villes sous le joug de quelques-uns de ces hommes puissants, qui avaient su faire croire qu'ils embrassaient sincèrement le parti populaire; ce fut ce qui coûta à la république de Milan son orageuse liberté.

A Gênes, quelques nobles ambitieux prirent le même moyen pour conserver de l'influence. Les Doria, les Spinola, contractèrent une alliance avec le peuple, et concoururent, avec un zèle peu sincère, à l'introduction des formes démocratiques dans le gouvernement.

D'autres républiques, qui ne se jetaient pas dans les bras d'un maître, tombaient dans l'excès de la méfiance; l'injustice nourrissait d'éternelles haines, et privait l'état de ses plus illustres citoyens.

A Florence, il fallait être marchand, être inscrit parmi ceux qui professaient un art, ou qui exerçaient un métier, pour avoir part au gouvernement de la république (1). Les anciens nobles qui s'étaient livrés au commerce, et ceux qui, pour conserver leurs droits de citoyens, se firent inscrire sur le contrôle des artisans, n'en devinrent pas moins l'objet de la jalousie, et les victimes d'une injuste exclusion. Par une inconséquence ordinaire chez les hommes, les marchands voulurent être ennoblis par leur profession même. On vit *la noblesse de soie, la noblesse de laine*; et celle-là se crut bientôt en droit de mépriser celle-ci.

---

(1) 1283.

Sienne.    A Sienne, les marchands exclurent non-seulement les nobles, mais le peuple. Ce fut une oligarchie d'une nouvelle espèce, qui devint à son tour suspecte, tyrannique et odieuse, comme celle qu'elle avait remplacée (1).

Pistoia.   A Pistoia, les gentilshommes furent déclarés pour toujours inhabiles à gouverner; et la peine des roturiers qui encouraient la dégradation, consista à être inscrit sur le registre de la noblesse (2).

Pise, en se vengeant cruellement du cruel Ugolin, dont un poëte contemporain a rendu le supplice si célèbre, montra la même partialité contre l'ordre privilégié.

Gênes, Bologne, Modène, Padoue et Brescia, finirent par adopter ce système de législation. Cette haine contre la noblesse fut, en Italie, le trait caractéristique de l'esprit du treizième siècle.

L'ouvrage des passions est rarement durable : cette autorité arrachée aux uns pour être concentrée dans la main de quelques autres, mérita

---

(1) *Chronique de Sienne*, par André Dei, tom. XV, année 1283, et *Histoire de Sienne*, de Malavolti, part. 2, liv. 3.

(2) *Mémoires historiques de la ville de Pistoia*, par Jacq. Marie Fioravanti, ch. 16.

et excita de nouveaux mécontentements; et comme les hommes, quand ils souffrent dans une situation, se jettent toujours imprudemment dans une situation opposée, on ne voulut point se rappeler que le gouvernement oligarchique des marchands avait fait fleurir l'agriculture, l'industrie, les arts, enrichi et embelli les cités; on ne se souvint que de l'insolence de ces parvenus, et presque toutes ces républiques tendaient à se rapprocher des formes monarchiques.

<small>X. De la noblesse vénitienne.</small>

Venise n'avait jamais été conquise; aucun droit, par conséquent, ne pouvait y dériver de la force. Venise n'avait point de territoire; le système féodal ne pouvait y être connu. Point de seigneurs, point de vassaux, point de serfs, point de droits résultant de la propriété territoriale. Les biens que les citoyens pouvaient posséder, soit dans les colonies, soit en Italie, ne leur donnaient dans la capitale aucune autre influence que celle des richesses. Mais Venise existait depuis neuf cents ans; pendant ce long intervalle, un grand nombre de ses citoyens avait été appelé successivement aux fonctions publiques. Plusieurs avaient fait de grandes choses, beaucoup avaient acquis une grande opulence.

Cette administration qui offrait tant d'occasions de s'illustrer, cet immense commerce, qui fournissait tant de moyens de s'enrichir, avaient créé une noblesse la plus respectable de l'Europe, parce que sa source était pure, son origine antique, sa filiation constatée, ses services connus, ses honneurs mérités : elle était digne de la liberté qu'elle avait su défendre. Chaque fois que le peuple ou l'un des corps de l'état, élevait d'anciens citoyens à une place éminente, cette nomination semblait rappeler les services de leurs aïeux, et renouer les liens d'une famille avec la république. Si la situation de Venise se fût trouvée telle qu'il eût pu y avoir une noblesse oisive, puissante, orgueilleuse de ses possessions, de ses vassaux, de ses priviléges, la république n'aurait pas subsisté. Un doge ambitieux se serait servi de ses auxiliaires pour changer l'état en monarchie; ou bien la masse des habitants aurait expulsé la classe privilégiée. Mais les principaux citoyens de cette république avaient des richesses mobilières, du crédit, de la gloire, sans aucun appareil de force qui avertît de se méfier d'eux. Ce fut la modération qui les maintint, et qui leur donna le temps de prendre des mesures pour s'emparer de la souveraineté.

*Sa tendance à l'aristocratie.* C'eût été exiger des illustres citoyens de Venise plus qu'on ne doit attendre de l'espèce humaine, que de leur demander d'oublier la gloire et la splendeur de leur maison, pour s'élever au-dessus des intérêts domestiques, pour ne voir que la grandeur de l'état, et faire consister cette grandeur dans l'égalité de tous les citoyens.

La tendance à l'aristocratie ne fut pendant long-temps que le résultat de l'influence donnée par les richesses, par les emplois, par le souvenir des services rendus, par le respect qui s'attache naturellement à un nom illustre. Cette espèce d'aristocratie exista long-temps avant l'aristocratie légale. Dans l'ordre politique, on ne distinguait pas les citoyens en nobles et plébéiens; et quand on admettait un étranger, un prince même, à la qualité de Vénitien, on lui disait : « *Te civem nostrum creamus* » nous vous faisons notre concitoyen.

Mais les nobles vénitiens avaient fréquenté les hauts barons de France, et avaient dû prendre quelques-unes de leurs opinions. De leur côté, le peuple et la classe mitoyenne avaient le sentiment de leur intérêt, comme les nobles. Si la fierté très-légitime de ceux-ci les portaient à envahir le pouvoir, le bon sens des autres leur conseillait d'en réclamer le partage. C'est de la lutte de ces intérêts opposés que résulta une forme de gouvernement nouvelle. Un historien s'est oublié jusqu'à dire que cette révolution ramena les choses *à l'ordre naturel, qui veut que la partie haute domine sur la partie basse.* Ce langage n'a pas plus de sens que de dignité (1).

Les désastres éprouvés en Orient, la défaite totale de l'armée vénitienne à Curzola, étaient des circonstances peu favorables au gouvernement pour dépouiller le peuple d'un reste d'autorité ; cependant Gradenigo suivit ce projet avec

---

(1) L'abbé Laugier, *Hist. de Venise*, liv. 10. « Le gouvernement vénitien qui faisait poursuivre l'ouvrage d'Amelot de la Houssaye en 1700, montra toujours beaucoup de ménagements pour l'abbé Laugier qui, en effet, les méritait bien. Victor Sandi, auteur d'une Histoire civile de Venise, ayant remarqué un grand nombre d'erreurs dans celle de l'ex-jésuite, fit imprimer en 1769, un livre intitulé : *Estratti della Storia veneziana del signor abbate Laugier, ed osservazioni sopra gli stessi.* Les inquisiteurs d'état firent supprimer l'ouvrage : *ove di troppo offendevasi un uomo sempre bene merito della veneta storia.*

Je tire ce fait de l'*Histoire de la littérature vénitienne*, pendant le XVII$^e$ siècle, par M. l'abbé Moschimi, tom. II, p. 205. Au reste, malgré tout son dévouement à l'aristocratie, l'abbé Laugier laisse par fois échapper d'étranges naïvetés ; par exemple, en parlant du conseil des Dix, il dit : (discours sur les magistratures de Venise) « Lorsque l'accusé est manifestement convaincu, il est exécuté à la manière des criminels ordinaires; *hors le cas d'une pleine conviction,* l'exécution se fait secrètement, ou en jetant les criminels à la mer, ou en les faisant pendre la nuit. »

une invariable constance. Au milieu des malheurs publics, qui fournissent toujours tant de moyens d'accuser le gouvernement, l'autorité se montra fière et ambitieuse ; mais, ce qui n'est pas moins remarquable, elle se montra prudente dans son ambition,

Le pouvoir ne résidait plus dans la personne du doge depuis plus d'un siècle, c'est-à-dire depuis qu'on lui avait donné des conseillers qui n'étaient pas de son choix, et qu'on l'avait environné de deux assemblées, à qui appartenait la décision absolue de toutes les affaires (1). Ces assemblées étaient le grand conseil et le sénat ; mais le sénat n'était qu'une émanation du grand conseil : de sorte que celui-ci était le véritable dépositaire de la souveraineté.

On n'avait pas pris, pour l'élection de ce conseil, des précautions telles qu'en lui transmettant le pouvoir, on lui transmît les sentiments qui devaient en diriger l'emploi. Douze magistrats de la commune nommaient, chacun dans leur

---

(1) Voici la formule des actes du doge, à cette époque : « Johannes (Dandolo) dei gratiâ Venetiarum, Dalmatiæ atque Cratiæ dux, dominus quartæ partis et dimidii totius imperii romani, de consensu et voluntate minoris et majoris consilii sui et communis Venetiarum ad sonum campanæ et voce præconis, more solito congregati et ipso consilio, etc.

quartier, une quarantaine de citoyens. Il est probable, mais il n'est pas certain, que ces douze électeurs étaient désignés par le peuple. Au reste, quelle que fût l'origine de leur mandat, on voit combien il devait être facile à un homme jouissant de quelque influence, d'obtenir d'être porté sur une liste de quarante personnes, faite par un seul citoyen. On conçoit combien celui-ci devait craindre de se faire des ennemis, surtout dans un corps qui nommait à tous les emplois, et qui exerçait l'autorité principale dans la république. Les familles considérables avaient entre elles des liens de parenté ou d'intérêt : la seule précaution que l'on prit contre leur trop grande influence, fut de régler qu'une même maison ne pourrait avoir à-la-fois plus de quatre de ses membres dans le grand conseil.

Cette assemblée, qui disposait de toutes les charges, finit par s'arroger jusqu'à la nomination des électeurs qui devaient la renouveler elle-même. Du moment que les douze électeurs ne furent plus que les mandataires, les créatures du grand conseil, il dut en résulter deux choses; l'une, que ces électeurs se crurent obligés de faire leur choix dans l'esprit du corps dont ils tenaient leur mission; l'autre, que ce corps ne dut pas se considérer comme soumis à ses mandataires. Quelque soin que pussent prendre les électeurs de faire des choix agréables au grand conseil, ces choix ne purent plus être considérés comme une élection définitivement consommée, mais comme une désignation soumise à l'approbation de l'assemblée. Ainsi, dès le XIIIe siècle, le grand conseil se renouvelait lui-même.

On ne doit pas s'étonner après cela du retour fréquent des mêmes noms, et de voir les personnages distingués se perpétuer dans cette assemblée, qui représentait la nation. Mais enfin, c'était l'autorité nationale qu'elle était censée exercer; c'était au nom de la nation qu'elle faisait des lois. Aucun des plus illustres citoyens de Venise ne s'était encore avisé de prétendre qu'il prenait séance au conseil pour lui-même, et non pour ses commettants; aucun des membres du conseil n'était inamovible; personne n'était exclus du droit de le devenir.

L'an 1286, ou à-peu-près, car la circonspection des historiens vénitiens a laissé beaucoup de ténèbres sur les détails de ces évènements, les trois chefs de la quarantie criminelle proposèrent de donner pour règle aux électeurs chargés de renouveler la liste du grand conseil, de n'y admettre que ceux qui y auraient déjà siégé; ou dont les ancêtres y auraient pris place. Cette proposition créait un privilége exclusif en faveur

XI. Première proposition pour restreindre les droits d'admission au grand conseil. 1286.

des familles admises au grand conseil depuis sa création, c'est-à-dire depuis 1172.

Jean Dandolo, qui régnait alors, et qui n'était pas du parti aristocratique, s'opposa à l'introduction de ce privilége (1).

On ne jugea pas les circonstances favorables pour hasarder une pareille innovation.

Dispositions du doge Pierre Gradenigo.

Mais, dix ans après, le doge Pierre Gradenigo, dont le caractère se distinguait par cette fermeté qui sait mépriser les clameurs populaires, et braver même des ennemis puissants, réalisa le projet conçu, comme on voit, depuis long-temps, de concentrer et de perpétuer le pouvoir dans les principales familles. Il serait difficile de dire quels sentiments l'y déterminèrent. Comme doge, il n'avait nul intérêt d'accroître la puissance et l'indépendance du conseil. Les populaires et les nobles étaient divisés; c'était une occasion favorable pour dominer les uns et les autres. Mais on ne s'élève pas facilement au-dessus des maximes qu'on a sucées avec le lait. Gradenigo ne voyait rien au-dessus d'un illustre vénitien. L'intérêt de son ordre prévalut sur celui de sa maison et de sa

---

(1) *Memorie storico-civili delle successive forme del governo de' Veneziani*, da Sebastiano CROTTA.

patrie ; il aima mieux être le mandataire de ses pareils, que le prince d'une nation ou le chef d'une multitude. Peut-être aussi, car il faut toujours faire une part à la faiblesse humaine, peut-être le refus constant de la faveur populaire exalta-t-il dans ce cœur altier l'orgueil et les préjugés du patriciat.

Le 28 février 1296, Léonard Bembo et Marc Badouer, alors chefs des quarante juges criminels, après s'être concertés avec le doge, exposèrent dans le grand conseil que, depuis un siècle, cette assemblée se recrutait presque généralement dans les mêmes familles. Il ne leur fut pas difficile de persuader à ceux qui les écoutaient, que la continuation de cet ordre de choses était desirable. Ils proposèrent, pour le consolider, de restreindre pour l'avenir le droit d'éligibilité à ceux qui étaient actuellement membres du grand conseil, ou qui l'avaient été dans les quatre années précédentes.

XII. Proposition de n'y admettre que ceux qui en ont fait partie depuis quatre ans. 1296.

Il ne s'agissait plus d'admettre de nouveaux citoyens à l'exercice du pouvoir, mais de choisir entre ceux qui en étaient seuls susceptibles. Tout ce qui n'avait pas fait partie des quatre dernières assemblées, se trouvait frappé d'incapacité; les membres actuels, et ceux qui l'avaient été depuis quatre ans, composaient désormais ce corps privilégié, auquel allait

33.

appartenir exclusivement l'administration de la république.

Il n'y avait plus lieu de leur conférer ce droit par une élection, ce droit leur était acquis; mais, pour éviter de former une assemblée trop nombreuse, pour exciter une utile émulation, on pouvait suspendre momentanément l'exercice de ce droit. En conséquence de ces principes, qui furent adoptés, il fut décidé qu'on formerait la liste de ceux qui avaient pris place dans l'assemblée depuis quatre ans, que la quarantie criminelle ballotterait leurs noms l'un après l'autre (1), et que ceux qui obtiendraient douze suffrages sur les quarante seraient membres du grand conseil pour un an; après quoi on procéderait à un nouveau scrutin : de sorte que le nombre des membres n'était point fixe : il pouvait y en avoir autant que d'éligibles; et, pour s'y perpétuer, il suffisait d'obtenir douze suffrages dans l'élection annuelle.

<small>Modification à cette proposition</small> Cependant on sentait qu'il était rigoureux de prononcer l'exclusion perpétuelle de tous les autres citoyens de l'assemblée qui représentait le corps de l'état. Pour ne pas décourager leur ambition, et pour en obtenir une soumission

---

(1) Marin SANUTO, *Vite de' duchi*, P. GRADENIGO.

plus facile, on ajouta que trois membres du grand conseil formeraient une liste de citoyens, non compris sur le tableau de ceux qu'on venait de déclarer perpétuellement éligibles ; et que ceux de ces citoyens désignés, qui obtiendraient douze voix dans le ballottage de la quarantie, prendraient place avec les autres membres du conseil.

Il importait de limiter le nombre de ceux à qui, par ce moyen, on conférait l'éligibilité ; ce soin fut laissé au doge et à ses six conseillers intimes.

Du moment que cette loi fut rendue, il y eut deux classes de citoyens ; les uns ayant par eux-mêmes le droit de faire partie du corps souverain de la république, les autres ne pouvant y être admis que sur la proposition de trois électeurs, qui sûrement n'useraient de ce droit qu'avec beaucoup de sobriété.

Mais cependant l'exclusion absolue, perpétuelle, n'était pas prononcée contre la masse des citoyens. Ceux qui avaient composé le conseil pendant les quatre dernières années venant à s'éteindre, il faudrait remplir les places vacantes, et ce remplacement laissait des espérances au reste de la population.

On demeura pendant trois ans sous l'empire de cette nouvelle loi. La quarantie confirma deux fois de suite tous ceux qu'elle avait élus d'abord. Le pouvoir se perpétuait; il y avait encore à le concentrer.

XIII. Nouvelles restrictions à l'éligibilité. 1298.

Un décret de 1298 prescrivit aux électeurs chargés de former la liste supplémentaire des éligibles, de n'y comprendre que des personnes ayant anciennement fait partie du grand conseil, ou dont les ancêtres y auraient siégé. Cette disposition complétait le système. La liste des membres du conseil, depuis 1172, devenait le nobiliaire de Venise.

1300.

Une loi de 1300 défendit formellement l'admission de ce qu'on appela, pour la première fois, les hommes nouveaux.

1315.

Pour mettre des obstacles à leur introduction, on ouvrit, en 1315, un registre où tous les citoyens qui avaient appartenu au grand conseil, par eux-mêmes ou par leurs ancêtres, se firent inscrire. Les notaires du conseil furent chargés de la tenue de ce registre; les avocats de la commune eurent ordre d'en vérifier l'exactitude.

XIV. Le grand conseil déclaré permanent, et le droit d'y siéger héréditaire. 1319.

Enfin, en 1319, le doge proposa et fit décréter que désormais il n'y aurait plus d'élection, plus de renouvellement de l'assemblée, par conséquent plus de liste d'éligibles. Les membres du conseil actuel conservèrent seuls le droit d'y siéger pour toujours, et le transmirent à perpétuité à leurs descendants; et, pour marquer encore mieux que c'était un droit personnel, les enfants furent admis à prendre séance dans ce conseil, même du vivant de leur père, pourvu qu'ils eussent atteint leur vingt-cinquième année.

Ainsi tout ce qui dans le moment ne faisait point partie du conseil, quelle que fût d'ailleurs son illustration, se trouva exclus de la souveraine puissance, et rentra dans la classe populaire. Un registre de ceux qui composaient le conseil fut ouvert; ce fut le livre d'or.

Dès ce jour fut consommée la sujétion de presque toute la population de Venise, la création d'une noblesse héréditaire, privilégiée, souveraine, et l'organisation de l'aristocratie.

Si le peuple devait se débattre avec fureur dans de pareilles chaînes, quels ne devaient pas être la surprise et le ressentiment des citoyens illustres, qui, faute de se trouver membres de l'assemblée actuelle, se voyaient exclus pour toujours de l'autorité, par conséquent de presque tous les emplois, sacrifiés à des hommes obscurs, et sujets d'une assemblée dont les membres les plus distingués n'étaient que leurs égaux.

Des familles entières, des familles qui remontaient jusqu'aux anciens tribuns, c'est-à-dire déjà honorées avant l'existence des doges, se trouvaient rejetées hors d'un gouvernement qu'elles avaient contribué à fonder. On remarquait parmi ces familles, les Bérengues, les Bedelotes, les Balachins, les Verardes, les Dentes; d'autres, n'ayant que quelques-uns de leurs membres dans le conseil, se trouvaient partagées entre l'exclusion et le privilége, comme les Mini, les Nani, les Malipiers, les Pasqualigo, les Navagiers, les Darduini, les Bons, les Trevisans, les Zacaries.

Il paraît que le nombre des nobles, composant à cette époque le conseil, et destinés par conséquent à réunir tous les droits de la souveraineté, ne s'élevait pas à plus de six cents (1).

C'est cette révolution qu'on a désignée à Venise par le nom de *serrar del consiglio*, que je ne puis traduire qu'imparfaitement par clôture du grand conseil (2).

---

(1) Voyez l'*Examen de la liberté originaire de Venise*, ch. 6, et la *Chronique* de Marin Sanuto, qui ne compte que 297 familles.

(2) Cette révolution est racontée d'une manière très-imparfaite dans un Manuscrit de la Bibliothèque-du-Roi, n° 10124, intitulé : *Sommario delle cose notabili concernenti la repubblica;* mais il y a dans ce récit une simplicité qui explique pourquoi cette histoire n'a pas été imprimée, je vais en transcrire un passage : « Vedendose il doze Gradinigo odiado dal populo per causa del Thiepolo, deliberò vendicarse o reformar el mazor conseio, con cassar fora quelle casade che a lui gioveva, e fatto la proposition con i

Il est inutile d'en discuter la justice. Il est évi- XV.
dent que les nobles, malgré leur richesse, leur Réflexions
influence, n'étaient pas propriétaires de Venise; révolution.
le plus pauvre pêcheur était peut-être établi sur
les lagunes plusieurs siècles avant eux. Rien ne
donne le droit de s'arroger la suzeraineté, là où
l'on a reçu un asyle. Il n'existait ni contrat, ni
possession antérieure, ni droit dérivant de la protection. Chacun avait son industrie, sa propriété;
chacun avait supporté sa part des charges publi-

---

so amici e parenti, fù presa la parte de confermar tutti quelli che al presente se trovavano del mazor conseio e li altri debbino esser a un ballottadi, con altre condizion strettissime e pregiudiciali alle casade, molti capi dello quali insieme co' fioli andavano dal doze e consegier a lamentarze de tal novità et esclusione dal mazor conseio dove che poi quelli sierano fatti passar in una camera secreta e la notte strangoladi, e poi la matina attacadi con la corda al collo al palazzo, per le quali crudeltà il popolo levatozi a rumor se portò insieme con molti delli esclusi dal mazor conseio a saccheggiar le case de alcuni de' primarij ammazzandoli, volevano far l'istesso al doze, ma, fortificatosi ben in palazzo, assoldò molta gente, con la quale represse i congiurati, e prese alcuni capi di essi che furono appiccati; cioè, Marin Bocho, capitanio di tutti, Geremia Sabadin, Zamaria Dolze, Alessandro Briora, Carlo Rechin, Dario Zochul, Saba Zordan, Dona Clera, Piero Emo, Zuan Rosso, e Marco Gressoni, molti ne fuggirono che furono perpetuamente banditi e confiscati tutti i suoi beni.

ques, contribué de son sang à la défense et à la gloire de la patrie. Des familles anciennes, opulentes, illustrées par des services, souvent honorées des premières magistratures, se trouvaient, parce qu'elles avaient remis leurs dignités au terme prescrit, sujettes de mandataires infidèles, qui retenaient un pouvoir usurpé, en le déclarant absolu, perpétuel et héréditaire. Un patricien vénitien, de famille ducale, le cavalier Soranzo, a consigné l'aveu de l'illégitimité de cette révolution, dans un écrit qui aussi n'a jamais été imprimé, à ce que je crois. « Cette nouvelle forme de gouvernement, dit-il (1), ne fut point établie d'un consentement unanime, ni par une délibération légitime et régulière ; ce fut l'ouvrage des puissants, et le résultat de la subornation. Il en est des gouvernements comme de l'or, on n'en trouve point qui soit absolument pur ; l'autorité souveraine est toujours, dans son origine, entachée de quelque usurpation. »

---

(1) Non fù all' ora stabilito questo ripiego per assenso comune e per deliberazione legitima; ma per subornazione e concerto de' più potenti : onde ben si conosce esser vero quel detto che come non si dà oro di tutta purità, cosi non si trova dominio senza usurpazione.

*Il governo dello Stato veneto dal cav.* SORANZO, *man. de la bibliot. de Monsieur,* n° 54.

# LIVRE VI. 523

On a dit que, si le succès pouvait justifier une usurpation, celle-ci serait légitimée par sa longue durée et par les effets qu'elle a produits.

On pouvait dès-lors voir dans ce système de gouvernement deux inconvénients; l'un que la puissance des patriciens n'y était balancée par aucun contrepoids; l'autre, que cet état de choses interdisait pour jamais toute espérance au mérite.

Nous verrons dans la suite de cette histoire quels furent les effets de cette révolution.

Le premier fut de dénaturer entièrement le pouvoir du doge. La veille, il était le magistrat de la république, le chef d'un gouvernement représentatif; le lendemain, quand le grand conseil se fut emparé de la souveraineté, le doge ne fut plus que le mandataire d'un souverain héréditaire.

Le second résultat fut d'amener l'institution d'un tribunal terrible, soupçonneux, affranchi de toutes les formalités protectrices de l'accusé, et qui, pour assurer l'existence des usurpateurs de l'autorité, les réduisit eux-mêmes à vivre dans une crainte continuelle. Ce gouvernement devint, si je l'ose dire, un être idéal, qui pénétrait dans l'intérieur des familles, dans le secret des cœurs, et qui, non moins redoutable pour les maîtres que pour les sujets, ne permettait ni les jouissances du pouvoir, ni aucun sentiment de dignité, ni cette sécurité due à tous les citoyens qui ne troublent pas l'ordre public.

# LIVRE VII.

Conjuration de Marin Bocconio. — Affaires de Ferrare. — La république usurpe cette ville. — Excommunication des Vénitiens. — 1302 — 1309. — Conjuration de Thiepolo. — Établissement du Conseil des Dix. — 1309.

On ne peut reconnaître dans la société qu'un homme ou plusieurs aient, par le seul acte de leur volonté, le droit de se déclarer les maîtres des autres. On ne peut exiger que les autres souffrent qu'on donne à leur résistance le titre de rébellion. Quels que soient les raisonnements, les succès, les bons effets même, qui justifient une usurpation, elle ne change pas de nature; elle est vicieuse dans son origine. Il ne peut y avoir de légitime dans la société, que ce qui se fait pour elle et de son aveu. Abuser de sa force, c'est donner aux autres la tentation et le droit d'essayer la leur; se livrer à sa passion, c'est provoquer les passions contraires. Telle était la situation où la réforme du grand conseil venait de placer le nouveau gouvernement et la population de Venise.

I. Ressentiment des Vénitiens contre ceux qui avaient usurpé le pouvoir.

Les plus imprudents furent ceux qui les premiers laissèrent éclater leurs ressentiments. Les nobles, rejetés dans la classe des sujets, cherchaient à se mettre en état de revendiquer leurs droits; et comme, dans ces changements, ils ne trouvaient à reprendre que le hasard qui les avait exclus de l'autorité, ils n'attendaient pour reconnaître la légitimité du pouvoir actuel, que d'être admis à le partager. Gradenigo sentit qu'il importait de ne pas leur en interdire l'espérance; il savait que, tant qu'il reste des voies faciles pour parvenir à ce qu'ils desirent, les plus ambitieux diffèrent l'emploi des moyens violents.

<small>Quelques familles rappelées dans le grand conseil.</small>
On vit paraître un décret qui appelait dans le sein du grand conseil quelques-uns des principaux personnages qui ne s'étaient pas trouvés en faire partie au moment de la réforme; il n'en fallut pas davantage pour faire entrevoir à tous les autres ce qu'ils pouvaient attendre de la soumission. Mais les familles non nobles, c'est-à-dire celles qui n'avaient pas eu entrée dans le grand conseil, n'avaient rien à espérer; et bien loin de se croire, par l'élévation de quelques citadins, dédommagées de la condition humiliante où elles étaient réduites, elles ne virent dans ces roturiers devenus souverains que les plus odieux de leurs tyrans. Pour calmer le ressentiment des

populaires (1), on leur accorda quelques priviléges. Le doge voulut même se ménager dans le bas peuple, qui ne prétend jamais à l'exercice du pouvoir, un appui contre la classe des citoyens; il oublia sa hauteur jusqu'à donner un banquet aux pêcheurs et à les embrasser. Les familiarités des grands sont rarement sans conséquence. Cette cajolerie devint un usage; et depuis, le prince de la république se vit assujetti à recevoir à jour marqué les pêcheurs à sa table, et à se laisser baiser sur la joue par chacun d'eux (2).

II. Marin Bocconio.

Il y a toujours dans les grandes villes des hommes que la hardiesse, si ce n'est l'élévation

---

(1) *Per inorpellare la pillola, cosa per se stessa amara.* ( *Il governo dello stato veneto.* Manuscrit de la bibliot. de Monsieur, n° 54.)

(2) Le cavalier Soranzo rapporte, (*ubi supra*), que souvent les doges avaient voulu s'affranchir de cette cérémonie, et que Dominique Contarini avait pris le parti de s'y refuser absolument; mais les pêcheurs se rassemblèrent dans son antichambre au jour marqué, et ne voulurent point se retirer qu'ils n'eussent été admis. Le doge se présenta enfin d'assez mauvaise grace, car il se couvrait le visage: ce qui n'empêcha point les convives de le baiser l'un après l'autre; et pour constater leur droit, ils firent représenter cette singulière audience dans un tableau qu'ils placèrent dans l'église de Ste.-Agnès.

de leur caractère, porte à se déclarer les censeurs amers de tous les abus de l'autorité. La véhémence de leurs discours leur concilie facilement la faveur populaire; parce que, de toutes les manières de faire parade de son courage, la plus commune est d'applaudir à des invectives. Un homme existait alors à Venise qui s'était fait le défenseur des griefs du peuple contre les grands. Son nom était Marin Bocconio; son origine n'était point patricienne, mais il ne venait pas de bas lieu, et ce n'est point un médiocre avantage, dans un chef de parti comme dans la vie privée, d'être également au-dessus du mépris et au-dessous de l'envie.

Il avait éclaté en plaintes, lorsque, sans égard pour le vœu public, on avait déféré la couronne ducale à Gradenigo. Les évènements malheureux qui survinrent, durant les premières années de ce règne, lui fournirent une occasion naturelle de déplorer les désastres de la république, l'honneur des armes compromis, le deuil de tant de familles, et d'inculper le gouvernement qui n'avait pas su prévenir de si cruels revers. Quand il démêla les vues du doge, et les mesures qu'il prenait pour préparer à la classe patricienne l'usurpation du pouvoir, il vit dans Gradenigo l'ennemi le plus dangereux de la liberté, et son patriotisme ou son zèle populaire se confondit

avec la haine irréconciliable qu'il nourrissait
contre le prince. Déterminé à en délivrer la répu- *Il conspire*
blique, il fallut lui chercher des complices. Entre *contre le doge.*
ceux qui prirent part à son dessein, l'histoire ne
nomme qu'un Jean Baudouin. Il paraît qu'ils n'attendirent pas, pour éclater, que la révolution
aristocratique fût entièrement consommée. On ne
trouve, dans les récits qui sont venus jusqu'à nous,
aucun détail sur le plan et les moyens de cette
conjuration. Elle était assez nombreuse, puisqu'on convient généralement qu'elle mit l'état en
péril. Mais il ne faut pas s'attendre à trouver ces
sortes de faits bien éclaircis dans l'histoire d'un
gouvernement aussi mystérieux que celui de Venise. On dit que Bocconio voulait forcer les
portes du grand conseil et massacrer le doge;
c'eût été ramener la république à ces temps de
violence, où le peuple se faisait justice par luimême : mais il y avait plus de cent ans que l'habitude en était perdue; et, le pouvoir ne résidant plus sur une seule tête, un projet de révolution devenait un problème plus compliqué.
C'est apparemment à celui-ci que l'auteur d'une
ancienne chronique (1) fait allusion, lorsqu'il raconte que plusieurs des nobles, exclus du grand

---

(1) *Le casade nobili di Venetia*, de Jean-Charles Sivos,
man. de la bibliot. de Monsieur, n° 62.

conseil, vinrent quelques jours après frapper tumultuairement à la porte de cette assemblée, que le doge les fit introduire, arrêter, et qu'ils furent pendus le lendemain.

La conjuration est découverte.
L'imprudence des conjurés, ou la vigilance du gouvernement, ne permit pas que cette entreprise fût conduite jusqu'au jour de son exécution. Bocconio et ses complices furent arrêtés, interrogés et exécutés dans l'intervalle de quelques heures. Une conspiration découverte affermit le gouvernement qui la punit, mais ne le réconcilie pas avec ceux dont il s'est attiré la haine.

III.
Le fils naturel du seigneur de Ferrare implore le secours des Vénitiens pour s'emparer de cette principauté.
Dans l'aperçu que nous avons tracé des gouvernements qui se partageaient à cette époque l'Italie septentrionale, nous avons fait remarquer que les seigneurs avaient conservé la principale influence dans les villes de la Lombardie et de la marche Trévisane, et que la maison d'Este avait acquis peu-à-peu un pouvoir souverain sur quelques-unes de ces villes, notamment sur Ferrare. Il y avait soixante ans qu'elle y dominait, lorsque Azon d'Este mourut, laissant deux concurrents à l'héritage de son autorité, François son frère, et Frisque son fils naturel.

Celui-ci implora le secours des Vénitiens, qui n'hésitèrent pas à appuyer ses prétentions, dans la vue de conserver ou d'étendre les priviléges qui avaient été accordés à leur commerce par cette maison. Ce fils était en horreur aux Ferrarais, et à juste titre, puisqu'il avait emprisonné et assassiné son père. Déterminés par leur intérêt, les Vénitiens aidèrent le bâtard parricide à recueillir le fruit de son crime.

Leurs troupes, au nombre d'à-peu-près six mille hommes (1), vinrent assiéger la ville dont Frisque n'occupait que la moitié, et la citadelle qui tenait encore pour l'oncle. Le légat du pape à Bologne voulut interposer sa médiation, ou plutôt faire valoir d'anciennes prétentions que le saint-siége avait sur cette place. On n'en tint aucun compte. Les attaques furent pressées; on donna l'assaut, une partie de la ville fut brûlée, le château fut emporté; mais cet incendie, cette violence, rendirent Frisque tellement odieux, que, tout vainqueur qu'il était, il fut obligé de sortir de Ferrare, et ses alliés se hâtèrent de prendre sous leur protection une ville qui était si fort à leur bienséance. {.marginnote}Ils assiégent et prennent Ferrare.{.marginnote} {.marginnote}Les Vénitiens prennent cette ville sous leur protection.{.marginnote}

Le sénateur Paul Morosini (2) cherche à jus- {.marginnote}Frisque leur cède ses droits.{.marginnote}

---

(1) Marin Sanuto, *Secreta fidelium crucis*, liv. 2, 4ᵉ partie, chap. 4.

(2) *Histoire de la ville et de la république de Venise*, par Paul Morosini, liv. 9. Verdizzotti (*de' fatti veneti*, lib. X) dit en parlant de Frisque: « Et anco figlio di madre veneta. »

tifier l'usurpation des Vénitiens, en disant dans son histoire que Frisque était né d'une Vénitienne, et qu'ayant perdu l'espoir de régner, il avait cédé ses droits à la république pour une pension de mille ducats.

<small>Les Ferrarais se donnent au pape.</small> Mais les habitants de cette malheureuse ville, parmi lesquels le saint-siége comptait beaucoup de partisans, députèrent à Clément V, qui résidait alors à Avignon, pour être délivrés de leurs nouveaux maîtres (1). Le pape ne laissa point échapper une si belle occasion de faire une acquisition importante. Il écrivit aux Ferrarais pour les exhorter à se jeter entre les bras de l'église leur mère, et envoya deux nonces pour recevoir leur serment.

Ce pape, qui se nommait auparavant Bertrand de Got, était un Français, ancien archevêque de Bordeaux. Quant à ses droits sur la ville de Ferrare, je ne puis mieux faire que de laisser le pontife les exposer lui-même. Voici la bulle qu'il adressa à la commune de Ferrare.

<small>IV. Bulle du pape.</small> « Quoique les soins pieux de l'église, et sa tendre sollicitude pour ses enfants, s'étendent

---

(1) Si aliquis Veneticus repertus erat per civitatem Ferrariæ post vesperas, incontinenti à Ferrariensibus interfectus erat. (*Chronicon estense. Rerum italicarum scriptores*, tom. XV, p. 365.

généralement sur tous, sa bénignité s'attache plus particulièrement à ceux que le malheur opprime, et que l'injustice veut arracher des bras de leur mère. Elle ne pourrait voir d'un œil d'indifférence leur misère, leurs tribulations et leur servitude. C'est sur vous qu'elle a eu surtout des larmes amères à verser, depuis que vous êtes devenus la proie de la persécution et de la tyrannie. Cependant le malheur des temps, et la malice qui règne dans le monde, n'ont pas interdit toutes les consolations à l'épouse de Jésus-Christ. Ni les artifices de Pharaon, ni la persécution d'Hérode, n'ont pu parvenir à éteindre toute la race d'Israël; et, malgré la haine des tyrans, l'église de Jésus-Christ, battue par les orages, mais établie sur la pierre de la foi, n'a point été ébranlée de ses fondements.

« Le monde sait que, depuis son origine, la ville de Ferrare avait été soumise à des tributs envers le saint-siége apostolique, et avait reconnu pleinement sa juridiction temporelle, au milieu des tempêtes et des divisions qui la troublaient.

« Échappée à l'oppression du sacrilége Didier, roi des Lombards, par la protection de Charlemagne de glorieuse mémoire, elle revint sous la domination de l'église, qui avait sollicité pour elle ce puissant secours. Depuis elle éprouva jusqu'à nos jours une longue succession de diverses tyrannies. Enfin la droite du Seigneur s'est étendue sur elle, et, par la sollicitude de l'église, elle s'est vue affranchie d'un dur esclavage. Cette tendre mère lui a ouvert son sein.

« Mais Léviathan, ce serpent tortueux qui ne cherche que les voies obliques, l'auteur de tout mal, a empoisonné les cœurs des Vénitiens, et les a excités à assiéger, à renverser cette malheureuse ville. L'église, dans sa tendre sollicitude, est accourue, et a déployé sa puissance pour arracher ses enfants désolés à l'ennemi rugissant, prêt à les dévorer.

« C'est pourquoi, pleins d'une fervente dévotion et d'une foi sincère, touchés du souvenir de tant d'amour et de tant de bienfaits, vous éprouvez humblement le desir de rentrer sous cet empire de bénignité, et vous avez chargé notre vénérable frère, votre évêque, vos syndics et vos envoyés, de reconnaître en votre nom que votre ville, vos personnes, vos biens, votre territoire, appartiennent et ont appartenu de tout temps à la sainte église romaine, avec haute et basse juridiction, et que vous nous les soumettez pleinement et sans restriction (1). »

---

(1) L'acte par lequel les envoyés de Ferrare avaient reconnu l'autorité du pape, dans un consistoire tenu à Avignon, est rapporté textuellement. On y lit, au sujet de l'oc-

On voit que, si le droit des papes sur Ferrare avait existé, ce droit remontait à un temps où les papes n'étaient pas encore investis du caractère de souverains, et que, dans tous les cas, cette possession avait éprouvé une interruption de cinq cents ans; mais l'obscurité des droits de l'église ne rendait pas les prétentions des Vénitiens moins injustes : aussi les envoyés de Ferrare, en parlant de l'occupation de leur ville par l'armée de la république, disaient-ils formellement qu'elle ne lui appartenait, ni ne lui avait appartenu, ni ne lui appartiendrait jamais.

L'un des nonces se rendit à Venise pour obtenir que le gouvernement se désistât de ce système d'usurpation. Dans le conseil où on délibéra sur cette affaire (1), Jacques Querini s'éleva contre

v. Délibération des Vénitiens sur l'usurpation de Ferrare.

---

cupation des Vénitiens, ces expressions : « Venetorum populus quærentes quæ sua non sunt, nec fuerunt, nec erunt. » Cette bulle, qui est de février 1310, et le document qui en fait partie, sont insérés dans diverses collections, notamment dans celle imprimée à Rome, 1741, in-f°, tom. III, seconde partie, p. 120.

(1) *Histoire de la ville et de la république de Venise*, par Paul Morosini, liv. 9. Le discours de Jacques Querini et la réponse de Gradenigo sont rapportés dans le 10e liv. des *Fatti veneti*, de Verdizzotti; il y a dans la harangue de Querini cette phrase : « Se consideri che se i Francesi hanno adesso la gratia d'hospitar in quel regno il pontefice e l'a-

l'injustice et la honte de cette conquête. Il y avait un noble courage à parler ainsi; car non-seulement le doge et la majorité du conseil étaient déterminés à la retenir; mais le peuple lui-même était fort animé contre l'ambassadeur qui venait en réclamer la restitution. L'avis de Jacques Querini ne laissa pas d'être soutenu par les politiques consciencieux, par tous ceux à qui leurs scrupules, ou leur prudence, faisaient redouter une brouillerie avec la cour de Rome, et sur-tout par les censeurs déterminés de l'administration du doge actuel. Ils ne manquèrent pas de prédire tous les malheurs que cette guerre pouvait attirer sur la république. Ils rappelèrent avec complaisance les désastres de la guerre précédente; ils insinuèrent assez clairement que l'intérêt de la patrie ne conseillait pas de se déshonorer par une usurpation, de courir les chances d'une guerre, de s'attirer les censures ecclésiastiques, de jeter le trouble dans les consciences de tous les citoyens, pour servir l'ambition imprudente du chef de l'état. Ces craintes étaient manifestées par des hommes du plus grand nom,

---

postolica corte, non dobbiamo esser noi i decisori a lor favore di quel merito, che da gran tempo si contende qual sia maggiore, o di quella corona, o della nostra repubblica, in defender da gli acerrimi nemici la chiesa. »

dont les ancêtres avaient occupé plusieurs fois le rang suprême, par les Badouer, les Thiepolo : on pouvait leur supposer autant de jalousie que de scrupule; mais ils n'en avaient pas moins raison, et leur influence devait entraîner ceux qui craignaient de devenir rebelles à l'église.

Beaucoup de ces hommes nouveaux, qui devaient au doge leur existence politique, soutinrent un chef sans doute infiniment sage, au moins à leurs yeux, puisqu'il était l'auteur de leur élévation. Il s'ensuivit des altercations très-vives entre eux et les Querini, les Thiepolo, les Badouer; et, comme dans les discussions, où les passions s'exaltent et s'aigrissent, on en vient toujours à des dénominations injurieuses, on se qualifia réciproquement de papistes et d'antipapistes, c'est-à-dire de guelfes et de gibelins. Ce fut pour la première fois que ces noms de partis furent prononcés à Venise. Ils furent bientôt en usage ailleurs que dans le conseil; ils attestèrent l'existence de deux factions ennemies; on vit des hommes en armes se rallier sous l'une ou l'autre de ces bannières, parcourir les rues, et insulter ceux qui se déclaraient pour le parti contraire au leur (1).

---

(1) Albertino Mussato, dans son histoire de l'empereur

*Discours du doge P. Gradenigo.*

Gradenigo n'en persistait pas moins dans le dessein de retenir Ferrare. « A Dieu ne plaise, « dit-il (1), que je propose de nous écarter jamais « des égards que nos pères ont constamment « manifestés pour le saint-siége; il n'est point « ici question de l'église, mais des intérêts de « la patrie, intérêts que le ciel a commis à « ceux qui sont appelés au gouvernement. Il s'a- « git de Ferrare; nous ne l'avons point enlevée « au pape, car il ne la possédait pas; ni à la « maison d'Este, car elle l'avait déja perdue, et « c'est parce qu'elle l'avait perdue qu'elle a de- « siré nous voir hériter de ses droits, nous ses « amis, ses soutiens, ses bienfaiteurs, plutôt « qu'un prince ennemi. Cette cité elle-même s'est « mise spontanément sous notre tutelle; c'est elle « qui nous a appelés. Si, aussitôt après, elle s'est « montrée inconstante, si elle s'est repentie, « personne n'ignore que ce changement dans ses « affections n'est dû qu'aux suggestions de Fran- « çois d'Este. Elle s'était donnée, elle s'était sou- « mise, elle ne pouvait plus se croire indépen-.

---

Henri VII, après avoir peint les fureurs des factions guelfe et gibeline, ajoute: «Venetiæ solæ prudentiam suam perpetuò retinentes, contagione teterrimâ caruere. Reliquæ urbes unius vel alterius factionis erant. » Il y a un peu de flatterie dans ce passage.

(1) *Fatti veneti* di Francesco Verdizzotti, lib. 10.

« dante; nous ne pouvions plus varier dans nos
« desseins au gré de l'inconstance populaire; il
« n'est pas de la nature de la souveraineté de
« se donner et se reprendre tour-à-tour. Se sou-
« mettre spontanément, c'est se démettre du pou-
« voir, même de celui de changer; c'est un acte
« irrévocable. Quel peut-être le motif de l'indi-
« gnation dont le saint-père nous menace? Vou-
« drait-il voir Ferrare dans les mains d'un autre
« souverain? N'a-t-il pas souffert pendant long-
« temps qu'elle restât sous la domination de la
« maison d'Este? Sommes-nous moins puis-
« sants? Avons-nous moins mérité par nos ser-
« vices? La comparaison serait injurieuse. Fer-
« rare est éloignée de Rome. Le souverain pon-
« tife, mieux informé et plus sagement conseillé,
« sentira qu'il importe que cette ville reste, au
« moins à titre de dépôt, entre les mains d'une
« nation voisine, puissante, et dévouée au saint-
« siége: et nous, nous aurons montré que nous
« sommes incapables d'inconstance, de faiblesse,
« en ne laissant point échapper l'occasion que
« la Providence nous offrait d'agrandir le do-
« maine, et d'affermir l'indépendance de la ré-
« publique. »

Après avoir cherché à prouver que la république possédait cette ville en vertu d'une cession; que sa reddition avait été volontaire, il fut

moins difficile à Gradenigo de démontrer tous les avantages que le commerce de Venise retirerait de la possession d'une place qui lui assurait la domination du Pô, et lui ouvrait une communication facile avec tout le nord de l'Italie. Ces raisons prévalurent; on énonça dans la délibération que la république n'avait consenti à occuper Ferrare qu'à titre de secours, et à la sollicitation des habitants; qu'on y avait envoyé des troupes pour la protéger, et pour empêcher d'autres princes, qui la convoitaient, de s'en rendre maîtres; que l'urgence des circonstances n'avait pas permis d'en référer à sa sainteté; que la résidence d'un magistrat vénitien dans cette ville n'était pas une chose nouvelle, que cela s'était vu après qu'elle avait été délivrée de la tyrannie d'Erzelin par les armes de la république; que l'on continuerait en conséquence de la garder, mais à titre de dépôt, et comme place de sûreté (1).

VI. Le pape excommunie la république. 1309.

La demande du nonce fut rejetée; et lui-même, au mépris de son caractère, se vit outragé par le peuple, assailli de coups de pierres, et obligé de quitter Venise, sur laquelle, en fuyant, il lança l'excommunication.

Le pape fulmina aussitôt une bulle où l'on re-

---

(1) *Fatti veneti* di Francesco VERDIZZOTTI, lib. 10.

trouve le successeur de ce Boniface VIII, qui disait qu'il avait le pouvoir de gouverner les rois avec la verge de fer, et de les briser comme des vases d'argile.

Après avoir reproché aux Vénitiens leur ingratitude, le pontife les comparait à Dathan, à Abiron, à Absalon, à Lucifer; leur ordonnait d'évacuer Ferrare dans un mois, sous peine, pour le doge et le gouverneur, d'encourir l'excommunication, et, pour la république, de voir tout son territoire mis en interdit. Il serait défendu, sous les mêmes peines, à toutes les nations d'entretenir aucun commerce avec les Vénitiens, de leur rien acheter, de leur vendre ni marchandises ni provisions d'aucune espèce. Le doge et la république seraient dépouillés de tous les priviléges, de tous les fiefs que le saint-siége leur avait accordés. Tous leurs sujets seraient déliés du serment de fidélité. Les Vénitiens seraient déclarés infâmes, incapables d'exercer, même chez eux, aucunes fonctions publiques, de comparaître en justice, soit comme demandeurs, soit comme défendeurs; de tester et d'hériter. Leurs enfants, jusqu'à la quatrième génération, seraient exclus de toutes les dignités ecclésiastiques et séculières. Telle était la peine de la désobéissance après un mois de délai. Que s'ils y persistaient un second mois, le pape déposait de leurs charges le doge, et tous les officiers de la république, affranchissait leurs débiteurs de leurs obligations, cassait tous les contrats, confisquait les biens meubles et immeubles de tous les Vénitiens, requérait toutes les puissances de leur courir sus, et de réduire leurs personnes en esclavage.

Ce monument de délire porte la date du 27 mars 1309 (1).

Suite de l'excommunication.

Ce scandaleux abus de l'autorité spirituelle, dans une cause toute mondaine, n'ébranla point les Vénitiens; ils persistèrent dans leur injuste détention, et le pape dans ses fureurs.

L'évêque, le clergé, les moines de Venise, abandonnèrent une terre frappée de malédiction; le service divin fut interrompu dans tout l'état de la république, les fidèles furent privés de la parole de Dieu et de tous les sacrements; on n'obtenait qu'avec peine le baptême pour les nouveaux-nés. Une croisade fut prêchée; le trésor des indulgences fut ouvert à ceux qui se dévoueraient pour la délivrance de Ferrare, comme s'il se fût agi de la délivrance des lieux saints. Un cardinal vint se mettre à la tête des croisés, dont les Florentins renforcèrent l'armée par une nombreuse cavalerie. Les troupes vé-

VII.
Guerre contre le pape.
1309.

---

(1) *Histoire ecclésiastique* de l'abbé FLEURY, liv. 91.

nitiennes, sous les ordres de Marc Querini, étaient campées à Francolino, entre les deux bras du Pô, qui se séparent au-dessus de Ferrare. Cette position n'était que défensive; mais outre que les Vénitiens ne se jugeaient pas assez forts pour attaquer, ils avaient à garder la citadelle qui était leur point d'appui, à surveiller une ville populeuse dont les habitants ne leur étaient pas affectionnés; et ils ne pouvaient perdre de vue leur flottille stationnée sur le fleuve. Les chaleurs de l'été rendirent très-pénible à tenir cette position déja malsaine naturellement : les subsistances devinrent rares, les maladies firent des progrès, l'armée demanda des renforts. Il n'y avait que la population de Venise qui pût les fournir; on y concourut avec une ardeur digne d'une meilleure cause. Le sort désignait les citoyens qui devaient marcher; on les relevait tous les quinze jours. Jean Soranzo était le capitaine de cette milice; mais quelque diligence qu'on pût faire, des secours suffisants n'arrivèrent pas à temps pour prendre part à un combat que le cardinal vint livrer à l'armée vénitienne. Celle-ci, complètement défaite, se retira vers Ferrare. Les habitants, la voyant revenir en désordre, saisirent ce moment pour éclater. Les troupes papales arrivèrent au même instant; les bourgeois leur ouvrirent les

*Défaite des Vénitiens.*

portes; beaucoup de Vénitiens furent égorgés; on porte le nombre de leurs morts à quinze mille (1) : le reste se réfugia dans la citadelle, où le cardinal se disposait à les forcer; mais, au lieu de se déterminer à y soutenir un siége, et à attendre des secours, à la vérité fort incertains, André Vitturi et Raymond Dardi, qui y commandaient, se hâtèrent de sauver les débris de l'armée et la flottille. Ils s'embarquèrent le 28 août 1309, abandonnant la forteresse, et descendirent le Pô jusqu'à la mer (2), non sans encourir le reproche d'avoir manqué de constance dans une de ces occasions périlleuses que la fortune offre aux chefs pour que leur courage se distingue de celui des soldats (3).

---

(1) Quelques autres disent beaucoup moins :

« Fertur numerus occisorum unà die quinque millia. (*Vie de Clément V* par Bernard GUIDON, recueillie par BALUZE, tom. I des *Vies des papes qui ont résidé à Avignon*.) Le continuateur de Baronius dit six mille dans le combat, et beaucoup dans la ville. La *Chronique* de PARME dit : « Tandem Venetiani conflicti et mortui fuerunt et necati bene numero septem millium, et plus. »

(2) Je n'ai trouvé des détails sur cette campagne que dans l'*Histoire de* Paul MOROSINI, liv. 9, et dans le 10<sup>e</sup> liv. des *Fatti veneti* de VERDIZZOTTI.

(3) Verdizzotti, dans son 10<sup>e</sup> liv. des *Fatti veneti*, raconte que l'évacuation de Ferrare n'eut lieu que par une délibération du sénat; mais lui-même convient que le château fut

Pendant que les Vénitiens perdaient cette ville fatale à leur gloire et à leur repos, le pape avait écrit par-tout pour leur susciter des ennemis. Les rois de France, d'Angleterre, d'Arragon et de Sicile avaient reçu ordre de mettre à exécution les menaces de la bulle dans toute leur rigueur. Dans presque toute l'Europe, on eut la honteuse faiblesse de violer le droit des gens, et l'asyle dû à des étrangers. Les gouvernements eurent la mauvaise politique de consacrer par leur obéissance une autorité si dangereuse pour eux-mêmes; mais il y avait des jalousies à satisfaire, et des rapines à exercer.

VIII.
Les Vénitiens poursuivis dans toute l'Europe.

En Angleterre, on confisqua les biens des excommuniés, on pilla les comptoirs, on dépouilla les voyageurs. En France, ceux qui avaient porté des marchandises pour les vendre dans les foires, les virent saisies et dispersées par ordre du gouvernement. Leurs vaisseaux furent arrêtés dans les ports. Ce fut bien pis sur

---

abandonné pendant que le cardinal l'assiégeait, et tous les autres historiens racontent la prise de la ville comme je l'ai rapportée. Il faudrait pour concilier les deux parties de son récit, que les Vénitiens eussent tenu dans la ville plus long-temps que dans le château, ce qui n'est guère vraisemblable. Remarquez encore qu'il ne parle pas de la bataille perdue, ce qui indique assez son défaut d'impartialité.

*Tome I.*

toutes les côtes d'Italie, dans la Romagne, en Calabre, en Toscane, à Gênes sur-tout. Non-seulement tous les Vénitiens furent ruinés, mais il y en eut de massacrés. Un grand nombre d'entre eux se virent réduits en esclavage; et, devenus un objet de commerce, en vertu d'une bulle du pape, des chrétiens furent vendus par des chrétiens à d'autres barbares. Ce fut un grand bonheur pour nous, dit un historien vénitien (1), que les Sarrasins ne fussent pas baptisés. Venise, isolée de toute l'Europe par l'anathême, encore plus que par sa position, était comme une plage empestée au milieu de la mer; nul ne pouvait en sortir, et aucune voile amie n'osait y aborder.

IX.
Haine contre P. Gradenigo.

Gradenigo ne comptait pas seulement pour ennemis ceux que ses nouvelles lois avaient exclus de toute participation au pouvoir; il en avait aussi parmi les personnages, qui, accoutumés à une longue possession de l'autorité, étaient irrités de la partager avec des hommes nouveaux. Outre cela, tout ce qui pouvait frapper l'opinion populaire se réunissait contre lui. Son règne n'avait eu d'éclat que par de grands revers, et l'interdit jeté par le pape mettait le

---

(1) *Storia civile e politica del commercio de' Veneziani*, di Carlo Antonio Marin, tom. V, lib. 3, cap. 1.

comble à toutes les calamités publiques. La disette, la cessation absolue du commerce, la difficulté de gagner sa vie, la privation de toutes les consolations que la religion peut offrir aux malheureux, étaient de tristes résultats, dont la classe indigente devait sur-tout se ressentir, et qu'elle devait attribuer à la juste sévérité de la Providence, provoquée par les fautes du gouvernement. C'est une situation bien déplorable que d'avoir appelé à-la-fois sur sa tête la haine qui s'attache naturellement au pouvoir, et le blâme qui suit toujours le malheur. Il est moins permis aux princes qu'aux particuliers de braver la haine, parce qu'ils ne règnent que par une espèce de concession, et pour mériter l'amour des peuples. Le mépris de l'opinion publique est en contradiction avec les sentiments qu'ils doivent manifester : c'est toujours une faute de le laisser apercevoir : mais la nature avait donné à Gradenigo une de ces ames inébranlables, sur lesquelles la fortune et la contradiction ne peuvent rien.

C'était personnellement contre lui qu'étaient dirigées les imprécations. Il avait amené les choses à ce point que l'on pouvait croire faire un acte de patriotisme en renversant le chef de l'état. Quoique la révolution aristocratique ne fût pas entièrement consommée, car on n'était encore qu'en 1310, et elle ne le fut qu'en 1319, cette animadversion, qui avait coûté la vie à Bocconio et à ses complices, était partagée par des hommes bien plus dangereux.

<small>Ses principaux ennemis.</small> Trois familles, non-seulement patriciennes, mais des plus illustres, et que le sort n'avait pas exclues du conseil, devinrent des points de ralliement, autour desquels se groupèrent tous ceux qui desiraient un nouvel ordre de choses. Elles ne laissaient pas échapper une occasion de susciter des embarras au doge, et de porter atteinte à sa considération. Le doge, de son côté, se servit de son influence pour leur faire subir plusieurs mortifications, même des condamnations pécuniaires. Plus d'une fois les rixes du conseil furent sur le point de devenir sanglantes (1).

<small>Les Querini.</small> Les Querini étaient une maison puissante. Ils se prétendaient issus de l'illustre famille romaine des Sulpiciens; et, comme tels, ils comptaient parmi leurs aïeux l'empereur Galba, dont le nom avait été porté par trois membres de cette famille, élevés au dogat dès le huitième siècle (2).

---

(1) *Casade nobili di Venetia*, de Jean Charles Sivos, man. de la bibliot. de Monsieur, n° 62.

(2) Maurice Galbaio d'Héraclée, doge en 764, Jean Gal-

Les Badouer, qui sont les mêmes que les Participatio, avaient été élevés sept fois à cette suprême dignité. *Les Badouer.*

Les Thiepolo comptaient deux princes qui avaient occupé le trône pendant une partie du siècle qui venait de finir; mais le plus fort de leurs droits, ou du moins le plus juste sujet de leur ressentiment, ils le tiraient de ce Thiepolo qui n'avait point régné, quoique appelé au dogat par le suffrage du peuple. Si l'élévation des uns leur enflait le cœur, l'exclusion de l'autre les blessait encore plus sensiblement. *Les Thiepolo.*

Ce Jacques Thiepolo, qui avait manqué à sa fortune, en ne secondant pas le mouvement du peuple déclaré en sa faveur, avait un fils nommé Boémont Thiepolo: celui-ci, marié à la fille de Marc Querini, trouvait dans son beau-père l'ambition et le courage que son père n'avait pas su montrer. Querini avait commandé pendant quelque temps la flotte de Venise, et quoiqu'il n'eût rien fait de bien remarquable, il avait reçu quelque lustre de ce commandement, parce qu'on le lui avait ôté, et que son successeur, André Dandolo, avait eu le malheur de perdre

---

baïo son fils en 779, et Maurice Galbaio, fils de Jean, associé au dogat en 796.

contre les Génois la désastreuse bataille de Curzola.

X.
Ils conspirent contre le doge.

Ce fut chez Marc Querini que se tinrent les premières conférences, où l'on s'occupa de remédier aux maux de l'état; car c'est toujours sous ce prétexte que se trament les conjurations. Ce patricien était le chef d'une nombreuse maison, dans laquelle il trouva beaucoup d'hommes qu'il jugea dignes d'être admis à la confidence de ses desseins. Outre son fils Benoît et un de ses petits-fils, Boémont Thiepolo son gendre, et Jacques Querini son frère, le même que nous avons vu si animé dans le conseil contre l'usurpation de Ferrare, il initia dans ses projets huit autres personnages de son nom (1), dont un était procurateur de S. Marc. On voyait dans cette conspiration trois générations à-la-fois, le fils, le père et l'aïeul; deux Badouer (2) et plusieurs autres hommes, presque tous considérables, entre lesquels l'histoire nomme André

―――――――――

(1) Laurent, Nicolas, Paul, Durante, deux Pierre, Simon, et Thomas.

(2) Pierre Badouer et Badouer-Badouer. Tous ces noms sont dans l'*Histoire vénitienne*, de Doglioni, liv. 4, dans les *Annales vénitiennes*, de Faroldo, et quelques-uns dans la *lettre du doge*, où cette conspiration est racontée. Marin Sanuto en donne une liste encore plus nombreuse.

Dauro, Jean Maffei, Pierre Beccario, Marin Baffo, Marc Venier, dont la famille, depuis la prise de Constantinople, possédait l'île de Paros, Borsellino, Babilone, Michel Tetolo, Nicolas Vandalin, François Basilio, Nicolas Barbaro, et plusieurs membres de la famille Barozzi.

Dans une de leurs assemblées, Marc Querini fit à ses amis un exposé rapide de la situation de Venise depuis l'élection du doge régnant. Cette république, accoutumée à dominer sur les mers, avait vu son armée battue par les troupes d'Aquilée. Les barques du patriarche avaient porté la désolation dans l'île de Caorlo, et emmené le gouverneur prisonnier. Enfin de Venise on avait vu flotter sur Malamocco l'étendard d'un ennemi qui devait être si peu redoutable, et on n'avait pas tiré vengeance de pareils affronts.

XI. Assemblée des conjurés.

Discours de Marc Querini.

Une flotte avait été envoyée à Ptolémaïs, mais elle n'avait fait que s'y montrer, et était revenue, laissant cette ville en proie à des dissensions, qui avaient amené bientôt après la perte des précieux établissements de la république en Syrie, la ruine, la captivité ou la mort de presque tous les Vénitiens qui s'y trouvaient. Les vaisseaux avaient manqué à ces malheureux, non-seulement pour se défendre, mais même pour se sauver.

Dans la guerre contre les Génois, on avait commencé par des dévastations qui n'étaient pas plus profitables que glorieuses. L'escadre engagée si imprudemment dans les glaces de la mer Noire avait perdu la moitié de ses équipages, et on avait fini par éprouver les plus honteuses défaites. Deux des plus belles flottes que la république eût jamais mises en mer avaient été anéanties.

Bellet Justiniani avait déshonoré les armes vénitiennes par ses pirateries dans l'Archipel, et par le massacre des prisonniers.

Enfin venait la guerre de Ferrare. On avait soutenu un usurpateur pour usurper ses prétendus droits. Et quels étaient-ils ces droits? d'être bâtard et parricide. A quel titre Venise devait-elle en hériter? parce que ce monstre était né d'une courtisanne vénitienne. Quels étaient les fruits de cette criminelle entreprise? la haine de Ferrare, la honte d'une injustice et d'une défaite, la perte d'une armée, la guerre contre tous les peuples, l'interdit, l'isolement de Venise d'avec tout le reste de l'Europe : au-dehors les propriétés saisies, les citoyens massacrés ou vendus comme esclaves ; au-dedans la disette, la misère, l'excommunication, et les factions.

Et c'était au milieu de tant de circonstances désastreuses que le doge, n'écoutant que son orgueil, comme aurait pu le faire un prince couvert de gloire, dépouillait le peuple de ses droits les plus sacrés, outrageait d'illustres familles, en les déclarant sujettes, dans un état où la souveraineté était l'apanage de tous, et cimentait ses odieuses usurpations par le sang du généreux Bocconio.

« Ce doge, s'écria Querini, ce doge animé de
« l'esprit infernal(1), a dégradé tous les bons
« citoyens; il a semé la division dans les familles,
« en en réduisant les membres à des conditions
« inégales(2). Il a foulé aux pieds les droits de
« ceux dont les glorieux ancêtres ont élevé la
« puissance de cet état. Il a oublié le courage
« des Vénitiens, qui n'hésitèrent jamais à hasar-
« der leur vie pour le salut de la patrie. Aussi
« a-t-il encouru la haine de tous. Grands et pe-
« tits ont à lui reprocher le deuil de leurs fa-
« milles, l'envahissement de leurs droits, la
« décadence, le péril de la république. Ce péril

---

(1) *Questo dose spinto da spirito diabolico*, etc. Ce discours est rapporté par Amelot de la Houssaye, dans ses remarques à la suite de son *Histoire du gouvernement de Venise*. Il est aussi en substance dans l'*Histoire* de P. Morosini, liv. 9.

(2) *Histoire du gouvernement de Venise*, par AMELOT de la Houssaye, page 4.

« est imminent; mais le remède est dans nos
« mains.

*Discours de Boémont Thiepolo.* Là-dessus Thiepolo, prenant la parole, se livra à toute sa haine contre le doge, et prouva qu'on ne pouvait sauver l'état qu'en arrachant le pouvoir aux mains qui en abusaient. Il ne manqua pas, en accusant l'ambition du prince actuel, de rappeler la modération du sage Jacques Thiepolo, qui, un siècle auparavant, avait abdiqué cette dignité. Il compara les désastres dont on avait à gémir avec le règne glorieux de Laurent Thiepolo, son aïeul, vainqueur des Génois en Syrie, et qui avait forcé l'Italie à reconnaître la souveraineté de Venise sur l'Adriatique. « Si mon trisaïeul, dit-il,
« s'est dépouillé volontairement du pouvoir,
« après avoir donné de sages lois; si son fils a
« péri sur un glorieux échafaud, victime de la
« haine de l'empereur qu'il avait encourue par
« son dévouement à la république; si mon aïeul
« a illustré Venise par des victoires, j'ai vu ces
« éminents services noblement récompensés par
« l'amour de tous les bons citoyens, lorsque
« leurs suffrages unanimes appelaient mon père
« à la dignité suprême. Les ambitieux qui con-
« spiraient dès-lors contre vos droits, sentirent
« que, sous un pareil doge, ils ne pourraient
« consommer leur usurpation. Il leur fallait un

« esprit dur, altier, opiniâtre, pour favoriser
« l'établissement de la tyrannie, et Gradenigo
« fut élu au mépris de la voix publique.

« Cette exclusion de mon père ne fut pas
« seulement une insulte à ma famille; ce fut
« un outrage pour tous les citoyens. J'ignore
« quels nouveaux malheurs peuvent menacer
« la patrie après son asservissement et sa ruine;
« mais je sais qu'il m'est réservé, pour prix des
« services de mes aïeux, de passer honteuse-
« ment ma vie sous les lois d'un maître insolent.
« Si je m'y résignais, je ne me souviendrais
« pas de ma naissance, et je ne serais pas digne
« de me trouver ici (1). »

Il n'y avait que la perte du doge qui pût sauver l'honneur des familles, et assurer la paix de l'état. Thiepolo proposa d'attaquer Gradenigo, de le renverser, d'arracher le pouvoir à tous ses adhérents, et de massacrer quiconque entreprendrait de faire résistance.

Jacques Querini, le frère de celui chez qui se tenait l'assemblée, trouva que son neveu avait laissé percer dans son discours trop d'emportement et sur-tout trop d'ambition. Ce pa-

<small>Discours de Jacques Querini.</small>

---

(1) La substance de ce discours est dans l'*Histoire* de Paul Morosini, liv. 9.

tricien était un esprit sage et modéré, qui, par la même raison qu'il s'était opposé à l'imprudente usurpation de Ferrare, croyait devoir écarter tous les partis violents. « Sans doute, « dit-il (1), il serait à desirer que les chefs du « gouvernement montrassent plus de sagesse, « plus de modération, plus d'abnégation de « leurs intérêts personnels; mais est-ce en imi- « tant leurs excès qu'on espère en trouver le « remède ? Un ancien a dit que les hommes « doivent révérer le passé, se soumettre au « présent, désirer de bons princes, et suppor- « ter les leurs tels qu'ils sont (2). Je ne sais rien « de si fatal à un état que les commotions, les « changements de gouvernement : ces révolu- « tions ne laissent pas même à ceux qui en sont « les auteurs le pouvoir d'en arrêter les funestes « conséquences. Entraînés imprudemment par « leur patriotisme, ils deviennent bientôt les « instruments des pervers, qui se sont réunis « à eux. Je vous conjure de vous défier de votre « zèle, de ne pas prendre la passion, la ven-

---

(1) *Histoire* de Paul Monosini, liv. 9.

(2) Ulteriora mirari, præsentia sequi; bonos imperatores votis expetere, qualescumque tolerare.

(Tacite, *Hist.*, liv. 4.)

« geance pour un sentiment plus noble. Vous
« voulez sauver l'état : est-ce qu'il n'y a pas
« d'autre moyen que de le déchirer? Ne vau-
« drait-il pas mieux s'unir pour faire prévaloir
« dans les conseils tout ce que réclame le véri-
« table intérêt de la république ? Venise est
« divisée par des factions; mais si nous cédons
« à nos ressentiments, quelque justes qu'ils
« puissent être, ne rendons-nous pas le retour
« de la paix plus difficile? Je vois ici des hom-
« mes dont les noms rappellent les actions les plus
« glorieuses et les plus utiles à la patrie; qu'ils
« daignent se souvenir de ce qu'ont fait leurs
« aïeux, et qu'ils n'exposent pas cet illustre
« héritage au gré d'une passion qui conseille la
« révolte et le meurtre pour ramener l'ordre
« et la paix. »

« Mon frère, reprit Marc Querini, vous avez
« dit qu'il n'y avait rien de si fatal à un état que
« les révolutions : tout le monde le sent comme
« vous ; mais c'est précisément ce que nous
« avons à reprocher au gouvernement actuel
« de notre république. Il déplace et dénature
« le pouvoir; il nous fatigue par ses usurpations,
« il nous plonge dans une inquiétude humiliante
« sur la stabilité de notre condition. Vous se-
« riez-vous attendu que les hommes les plus
« honorables fussent rejetés dans la classe des

*Réplique de Marc Querini.*

« sujets; qu'il leur fût interdit même de mériter
« à l'avenir un rang déja si noblement acquis?
« C'est là cependant ce que nous voyons; et au
« profit de qui se sont opérés ces changements?
« Le peuple a été dépouillé de tous ses droits.
« Les citadins ont été réduits à la condition des
« populaires, et sont plutôt blessés que dédom-
« magés par l'élévation de quelques-uns des
« leurs. Les anciennes familles sont divisées en
« trois classes ; les unes sont sujettes, les autres
« en proie à la discorde. Les plus favorisées sont
« celles qui ont été maintenues dans un rang
« où elles auront désormais des inconnus pour
« égaux. On a dit peut-être que ces change-
« ments avaient pour objet le maintien de l'or-
« dre dans la république; mais depuis cent cin-
« quante ans, depuis qu'un doge fut massacré
« pour avoir perdu une armée, et apporté la
« peste, l'ordre public n'a été troublé que deux
« fois : en 1268, lorsqu'au milieu de la disette
« on voulut établir un impôt sur le pain, et,
« dans ces derniers temps, lorsque le peuple
« voulut recouvrer son droit de nommer le
« doge. La république ne peut pas trouver un
« avantage là où aucun de ses citoyens ne trouve
« le sien. Cette révolution n'a donc favorisé
« aucun intérêt. Je me trompe; elle a servi la
« passion de Gradenigo, son ressentiment

« contre le peuple et sa haine contre les nobles
« qui n'avaient pas partagé ses projets criminels.
« Il n'y a plus de nobles que ceux qu'il a bien
« voulu choisir ; désormais nous datons tous de
« son règne. Maintenant, je le demande, croyez-
« vous qu'il soit possible de le ramener à des
« sentiments plus justes, à cette modération
« que nous devons tous nous proposer? Espé-
« rez-vous acquérir assez d'influence dans les
« conseils pour la faire prévaloir? Est-ce avec
« de la modération qu'on réprime la violence?

« Sans doute nos aïeux nous ont frayé un
« honorable chemin ; mais ils rougiraient de
« nous si nous consentions lâchement à être
« dépouillés des prérogatives qu'ils nous ont
« acquises, et de la liberté qui appartient au
« moindre citoyen de cet état. Nous tirons au-
« jourd'hui de l'illustration de nos ancêtres, ce
« précieux avantage qu'on ne peut nous sup-
« poser aucune ambition personnelle, lorsque
« nous réclamons la conservation des droits de
« tous. Le trône même n'a rien qui puisse ajou-
« ter à la grandeur de nos familles ; vos aïeux
« et les miens l'ont occupé dans un temps où
« la couronne était plus indépendante ; les Ba-
« douer ont fourni sept doges, aux premiers
« siècles de la république ; les Thiepolo y sont
« montés avec gloire, et ont su en descendre.

« Qu'auraient fait nos ancêtres si on eût tenté
« de leur ravir leurs droits? L'histoire nous ré-
« pond en nommant vingt doges chassés du
« trône; précipitons-en celui-ci, et que sa chûte,
« vengeant le peuple et nos familles, rende à la
« république la paix et la splendeur qu'elle a
« perdues sous le règne et par la faute de Gra-
« denigo. Son insolence nous met dans la né-
« cessité de tout souffrir ou de tout oser. »

Après ce discours, ce ne fut qu'un cri dans l'assemblée contre le doge. On résolut de tout hasarder pour sa perte, et le sage Jacques Querini, en déplorant les suites que pouvait avoir cette résolution, resta fidèle à un parti dans lequel il comptait presque tous les siens.

XII.
Projet des conjurés.

Il ne fut pas difficile aux conjurés de faire entrer dans leur projet beaucoup de citadins. Chacun de ces personnages disposait d'un grand nombre de populaires, et ils s'étaient associé une vingtaine de prêtres (1). Quand ils firent le recensement de leurs forces, ils se jugèrent en état d'attaquer à main armée un gouvernement qui, dans un moment de surprise, n'avait que peu de troupes à appeler à son secours.

Cependant Badouer leur fit observer qu'au

---

(1) Jean Charles Sivos les nomme dans sa *Chronique*.

moment de l'exécution on ne trouverait peut-être pas prêts tous ceux sur lesquels on aurait compté. Il proposa de s'assurer, dans tous les cas, la supériorité des forces, en appelant du secours de Padoue, qui pourrait fournir un renfort considérable.

Padoue était une cité jalouse dans laquelle il ne devait pas être difficile de trouver des ennemis du gouvernement vénitien. Badouer y exerçait une grande influence; cette ville avait été le berceau de sa maison ; quoique Vénitien, il en était dans ce moment le premier magistrat (1). Il s'offrit à négocier pour l'envoi de ce secours dont on reconnut unanimement l'utilité.

Toutes les confidences délicates, qui pouvaient lier à ce grand dessein ceux qui devaient concourir à son exécution, furent faites avec la prudence et l'adresse convenables. Chacun s'assura, par divers moyens, du dévouement des prolétaires qu'il comptait parmi ses clients. Quant à ceux avec qui on ne pouvait se dispenser de quelque révélation, on ne leur fit entrevoir que le projet de réclamer des droits que tout le monde regrettait, mais de les réclamer assez hautement pour obtenir justice.

---

(1) *Fatti veneti* di Francesco Verdizzotti, lib. 11.

Pendant que tout cela se tramait, la conduite de chacun des principaux conjurés fut tellement circonspecte, que pas un n'attira sur lui le moindre soupçon, et ne fournit à la fortune l'occasion de le trahir.

Badouer réussit complètement à s'assurer d'un puissant secours qu'on ferait venir de Padoue.

Il fallait se pourvoir des armes que l'on mettrait à la main de tous les prolétaires réunis au moment de l'exécution. Les armes étaient alors conservées dans les anciennes maisons, comme objet de luxe ou comme trophée. Tous ces nobles guerriers en avaient une grande quantité; la fréquence des armements pour le commerce maritime, donnait beaucoup de prétextes et de moyens pour en rassembler. On en fit venir du dehors, et les palais des principaux conjurés devinrent des arsenaux où se préparait en silence la perte du gouvernement et du doge.

Quand toutes ces dispositions furent terminées, on se réunit pour arrêter le plan et le jour de l'exécution. On vit avec joie qu'on avait des forces suffisantes pour compter sur le succès; tout l'avait secondé, rien ne l'avait compromis.

XIII. Leur plan. Venise est divisée en deux parties principales par un grand canal, sur lequel il n'y a qu'un pont. Ce pont joint la petite île de Rialte au quartier qu'on appelle la Mercerie, quartier populeux, rempli de boutiques, et dont les rues conduisent à la place Saint-Marc, où est le palais ducal. Le palais Querini était situé sur la place de Rialte. On conçoit de quelle importance était l'occupation de ce pont qui établissait la communication entre les deux moitiés de la ville, et quel avantage les rues étroites, qui forment le labyrinthe de Venise, offraient à des conjurés. Maîtres du pont de Rialte, ils pouvaient se porter par-tout, et l'ennemi, en supposant qu'il eût des forces, ne pouvait les déployer que sur un seul point, sur la place Saint-Marc. Il fallait donc le prévenir dans cette position; et s'il y était prévenu, ses troupes ne pouvaient plus qu'errer sans se réunir, exposées à être arrêtées, dans chaque rue, par une poignée d'hommes.

On était alors au mois de juin 1310. On convint que les principaux conjurés rassembleraient pendant la nuit tous ceux qu'ils avaient engagés dans le parti, qu'avant le jour ils les conduiraient sur la place de Rialte, devant le palais Querini; que là, Boémond Thiepolo prendrait le commandement, qu'il traverserait rapidement le pont, se porterait avec sa troupe sur la place Saint-Marc, investirait le palais ducal, en forcerait l'entrée, et s'emparerait du doge, sans hé-

36.

siter à le massacrer en cas de résistance; qu'on proclamerait sur-le-champ la révolution opérée dans le gouvernement, c'est-à-dire le retour de l'ancien ordre de choses existant avant la réforme du grand conseil, et qu'on resterait sous les armes dans la place Saint-Marc, jusqu'à l'arrivée des Padouans amenés par Badouer. Ce renfort arrivé, les diverses troupes des conjurés devaient se répandre dans les quartiers de la ville, se rendre maîtresses de tous les établissements publics, notamment de l'arsenal, et agir selon les occurrences contre ceux qui voudrait s'opposer à la révolution. Tel était le plan; l'exécution en fut fixée au 15 juin.

XIV. Exécution de l'entreprise. Ils marchent contre le palais. 1310.

Le 14, Badouer partit pour Padoue, où il alla se mettre à la tête de ceux qu'il avait gagnés. Dans la soirée et pendant la nuit, tous ceux qui devaient prendre part à cette grande entreprise, se glissèrent sans affectation, en silence, et par diverses issues, dans les maisons où des armes avaient été préparées pour leur être distribuées. La nuit avançait; ces troupes de conjurés se mirent en marche avant le jour, et se rendirent sur la place de Rialte; là, Querini sortit de son palais avec Thiepolo; les principaux chefs de l'entreprise se répandirent dans les rangs, exaltèrent l'imagination de leurs gens par tout ce qu'il y a de plus puissant sur les hommes, le butin, la gloire, la vengeance, la patrie et la liberté. Thiepolo et son beau-père portaient sur le front une noble assurance. Tous étaient également déterminés à délivrer Venise de la tyrannie.

Au lever du soleil, un de ces violents orages qui sont assez fréquents dans cette saison, vint retarder ce jour si impatiemment attendu, et qui allait être si terrible. Le tonnerre, l'obscurité, la pluie qui tombait par torrents, mirent quelque désordre parmi les troupes des conjurés, ou ralentirent les dispositions que leurs chefs avaient à faire. Le vent soufflait avec impétuosité, les vagues en fureur assiégeaient Venise, sinistres avant-coureurs d'une autre tempête qui allait éclater. Les conjurés virent, dans ce désordre de la nature, un favorable présage. Thiepolo, pour occuper cette multitude, lui laissa brûler les archives d'un tribunal qui se trouvait dans ce quartier ; de cette expédition on passa au pillage d'un grenier public, et du pillage du grenier à celui des boutiques voisines. Cependant la tempête continuait ; il était impossible qu'un rassemblement si tumultueux, qui avait déja éveillé une partie de la ville, n'eût pas répandu l'effroi dans d'autres quartiers, le doge devait en être déja informé ; on ne pouvait guère espérer de le surprendre : il avait eu le temps de se dérober à la recherche des conjurés.

Thiepolo se décida à se mettre en marche au milieu de cet épouvantable orage. Sa troupe se divisa en deux parts: Marc Querini et son fils Benoît conduisaient l'une; Thiepolo prit l'autre sous son commandement. Ces longues files de gens armés traversaient des rues étroites, en agitant leurs épées et leurs drapeaux, sur lesquels on lisait le mot LIBERTÉ : cette ville, toujours si silencieuse, retentissait du bruit des armes. Ce fut la troupe de Querini qui déboucha la première sur la place Saint-Marc. Quel fut l'étonnement de ce chef des conjurés d'y voir une ligne d'hommes sous les armes, qui n'étaient ni la troupe de Thiepolo, ni les Padouans que devait amener bientôt Badouer!

XV.
Mesures prises par le doge.

Voici ce qui s'était passé pendant la nuit. Aucune imprudence, aucune indiscrétion n'avait été commise dans une affaire qui exigeait le concours de tant de personnes; mais le doge était aussi vigilant que hardi. La réunion des conjurés dans les maisons où on leur avait donné rendez-vous pendant la soirée du quatorze, n'avait pu se faire sans être remarquée. Il en avait été rendu compte à Gradenigo, qui sur-le-champ avait pénétré l'objet de ces rassemblements, et vu toute l'étendue du péril sans s'en laisser effrayer.

D'une part il avait dépêché des agents pour observer les maisons qu'on lui avait désignées ; de l'autre, il avait envoyé aux gouverneurs des îles les plus voisines, notamment à Ugolin Justiniani, qui commandait à Chiozza, l'ordre de venir en toute diligence à Venise, avec le plus de troupes qu'ils pourraient rassembler. En même temps il avait appelé auprès de lui ses conseillers, les officiers de nuit, les chefs de la quarantie, les avogadors, et plusieurs des nobles qu'il connaissait pour dévoués à son parti. Là, il leur avait déclaré ce qu'il venait d'apprendre, et ce qu'il jugeait qu'on avait à craindre : à chaque instant, les agents qu'il avait répartis dans la ville venaient lui rapporter qu'on avait remarqué pendant toute la nuit du mouvement dans telle maison ; qu'on y distribuait des armes ; puis, qu'une troupe s'était mise en marche, et se dirigeait vers la place de Rialte, vers le palais Querini. On vit clairement que cette place était le point principal de ralliement, et que cette entreprise avait pour chefs les Querini et les Thiepolo. On n'avait que le reste d'une nuit très-courte pour se préparer à la défense.

Sur-le-champ on dégarnit les postes les moins importants de Venise, pour porter sur la place Saint-Marc toutes les troupes dont on pouvait disposer. On fit venir des ouvriers de l'arsenal. Tous les membres du conseil furent avertis, chacun amena ce qu'il avait de gens sûrs. Marc Justiniani, à qui, dans cette importante conjoncture, le commandement fut confié, se trouvait à la tête d'une force déjà imposante, lorsque Marc Querini déboucha sur la place suivi de tous les siens.

XVI. Combat sur la place Saint-Marc. Dès qu'elles se virent, les deux troupes n'hésitèrent pas à se charger, et ce fut avec la fureur qui caractérise les guerres civiles. Elles criaient l'une et l'autre Vive Saint-Marc; on combattait sans pouvoir juger encore pour quel parti la fortune allait se déclarer. Dans cet instant les troupes que le gouverneur de Chiozza amenait, d'après l'ordre que le doge lui avait expédié dans la nuit, arrivèrent sur le champ de bataille, et prirent part à l'action. La partie devint inégale; cependant Querini soutenait le combat, mais avec désavantage. Thiepolo, Badouer, ne paraissaient point.

La marche du premier avait été retardée par le désordre que le pillage avait mis dans sa troupe; enfin il déboucha sur la place par la rue de l'Horloge, et le doge en personne s'avança pour le repousser avec ce qui restait de troupes disponibles, et les nobles qui formaient un corps de réserve.

Pendant ce combat général, le bruit se répandit que Querini venait de voir tomber son fils à ses côtés ; un moment après on dit qu'il était lui-même frappé d'un coup mortel. Cet évènement exalta les uns, jeta du découragement ou de l'hésitation parmi les autres. La troupe de Querini mit en effet moins de vigueur dans sa résistance. Marc Justiniani sut en profiter, redoubla vivement ses attaques et refoula cette partie des assaillants dans les rues voisines, où les moins déterminés profitèrent de quelques détours pour s'échapper.

Thiepolo voyant qu'il restait seul à combattre sur la place Saint-Marc, désespéra du succès de son attaque ; il replia sa troupe sans beaucoup de désordre, ce qui est assez difficile dans de telles occasions et avec de tels soldats, et opéra sa retraite vers le pont. Comme il passait dans la rue de la Mercerie, suivi d'un page à cheval qui portait un étendard, une femme du peuple lui lança du haut d'une fenêtre une énorme pierre, qui n'atteignit que le page, qu'elle écrasa.

XVII. Défaite des conjurés.

Arrivé au pont du grand canal le chef des conjurés s'empara de toutes les barques, les fit passer sur l'autre bord, coupa le pont, garnit de soldats une maison qui le dominait et se fortifia dans Rialte. Cela prouve que sa troupe n'était pas en désordre, et qu'il n'était pas vivement poursuivi.

Pendant ce temps-là Badouer débarquait dans Venise avec les Padouans; mais au même instant arrivaient des troupes que François Dandolo et Marin Delfino amenaient des îles voisines. Elles chargèrent ces étrangers qui croyaient venir au pillage et non pas au combat. Badouer mal secondé par ses soldats se vit environné et tomba vivant entre les mains de ceux qu'il venait détrôner.

Thiepolo retiré dans Rialte, pouvait y prolonger sa résistance: il paraît qu'il s'y maintint pendant quelques jours; mais cette résistance n'avait plus d'objet, il devait être forcé dans ce poste tôt ou tard, il ne pouvait pas se flatter de retenir plus long-temps, dans une cause si périlleuse et désormais désespérée, une multitude à qui il suffisait de se débander pour être à-peu-près sûre de l'impunité.

Le doge, pour hâter la défection des conjurés, fit annoncer une amnistie. Il envoya même des parlementaires à Thiepolo pour l'exhorter à faire cesser l'effusion du sang vénitien. Thiepolo comprit qu'il n'y avait point de résultat à espérer d'une négociation, ni de foi à faire sur de telles promesses. Les troupes marchaient pour l'assaillir; on allait lui couper la retraite. Il s'embarqua avec quelques amis, et se réfugia hors du territoire de la république (1).

Telle fut l'issue de cette mémorable journée, de cette grande entreprise conduite avec tant de prudence, et déjouée par le courage et l'activité d'un homme. Querini avait médité ses moyens à loisir et les avait disposés habilement. Gradenigo créa les siens en quelques heures. On ne peut reprocher qu'une faute aux conjurés, ce fut le pillage qui leur fit perdre du temps; mais quand Thiepolo serait arrivé sur la place Saint-Marc aussitôt que son beau-père, ils n'en auraient pas moins trouvé les troupes du doge prêtes à les recevoir; les gouverneurs des îles voisines n'en seraient pas moins arrivés avec des renforts. Il aurait fallu combattre là où l'on s'était flatté de surprendre; le reste aurait été remis à la fortune. Les conjurations

*Réflexions.*

---

(1) Les détails de cette action m'ont été fournis principalement par Verdizzotti, dans le liv. 11 des *Fatti veneti*, et par une lettre de Gradenigo lui-même, où il raconte la conjuration. Cette lettre est rapportée par le continuateur de Dandolo, et par Raynaldo, dans ses *Annales ecclésiastiques*, qui font suite à celles de Baronius, tom. IV. Le doge y déclare qu'il n'eut connaissance de ce dessein que dans la nuit qui en précéda l'exécution.

étant en général une entreprise du faible contre le fort, le mérite de celui qui les conçoit n'est pas de risquer un combat où l'on ne puisse espérer le succès que du courage ou du hasard, mais de faire des dispositions telles, que l'ennemi n'ait pas le temps ou les moyens de déployer ses forces : l'habileté, sur-tout quand on est le plus faible, consiste à attaquer avec avantage.

XVIII. Punition des conjurés.

Après la victoire on s'occupa non moins vivement de la punition des conjurés. Marc Querini, Benoît son fils, furent trouvés parmi les morts, ainsi que Jean Maffei et Pierre Beccario. Badouer et Marin Barozzi, qui avaient été faits prisonniers dans le combat, furent décapités; la corde fit justice de tous les populaires pris les armes à la main. La république ne connaissait pas cette maxime, que, dans les temps postérieurs, Élisabeth reine d'Angleterre recommandait à Henri IV (1): Après une conspiration découverte, le moyen le plus sûr de disperser ou de ramener les complices, c'est de n'avoir pas l'air de les connaître; au lieu que les poursuites les obligent à se tenir unis et à chercher de nouveaux partisans. Plusieurs conjurés qui s'étaient sous-

---

(1) *Memorie recondite* di Vittorio Siri, tom I, p. 169.

traits au supplice, et dont la tête avait été mise à prix, furent assassinés. Les historiens ajoutent que les autres se virent relégués à Milan, à Parme, à Gênes, à Trévise, avec défense de rompre leur ban, sous peine de la vie. Je ne saurais comprendre comment la république les aurait exilés dans des pays où son pouvoir et sa surveillance ne s'étendaient pas. Cette clémence n'était pas dans le caractère des hommes qui gouvernaient alors. Il est plus vraisemblable que ces conjurés ne durent la vie qu'à l'asyle qu'ils trouvèrent chez l'étranger. Jacques Querini porta sa tête sur l'échafaud, victime de sa fidélité dans une entreprise dont il avait combattu le projet.

Les palais des Querini et des Thiepolo furent rasés; on effaça par-tout leurs noms et leurs armes; leurs biens et ceux de beaucoup d'autres furent confisqués; on assigna une pension à la femme qui avait voulu écraser Thiepolo, et un service solennel fut institué pour rendre graces à la Providence et perpétuer le souvenir de la victoire remportée sur ceux qu'on était désormais en droit de qualifier de rebelles (1).

---

(1) Il existe aux archives des aff. étr. un manuscrit intitulé: *Memorie intorno all' accaduto per il consiglio de' dieci*

**XIX.**
Nomination d'une commission pour découvrir toutes les ramifications de la conjuration

Quand on revint sur toutes les circonstances de ce grand évènement, on frémit du danger qu'on avait couru. Si une conjuration dans laquelle étaient entrés tant de personnages, qui avait mis en mouvement une partie de la population et appelé du secours d'une ville voisine, avait pu être traînée dans Venise sans qu'on en soupçonnât même l'existence; que n'avait-on pas à craindre encore tous les jours sur-tout tant qu'il existerait quelques restes de ce levain qui avait occasionné une si grande fermentation? La terreur dure plus que le danger, et souvent nous précipite dans un autre.

Les membres du grand conseil encore épouvantés crurent qu'ils ne pourraient jouir avec sécurité de leur nouvelle puissance, qu'après qu'une commission aurait découvert et signalé tout ce qui restait d'ennemis secrets du gouvernement, comme si une autorité qui tend à s'agrandir ne s'en faisait pas tous les jours de nouveaux.

---

1628, dans lequel, à propos d'une sentence d'exil prononcée contre le cavalier Zeno, on rapporte un discours de ce patricien, où il dit que Sabellicus a débité beaucoup de faussetés sur la conjuration de Boëmond Thiepolo, et que cet homme qu'il a représenté comme un traître, n'avait fait que poursuivre la vengeance d'anciennes injures qu'il avait reçues du doge P. Gradenigo.

On jugea le péril encore tellement imminent que l'on créa une autorité dictatoriale après la victoire.

Un conseil de dix membres fut nommé pour veiller à la sûreté de l'état. On l'arma de tous les moyens ; on l'affranchit de toutes les formes, de toute responsabilité ; on lui soumit toutes les têtes.

Il est vrai que sa durée ne devait être que de dix jours, puis de dix encore, puis de vingt (1), puis de deux mois, mais il fut prorogé six fois de suite pour le même temps. Au bout d'un an d'existence, il se fit confirmer pour cinq. Alors il se trouva assez fort pour se proroger lui-même pendant dix autres années. Tout ce qu'on put obtenir à l'expiration de ce terme, ce fut que la nouvelle prorogation serait prononcée par le grand conseil ; enfin, en 1325, cette terrible magistrature fut déclarée perpétuelle.

xx. Cette commission se perpétue ; elle devient le conseil des dix.

Ce qu'elle avait fait pour prolonger sa durée, elle le fit pour étendre ses attributions. Institué

---

(1) Per indagazione del delitto e de' complici fù presa deliberazione del maggior conseglio di creare per dieci giorni il conseglio de' dieci, fù prorogato per altri dieci giorni, poi venti.

(*Governo dello stato veneto dal cav.* Soranzo, man. de la bibliot. de Monsieur. n° 54.)

seulement pour connaître des crimes d'état, ce tribunal s'était emparé de l'administration. Sous prétexte de veiller à la sûreté de la république il s'immisça dans la paix et dans la guerre, disposa des finances, fit des traités avec l'étranger, et finit par s'arroger le pouvoir souverain, puisqu'il en vint jusqu'à casser même les délibérations du grand conseil, à en dégrader les membres de leur droit de souveraineté, à les faire rentrer à son gré dans la classe des sujets, et à destituer un doge. Nous verrons successivement ces envahissements sur l'autorité.

Enfin ce tribunal en créa dans la suite un autre plus terrible que lui-même.

Cependant, pour ôter tout sujet de ressentiment aux anciennes familles patriciennes que le hasard avait exclues du grand conseil, on y admit toutes celles qui n'avaient pris aucune part à la conjuration.

Pierre Gradenigo mourut deux mois après son triomphe. Il n'avait pas encore cinquante ans. Sa mort fut attribuée au poison, mais on n'a acquis à cet égard aucune certitude, et ce soupçon prouve seulement la haine dont il était l'objet.

# LIVRE VIII.

Levée de l'interdit. — Expédition contre les Génois. — Révolte de Candie. — Guerre contre le seigneur de Vérone. — Acquisition de Trévise et de Bassano, 1310—1343. — Croisade de Smyrne. — Septième révolte de Zara. — Peste à Venise, 1343 — 1348. — Nouvelle guerre contre les Génois, 1348 —1354. — Changements dans l'organisation du conseil du doge. — Élection et conjuration de Martin Falier, 1354 — 1355.

Après la mort de Pierre Gradenigo, on mit à sa place un vieillard de quatre-vingts ans, ce qui annonçait l'existence de plusieurs factions rivales qui se balançaient. Marin Giorgi n'occupa le trône que quelques mois (1); son règne ne fut signalé que par une entreprise infructueuse contre la ville de Zara, qui s'était révoltée pour

I.
Marin Giorgi, doge.
1310.

Révolte de Zara.

---

(1) L'histoire attribuée à André Navagier, fait régner Marin Giorgi pendant dix ans et dix jours; mais en cela elle diffère de toutes les autres chronologies, et notamment de l'*Art de vérifier les dates.*

la sixième fois, s'autorisant de la bulle par laquelle les sujets de la république étaient déliés de leur serment de fidélité.

<small>Jean Soranzo, doge. 1311.</small>

Sous le règne de Jean Soranzo, successeur de Marin Giorgi, on entama une négociation avec les rebelles, et on les ramena dans le devoir par la persuasion.

<small>Réconciliation avec le pape; levée de l'interdit.</small>

Il était important de se réconcilier avec le pape, dont la malédiction avait de si dangereuses conséquences. Déja la république lui avait envoyé des ambassadeurs qui n'avaient pu même être admis. On fit partir une seconde ambassade à la tête de laquelle était François Dandolo. Il se rendit à la cour de Clément V, et après avoir sollicité une audience, qui lui fut refusée, il se présenta tout-à-coup pendant que le pontife était à table, se jeta à ses pieds, demandant, avec beaucoup de larmes, la grace des Vénitiens. On a écrit que l'ambassadeur, pour rendre cette action plus touchante, s'était revêtu des habits d'un suppliant, qu'il avait une corde au cou. Cela peut être; ces marques extérieures de soumission n'avaient rien de nouveau dans ce siècle, et avaient exalté dès-longtemps l'orgueil de l'autorité pontificale. On ajoute que les cardinaux qui étaient présents oublièrent la charité chrétienne jusqu'à traiter Dandolo de chien, et que cet ambassadeur, prosterné aux pieds du vicaire de Jésus-Christ, ne murmura point d'un si indigne outrage. La plupart des historiens racontent que Dandolo, ayant réussi dans sa négociation, devint l'objet de la reconnaissance publique, et que ce nom injurieux de chien, qui lui avait été donné par des prêtres insolents, devint un sobriquet honorable, parce qu'il attestait le souvenir que conservaient ses concitoyens de l'important service qu'il avait rendu à sa patrie. Cette anecdote, peu digne de la gravité de l'histoire, est démentie par un auteur d'un grand poids, par le doge Foscarini qui démontre (1) que plusieurs ancêtres de Dandolo avaient porté le surnom de *Cane*.

Le pape, après avoir joui quelque temps de l'humiliation des Vénitiens, écouta leurs prières et leva l'excommunication. Une paix de douze ans succéda enfin à tant d'orages. Le commerce ramena l'abondance; on fit des travaux pour diriger les eaux de la Brenta, qui, en ensablant les lagunes, diminuaient la sûreté de Venise et la salubrité de l'air. L'arsenal dévasté par des incendies, épuisé par des guerres malheureuses,

---

(1) *Della Letteratura veneziana*, lib. 3, note 333. Il est possible que les courtisans du pape aient fait allusion à ce nom, en injuriant l'ambassadeur.

s'agrandit et reprit une nouvelle activité. Aussi, lorsqu'en 1324 quelques entreprises des Génois rallumèrent momentanément la guerre, vit-on quarante vaisseaux sortir du port et forcer, par une victoire, les négociants de Péra à payer les frais de cette expédition.

Cette époque fut celle d'une nouvelle révolte en Candie. Le gouverneur obtint quelques avantages assez signalés, sans cependant se rendre maître du chef des rebelles. Pour y parvenir, il lui écrivit en termes flatteurs, lui annonçant le projet de le réconcilier avec la république, lui faisant même entrevoir des récompenses, des honneurs. L'exemple d'Alexis Calerge, que la république avait reçu en grace, séduisit ce nouveau chef; il oublia qu'un rebelle ne doit jamais se fier à ceux contre qui il a pris les armes; il se rendit auprès du gouverneur, qui, sans autre forme de procès, le fit lier, mettre dans un sac et jeter à la mer. Cette perfidie ralluma la guerre et il fallut encore répandre du sang pendant deux ans pour recouvrer, sur ces peuples, une autorité si souvent méconnue.

Jean Soranzo mourut en 1327. Ce doge, qui, avant de monter sur le trône, avait paru à la tête des armées de la république, fut un de ceux qui méritèrent le mieux de la patrie. Zara recouvrée sans effusion de sang, une courte guerre avec les Génois terminée par une victoire, une longue paix, furent les fruits de sa sagesse. Il prouva que, même dans les états où on ne laisse aux chefs qu'une autorité très-bornée, leur caractère influe, pour le bonheur ou pour le malheur public, dans les résolutions du gouvernement, et que les princes ont toujours de l'autorité quand ils ont de la modération.

Venise vit avec joie François Dandolo élevé sur le trône; la couronne était un juste dédommagement des affronts qu'il avait essuyés à la cour pontificale.

III.
François Dandolo, doge.
1327

On avait, sous le règne précédent, forcé les Génois de Péra à payer une contribution, mais on ne s'était pas réconcilié avec cette république. Elle avait en mer une escadre de six galères qui rencontra et prit deux vaisseaux vénitiens. Aussitôt huit galères de Venise sortirent pour venger cette insulte; malheureusement le commandement en avait été donné à un officier inhabile. Thomas Viari, ayant rencontré les six galères génoises, les attaqua sans savoir profiter de l'avantage du nombre. Battu complètement, ayant vu cinq de ses vaisseaux pris par l'ennemi, il se réfugia, avec les trois autres, dans Venise, où cette défaite excita une indignation générale.

Guerre contre les Génois.

L'escadre vénitienne battue.

La voix publique réclama hautement la punition de l'amiral; il fut condamné à terminer ses jours dans une prison.

La république avait une grande flotte toute prête pour transporter dans la Palestine l'armée du roi de France, Charles IV, qui avait embrassé le dessein d'une nouvelle croisade; mais, au lieu d'entreprendre cette expédition, le roi tourna ses armes contre l'Angleterre; et la flotte, devenue disponible, alla désoler, dans le Levant, le commerce des infidèles. Elle rentra dans ses ports avec un riche butin, mais sans avoir eu occasion de combattre.

IV. Mastin de la Scala, seigneur de Vérone.

Les révolutions des villes de l'Italie septentrionale avaient fini par établir la domination de quelques seigneurs puissants. Les divisions du saint-siége et de l'empire avaient favorisé toutes ces usurpations faites aux dépens de l'un ou de l'autre. Le pape Benoît XI, pour s'attacher les seigneurs, mécontents de l'empereur Louis V, les déclara possesseurs légitimes des places qu'ils avaient envahies. L'empereur, voyant avec quelle libéralité le souverain pontife disposait des terres de l'empire, ne se montra pas moins généreux du bien d'autrui, et confirma dans leurs usurpations tous ceux qui s'étaient emparés des domaines de l'église (1). Mastin de la Scala, que

---

(1) MACHIAVEL, *Histoire de Florence*, liv. 1ᵉʳ.

nous appelons l'Escale, et qui était déja seigneur de Vérone, avait réuni sous son obéissance Trévise, Vicence, Bassano, Brescia, Parme, Reggio, Lucques, et avait dépouillé les Carrare de la souveraineté de Padoue. C'était, comme on voit, une grande principauté, puisqu'elle s'étendait depuis les bords de l'Adriatique jusqu'à la mer de Toscane. A Vérone, tout annonçait la grandeur du maître; un ambassadeur envoyé vers lui le trouva entouré de vingt-trois princes détrônés, dont sa cour était devenue la prison ou l'asyle. Sa capitale était le centre des lettres et des lumières. Tout ce qu'il y avait dans ce temps-là d'hommes remarquables par leurs talents, trouvait un accueil flatteur à la cour de la Scala, ou était prévenu par des marques de sa munificence.

Tant de prospérités n'avaient pu que lui faire beaucoup d'ennemis, entre lesquels Marsile de Carrare était d'autant plus dangereux qu'il cachait son ressentiment sous toutes les apparences de la soumission et même du dévouement. On prétend que la Scala avait séduit la femme de Carrare. Celui-ci n'en avait fait éclater aucun ressentiment; cependant il avait fait surmonter de deux cornes d'or le cimier qui couronnait ses armes, pour éterniser le souvenir de son injure.

La Scala était trop puissant pour être attaqué à force ouverte ; mais il était enivré par la prospérité, et par conséquent facile à entraîner dans des entreprises qui pouvaient lui devenir funestes. Tel fut le plan que Marsile Carrare se traça.

L'historien Sanuto raconte, qu'envoyé à Venise par le seigneur de Vérone, Carrare saisit l'occasion d'une cérémonie publique, où il se trouvait placé près du doge, pour lui dire tout bas : « Si quelqu'un vous rendait maîtres de Vérone, comment le récompenseriez-vous ? » A quoi le doge répondit : « Nous la lui donnerions. » Ce fut la première base de l'alliance secrète entre les Vénitiens et l'époux offensé.

Revenu à Vérone, Carrare représenta à son maître que, puisque son territoire s'étendait jusqu'aux lagunes, il y aurait un immense avantage pour lui à y établir des salines ; qu'il était honteux de laisser le privilége et les bénéfices de ce commerce aux Vénitiens, lorsqu'on était assez puissant pour le leur arracher.

v.
Il se brouille avec la république. Guerre.
1334.

L'ambition de la Scala donna dans ce piége ; il fit construire un fort vers l'extrémité de son territoire, à Bovolenta : les travaux pour la fabrication du sel furent commencés, et une chaîne fut tendue sur le Pô, à Ostilia, où l'on exigea un péage sur tous les bâtiments qui remontaient le fleuve.

Aussitôt les Vénitiens, déterminés à soutenir un privilége dont ils jouissaient depuis plusieurs siècles, se préparèrent à la guerre. Ils formèrent une ligue de la plupart des états de l'Italie septentrionale, qui avaient vu l'agrandissement de la Scala avec inquiétude ou jalousie.

L'armée de la république était, disait-on, de trente mille hommes, dont un tiers d'étrangers. Un historien rapporte qu'à cette occasion on fit un dénombrement des hommes de vingt à soixante ans (1) et qu'il s'en trouva quarante mille; ce qui supposerait une population de cent cinquante-sept mille ames dans Venise et dans les îles environnantes, comprises sans doute dans ce dénombrement. La guerre, entreprise avec animosité, fut poussée avec vigueur. Dès la fin de la première campagne, le roi de Bohême entra dans la coalition. La Scala, si vivement pressé de tous côtés, trahi par Carrare, qui fit ouvrir aux Vénitiens les portes de Padoue,

---

(1) *Histoire de la ville et de la république de Venise*, par Paul Morosini, liv. 10.

E fù descritto il popolo di Venezia, d'anni 20 fino a 60, e ritrovato al numero di 40,100.

( *Storia veneziana di* Andrea Navagiero. )

perdit successivement ses principales places, et réduit, après quatre campagnes malheureuses, à la dernière extrémité, fut obligé de signer un traité dont la république dicta les conditions.

<small>VI.
Paix.
1338.
La république acquiert Trévise et Bassano.</small>

Venise, protectrice du nord de l'Italie, devint un centre de négociations, où l'on vit à-la-fois plus de soixante ministres de divers états solliciter la bienveillance du gouvernement, pour être traités favorablement dans le partage de la dépouille du seigneur de Vérone. Les Vénitiens tracèrent à chacun la limite de ses prétentions, signèrent le traité seuls, le 18 décembre 1338 (1), et le communiquèrent ensuite à leurs confédérés.

Ils firent raser le fort élevé dans les lagunes, retinrent pour eux-mêmes Trévise et Bassano, assignèrent aux Florentins quatre villes de l'état de Lucques : Feltre et Bellune, à Jean, fils du roi de Bohême; Parme, aux seigneurs de Rozzi; Brescia et Bergame, aux Visconti seigneurs de Milan, et établirent Carrare dans la seigneurie de Padoue, en lui disant : « N'oubliez jamais que cette ville est, pour la seconde fois, redevable de sa délivrance à la république, et que vous la tenez de sa générosité » (2).

---

(1) *Codex Italiæ diplomaticus*. Lunig., tom. I, *addenda*.
(2) Muratori a inséré parmi ses dissertations sur les anti-

Ce fut le premier établissement des Vénitiens dans le continent qui avoisinait leurs îles. Jusques-là, ils ne paraissaient pas avoir songé sé-

---

quités du moyen âge, un fragment historique dont on ne connaît pas l'auteur, mais qui est assez curieux, soit par l'ancienneté du langage, soit par les détails naïfs qu'on y trouve. Voici un extrait de ce qu'il contient relativement à la guerre des Vénitiens contre Mastin de la Scala :

« Quesso missore Mastino fo homo assai savio de testa, justo signore : pe tutto lo sio renno givase sicuro con aoro in mano. (On pouvait en sûreté circuler dans tous ses états avec de l'or sur la main.) Granne justitia facea, fo homo bruno, peloso, varvuto, con uno grannissimo ventre, mastro de verra (de guerre). Cinquanta palafreni havea de soa casa. Onne dì mutava roba : doi milia cavalieri cavaicavano con esso, quanno cavaicava; doi milia fanti da pede armati, cletti, co le spate in mano, givanoli intorno. E soa persona, mentre che seguitao la vertute, crebbe. Poi che in supervia comenzao a corromperse de lussuria, forte deventao lussurioso : che havesse detoperate cinquanta polzelle in una quatraiesima se avantao. Poi manicava la carne lo venerdi e lo sabato e la quatraiesima. Non curava de scommunicazione. Lo modo che cadè de soa aitezza fo quesso.

Havea uno sio frate, lo quale havea nome Missore Alberto. Fo mannato a reiere Padova. Quesso Missore Alberto tenea quessa via. Entrava ne le monasteria de le donne religiose. Demoravace tre o quatro dii; po' visitava lo aitro. Dounqua era una bella monaca, detoperava. Missore Marsilio da Carrara, e Missore Ubertiello da Carrara, erano li maiuri de Padova; quelli, li quali li haveano dato la signoria. E soi

rieusement à acquérir des possessions dans ce qu'ils appelaient la terre-ferme, si ce n'est, peut-être, pendant l'occupation si malheureuse de

---

parienti erano. Quesso Missore Ubertiello havea una soa bella donna. Per tutta die, per tutte hore non finava Missore Alberto de spacciare e dicere : *O Missore Ubertiello, manuca bene, cha te haio fatto re doi voite quessa notte.* Mai non finava. Ad onne tratto quesso diceva. Missore Ubertiello rideva. Co lo riso se la passava. Lo ridere non dessegnava. Tuttavia dice a Missore Ubertiello : *Tre voite te haio fatto cocoro in quessa notte.* Missore Ubertiello de cio creppava.

Marsilio fo uno savio cavalieri, e moito scaitrito e secreto. De coipo cavaicavo a Verona e parlao con Missore Mastino. E deoli ad intennere, che potea essere lo più granne homo, che fussi mai ne la contrada. E che potea domare lo rogoglio e le grannezze de' Venetiani. E deoli lo muodo e l'ordene pe quessa via, etc. Crese lo Tiranno a li fallaci detti. Allhora incontinente commanna, che ne la villa de Bovolenta, canto la marina a li Starni, fosse fatto uno bello castiello de lenname. E liberamente fo comenzato a fare lo sale. Como ordinato era, gionze a Venetia Missore Marsilio, e disse : *Signori Veneziani, Missore Mastino intenne de fare lo sale ne lo sio terreno, per havere quella pecunia, la quale voi avete, e torvela de mano, pe signioriarve, e per abbassare le vostre saline. Se quesse perdete, non sete cobelle. Lo frutto de la cammora de Venezia è lo sale. Moito bene operate in que' lochi i faiti vostri.* Più non disse. Assai habe fatto e detto, che habe acceso lo fuoco tra' Veneziani e Missore Mastino.

Ferrare. Cette conquête du Trévisan produisit une révolution dans leur système politique, ouvrit une nouvelle carrière à leur ambition, leur

---

Allhora Veneziani fecero fare una ammasciata. Quanno li ammasciatori fuoro entrati in Verona, tutta Verona curze a bederli. Così li guardava homo fitto, como fossino lopi. E quesso perchè lo avito loro era moito devisato da lo avito de li cortisciani.

*Surprise de Padoue par les Vénitiens.*

Non se lassao da lo muro cacciare. Mustrano de havere core. Non curano de valestra nè de minaccie. Lo romore ene granne. Lance e saette volavano. Deh quanto ene cosa horribbele! Allhora Missore Pietro Roscio, con sie belle masnade se tenne secreto. E quesso de fora ad una porta, la quale se dice porta de Ponte-Cuorvo. E là stette, mentre che la vattaglia era a la porta de Santa Croce. Quessa porta de Ponte-Cuorvo havea in vardia Missore Marsilio da Carrara. Sù ne la miesa terza lo fattore di Missore Marsilio opierze la porta, et abassao li ponti, e mise dentro Missore Pietro Roscio, senza coipo de spata. Hora ne veo pe la strada a la piazza lo capitanio de Venetiani, con moita gruossa pedonaglia e cavallaria. Sull' hora de terza era in esso ponte. Missore Alberto se era levato da dormire. Cavaicava sio bello palafreno, bestuto con uno solo guarnello, accompagniato con solo Missore Marsilio. Una vastoncella in mano tenea. Pe la terra giva trastullanno. *Omnis ejus armatorum multitudo pugnans resistebat ad portam.* Como Missore Alberto accapitao in capo de la strada, vide lo grannissimo confalone de Santo Marco de Venetia. Vide che ne la piazza

occasionna deux cents ans de guerre, et mit plusieurs fois leur république en péril. Il y avait neuf cents ans que Venise florissait à deux lieues

---

giogneva granne stuolo, granne masnade de iente. Oldio tromme e ciaramelle. Maravigliaose forte, e disse a Missore Marsilio: *Que ientes ene quessa ?* A ciò Missore Marsilio respuse e disse : *Quesso ene Missore Pietro de Roscio, lo quale hao havuta gola de bedere te.* Disse Missore Alberto: *Moreraio io ?* Disse Missore Marsilio: *Nò. Torna in reto. Va ne la mia camora.* Cosi fo fatto. Tornao Missore Alberto, e misesi ne la camora di Missore Marsilio, e là fo inzerrato con una chiave Venetiana. La piazza presero, e toizero le arme e li cavalli a tutta la foresteria di Missore Alberto. E preso esso con soa Baronia, sopra una nave lo mannaro in presone a Venezia, e là stette fi' che la verra fo finita. Vao Missore Pietro de Roscio ardenno e conzumanno le terre. Prese pe forza Monscilice, e là fo occiso.

Allhora perdio la cittate de Brescia. Onne perzona se li rebella. Nulla resistentia fao. La verra durao bene anni doi. Ultimamente Missore Mastino era straccato, nè potea più. Venne a pace con Veneziani, et a patti. Li patti fuoro quessi. Lo primo esso fece refutanza de la moneta, la quale havea in Venezia, la quale haveano despesa i Veneziani. Lo secunno; che mannao le robe de lo commano de Venezia, la quale buttao ventiquattro milliara de fiorini; per onne roba doi millia. Lo tierzo; che i Veneziani voizero Trevisi; si che convenne, che, pe la fatica de' Veneziani, Missore Mastino li donasse Trevisi. Verona e Vicenza li lassaro per lo amore di Dio e pe miscricordia. Le aitre terre, como Padova e Civitale remasero a puopolo. Allhora li Veneziani li remman-

de la côte d'Italie, qu'elle était puissante et en possession d'un gouvernement organisé, et elle n'avait pas encore porté ses vues ambitieuses sur le continent voisin. La terre n'était pas l'élément des Vénitiens, ils trouvaient ailleurs l'emploi de leur activité.

Dans cette guerre, la république confia son armée à un étranger, Pierre de Rozzi, ancien seigneur de Parme. C'est un système qu'elle suivit constamment depuis. On plaçait, auprès du général, deux nobles pour le surveiller (1): quelque inconvénient qui pût résulter de la nature de ces

---

naro Missore Alberto lo fratiello con quelli nuobbeli, li quali teneano presoni. A tutta quessa verra Fiorentini tennero mano, e fecero con loro denari quello aiutorio che bastao.

(1) Les fonctions des provéditeurs sont fort bien expliquées dans la *Vie d'André Gritti*, par Nicolas BARBADIGO. « Sunt autem legati apud Venetos e patricio ordine duo viri, imperatori, qui de gente peregrinâ semper eligitur, ut eorum consilio quæ ad bellum pertinent administret, socii attributi; iis invitis aut inconsultis, imperatori quicquam agere decernereve, quod alicujus momenti sit, non licet: præcipuum vero munus eorum est publicam pecuniam, quæ exercitui in stipendium persolvenda est, tractare; rem frumentariam expedire; quæque in bello gerantur cognoscere e de iis patres certiores facere; si quem habeant usum in re militari, rem ipsi plerumque suo ductu gerunt, absente præsertim imperatore. »

choix, de la méfiance qui les accompagnait, de la mésintelligence inévitable entre le général et les provéditeurs, on ne redoutait rien tant que de voir un patricien acquérir cette influence que donne le commandement des armées. C'est un inconvénient inhérent au gouvernement aristocratique. Les hommes ne peuvent y développer toutes les facultés qu'ils ont reçues de la nature; les uns, parce que la constitution les condamne à n'être rien; les autres, parce qu'on ne leur permet pas de montrer tout ce qu'ils valent. Chez un gouvernement ombrageux, le talent est toujours suspect.

Cette même guerre me donne occasion de faire remarquer une innovation d'une autre espèce. Le prince de Vérone, en se réconciliant avec Venise, demanda à être inscrit sur le registre des nobles de cette république, qui venait de le dépouiller; c'est le second exemple de l'admission d'un étranger parmi les nobles vénitiens. La maison de Carrare obtint le même honneur quelques années après (1). Nous verrons dans

---

(1) Jacobus minor de Carraria, Nicolai filius, Venetiis semper amicus atque benevolus fuit et ad extremum amicitiam eorum impensiore studio coluit; cum ob id, quod paci servandæ amicitiisque parandis apud omnes studebat, tum maxime, quod Nicolaus pater, qui diù Venetiis habitavit,

la suite le livre d'or s'honorer du nom des plus grands princes de l'Europe (1).

Je ne me suis point arrêté aux détails des opérations militaires de ces quatre campagnes; on dit que Pierre de Rozzi y montra beaucoup d'habileté. Il y eut peu d'évènements importants. Ce fut une guerre de positions, dont le récit, pour être utile, devrait être fait avec une étendue que le plan de cet ouvrage ne comporte pas. Ces détails appartiendraient moins à l'histoire de Venise qu'à l'histoire de l'art militaire.

Je me propose aussi de ne raconter que sommairement les moyens par lesquels la république devint maîtresse de plusieurs provinces dans

---

multam illi et privatìm et publicè benevolentiam comparaverat; quamobrem ultrò citròque in funere complura amoris ac fidei inter hos merita. In primis namque Veneti, Andreâ Dandulo duce, Jacobum, cum omni posteritate, civitatis jure, uti optima maximaque esset, donaverunt: qui honor visus est illis temporibus non exiguus et monimentum novitèr parti regni non leve. Hujus rei causâ Jacobus, cum suorum lecto comitatu, ad referendas gratias, Venetias est profectus; magnoque cum honore et lætitiâ ab eis susceptus est, et postea quoque amplum ei in urbe eorum palatium, ut benemerito civi largiti sunt.

(Petri Pauli VERGERII *Carrariensium principum historia.*)

(1) On en peut voir la liste au commencement de la *Chronique* de Marin SANUTO.

le continent de l'Italie. On devine que du moment où Venise convoita ces provinces, elle prit part à toutes les querelles des petits états, y sema la division, protégea les uns, combattit les autres, également dangereuse comme protectrice et comme ennemie, et qu'enfin elle ne jouit paisiblement de toutes ces possessions qu'après les avoir acquises et perdues plus d'une fois. Il faudrait quitter et reprendre tour-à-tour le fil des évènements relatifs à toutes les villes qui finirent par rester dans le domaine de la république. Chacune a une longue histoire.

<small>VII.
Barthélemi Gradenigo, doge.
1339.</small>

François Dandolo occupa le trône pendant onze ans. Le choix qu'on fit de Barthélemi Gradenigo pour lui succéder, indique assez de quelle faveur jouissait, dans le grand conseil, le nom du fondateur de l'aristocratie. Ce nouveau règne, qui dura trois ans, fut troublé par une révolte de Candie, qui donna lieu à de terribles combats et à des exécutions plus terribles encore.

On rapporte à l'année de la mort de François Dandolo (en 1339), le décret qui interdit aux doges la faculté d'abdiquer cette dignité, à moins d'en avoir reçu la permission du grand conseil. Cela prouve combien cette couronne avait perdu de ce qui pouvait exciter l'ambition et l'envie.

On avait déja ôté aux fils des doges le droit de faire aucunes propositions dans le conseil ; quelques années après, on les déclara exclus de toutes les magistratures pendant le règne de leur père.

André Dandolo, qui fut élu pour succéder à Barthélemi Gradenigo, n'avait pas borné sa gloire à porter un nom déja illustre. C'était un des plus savants hommes de son siècle, et il fut un des princes les plus sages entre ses contemporains. La supériorité de ses lumières le fit parvenir de bonne heure aux honneurs que lui promettait sa naissance. Il n'avait pas encore trente-six ans lorsqu'on l'éleva à la dignité suprême. Nous lui devons une chronique, qui est le plus ancien monument de l'histoire de sa patrie.

<small>André Dandolo, doge. 1343.</small>

Les papes, pour qui les croisades avaient été une si grande occasion d'étendre leur autorité, n'avaient point renoncé à faire prêcher dans l'Europe ces fatales expéditions. Clément VI, affligé des progrès que faisaient les Ottomans, dans la Grèce et dans l'Asie mineure, parvint à former contre eux une ligue, dans laquelle il ne put cependant entraîner que les puissances plus spécialement intéressées à arrêter ces dangereux voisins. C'étaient la république de Venise, Hugues de Lusignan, roi de Chypre, et

<small>VIII. Croisade de Smyrne. 1343.</small>

les hospitaliers de Saint-Jean de Jérusalem, alors établis à Rhodes. Cette ligue ne s'annonçait pas pour devoir être très-formidable; car le pape, dans sa lettre au grand-maître de Rhodes (1), disait que la chambre apostolique faisait armer quatre galères, que le roi de Chypre en fournirait autant, et que le contingent de la république de Venise était fixé à cinq. En même temps il prescrivait à l'ordre d'en fournir six. C'était donc en tout une flotte de dix-neuf galères.

Le rendez-vous de cette flotte était à Négrepont, à la fin de l'année 1343, ce qui doit paraître assez étrange, puisque les Turcs assiégeaient alors cette place. Il est vrai que les historiens vénitiens assurent que la seule apparition de la flotte de la république détermina les assiégeants à se rembarquer, et à s'enfuir précipitamment sans avoir combattu.

Il n'est guère vraisemblable que la vue de cinq galères ait pu produire un pareil effet; les historiens, qui ont prévu cette objection, portent le nombre de ces galères à vingt; mais, quoi qu'il en soit, l'armement des Vénitiens était peu considérable; et ce qui le prouve, c'est que le

---

(1) *Histoire de Malte*, par l'abbé de VERTOT, liv. 5.

commandement de la flotte combinée ne fut point déféré à Pierre Zéno, leur amiral, mais au Génois Martin Zacharie, qui commandait les quatre galères du pape. Ce fut sur la capitane que le patriarche latin de Constantinople, revêtu du caractère de légat, arbora son pavillon. Adolphe, neveu du roi de Chypre; Jean de Biadra, prieur de Lombardie, qui conduisait les galères de la religion; et le général vénitien, firent, sous les ordres de Zacharie, la première campagne commencée à la fin de 1343, et qui se réduisit à des courses sur les vaisseaux turcs, fort profitables à l'amiral génois et même au patriarche.

Les chevaliers, quoiqu'on leur reprochât dès-lors la soif des richesses, furent indignés de cet esprit mercantile, qui se mêlait aux soins de la guerre, et qui déshonorait également le prélat et le général. Ils réclamèrent le commandement pour l'amiral de Rhodes, et celui-ci proposa aux alliés d'aller attaquer la ville de Smyrne. Cette ville, que son heureuse situation et la beauté de son port ont désignée dans tous les temps pour avoir la plus grande part au commerce du Levant, avait été fréquentée par les Génois et les Vénitiens, qui regrettaient de s'en voir exclus par les infidèles.

Ce fut à la fin de septembre 1344 que la flotte parut devant la rade. On se distribua les atta-

IX. Prise de Smyrne. 1344.

ques; les Vénitiens se chargèrent de rompre l'estacade qui fermait le port; les chevaliers assiégèrent la ville par terre, de concert avec les troupes du pape et celles du roi de Chypre. Les premiers efforts furent repoussés; mais on multiplia les assauts, et, le 28 octobre, on emporta la place l'épée à la main.

Toute la population musulmane fut égorgée sans pitié. Le zèle furieux des croisés alla jusqu'à massacrer les enfants, les vieillards, les femmes; et, après que ces horreurs eurent souillé leurs armes pendant plusieurs jours, le légat s'occupa de purifier les temples qui avaient été convertis en mosquées, et fit sculpter les deux clefs de l'église sur les portes du château, où on les voit, dit-on, encore.

Les vainqueurs, après ce succès, devaient songer à se mettre en état de défense; on fit beaucoup de travaux autour de la place. Des vaisseaux y vinrent de divers ports de la Méditerranée, amenant des renforts, apportant des munitions; et, pendant qu'on s'occupait à Smyrne de ces préparatifs, l'escadre du pape et celle de Venise allèrent ravager les côtes voisines, et désoler le commerce des Ottomans.

X.
Les croisés y sont assiégés.
1345.

A peine les croisés étaient-ils en possession de cette conquête, qu'ils virent se déployer autour de leurs remparts une armée conduite par

Morbassan, l'un des lieutenants de l'émir d'Ionie. On ne peut guère concilier la prise de Smyrne, par dix-neuf galères, avec ce que les historiens racontent de la puissance de ce prince. Selon les uns (1), cet émir était sorti de cette même ville, peu de temps avant l'attaque des chrétiens, sur une flotte de trois cents voiles et avec une armée de vingt-neuf mille hommes. D'autres assurent que Morbassan commandait une infanterie innombrable et trente mille chevaux. Sûrement il y a beaucoup à rabattre de toutes ces exagérations; et il le faut bien, puisque les troupes turques se consumèrent, pendant trois mois, en efforts infructueux devant cette place. On dit même que l'émir, qui était venu pour les diriger en personne, fut tué dans un de ces combats.

Morbassan, soit qu'il eût besoin d'étendre son armée pour la faire subsister, soit qu'il jugeât ces vaillants assiégés capables d'une imprudence, ne laissa autour de la ville qu'un corps peu nombreux pour la bloquer, et retira la plus grande partie de son armée à quelque distance.

Les croisés, jugeant l'occasion favorable pour

---

(1) Nicéph. Greg., l. 12, 7; liv. 13, 4—10; liv. 14, 1—9; liv. 16, 6; et Cantacuzène, liv. 3.

faire lever entièrement le siége, firent, le 17 janvier 1345, une vigoureuse sortie, fondirent sur les lignes des Ottomans, tuèrent tout ce qui voulut tenir ferme, mirent le camp au pillage; et le légat, pour rendre graces à Dieu de cette victoire, commença à célébrer la messe au milieu des tentes et sur les débris de l'armée des infidèles: mais il fallait que Morbassan fût bien peu éloigné, et que l'imprudence des chrétiens fût extrême; car, pendant le saint sacrifice, l'armée ottomane tout entière tomba sur les chrétiens et les enveloppa.

Le patriarche, jetant ses habits pontificaux, prit le casque et l'épée: Zéno, Zacharie, Adolphe, rassemblant leurs soldats, Fleur de Beaujeu, à la tête des chevaliers de Rhodes, se précipitèrent au milieu des Turcs, sans espoir de se faire jour au travers de cette multitude, et tombèrent l'un après l'autre percés de coups. A peine quelques-uns de ceux qui avaient pris part à cette brillante et funeste sortie, purent regagner leurs remparts où cette perte répandit la consternation (1).

---

(1) Voyez, sur cette croisade, les fragments historiques que MURATORI a insérés dans le IIIe vol. de ses Dissertations sur les antiquités du moyen âge, p. 353.

Cependant les restes de cette petite armée, privée de la plupart de ses généraux, ne songeaient point à se rendre. Ils se fortifièrent, demandèrent des secours en Europe, les attendirent, n'en reçurent que de très-insuffisants, et ce ne fut que deux ans après qu'ils entrèrent en négociation avec les Turcs ; encore ne le firent-ils que lorsqu'ils en eurent reçu la permission du pape. Le pape ne consentait point à une paix avec les infidèles, mais il approuva qu'on signât une trève. Les Vénitiens eurent l'habileté de saisir cette occasion, pour conclure avec l'émir un traité de commerce plus avantageux pour eux que tout ce qu'ils auraient pu espérer des victoires les plus signalées.

XI.
Ils rendent la place.
1346.

Par ce traité, les Turcs s'obligèrent à respecter désormais le pavillon de la république, à ne point attaquer ses colonies ; tous les ports de l'Asie mineure, de la Syrie et de l'Égypte furent ouverts à ses vaisseaux. On y établit des comptoirs ; un consul vénitien fut reçu à Alexandrie ; et tandis que les Génois achetaient les marchandises de l'Inde et de l'Asie, au fond de la mer Noire, les Vénitiens allèrent les chercher à l'isthme de Suez. Le commerce est comme les fleuves, il s'ouvre des canaux par-tout où il peut se faire jour. Mais, à cette époque, on se faisait un scrupule d'entretenir même des rela-

Trève et traité de commerce avec les infidèles.

tions commerciales avec les infidèles. Il fallut solliciter, pour l'exécution de cette convention, une permission du pape, qui en limita la durée à cinq ans, et n'autorisa que l'envoi de dix vaisseaux par an (1).

XII.
Révolte de Zara.
1346.

Cette même année, c'est-à-dire en 1346, les Zaretins, excités par le roi de Hongrie, secouèrent encore le joug de la république; ces révoltes fréquentes ne prouvent pas tant l'inconstance des sujets que l'injustice des maîtres (2).

---

(1) Furono firmati i capitoli con certe condizioni, le quali, per non esser molto lecite, massime di aver commercio christiani con infedeli i nostri facendosi conscienza, mandarono due ambasciadori a papa, i quali impetrarono che per anni cinque prossimi si potesse in Alessandria e nelle altre terre de' Mori mandare sei galere al viaggio e quattro navi, e così in Soria per mercatantare colle condizioni conchiuse col soldano.

( Marin SANUTO, *Vite de' duchi*, A. Dandolo. )

(2) Il existe une histoire de ce siége par un auteur contemporain, dont le nom est demeuré inconnu: elle a été publiée pour la première fois en 1796, par le savant bibliothécaire de Saint-Marc, M. MORELLI, dans un volume intitulé: *Monumenti veneziani di varia litteratura*. Voici comment l'auteur parle de la révolte des Zaretins : « La città di « Zara si trovava sotto la dizione e benignità ducale: improv- « visamente diventò arrogante e molto ingrata dei beneficii « ricevuti; e non conoscendo se stessa, ebbe tanta presun- « zione di partirsi dal vero suo prencipe e da così amabile « signore, a cui servire è piuttosto regnare. »

LIVRE VIII. 603

Marc Justiniani, qui fut envoyé avec vingt-sept mille hommes (1) pour les soumettre, les assiégea d'abord sans succès. Les Zaretins coulèrent leurs propres vaisseaux dans le port, pour le rendre inaccessible aux galères ennemies. Les Vénitiens battirent la place avec des efforts qui paraîtraient aujourd'hui incroyables. Il y avait dans leur armée un mécanicien nommé maître François delle Barche, qui était parvenu à construire des machines capables, dit-on (2), de lancer des blocs du poids de trois mille livres; il peut y avoir de l'exagération dans ce récit, quoiqu'on en conte à-peu-près autant des machines que les Génois employèrent, quelques années après, au siége de Chypre (3). La difficulté de concevoir

---

(1) *Annali veneti* di Julio Faroldo. Il ajoute que sur ce nombre il y avait quatre mille arbalétriers.

On va savoir tout-à-l'heure pourquoi il en fallait tant.

(2) *Storia dell' assedio e della ricupera di Zara fatta da' Veneziani nell' anno* 1346, *scritta da autore contemporaneo.* C'est le titre de l'ouvrage que je viens de citer.

(3) Voici la note de M. Morelli sur ce passage :

« Li meccanici di que' tempi, mancanti della polvere da
« fuoco, che venne poi ben tosto a far nascere strumenti di
« distruzione molto più efficaci, s'industriavano di trovar
« macchine da gettar sassi di quanto maggior peso pote-
« vano. Una chiamata Troia ne avevano i Genovesi l'anno

l'extraction, le transport, le jet de ces masses énormes, nous porte à refuser toute croyance à des faits qui semblent appartenir à la guerre des géants ; mais ces détails n'en donnent pas moins une idée de l'état de la balistique et de la puissance à laquelle l'industrie humaine était déja parvenue. On ajoûte que l'auteur de cette invention en fut une des premières victimes, et qu'au moment où il disposait une de ces catapultes, elle partit et le lança lui-même au milieu de la ville qu'il voulait écraser.

Ces moyens d'attaque devaient être lents,

---

« 1373 all' assedio di Cipro, di cui s'è fatta questa memo-
« ria da Giorgio Stella, negli annali di Genova: *Fuerunt*
« *latæ machinæ plures magni ponderis lapides jacientes, et*
« *præ aliis machina una quæ Troia vocata, jaciens lapi-*
« *dem ponderis, quod cantariorum duodecim usque in de-*
« *cem octo vocatur.* Il peso di un cantaro genovese era di
« libbre cencinquanta, secondo Alessandro de' Passi nella
« tariffa de' pesi e misure stampata in Venezia l'anno 1503 ;
« e il Ducange nel glossario lo conferma : ciò si osserva
« affinchè allo scrittore nostro più facilmente venga cre-
« duto. »

La livre vénitienne équivalant à 477 millièmes de kilogramme, il en résulte que les machines employées au siége de Chypre, lançaient des poids de 1287 kilogrammes, et celles du siége de Zara de 1431 ; mais je ne sais pas si en 1346 le poids de la livre de Venise était le même que dans ces derniers temps.

dispendieux et d'un effet très-incertain; l'opiniâtreté des assiégés était soutenue par les secours qui leur avaient été promis. On annonçait que le roi de Hongrie marchait, pour les délivrer, à la tête d'une armée de quatre-vingt mille hommes; son approche obligea les Vénitiens à se renfermer dans leurs lignes, et à s'y fortifier. Ils y manquaient d'eau, il fallut en faire venir de Venise. Marin Falier, qui depuis fut doge, et qui avait pris le commandement du siége, fit faire des retranchements en bois en avant de son camp. Bientôt les Hongrois se déployèrent autour de l'armée vénitienne, l'attaquèrent avec impétuosité; mais repoussés dans plusieurs assauts donnés coup-sur-coup, et ayant perdu sept à huit mille hommes, ils se retirèrent dans leur pays.

*Les Vénitiens battent l'armée du roi de Hongrie.*

L'armée victorieuse reprit les opérations du siége avec autant de vigueur que de constance, força les rebelles de se rendre à discrétion, après une résistance de plus de six mois, et le général usa des droits de la victoire avec une noble modération (1).

___

(1) Tel est le témoignage que lui rendent la plupart des historiens; cependant l'auteur anonyme de la Chronique d'Este, lui attribue un trait de cruauté. Selon cette chronique, Justiniani défendit aux Zaretins, non seulement de se

Cette guerre, ou plutôt ce siége, coûta à la république plus de trois millions (1) de ducats, c'est-à-dire dix-huit millions de notre monnaie. Le gouvernement se vit obligé de recourir à des emprunts forcés, répartis suivant la fortune présumée des citoyens.

Puisque la république s'obstinait à vouloir garder Zara et Candie, elle aurait épargné beaucoup de sang et de trésors, en faisant construire dans ses colonies de bonnes forteresses, et en y entretenant constamment une garnison suffisante pour contenir la population.

Jacques Carrare, alors seigneur de Padoue,

---

montrer avec des armes, mais même d'en avoir chez eux. Quelques nobles ayant enfreint cette défense, il leur demanda de quel droit ils osaient se montrer armés : parce que nous sommes gentilshommes, répondirent-ils ; et sur cette réponse, le gouverneur vénitien leur fit trancher la tête.

( *Rerum italicarum scriptores*, tom. XV, p. 433.)

(1) Si ha nel pubblico archivio che per questa travagliosa guerra tre millioni di ducati fossero spesi.

( *Histoire de* Paul Morosini, liv. 11.)

Per questa guerra di Zara ch' era da ducati quaranta in sessanta mila al mese, que' di terra valevano ducati sedici mila al mese, e poi la spesa di trenta galere, furono spesi più di tre millioni di ducati, onde fù caricata di molto la camera degli imprestiti.

(Marin Sanuto, *Vite de' duchi*, And. Dandolo.)

avait fourni quelques secours aux Vénitiens pour cette guerre ; il vint à Venise, où il fut reçu avec de grands honneurs. Toute la noblesse alla à sa rencontre, et le doge lui dit : « Nous « vous admettons parmi nos concitoyens, vous « et votre postérité. » Carrare, en cette qualité, prêta serment de fidélité à la république. On lui donna un festin où des vases d'or et d'argent furent étalés ; et, pour manifester sa joie, il donna la liberté à un grand nombre de ses serfs ou de ses esclaves (1).

Le 25 janvier de l'an 1348, Venise éprouva un violent tremblement de terre dont les secousses, réitérées pendant quinze jours, renversèrent plusieurs édifices, notamment trois clochers, et répandirent la terreur parmi les habitants. On dit qu'un tremblement de terre se fit ressentir, vers la même époque, dans le royaume de Casan. A cette calamité en succéda une autre plus grande. Des Génois apportèrent en Sicile, des bords de la mer Noire, une maladie contagieuse, premier fruit peut-être du commerce avec les Turcs. La peste, car c'était ce terrible fléau, gagna la Toscane, puis le nord

XIII.
Calamités de Venise.
1348.

Tremblement de terre.

---

(1) *Historia Gulielmi et Albrigeti Cortusiorum de novitatibus Paduæ*, lib. 9, cap. 5.

de l'Italie, et s'étendit jusqu'à Venise, où elle fit d'effroyables ravages; enfin elle passa les Alpes, couvrit toute l'Europe, et alla dépeupler l'Islande.

On commença à la remarquer à Venise dans les premiers jours du printemps; l'intensité du mal fit des progrès jusqu'à la fin d'avril; il se soutint à son plus haut période pendant les mois de mai et de juin. Ensuite sa fureur parut se ralentir et s'éteignit enfin peu-à-peu.

C'est cette même peste dont Bocace a fait la description; il assure qu'elle n'emporta pas moins de cent mille personnes dans Florence. Naples perdit soixante mille de ses habitants; Sienne, quatre-vingt; Gênes, quarante : on a prétendu que ce fléau avait enlevé les trois cinquièmes de la population de l'Europe.

Il est fort difficile d'évaluer avec quelque précision la perte que cette calamité de six mois fit éprouver à la population de Venise. Les historiens vénitiens se bornent à nous dire que le nombre des membres du grand conseil se trouva réduit de 1250 à 380. Cela paraît une exagération, parce qu'à cette époque le grand conseil n'était pas si nombreux; mais il en résulte toujours que la noblesse perdit au moins la moitié de ses membres, et par conséquent que la population non-noble dut perdre proportionnellement encore davantage.

Le trône de Constantinople avait été occupé successivement par plusieurs empereurs du nom de Paléologue. Un seigneur, qui était parvenu à la plus haute faveur du prince, s'éleva de la charge de grand domestique à celle de général, de ministre, puis de tuteur d'un empereur en âge de minorité, puis enfin il devint son collègue et son compétiteur : le nom de cet ambitieux était Jean Cantacuzène.

XIV. Puissance des Génois en Orient.

Les Génois prêtèrent leur secours au fils des Paléologues. Ce secours avait tous les caractères de la protection, et ils se le firent payer par de nouvelles concessions, qui consolidaient leurs établissements sur toutes les côtes de l'empire d'Orient. Théodosie avait bravé pendant deux ans toutes les attaques du kan des Tartares. Péra était devenue une véritable forteresse. Maîtres de l'étroit passage par lequel on pénètre dans la mer Noire, ils voulurent s'arroger, sur cette mer, la souveraineté que les Vénitiens avaient usurpée sur l'Adriatique, y percevoir des droits sur tous les vaisseaux qu'ils voudraient bien y laisser pénétrer, et en interdire l'entrée à tous les bâtiments de guerre, même à ceux de l'empereur grec, leur allié (1). Leur droit fut reconnu par le

―――――――――――

(1) Ces audacieux républicains coulèrent bas un vaisseau de Constantinople, qui avait osé pêcher à l'entrée du port,

soudan d'Égypte, à qui ils accordèrent la permission d'envoyer tous les ans un vaisseau sur la côte de Circassie pour l'achat des esclaves. On a dit qu'ils retiraient annuellement de leurs douanes quatre millions de notre monnaie (1), et qu'ils en abondonnaient à peine un dixième à l'empereur. Ce produit de l'impôt peut donner une idée de ce qu'était ce commerce.

Les historiens rapportent un fait qui paraît se lier avec les évènements qui vont suivre. Ils disent qu'un des marchands génois ou vénitiens, établis à Tana, eut querelle avec un Tartare et en reçut un soufflet qu'il vengea sur-le-champ en perçant l'agresseur de son épée. Les Tartares s'en prirent à toute la colonie européenne, pillèrent les comptoirs et massacrèrent plusieurs

---

ils en massacrèrent l'équipage et poussèrent l'insolence jusqu'à demander satisfaction, quand ils auraient dû solliciter le pardon de cet odieux brigandage.

(*Histoire de la décadence de l'empire romain*, par GIBBON, chap. 63.)

(1) Nicéphore GRÉGORAS, liv. 17, de l'*Histoire Byzant.*, ch. 1, dit trois cent mille pièces d'or. Gibbon a expliqué, dans le chapitre 17 de son *Histoire de la décadence de l'empire romain*, que la livre d'or de cinq mille deux cent cinquante-six grains poids de Troys, se divisait en soixante-douze pièces ou bisants: l'or valait quatorze fois et demie un poids égal d'argent.

chrétiens. Les Vénitiens et les Génois convinrent de cesser toute communication avec cette côte barbare, pour faire repentir leurs ennemis de cette rupture, par l'interruption de tout commerce ; mais les Vénitiens, à qui les Tartares étaient moins odieux que les Génois, ayant renoué secrètement leurs relations avec les premiers, les autres voulurent tirer vengeance de cette infidélité.

On apprit à Venise, sur la fin de 1348, que tous les vaisseaux sortis de ce port, ou des diverses colonies, pour trafiquer dans la mer Noire, venaient d'être saisis par les Génois. Malgré l'état déplorable auquel la peste venait de réduire la république, on ne voulut pas laisser cette insulte impunie.

Ils saisissent tous les vaisseaux vénitiens. 1348.

Une flotte de trente-cinq galères, sous le commandement de Marc Ruccinio et de Marc Morosini, mit à la voile pour devancer, dans l'Archipel, une escadre génoise dont on avait appris le départ. A la hauteur de Négrepont, une tempête, qui assaillit la flotte vénitienne, l'obligea de relâcher à Caristo. Elle cherchait un asyle dans cette baie, et, en s'y présentant, elle vit à l'ancre quatorze navires génois chargés de troupes, qui allaient renforcer la garnison de Péra.

XV. La flotte génoise surprise à Caristo. 1349.

Ruccinio, se hâtant de profiter de l'occasion que la fortune lui offrait, disposa son armée en ligne dans toute l'ouverture de la rade, depuis l'un des caps qui la formaient jusqu'à des ressifs qui environnaient le promontoire opposé. Il mit rapidement des troupes à terre, pour aller prendre poste derrière l'escadre ennemie, couper toute retraite aux équipages et attaquer du rivage les vaisseaux qui seraient à la portée des armes de trait.

Les Génois, surpris dans cette situation désavantageuse par des forces si supérieures, se préparèrent vaillamment au combat; Philippe Doria, leur général, remarqua que les Vénitiens n'avaient pas osé occuper l'intervalle rempli de ressifs; il ne pouvait se flatter de leur résister, il conçut l'espoir de leur échapper. La marée montait en ce moment, car elle n'est pas insensible dans cette mer. Les quatorze navires génois soutinrent long-temps le choc de toute la flotte vénitienne, et les décharges des troupes débarquées; tout-à-coup ils déployèrent leurs voiles, et, se jetant au milieu des rochers dont un côté de la rade était hérissé, ils s'avancèrent pour passer un à un entre la côte et la flotte ennemie.

Cette manœuvre frappa les Vénitiens d'un tel étonnement, que quatre des bâtiments génois étaient déja hors de la baie avant qu'on se fût opposé à leur passage. Morosini, pour couper la retraite aux autres, hasarda sa propre galère, et vint se mettre lui-même en travers des ressifs parmi lesquels ils voulaient passer.

Alors il ne resta plus aux Génois aucun espoir de retraite; entourés, assaillis, ils virent successivement les dix vaisseaux qui restaient pris à l'abordage.

L'amiral vénitien, impatient de courir après les quatre galères qui s'étaient échappées, voulut en vain rétablir l'ordre dans sa flotte et rappeler ses gens à leurs postes; ils étaient occupés à piller les bâtiments capturés; furieux de leur désobéissance, il fit mettre le feu aux vaisseaux génois, pour forcer ses matelots à revenir sur les leurs. Cinq de ces vaisseaux furent consumés, cinq restèrent au pouvoir des vainqueurs; on ne put atteindre les quatre qui avaient déjà gagné la haute mer.

Cet heureux évènement excita dans Venise les transports de joie que fait éclater l'apparence d'un retour de la fortune. Quoique cette victoire ne fût pas aussi glorieuse que beaucoup d'autres qui avaient illustré les armes vénitiennes, on voulut en perpétuer le souvenir par une cérémonie annuelle, qui avait lieu le 29 août. La flotte cependant rentra dans le port sans avoir obtenu d'autre succès, et après s'être présentée inutilement devant Péra que les généraux jugèrent à l'abri de leurs attaques.

XVI.
Triple alliance contre les Génois.
1350.

Il était aisé de prévoir que la campagne prochaine serait plus difficile. On chercha à former des alliances pour susciter aux Génois de nouveaux ennemis. Dans la guerre civile de l'empire d'Orient, ils tenaient pour Paléologue. Cantacuzène devait par conséquent entrer avec joie dans la ligue des Vénitiens; cependant il hésitait, n'osant se commettre avec ses dangereux voisins; ceux-ci se chargèrent eux-mêmes de faire cesser son irrésolution. L'art de la balistique était porté à cette époque à un degré de perfection tel, que les Génois s'avisèrent de lancer, de Péra sur Constantinople, avec leurs machines, de gros blocs de pierre. Cette insulte excita des plaintes, ils y répondirent en réitérant. Cantacuzène irrité sortit de sa circonspection, et signa le traité que les Vénitiens lui proposaient.

Le roi d'Arragon avait eu souvent des démêlés avec la république de Gênes pour la possession de la Sardaigne et de la Corse; Venise lui envoya des ambassadeurs, et on le détermina facilement à joindre une escadre de vingt-quatre galères à la flotte de la république.

Pendant que cette triple alliance se formait, un amiral génois, avec dix galères, se présentait devant Négrepont, prenait de vive force la capitale de cette île, délivrait un millier de prisonniers que Morosini y avait laissés, et mettait le feu à la ville.

Ce n'était là que le prélude de plus grands évènements.

Le desir de prévenir l'ennemi fit sortir la flotte vénitienne de ses ports un peu avant l'équinoxe d'automne de 1351. Elle était composée de trente galères et d'un grand nombre de vaisseaux de toute grandeur. Nicolas Pisani, qui passait pour un des plus habiles marins de ce temps-là, en était l'amiral, et avait pour lieutenant Pancrace Justiniani. Cette flotte opéra sa jonction avec celle d'Arragon. Elles faisaient route ensemble vers Constantinople, lorsque, en entrant dans l'Archipel, elles furent accueillies d'une furieuse tempête. Une des galères vénitiennes s'entr'ouvrit et fut submergée; quelques-unes furent brisées contre des rochers, d'autres jetées jusque sur la côte de Sicile; celles qui purent gagner le port de Modone dans la Morée, s'y refugièrent, mais dans un état si déplorable qu'elles ne pouvaient reprendre la mer sans de grandes réparations. L'armée combinée avait perdu dans cette tempête deux vaisseaux catalans et sept vénitiens.

Gênes avait préparé non sans d'étonnants efforts, une armée capable de résister à de si puissants armements. Soixante galères, commandées

1351.

par Pagan Doria, vinrent tenter d'enlever pour toujours la colonie de Négrepont à la république de Venise. Heureusement Pisani, qui avait pénétré le dessein de l'ennemi, se jeta dans cette île avec toutes ses troupes pendant qu'on radoubait sa flotte à Modone, et força les Génois à se rembarquer avec perte de quinze cents hommes, et le regret d'avoir manqué l'occasion que leur offrait, pendant cette campagne, l'inaction forcée de la flotte combinée.

XVII. Bataille des Dardanelles. 1352.

Au commencement de 1352, les alliés traversèrent l'Archipel, le détroit des Dardanelles, la Propontide, et découvrirent les soixante-quatre Galères de Pagan Doria, rangées en bataille dans le canal du Bosphore, pour leur disputer l'entrée de Constantinople.

Les courants forcèrent le général génois, qui avait pris cette position pour ôter aux ennemis l'avantage du nombre, à serrer la côte d'Asie, ce qui laissa l'entrée du port de Constantinople libre aux alliés. Les Vénitiens avaient porté le nombre de leurs galères à trente-sept; les Catalans en avaient armé trente, et l'empereur Cantacuzène avait fourni un faible contingent de huit.

L'attaque commença vers le soir; on ne voulait pas donner aux Génois le temps de choisir une meilleure position, Doria faisait des signaux à son armée, pour la réunir dans une baie où la mer était moins agitée. Cette manœuvre commençait à s'exécuter lorsque le combat s'engagea sur toute la ligne. Les Catalans pressaient des vaisseaux embossés au milieu des écueils, et trois galères vénitiennes entouraient la capitane que montait l'amiral génois. Le choc fut violent et soutenu avec intrépidité. Les flottes de quatre nations combattaient à la vue de l'Europe et de l'Asie.

A l'approche de la nuit six galères grecques prirent la fuite, sans y avoir été forcées par aucune circonstance qui fît pencher la victoire en faveur de l'ennemi.

Les Vénitiens et les Catalans ne furent que médiocrement étonnés, et nullement découragés par cette défection. La nuit était commencée, et la bataille continuait entre soixante-neuf galères d'un côté, et soixante quatre de l'autre. C'étaient des forces à-peu-près égales; car on dit que les vaisseaux génois surpassaient alors en grandeur ceux des autres nations. Les courants avaient déja mis le désordre dans les deux armées.

Une tempête qui s'éleva n'empêcha point les combattants de s'acharner à s'entre-détruire au milieu des ténèbres, et pendant le violent orage qui multipliait les dangers. Dans cette obscurité profonde leur fureur n'avait plus pour guide que les feux des vaisseaux; mais on ne pouvait se reconnaître qu'après s'être combattu, et il n'y avait pas moyen d'éviter les écueils dans une mer si fougueuse et si resserrée. Enfin, après une longue nuit d'hiver, car on était au 13 février, le jour vint éclairer cette scène de carnage. On voyait la mer couverte de débris, presque toutes les galères désemparées, treize vaisseaux génois échoués sur les côtes voisines, six avaient été entraînés vers la mer Noire; d'autres, abandonnés de leurs équipages, erraient sur les vagues encore mugissantes. Chacun des deux partis apprit que plusieurs de ses galères étaient tombées au pouvoir de l'ennemi, en les reconnaissant dans la ligne opposée. Il y en avait que l'on cherchait vainement des yeux; elles avaient été englouties. La flotte génoise se trouvait diminuée de treize galères. Les alliés en avaient perdu le double : quatorze vaisseaux vénitiens, dix arragonais et les deux grecs qui n'avaient pas pris la fuite, avaient été pris, brûlés ou submergés. Les Arragonais avaient fait des prodiges de valeur. Ponsio de Santa Paz, leur général était au nombre des morts, et parmi les Vénitiens on regrettait Pancrace Justiniani, Thomas Gradenigo, Étienne Contarini, Jean Steno et Benoît Bembo. Les Génois avaient acheté la victoire par des torrents de sang patricien; car on dit qu'ils perdirent sept cents nobles dans cette terrible bataille. Pisani fit voile le même jour pour sortir des Dardanelles, laissant à-peu-près deux mille prisonniers au vainqueur, qui, maître désormais de cette mer où il avait si fièrement combattu, obligea bientôt Cantacuzène à se détacher de la triple alliance, et à exclure les Vénitiens de tout commerce dans ses ports.

Séparées après un combat si sanglant, les flottes des deux nations tournèrent leurs forces contre les vaisseaux isolés qui s'étaient hasardés sur les mers. Tandis que l'amiral vénitien infestait l'Archipel, des galères génoises pillaient tout ce qu'elles rencontraient dans l'Adriatique. La multitude de blessés que Pisani débarqua dans l'île de Candie y occasionna une maladie contagieuse. Les Génois, qui vinrent attaquer cette colonie, contractèrent le mal, et, dans le trajet de la Canée en Italie, ils eurent à jeter quinze cents cadavres à la mer.

Doria avait ramené sa flotte à Gênes; Pisani et Caprario, nouvel amiral des Arragonais, résolurent d'aller la combattre de nouveau à la vue de son propre port. Les Génois, qui ne les croyaient pas si près d'eux, sortirent sous la conduite de Grimaldi, qui avait à ses ordres cinquante-deux galères. Ils aperçurent vers le cap de Cagliari vingt-deux voiles; c'était l'escadre d'Arragon, dans laquelle il y avait trois grands vaisseaux portant

XVIII. Bataille de Cagliari.

chacun quatre cents hommes : la flotte de Venise s'était tenue hors de la vue des Génois pour les attirer au combat. Grimaldi s'élança sur les Espagnols qu'ils croyaient avoir surpris. Ceux-ci reçurent la bataille sans hésiter, et à peine était-elle engagée, qu'une quarantaine de bâtiments vénitiens tournèrent le cap, se montrèrent, et fondirent sur l'armée génoise aux prises avec les Catalans. Les ennemis firent de vains efforts pour se dégager. Les Vénitiens sautèrent à l'abordage, trente-une galères tombèrent en leur pouvoir, avec quatre mille cinq cents prisonniers; plusieurs autres furent détruites. C'était célébrer glorieusement l'anniversaire de la bataille de Caristo, et réparer la défaite des Dardanelles; mais l'animosité des vainqueurs déshonora la victoire. Il n'est que trop attesté qu'ils eurent l'infamie de jeter leurs prisonniers à la mer. Quelques-uns des historiens qui rapportent ce combat disent que des deux côtés on avait enchaîné les galères les unes aux autres, en en laissant seulement quelques-unes libres pour voltiger sur les ailes.

La fortune de Gênes venait d'être changée en un instant. Ses prospérités s'étaient évanouies, et avaient fait place à un deuil universel. La consternation des Génois fut si grande, quand ils virent de toute cette belle flotte une seule galère, celle de l'amiral, rentrer dans le port, qu'ils désespérèrent de leur liberté; mais ils ne voulurent pas du moins renoncer à la vengeance.

A cette époque la couleuvre des Visconti, comme disent les historiens italiens, engloutissait tous les peuples du nord de l'Italie (1). Les Génois, par une de ces résolutions précipitées, que conseille le désespoir et qu'amène la discorde intérieure, cherchèrent leur salut dans la servitude. Ce peuple si impatient de tout espèce de joug, se donna à Jean Visconti archevêque de Milan, qui régnait alors sur la Lombardie, et sur une partie du Piémont.

XIX.
Gênes se donne à Jean Visconti.

Celui-ci, empressé de satisfaire la passion d'un peuple qui s'était donné à lui, tira du trésor de Milan toutes les sommes nécessaires pour l'armement d'une nouvelle flotte. Cependant, trop prudent pour partager l'animosité des Génois contre les Vénitiens, qui déjà s'étaient rendus redoutables sur terre comme sur mer, il envoya offrir la paix à la république, en demandant que, dans tous les cas, ses anciens états fussent considérés comme neutres.

Le négociateur de Visconti était l'homme le plus célèbre de l'Italie. C'était le poëte Pétrar-

---

(1) Les Visconti portent pour armes une couleuvre qui dévore un enfant.

que, à qui nous devons encore plus pour la part qu'il a eue à la renaissance des lettres, que pour les beaux vers qu'il nous a laissés.

Pétrarque avait déja des relations littéraires avec Dandolo; mais il traita cette négociation en rhéteur, et le doge, en admirant son éloquence, rejeta ses propositions (1).

XX.
Les Vénitiens lui déclarent la guerre.
1354.

La république déclara la guerre à Visconti. Tout-à-coup quelques galères génoises se montrèrent dans le golfe, pillèrent les îles de Faro et de Curzola, ravagèrent les côtes de la Dalmatie, de l'Istrie, et échappèrent par un prompt départ, à l'escadre qu'on envoyait à leur poursuite.

Pisani eut ordre de mettre à la voile. Il rassembla trente vaisseaux, et alla croiser dans la mer de Gênes. Pagan Doria avait trente-trois galères. Il ne voulut pas que le sort de sa patrie fût commis une seconde fois au hasard d'une bataille; il manœuvra de manière à éviter l'ennemi, et arriva dans la mer de Venise, pendant que son rival était encore sur les côtes de Sardaigne.

---

(1) L'excellente *Histoire littéraire de l'Italie* de M. Ginguené m'a appris que l'on conserve à Vienne, parmi les *manuscrits de la bibliothèque impériale*, la harangue que Pétrarque prononça à cette occasion.

L'apparition inattendue d'une armée considérable répandit la terreur dans les parages de l'Adriatique. Venise ignorait où était l'armée qui aurait pu la défendre, et se trouvait exposée aux attaques d'un ennemi audacieux. On apprenait tantôt que les Génois étaient sur la côte d'Istrie, tantôt qu'ils avaient intercepté des bâtiments de commerce richement chargés, le lendemain qu'ils se dirigeaient sur Venise, qu'ils ravageaient les côtes opposées, enfin qu'ils avaient pris et mis en cendres la ville de Parenzo, au fond du golfe. Toute la population de Venise était sous les armes. La milice veillait sur les bancs de sable les plus avancés dans la mer. L'effroi qu'inspira l'approche des Génois fut tel que la capitale n'osa plus s'en fier à ses vaisseaux du soin de sa défense contre une agression étrangère, et qu'une forte chaîne de fer fut tendue entre les deux châteaux qui gardent la passe du Lido (1).

---

(1) Ne deve recar maraviglia se sul porto della dominante veniva posta la catena essendochè nella insigne profondità che allora aveva la fuosa, e nell' esser diretta quasi al levante, poteva dirsi un porto aperto all' ingresso di qualunque naviglio anche armato e carrico. È vero che le armate della repubblica abbastanza assicuravano il golfo e coprivano la reale metropoli dagli insulti de' nemici aperti,

Une multitude de petites embarcations étaient envoyées de tous côtés pour observer les mouvements de l'ennemi, pour en porter l'avis sur les points menacés, et l'on expédiait, coup-sur-coup, des bâtiments à l'amiral vénitien pour l'appeler au secours de la capitale.

Pisani arrivait à toutes voiles; mais Doria, qui n'avait pas à beaucoup près des forces suffisantes pour tenter une entreprise sérieuse contre une ville comme Venise, venait de sortir de l'Adriatique sans le rencontrer.

Ce fut au milieu de ces circonstances que, le 7 septembre 1354, mourut le doge André Dandolo, laissant un honorable souvenir de ses vertus, de sa sagesse, de ses lumières, et un re-

---

ma essendo l'anno 1331, il mare ripieno di corsari contro i quelli aveva infelicemente combattuto a mezzo l'Adriatico Tommaso Viaro, ciò fù motivo anche di riccorrere alle più intorne e riservate difese per l'indemnità di Venezia. Furono i Genovesi quelli che rubando scorrevano il mare. Raconta la cronica inedita, parlando del doge Andrea Dandolo, « In suo tempo per causa de' Zenovesi al tempo delle guerre, e Massime quando l'armada venne in Istria, fù tirada una cadena grossa di ferro alli do castelli al lido. Ciò fù nel 1353. »

(*Memorie storiche dello stato antico e moderno delle lagune di* Bernardino ZENDRINI, lib. 1, p. 37.)

cueil de lois qui porte son nom (1). Il fut le dernier prince de Venise enterré dans l'église de St.-Marc. Le sénat ordonna qu'à l'avenir les doges choisiraient ailleurs leur sépulture. Peut-être est-ce à la mort tragique du successeur de Dandolo qu'il faut attribuer ce réglement.

Ces deux grands hommes de mer, qui depuis quelques années balançaient la fortune de Venise et de Gênes, Pisani et Doria, parcoururent les eaux de la Sicile sans avoir occasion d'engager un combat général.

Pendant ce temps-là les négociations avaient été reprises. Le gouvernement vénitien voulait traiter avec avantage; il attendait les évènements, et cependant il avait recommandé à son amiral de ne pas se compromettre.

Pisani, pour faire reposer ses équipages, et radouber ses vaisseaux, relâcha dans le port de Sapienza, petite île à la pointe de la Morée. Ce port, très-profond, présentait une ouverture assez large que l'amiral voulut garder lui-même avec vingt galères et six gros vaisseaux, tandis

---

(1) Je l'ai connu ce doge, disait Pétrarque (*Variorum Epist.* 19), je l'ai connu pour un juste incorruptible, rempli de zèle et d'amour pour son pays, et de plus, savant homme, doué d'une rare éloquence, sage, affable et humain.

que le reste de ses galères, au nombre de quinze, et tous les bâtiments de charge étaient au fond du port, sous le commandement de Morosini, son lieutenant (1).

XXI. La flotte vénitienne détruite à Sapienza. 1354.

Doria sortait dans ce temps-là de l'Archipel pour retourner à Gênes, où les ordres du sénat le rappelaient. Ses vaisseaux légers l'avertirent que la flotte ennemie était dans le port de Sapienza. Il se présenta, le 3 novembre, à l'entrée de la rade, tâchant d'attirer les Vénitiens par des provocations ; mais Pisani n'avait garde d'accepter un combat dans lequel il n'aurait pu déployer toutes ses forces. L'audace des Génois ne lui permit pas de l'éviter. Tout-à-coup Jean Doria, neveu et lieutenant de l'amiral, faisant force de voiles et de rames, s'avança rapidement avec sa galère, et passa entre la côte et le dernier vaisseau des Vénitiens. En un instant il fut suivi de douze autres, et les treize galères (2), entrées dans la baie, se portèrent rapidement au fond du port, tandis que le reste de l'escadre génoise attaquait de front la ligne des vaisseaux de Pisani.

Ceux de Morosini n'étaient pas en ordre de

---

(1) Matteo VILLANI, liv. 4, chap. 32.
(2) *Annali veneti di* Julio FAROLDO.

bataille, quelques-uns étaient en radoub; une partie des équipages se trouvaient à terre. Cette attaque imprévue jeta dans cette division de l'armée, l'effroi et la confusion. La manœuvre de Jean Doria avait été téméraire ; sa victoire fut facile. Les matelots, pour lui échapper, se précipitaient dans la mer (1). Il s'empara de tous les vaisseaux de Morosini, et vint, après y avoir mis le feu, attaquer par derrière la ligne de Pisani, qui était aux prises avec toute l'armée génoise. Quatre mille hommes avaient déjà été tués soit au fond du port, soit à l'entrée de la rade. Le reste se rendit, et Doria amena à Gênes une trentaine de galères capturées, et cinq mille huit cent soixante-dix prisonniers, parmi lesquels était le redoutable Pisani.

Cet évènement convainquit les Vénitiens de la faute qu'ils avaient faite de ne pas terminer les négociations de la paix dans un moment où la fortune leur était favorable. Ils tremblèrent que la flotte victorieuse n'entrât une seconde fois dans l'Adriatique ; heureusement ils surent bientôt qu'elle avait pris une autre direction. Les res-

---

(1) Marin Sanuto dit : E così rotte e prese le galere i Genovesi gridarono alla morte, porcaglia, e molti de' nostri si gittarono in aqua, credendo di scampare et s'annegavano.

sources de la république étaient tellement épuisées que l'on fut obligé de recourir à de nouveaux emprunts (1); mais il ne restait pas une galère dans le port; quatre citadins patriotes en armèrent chacun une à leurs frais. Ils méritent d'autant plus que leurs noms soient conservés par l'histoire, qu'on ne voit pas que cet exemple ait été suivi par les plus riches patriciens. Les noms de ces citoyens étaient Marin Fradello, Beat Vido, Pierre Nani, et Constantin Zucholo.

Un tel armement pouvait tout au plus repousser quelques vaisseaux armés en course, et était trop insuffisant pour inspirer de la sécurité. On se hâta de reprendre les négociations à la cour de Visconti, et ce fut avec une telle impatience de voir cesser les hostilités, que l'on signa, le 5 janvier 1355, une trêve de quatre mois. Elle fut convertie, au mois de mai suivant, en une paix sur les conditions de laquelle les Vénitiens ne se montrèrent pas difficiles.

*Paix.*

Ils consentirent à payer à Gênes deux cent mille florins pour les frais de la guerre, et à in-

---

(1) È da sapere che fino al giorno che fù rotta l'armata a Porto-Lungo, per la guerra de' Genovesi fu fatta imposizione alla camera degli imprestiti a ragione di 37 per 100, e dopo fù fatto 6 per 100 d'imprestiti.

(Marin Sanuto, *Vite de' duchi*, M. Faliero.)

terdire à leurs négociants tous les ports de la mer Noire, excepté celui de Théodosie où les Génois leur permirent d'établir un comptoir.

A peine les Génois avaient-ils terminé cette guerre si glorieuse pour eux, qu'ils se montrèrent aussi incapables de supporter le joug d'un maître que le triomphe d'un vainqueur; ils se révoltèrent, nommèrent un doge, et chassèrent le gouverneur milanais que Visconti leur avait donné.

Dans l'intervalle qui s'écoula entre la mort du doge André Dandolo et l'installation de son successeur, les correcteurs institués pour la réformation des lois firent adopter quelques changements dans l'organisation du conseil du prince.

XXII. Nouvelle organisation du conseil du doge. 1354.

On a vu que dans l'origine c'était le doge qui choisissait ses conseillers, ensuite ce fut le sénat qui les lui donna, et enfin ils durent être proposés par ce corps et confirmés par le grand conseil.

Attributions des conseillers.

Leurs fonctions étaient de faire l'ouverture de toutes les dépêches (car il était interdit au doge de les ouvrir hors de leur présence, et au contraire, ils pouvaient y procéder sans lui), d'en faire le renvoi aux chefs des diverses branches de l'administration, de décider les réponses à adresser aux ministres étrangers, et les instructions à donner aux ambassadeurs ou généraux de la république; de présider, sous le doge, ou en son absence, le sénat et le grand conseil, d'y porter les propositions à mettre en délibération. On voit que ce conseil intime était le directeur suprême des affaires politiques, le modérateur des délibérations des assemblées générales, et le premier agent de l'administration.

Ses membres ne restaient que huit mois en charge; on en élisait trois nouveaux tous les quatre mois; il ne pouvait y en avoir à-la-fois deux du même nom ni du même quartier de la ville.

L'importance de leurs fonctions les avait fait appeler conseillers *de sora*, membres du conseil d'en haut. C'était la réunion de ces six conseillers, avec le doge, qui formait le gouvernement; ce qu'on appelait la sérénissime seigneurie. L'usage de cette dénomination paraît avoir commencé en 1360 (1).

<small>Les présidents de la quarantie criminelle entrent au conseil.</small>

Un tel conseil limitait suffisamment l'autorité du prince, puisque le prince n'y avait qu'une voix comme les autres conseillers, et ne pouvait rien faire valablement sans eux. Mais on jugea utile d'y introduire une sorte de rivalité de corps,

---

(1) *Memorie storico-civili sopra le successsive forme del governo de' Veneziani*, da Sebastiano Crotta.

qui eut pour objet l'exercice d'une surveillance sur ce conseil lui-même. En conséquence, on décida que les trois présidents du tribunal criminel des quarante prendraient séance avec les six conseillers du doge et participeraient à leurs fonctions, sauf quelques modifications peu importantes.

Le conseil du prince se trouva composé des six conseillers d'en haut et des trois présidents de la quarantie. Ces magistrats n'y siégeaient que deux mois, de sorte que peu-à-peu tous les membres considérables du premier tribunal de la république avaient eu successivement entrée au conseil, y avait pris une connaissance générale des grandes affaires de l'état, et y avaient apporté cette connaissance des lois, ce respect pour les formes, qui doivent caractériser le magistrat. C'était une manière habile de donner à la magistrature la surveillance de l'administration, en l'y introduisant, en l'y faisant participer; mais en même temps elle ne pouvait y dominer, parce qu'elle s'y trouvait en minorité, et que ses membres n'y siégeaient chacun que deux mois de suite.

Telle fut la composition du conseil intime à partir de cette époque.

La nature des choses établit nécessairement *Des sages.*
des rapports entre ceux qui ont à délibérer sur

les affaires et ceux qui sont chargés d'exécuter. La délibération est ordinairement subordonnée aux faits, et ceux qui exécutent sont censés en avoir une connaissance plus spéciale.

Les premiers agents d'exécution, les ministres, étaient six nobles qu'on décorait du nom de sages du conseil, ou plus communément *sages-grands*. On exigeait qu'ils eussent atteint l'âge de trente-huit ans. Leurs fonctions ne duraient que six mois; ils ne pouvaient être réélus qu'après l'intervalle d'un semestre, mais comme l'expérience et la capacité donnent nécessairement des droits aux places qui exigent des connaissances positives, on en a vu qui ont été réélus jusqu'à vingt-quatre fois (1).

Ces six ministres, chargés spécialement de la politique extérieure, devaient être appelés très-fréquemment dans le conseil de la seigneurie; ils finirent par y prendre habituellement séance.

L'importance de certaines branches de l'administration procura, dans la suite, le même privilége à ceux qui en furent chargés. Ainsi, pendant que la guerre de mer était la principale affaire du gouvernement vénitien, les fonctionnaires chargés spécialement de tout ce qui avait

---

(1) François Denato et Jean Pesaro.

rapport à la marine, et qu'on appelait les sages de la mer, prirent séance dans le conseil.

Quand leur importance diminua, ils y furent supplantés, en 1420, par des sages préposés à l'administration des provinces qu'on appela depuis sages de terre-ferme; et enfin on admit dans le conseil, pour y acquérir la connaissance des affaires, de jeunes nobles à qui on donna le titre de sages des ordres, nom dont on ne connaît pas l'origine.

Ainsi l'action du gouvernement était concentrée dans la seigneurie, c'est-à-dire dans le doge, assisté de ses six conseillers et des trois chefs de la quarantie criminelle. C'était là ce qui formait le conseil, et ce conseil prenait le nom de collége, lorsqu'il se renforçait des six sages-grands, des cinq sages de terre-ferme et des sages des ordres, pareillement au nombre de cinq. Cette assemblée se réunissait tous les jours. Peu-à-peu les affaires politiques devinrent l'apanage exclusif des sages-grands, et les détails d'exécution, c'est-à-dire les ministères, furent laissés aux sages de terre-ferme.

On donna pour successeur à Dandolo Marin Falier de l'une des plus anciennes maisons de Venise, qui avait déja donné deux doges à la république, Vital Falier en 1082, et Ordelafe mort en combattant contre les Hongrois, en

XXIII.
Marin Falier, doge.
1354.

1117. Après avoir occupé les principales dignités de la république, Marin Falier, déja presque octogénaire, se trouvait en ambassade à Rome lorsqu'il apprit son élection. Le changement qui venait de s'opérer dans l'organisation du conseil ne portait aucune nouvelle atteinte à l'autorité personnelle du doge, déja fort restreinte par les réglements antérieurs.

L'élévation de Falier sur le trône ducal paraissait terminer glorieusement une longue carrière. Venise ne devait pas s'attendre à voir son prince à la tête d'une conjuration.

Nées ordinairement d'une ambition trompée, les conjurations sont dirigées contre les dépositaires du pouvoir, par ceux qui s'en voient exclus. Elles sont préparées par de longues haines, concertées entre des hommes qui ont des intérêts communs. On n'y trouve guères ni vieillards, parce qu'ils sont circonspects et timides, ni jeunes gens, parce qu'ils sont peu capables de dissimulation.

Celle que j'ai à raconter s'écarte de tous ces caractères. Elle fut entreprise par un homme, qui, parvenu à la première dignité de sa patrie et à l'âge de quatre-vingts ans, n'avait rien à regretter dans le passé, rien à attendre de l'avenir; et ce vieillard était un doge ému par un sujet frivole, s'alliant, pour exterminer la noblesse, à des inconnus, au premier mécontent que le hasard lui avait présenté.

Un autre doge, trente ans auparavant, s'était fait un point d'honneur d'arracher au peuple le peu de pouvoir qui lui restait. Celui-ci conspira avec des hommes de la dernière classe contre les citoyens éminents ; mais sans intérêt, sans plan, sans moyens ; tant la passion est aveugle, imprévoyante dans ses entreprises.

Les négociations qui suivirent le désastre de la flotte de Pisani avaient rempli les premiers moments de l'administration du nouveau doge et il avait eu du moins la consolation de signer la trêve qui rendait le repos à sa patrie.

Il donnait un bal le jeudi gras à l'occasion d'une solennité (1) : un jeune patricien, nommé Michel Steno, membre de la quarantie criminelle, s'y permit, auprès d'une des dames qui accompagnaient la dogaresse, quelques légèretés que la gaieté du bal et le mystère du masque rendaient peut-être excusables. Le doge, soit qu'il fût jaloux plus qu'il n'est permis de l'être à un vieillard, soit qu'il fût offensé de cet oubli du respect dû à sa cour, ordonna qu'on fît sortir

XXIV.
Il reçoit une offense d'un jeune patricien.
1355.

(1) Je suis ici la version la plus généralement reçue, qui est aussi celle de Marin Sanuto.

l'insolent qui lui avait manqué. Falier était d'un caractère naturellement violent (1).

Le jeune homme, en se retirant, le cœur ulcéré de cet affront, passa par la salle du conseil et écrivit sur le siége du doge, ces mots injurieux pour la dogaresse et pour son époux : *Marin Falier a une belle femme, mais elle n'est pas pour lui* (2).

Le lendemain cette affiche fut un grand sujet de scandale. On informa contre l'auteur, et on eut peu de peine à le découvrir. Steno arrêté avoua sa faute avec une ingénuité, qui ne désarma point le prince, ni sur-tout l'époux offensé. Falier s'oublia jusqu'à manifester un

---

(1) « Non voglio restar di scrivere quello che ho letto in una cronica, cioè che Marino Faliero trovandosi podestà e capitano a Treviso, e dovendosi fare una processione, il vescovo stette troppo a far venire il corpo di Christo; il detto Faliero era di tanta superbia e arroganza che diede un buffetto al prefato vescovo, per modo ch' egli quasi cadde in terra. » C'est à l'occasion de cet acte de violence que l'historien (Marin Sanuto) ajoute que Dieu permit que Falier perdît ensuite l'esprit jusqu'à entrer dans une conspiration qui lui mérita la mort. Mais il ne dit pas qu'on le punit d'avoir frappé l'évêque.

(2) Marin Falieri dalla bella moglie, altri la gode ed egli la mantiene.

ressentiment qui ne convenait ni à sa gravité, ni à la supériorité de son rang, ni à son âge.

Il ne demandait rien moins que de voir renvoyer cette affaire au conseil des Dix, comme un crime d'état; mais on jugea autrement de son importance; on eut égard à l'âge du coupable, aux circonstances qui atténuaient sa faute, et on le condamna à deux mois de prison que devait suivre un an d'exil.

Une satisfaction si ménagée parut au doge une nouvelle injure. Il éclata en plaintes qui furent inutiles. Malheureusement le jour même il vit venir à son audience le chef des patrons de l'arsenal, qui, furieux et le visage ensanglanté, venait demander justice d'un patricien qui s'était oublié jusqu'à le frapper. « Comment veux-tu que je te fasse justice, lui « répondit le doge, je ne puis pas l'obtenir pour « moi-même. Ah! dit le patron dans sa colère, « il ne tiendrait qu'à nous de punir ces inso- « lents. » Le doge, loin de réprimander le plébéien qui se permettait une telle menace, le questionna à l'écart, lui témoigna de l'intérêt, de la bienveillance même, enfin l'encouragea à tel point, que cet homme, attroupant quelques-uns de ses matelots, se montra dans les rues avec des armes, annonçant hautement la résolution de se venger du noble qui l'avait offensé.

*Plainte d'un ouvrier de l'arsenal contre un de ses chefs. Le doge encourage son ressentiment.*

Celui-ci se tint renfermé chez lui et écrivit au doge, pour réclamer la sûreté qui lui était due. Le patron fut mandé devant la seigneurie; le prince le réprimanda sévèrement, le menaça de le faire pendre, s'il s'avisait d'attrouper la multitude ou de se permettre des invectives contre un patricien, et le renvoya en lui ordonnant, s'il avait quelques plaintes à former, de les porter devant les tribunaux.

XXV. Le doge conspire avec des hommes du peuple.

La nuit étant venue, un émissaire alla trouver cet homme, qui se nommait Israël Bertuccio, l'amena au palais et l'introduisit mystérieusement dans un cabinet où était le prince avec son neveu Bertuce Falier.

Là, l'irascible vieillard écouta avec complaisance tous les emportements et tous les projets de vengeance du patron, lui demanda ce qu'il pensait des dispositions des hommes de sa classe, quelle était son influence sur eux, combien il pourrait en ameuter, quels étaient ceux dont on espérait se servir le plus utilement. Bertuccio indiqua un sculpteur, d'autres disent un ouvrier de l'arsenal nommé philippe Calendaro; on le fit venir à l'instant même, ce qui prouve à quel excès d'imprudence la colère peut entraîner. Un doge de quatre-vingts ans passa une partie de la nuit en conférence avec deux hommes du peuple, qu'il ne connaissait pas la veille, discutant les moyens d'exterminer la noblesse vénitienne.

Il était difficile qu'on soupçonnât un pareil complot, les conférences pouvaient se multiplier sans être remarquées ; cependant il n'y en eut pas un grand nombre, car les conjurés se jugèrent, au bout de quelques jours, en état de mettre à exécution cette grande entreprise. Il fut convenu qu'on choisirait seize chefs, parmi les populaires les plus accrédités ; qu'on les engagerait à prêter main-forte, pour un coup-de-main d'où dépendait le salut de la république ; qu'ils se distribueraient les différents quartiers de la ville, et que chacun s'assurerait de soixante hommes intrépides et bien armés. Ainsi c'était un millier d'hommes qui devait renverser le gouvernement d'une ville si puissante ; cela prouve qu'il n'y avait pas alors des forces militaires dans Venise. On arrêta que le signal serait donné au point du jour par la cloche de Saint-Marc : à ce signal les conjurés devaient se réunir, en criant que la flotte génoise arrivait à la vue de Venise, courir vers la place du palais, et massacrer tous les nobles à mesure qu'ils arriveraient au conseil. Quand tous les préparatifs furent terminés, on arrêta que l'exécution aurait lieu le 15 d'avril.

XXVI.

La plupart de ceux qu'on avait engagés dans Découverte

cette affaire ignoraient quel en était l'objet, le plan, le chef, et quelle devait en être l'issue. On avait été forcé d'initier plus avant ceux qui devaient diriger les autres. Un Bergamasque, nommé Bertrand, pelletier de sa profession, voulut préserver un noble, à qui il était dévoué, du sort réservé à tous ses pareils. Il alla trouver le 14 avril au soir le patricien Nicolas Lioni, et le conjura de ne pas sortir de chez lui le lendemain, quelque chose qui pût arriver. Ce gentilhomme, averti par cette espèce de révélation, d'un danger qui devait menacer beaucoup d'autres personnes, pressa le conjuré de questions, et n'en obtint que des réponses mystérieuses accompagnées de la prière de garder le plus profond silence. Alors Lioni se détermina à se rendre maître de Bertrand jusqu'à ce qu'il eût dit tout son secret; il le fit retenir, et lui déclara que la liberté ne lui serait rendue qu'après qu'il aurait pleinement expliqué le motif du conseil qu'il lui avait donné.

Le conjuré, qu'une bonne intention avait conduit auprès du patricien, sentit qu'il en avait déja trop dit, et qu'il ne lui restait plus qu'à se faire un mérite d'une révélation entière. Il ne savait probablement pas tout, mais ce qu'il révéla suffit pour faire voir à Lioni qu'il n'y avait pas un moment à perdre.

Celui-ci courut chez le doge pour lui communiquer sa découverte et ses craintes. Falier feignit d'abord de l'étonnement; puis il voulut paraître avoir déja connaissance de cette conspiration, et la juger peu digne de l'importance qu'on y attachait. Ces contradictions étonnèrent Lioni; il alla consulter un autre patricien, Jean Gradenigo; tous deux se transportèrent ensuite chez Marc Cornaro; et enfin ils vinrent ensemble interroger Bertrand, qui était toujours retenu dans la maison de Lioni.

Bertrand ne pouvait dire jusqu'où s'étendaient les liaisons et les projets des conjurés; mais il ne pouvait ignorer que le patron Bertuccio et Philippe Calendaro y avaient une part considérable, puisque c'était par eux qu'il avait été entraîné dans le complot.

Les trois patriciens que je viens de nommer convoquèrent aussitôt, non dans le palais ducal, mais au couvent de St.-Sauveur, les conseillers de la seigneurie, les membres du conseil des Dix, les avogadors, les chefs de la quarantie criminelle, les seigneurs de nuit, les chefs des six quartiers de la ville, et les cinq juges-de-paix.

Cette assemblée envoya sur-le-champ arrêter Bertuccio et Calendaro. Ils furent appliqués l'un et l'autre à la torture. A mesure qu'ils nommaient quelque complice, on donnait des ordres pour s'assurer de sa personne. Lorsqu'ils révélèrent que la cloche de Saint-Marc devait donner le signal, on envoya une garde dans le clocher pour empêcher de sonner. Il était naturel que les coupables cherchassent à atténuer leur faute en nommant leur chef : on apprit avec étonnement que le doge était à la tête de la conjuration.

Cette nuit même Bertuccio et Calendaro furent pendus devant les fenêtres du palais; des gardes furent placées à toutes les issues de l'appartement du doge. Huit des conjurés, qui s'étaient échappés vers Chiozza, furent arrêtés, et exécutés après leur interrogatoire.

XXVII. Marin Falier jugé et décapité. 1355.

La journée du 15 fut employée à l'instruction du procès du doge. Le conseil des Dix, dont une pareille cause relevait si haut l'importance, demanda que vingt patriciens lui fussent adjoints pour le jugement d'un aussi grand coupable. Cette assemblée, qu'on nomma la *Giunta*, fit comparaître le doge, qui, revêtu des marques de sa dignité, vint, dans la nuit du 15 au 16 avril, subir son interrogatoire et sa confrontation. Il avoua tout.

Le 16, on procéda à son jugement; toutes les voix se réunirent pour son supplice.

Le 17 à la pointe du jour, les portes du palais

furent fermées; on amena Marin Falier au haut de l'escalier des géants, où les doges reçoivent la couronne; on lui ôta le bonnet ducal en présence du conseil des Dix. Un moment après, le chef de ce conseil parut sur le grand balcon du palais, tenant à la main une épée sanglante, et s'écria: Justice a été faite du traître. Les portes furent ouvertes, et le peuple, en se précipitant dans le palais, trouva la tête du prince roulant sur les degrés.

Dans la salle du grand conseil, où sont tous les portraits des doges, un cadre voilé d'un crêpe fut mis à l'endroit que devait occuper celui-ci, avec cette inscription: *Place de Marin Falier, décapité.*

Pendant quelque temps on continua les recherches contre ceux qui avait trempé dans la conjuration. Il y en eut plus de quatre cents de condamnés à la mort, à la prison ou à l'exil. Le pelletier Bertrand réclamait la récompense qu'il croyait due à sa révélation; il eut l'insolence de demander un palais et un comté que Marin Falier possédait, une pension de douze cents ducats, et enfin l'entrée du grand conseil, c'est-à-dire le patriciat pour lui et sa postérité.

De tout cela on ne lui accorda qu'une pension de mille ducats reversible à ses enfants, et il en témoigna si haut son mécontentement, qu'on fut obligé de l'exiler à son tour; mais telle était l'idée qu'on avait de cette nature de services, et telle était la politique du gouvernement pour les encourager, que le conseil fut sur le point d'admettre ce dénonciateur au nombre des patriciens (1).

---

(1) In un' altra cronica ho veduto che lo volevano fare del maggior consiglio. ( Marin SANUTO, *Vite de' duchi* Mar. Faliero ).

André Navagier dit même formellement que toutes les demandes de Bertrand lui avaient été accordées. « Beltrame, per deliberazione del consiglio, fù dotato di ducati 1000 di provigione all' anno, e a lui e a suoi heredi donata una casa di valuta di ducati 2000 e fù fatto del maggior consiglio. Il quale non si contentando, ma richiedendo che li fosse donato il contado di Val di Marino, confiscato al doge decapitato, usava male parole contro la signoria; per le quali, nel medesimo consiglio, fù proceduto contro di lui; essendo stato in grazia liberato della forca, fù per anni 10 relegato a Ragusi.

FIN DU TOME PREMIER.

# TABLE DES MATIÈRES

CONTENUES DANS CE VOLUME.

PAGE.

Livre I<sup>er</sup>. Description géographique. — Origine des Vénitiens. — De l'état des Vénètes sous les Romains. — Invasion des Goths, des Huns, des Hérules, des Ostrogoths. — Fondation de Venise, 421. — Expulsion des Ostrogoths. — Établissement des Lombards en Italie, 553. — Création, abolition et établissement du dogat à Venise, 697-742. — Huit doges déposés. — Guerre de Pépin contre Venise, 743-809. — Premiers doges de la famille Participatio. — Arrivée du corps de saint Marc à Venise, 810-829.................................... 1

Livre II. Divisions intestines. — Entreprises de Jean Participatio sur le comté de Commacchio. — La flotte vénitienne battue par les Sarrasins à Crotone, et par les Narentins à Micolo. — Invasion des Hungres : ils attaquent Venise. — Leur défaite, 830-900. — Doges de la maison Candiano. Pierre Candiano IV, massacré. — Abdication de quatre doges, 901-991. — Règne de Pierre Urseolo II. — Réunion de la Dalmatie à l'état de Venise, 991-1006. — Sédition. Usurpation du dogat par Dominique Urseolo. Expulsion de la famille Urseolo. — Révolte de Zara. — Guerre contre les Normands, 1006-1096. — Première croisade. — Expédition en Calabre. — Guerre contre les Padouans. — Incendie de Venise. — Guerre contre les Hongrois, 1096-1117. — Règne de Dominique Michieli. — Nouvelle expédition en Syrie, ou deuxième croisade. — Prise de Tyr, 1117-1130. — Prise de Corfou. — Expédition de Sicile. — Dogat de Vital Michieli II. — Singulier tribut imposé au patriarche d'Aquilée. — Guerre contre l'empereur Comnène. — Désastre de l'armée. — Peste à Venise. — Le doge assassiné, 1130-1173. — Changement dans la constitution de l'état. — Élection de Sébastien Ziani, 1173........................................ 89

Livre III. Règne de Sébastien Ziani. — Outrages que l'empereur grec fait aux Vénitiens. — Démêlés entre le pape Alexandre III et l'empereur Frédéric Barberousse. — Ligue lombarde. — Alexandre III à Venise (1173-1178). — Règne d'Orio Malipier. — Troisième croisade des Vénitiens, 1179-1191.. 200

Livre IV. Règne de Henri Dandolo. — Nouvelle croisade. — Prise de Zara. — Excommunication des Vénitiens, 1192-1203. — Conquête de Constantinople. — Partage de l'empire grec, 1203-1205.... 263

Livre V. Pierre Ziani, doge. — Occupation de Corfou et de Candie. — Guerre contre les Génois. — Révoltes de Candie, 1205-1228. — Dogat de Jacques Thiepolo. — Affaire de Constantinople. — Chûte de l'empire des Latins en Orient, 1228-1261. — Nouvelle révolte de Candie. — Rivalité du pape et de l'empereur Frédéric II. — Guerre de Venise contre Erzelin, tyran de Padoue, 1228-1252. Guerre contre les Génois, 1252-1269. — Révolte du peuple de Venise. — Changement dans la forme des élections. — Création de la charge de grand-chancelier. — Disette. — Établissement du droit de navigation dans l'Adriatique. — Guerres qui en sont la suite. — Dogat de Laurent Thiepolo, de Jacques Contarini et de Jean Dandolo. — Établissement du saint-office à Venise, 1269-1289 ............ 350

Livre VI. Élection de Pierre Gradenigo. — Désastres en Orient. — Guerre contre les Génois, 1289-1299. — Considérations sur les gouvernements d'Italie au XIV$^e$ siècle. — Révolution dans le gouvernement de Venise. — Clôture du grand conseil. — Établissement de l'aristocratie. — 1289-1319..... 468

Livre VII. Conjuration de Marin Bocconio. — Affaires de Ferrare. — La république usurpe cette ville. — Excommunication des Vénitiens, 1302-1309. — Conjuration de Thiepolo. — Établissement du Conseil des Dix, 1309...................... 525

Livre VIII. Levée de l'interdit. — Expédition contre les Génois. — Révolte de Candie. — Guerre contre le seigneur de Vérone. — Acquisition de Trévise et de Bassano, 1310-1343. — Croisade de Smyrne. — Septième révolte de Zara. — Peste à Venise, 1343-1348. — Nouvelle guerre contre les Génois, 1348-1354. — Changements dans l'organisation du conseil du doge. — Élection et conjuration de Marin Falier, 1354-1355............................... 577

FIN DE LA TABLE DES MATIÈRES DU TOME PREMIER.

www.ingramcontent.com/pod-product-compliance
Lightning Source LLC
Chambersburg PA
CBHW050127240426
43673CB00043B/1589